民国档案系列

民国政府
五院院长

哈战涌◎编著

台海出版社

图书在版编目（CIP）数据

民国政府五院院长 / 哈战涌编著. –北京:台海出版社,
2013.1

ISBN 978 – 7 – 5168 – 0086 – 7

Ⅰ.①民… Ⅱ.①哈… Ⅲ.①政治人物-列传-中国
–民国 Ⅳ.①K827 =6

中国版本图书馆 CIP 数据核字（2012）第 320359 号

民国政府五院院长

编　　著：哈战涌

责任编辑：戴　晨　　　　　装帧设计：青华视觉
版式设计：刘　栓　　　　　责任印制：蔡　旭

出版发行：台海出版社
地　　址：北京市朝阳区劲松南路 1 号　邮政编码：100021
电　　话：010 – 64041652（发行,邮购）
传　　真：010 – 84045799（总编室）
网　　址：www.taimeng.org.cn/thcbs/default.htm
E – mail：thcbs@ 126.com

经　　销：全国各地新华书店
印　　刷：北京柯蓝博泰印务有限公司
本书如有破损、缺页、装订错误,请与本社联系调换

开　　本：787 × 1092　　　　1/16
字　　数：400 千字　　　　　印　　张：27
版　　次：2013 年 5 月第 1 版　印　　次：2013 年 5 月第 1 次印刷
书　　号：ISBN 978 – 7 – 5168 – 0086 – 7

定　　价：39.80 元

前　言

南京国民政府五院，由行政院、立法院、司法院、监察院和考试院组成，分别行使五项职权，是政府机关的基本组成部分，也是中央政权体系的实体。五院的建立，渊源于孙中山的"五权宪法"构想，但其职能在实际操作中有所变动。

"五权宪法"是孙中山在辛亥革命前后根据当时西方的政治体制并结合中国的历史背景提出的建立资产阶级共和国的整体构想，是他整个资产阶级学说的核心和精华。简单地说，就是在吸收西方资本主义国家"三权分立"的政治思想的基础上，加上具有中国特色的科举考试和御史监察，形成行政权、立法权、司法权、监察权、考试权的五权分立，从而反对独裁，达到人民有权，政府有能，权能分立的目标，最终实现资产阶级的民主与自由。

国府五院寄托着孙中山矫英美制度之弊端，匡古代科考、监察之不逮的政治理想，是当时国人对于新的国家建立最先进的制度思考。然而，它只是一个框架性的建构，缺乏一些具体的措施，而更多的是思想理论层面上的论述，这就给后来的失败埋下了伏笔。1928 年 10 月以后，在蒋介石标榜的"忠实执行孙中山遗教"的口号下，五院相继成立，并伴随南京国民政府始终。然而，五院制虽然形式上建起来了，却在实际上背离了孙中山的"五权宪法"的内在精神。一方面，蒋介石为了集中权力，修改了政府组织法，将五院正副院长的任免权集中在自己手里；另一方面，由于体制设置，国民党中央和中政会位于国民政府之上，国民政府只能在国民党中央和中政会领导之下行使职权。这样一来，整个国民政府实际上合为执行机关，五院分立只是执行权的内部分工，不仅没有削弱一元的国家权力，反而加强了权力的一元化，成为蒋介石独裁专政的工具。

国府五院独特的政治命运使得担任其院长的政府官员们有些神秘莫测。他们都可谓是民国的风云人物，但又有着极具个性的人生故事。有出生微寒，经历坎坷，胸怀大志的报国之士；也有名家之后，留学西洋，少年得志的将门虎子；有戎马倥偬，豪情万丈，九死一生的军队首领；也有风流倜傥，才高八斗，处事圆滑的乱世文臣；有善于理财，挥金如土，钟鸣鼎食的富商巨贾；也有清贫自安，严格自省，坚守原则的布衣诗人……从他们的一生中，我们既可以看到国府官员们形形色色的生活百态，也可以重温甲午战争、辛亥革命、护法运动、北伐战争、抗日战争等重大事件的时代场景，更重要的是，这能让我们知道，的确有一群中国人，在民族危亡的时候站了出来，为一个国家的重新屹立起过重要作用。

历史不应该忘记他们。

目　　录

行政院院长

事委员会主席。廖案后出国。"四一二"前夕回国，并在武汉清党。他对日妥协，被人刺杀受伤。

●全国性抗战一开始，汪精卫便散布抗日亡国论，后来竟与日本人卖国谈判。在取得日本人同意后，他飞往河内，并发表了卖国的"艳电"，准备成立伪政府。

●汪精卫在自认为一切准备就绪的情况下，开始了卖国准备，先召开汪记"六大"使卖国合法化，又成立汪伪国民政府。这个政府一心为日本人服务。

●汪精卫受刺后，一直伤痛不减，爱国医士刘一帖一帖膏药使其病情加重。病重的汪精卫成了日本军方的试验品，最终命丧日本。抗战胜利后，汪精卫墓被炸，终得报应。

孔祥熙：捞钱专家　1938 年任职

●孔祥熙早年得益于美国传教士的帮助，先后进入欧柏林大学、耶鲁大学学习。后回乡兴办铭贤学校，十分有名。"二次革命"后，他随孙中山远渡日本，并与宋霭龄结婚。

●孔祥熙是旧中国四大家族中最能捞钱者，他通过发行公债、实行专卖、滥发纸币替自己营造了一个金融帝国，并为蒋介石解决了财政问题，一度贵为行政院院长。

●孔祥熙的所作所为遭到了正直人士的痛斥。由于其贪得无厌，蒋介石也保不了他，无奈之下，他只得辞职。失宠后，孔祥熙曾一度想重登政坛，但事与愿违。

●孔祥熙移居美国后，在政坛也有所活动。他依然是媒体关注的重点。20 世纪 60 年代初，他曾一度回台湾为蒋介石祝寿，但不久又到美国居住，最后病逝于美国。

宋子文：两朝国舅　1945 年任职

●宋子文是宋家长子，曾获得哈佛大学的硕士学位和哥伦比亚大学的博士学位。回国后追随孙中山，利用自己的理财水平，革故鼎新，帮助广

立法院院长

司法院院长

监察院院长

首《满江红》，砥砺士气。1940年3月5日，蔡元培病逝于香港养和医院，全国悼念，极具哀荣。

考试院院长

●戴季陶早年留日，从师于日本著名法学家笕克彦，回国后逐渐转向革命派。并投入反对清政府的斗争中。孙中山也十分欣赏他的才华，任命

行政院院长

谭延闿："药中甘草"　　1928 年任职

谭延闿的一生经历了从封建士大夫到资产阶级民主派领袖的转变过程。从外表上看，他是一个温和敦厚的读书人，但实际上城府极深，善于察言观色和思考分析。在纷争不断的政治斗争中，他素以八面玲珑，左右逢源而著称，被誉为"药中甘草"。在民国的早期政坛上，他也算一位颇有特色的大员，不纳妾，好美食，善书法，一生轶闻颇多，口碑良好，获得孙中山、蒋介石、毛泽东的一致赞誉。

●谭延闿年轻时仕途颇为顺利，却对在清廷为官不感兴趣，回乡投身**教育，曾积极参与立宪活动。辛亥革命爆发后，他先后三次督湘，几经沉浮，颇具传奇经历。**

谭延闿是湖南茶陵人，但他的出生地是杭州，初名宝璐，字祖庵，号无畏，后改名为延闿。其父谭钟麟曾任浙江巡抚、陕甘总督。谭延闿幼时聪颖好学，七岁入私塾，光绪十八年入府学，光绪帝之师翁同龢曾称他为"奇才"，与陈三立、谭嗣同并称为湖湘三公子。

1892 年，谭延闿就参加了长沙的童子试，后来多次参加乡试都未考中。1900 年，谭延闿中举人。1904 年，谭延闿参加了会试，并以第一名的优异成绩考中进士，成为湖南 200 多年来的第一个会元（明清两代称会试考取第一名的人）。同年 4 月又参加了殿试，考中二等第三十五名，被授为翰林院庶吉士。但不久便告假回到家乡。

回长沙后，他致力于办教育、开风气。先后在地方几所学堂任学监、校董，并利用自己的有利条件，为学校筹资、聘请教员，参与筹划新式教

谭延闿

育，为湖南近代教育的发展作出了贡献。

1907年，谭延闿积极进行立宪活动，组织湖南宪政公会。1909年，谭延闿凭借显赫的家世、饱学的才能以及积极的政治活动能力被选为湖南谘议局议长，成为湖南立宪派首脑人物。次年任北京资政院议员，先后两次赴京，参加各省立宪派请愿，要求速开国会，出席各省谘议局联合会议，与湖北汤化龙等发起组织宪友会。在资产阶级上层中发挥了较大的政治作用。

在实践当中，立宪派逐渐看到了清政府"假立宪之名，行专政之实"的真实面目，开始与革命党人采取联合行动。谭延闿也不例外，不仅利用职务之便保护革命党人，还为其活动经费慷慨解囊。辛亥革命爆发后，革命党人焦达峰、陈作新在长沙组织军政府，就任正副都督。不几天，焦、陈二人被杀，谭延闿继任湖南都督，他就任后的第一件事就是禁止滥杀无辜和打击报复。同时，基本维持了原来湖南军政府的人员配置，革命党人仍然担当要职。此后，湖南的社会秩序得以稳定。对于革命，谭延闿采取支援的政策，想尽各种办法补充军需物资，保证湘军不断北上，参加阳夏保卫战，对巩固武昌革命基地起到了重要作用。

1912年，袁世凯就任临时大总统，他率先表示拥护。8月，加入国民党，任湖南支部长。在他第一次督湘期间，他推行了一系列颇具资产阶级民主政治色彩的措施：按照三权分立的形式组建领导层，改革司法制度；大兴实业，重视商品经济，发展工矿交通；大力整顿军队，加强文化教育，注重言论自由，提倡创办报纸。同时严禁鸦片，紧抓种植、贩运、吸食等各个环节，效果显著，一时间，湖南成为全国各省禁烟运动的典范。

1913年7月，反对袁世凯的二次革命爆发，湖南也宣布了独立。然而，从各省宣布与北洋政府划清界限，讨伐袁世凯的时间来看，湖南却是最晚的。事实上，谭延闿对于二次革命一直持暧昧态度。这固然与湖南当时有限的经济军事条件有关，但也不能否认谭延闿过分考虑利害得失的个人私心。不久，南方讨袁军失败，谭延闿又宣布取消独立，但仍被袁世凯撤换，湖南都督由汤芗铭担任。此后他寓居青岛，广交文人，每日饮酒赋诗，生活倒是清淡恬然。

1914 年，第一次世界大战爆发，日本借英日同盟之名，对德作战，发起了对青岛的进攻。谭延闿于是回到了上海，每天在家练书法，临摹颜真卿《麻姑仙坛记》。这段日子的潜心练习为他后来取得极高的书法造诣打下了坚实的基础。谭延闿可以说一生基本都在专攻颜书，享有民国四大书法家之首的美誉。"国民政府"、"行政院"等政府匾额都出自其笔。谭延闿的字结体宽博，雄浑有力，令人称道。

1916 年，胡汉民也来到了上海，谭延闿与胡汉民在多次交谈中逐渐建立了深厚的友谊。在胡汉民的介绍下，谭延闿还得以见到孙中山并就当时的革命形势进行了深入谈话。6 月，袁世凯愧愤而死，黎元洪继任总统，任命谭延闿为湖南省长兼督军。8 月 22 日，谭延闿回到长沙就职。

第二次执掌湘政期间，他在军事上作了较大调整，借裁军名义，解散程潜的第四师，着力培植亲信赵恒惕。同时，继续以黎元洪为依靠，为湖南争取有利的外部环境。

1917 年，府院之争，张勋复辟，段祺瑞执掌北洋政府大权，北方局势处于一片混乱之中，段祺瑞一直对湖南虎视眈眈，希望通过拿下湖南来控制整个西南。为了应对来自北方的威胁，谭延闿提出"湘人治湘"的口号，强调指出湖南省政府要以保境安民为宗旨。然而，联络援军困难重重，形势又愈加危急，黎元洪的倒台导致了谭延闿的再度下野。8 月，段祺瑞派傅良佐任湖南督军，失掉兵权的谭延闿遂很快辞去了省长一职，二次赴沪。

1918 年 2 月，孙中山致信谭延闿，希望他能支持护法运动。善观政治风云的谭延闿收到信后，眼见南北和谈局势日趋成熟，而孙中山又希望自己帮忙，于是便于 4 月从上海启程，在仇鳌等人的沟通下来到了广州。

随后，谭延闿离粤赴桂，经南宁于 4 月 19 日在武鸣会见了陆荣廷。两人经过反复商议，决定重建湘桂联合战线，利用直、皖两系军阀之间的矛盾，联直反皖。6 月，谭延闿在湘军将领赵恒惕等人的拥戴之下，与旧友张其锽等人到达湖南永州。而此时，吴佩孚率领的北洋军正打算由衡阳进攻零陵。为了早日扫除障碍，谭延闿在与陆荣廷等人反复商量之后，决定派张其锽到衡阳与吴佩孚谈判。吴佩孚早就听闻张其锽为一代奇才，学识广博精深，相见恨晚，两人遂结为兄弟，很快达成停战协定，至此，湖南的混乱局势趋于稳定，谭延闿也因此被广州护法军政府任命为湖南督军，挂着"在野督军"的旗号，在湘南与张敬尧对峙。

1918 年 6 月，相濡以沫的夫人方氏病逝于上海，闻讯之后，谭延闿悲痛不已。一生酷爱美食的他，为了表达对夫人的怀念之情，在军中吃了一百天的蔬菜，连过年也没有例外。加上"在野督军"并不能在真正意义上掌握湖南军政大权，谭延闿心境一度不佳。但他还是从苦闷中恢复过来，把精力重新投入到自己的政治事业中。

他利用北方直皖两派系之间以及孙中山与桂系军阀之间的矛盾尖锐化之际，扩大自己的势力。还借湘西镇守副使兼第五区司令周则范被杀一事，出兵统一湘西，大大发展了自己的势力。后来，通过驱张（敬尧）运动，谭延闿重新当上了湖南督军兼省长兼湘军总司令的职务，而且他所控制的湘军在势力上也得到了进一步壮大。毛泽东曾评价说："谭延闿是一个聪明的官僚，他在湖南几起几浮，从来不做寡头省长，要做督军兼省长。他后来做了广东和武汉的国民政府主席，还是兼了第二军的军长。中国有很多这样的军阀，他们都懂得中国的特点。"

1920 年秋，湖南周边各省相继掀起了"民治"、"省治"的热潮，而湖南人民因连年遭遇北洋军阀的残暴统治，希望能恢复民气，实行湖南自治。谭延闿虽曾是"湘人治湘"的倡导者，此时却在迟疑，对湖南自治缺少信心，深怕得罪南北政府。但是，在各方舆论的呼吁和敦促之下，他最终决定顺应民意，为"湘人着想"，实行自治。

然而，谭延闿推崇的自治并非民治，而是官治。1920 年 9 月 13 日谭延闿邀集在湖南军政界的官绅名流和省议会议员 30 多人，召开了所谓的"自治会议"，决定由省政府 10 人，旧省议会 11 人组成《湖南省自治法》起草委员会。随后省议会还以民意机关自居，组织了"自治研究会"。23日，谭延闿根据省议会制定的"宪法会议组织法"，召集"宪法会议"。这种假自治、包办制宪的行为立刻招来湖南各界人士的谴责。

1920年10月下旬，盘踞在广州护法军政府的桂系军阀被滇、粤军击败，陆荣廷、岑春煊等人宣布取消"西南自主权"，与此同时，北洋政府也下达了所谓的统一令。对此，谭延闿感到惶恐，他认为南北对峙的局面一旦结束，"联省自治"就会陷于孤掌难鸣的境地。但他仍故作镇定，不放弃促成私办省宪的活动。11月2日，谭延闿率湘军全体官兵发出宣言：反对岑春煊等人自行取消广州护法军政府，重申其湖南自治的主张，并打算将这一主张进行到底。

于是，谭延闿擅自命令旧省议会按照自己在1913年第一次督湘期间所定的旧法进行所谓的"选举"，并恢复各县在1913年存在过的县议会。之后，旧省议会便在谭延闿的授意下，赶制了《宪法会议组织法》，此举一出，即陷入到舆论抨击的洪流中。与此同时，湘军内部的矛盾也达到了白热化的境地。正是赵恒惕这个谭延闿一手提拔、重用的亲信，把他从湖湘一把手的位置上拉了下来。

其实，早在由广西回到湖南的时候，谭延闿曾表示这次回湘后将"军事交赵（恒惕），民事交林（支宇）"，自己决不贪恋权位。然而，驱张运动之后，谭延闿却身兼湖南督军、省长、湘军总司令之职，拒不践其诺言，引起了赵、林等人的不满。之后，谭延闿借口"湖南自治"一手包办制宪，遭到湖南各界的强烈反对，更为赵、林等人倒谭提供了有利时机。再加上他对于孙中山的北伐态度冷淡，不但不肯出兵，还通电反对，使得孙委托程潜派人赴湘联赵倒谭。于是，1920年11月发生了"平江兵变"，谭延闿被迫辞职，第三次离湘赴沪，而湘军总司令一职则由赵恒惕担任，林支宇则被推举为临时省长。

●谭延闿第三次离湘赴沪，在国民党人的联络下，思想发生了转变，决定追随孙中山。一介文人，却几度戎马：赴湘讨赵、回师援粤、东征陈炯明、平定杨刘。

赵恒惕上台后，并未积极响应北伐号召。而谭延闿因为被赶出湖南而政治立场发生了较大变化。为了在湖南重新组织革命力量，孙中山决定再次争取谭延闿。

此时，谭延闿第三次离湘赴沪，政治上的不如意让他感到苦闷。他也在反思自己多年的政治经历，寻找问题的所在。在杨庶堪、张国元等国民党人的联络下，谭延闿与孙中山频频通信，"讨论国是"，互相加深了解和认识。孙把谭看做党内急缺的"政治人才"，而谭也开始被孙中山的三民主义所吸引。

1920年12月底，孙中山回到广州，重组军政府，同时也开始筹划把陆荣廷赶出广西，以统一广西地区。1921年7月，大规模的讨桂战争打响，军需供给缺乏。谭延闿便利用自己的政治声望联络有关人士讨桂，同时还利用私人关系，在上海"策划筹解湘饷银累数十万"资助孙中山的讨桂斗争。

1922年5月，直奉战争爆发，直系获胜，黎元洪出任总统，颜惠庆任内阁总理。由于直系想利用黎元洪与护法军的渊源关系统一南北，遂任命谭延闿为内务总长。但谭延闿拒绝了这一任命。

6月16日，广东军阀陈炯明发动政变，炮轰总统府。8月，孙中山被迫离粤赴沪，谭延闿亲往码头迎接。在与孙中山的连续交往中，谭延闿日益感到孙中山有着渊博的知识，其思想更是博大精深，每每向人说道："革命领袖非孙公莫属。"还说："近与总理常相处，得一教训，即天下事无所谓成败之说也。事前种种着急，皆属多事，与吾平日信天之说合成一片。"

11月15日，谭延闿在上海环龙路四号孙中山住宅内加入国民党，他积极支持革命，不惜毁家纾难筹集军费，变卖田宅资助北伐。那时有流言说他已经派代表赴京接洽北洋政府的任命。针对谣言，谭延闿发表通电说："报载延闿有代表李德裕，在京接洽。延闿并无派代表赴京之事，特电声明。"至此，谭延闿已经断绝了与桂系及北洋军阀的一切联系，决定衷心拥护孙中山的民主革命主张。

1923年，孙中山确定了"联俄、联共、扶助农工"三大政策，并召约谭延闿前往广州。2月21日，谭延闿正式抵达广州。谭延闿故地重游，自然有万千思绪，因而做诗一首：小院闲庭熟荔枝，栏杆步步耐寻思。书声未歇茶烟飏，尚友轩前听雨时。在美好的景致面前，五年前"重来庭院都非昨，唯有斜阳似旧时"的忧伤随着滴答的雨声，一去不返了。

3月16日，谭延闿正式就任陆海军大元帅府大本营内政部长，着手内政部的组阁工作，委任相关人员，并组织开展正常工作。5月7日，孙中山又任命谭延闿为大本营建设部长。为了组织谭延闿部湘军入湘讨伐赵恒惕部，孙中山于7月16日任命谭延闿为湖南省长兼湘军总司令。对于孙中山的这一任命，谭延闿一方面想报昔日赵恒惕的"逼驾"之仇，另一方面也是为了实现孙中山的北伐大业，因此非常乐意接受，遂开始了率领部下进入湖南，讨伐赵恒惕的军事行动。8月7日，谭延闿一行到达衡阳，8日，谭延闿正式发表就职通电。赵恒惕针锋相对，组织护宪军，号召各界护宪抗谭。谭延闿则发表讨赵斗争的演说，揭露了赵恒惕假省宪的阴谋和北洋政府的分裂行径。

由于赵恒惕坚持在湖南实行所谓的"联省自治"，还与吴佩孚、陈炯明等人同流合污，早就引起了公愤，因而谭延闿的讨赵运动是有一定群众基础的。在经过一段时间的军事部署和大造政治声势之后，一部分原本持观望态度的湘军将领纷纷表示响应孙中山北伐的号召，服从谭延闿的调遣。而有些人虽然表示坚持中立，但表示决不阻止谭延闿的军事讨赵行动。于是，谭延闿立即下达讨赵令。

谭延闿与其子

开展之初，谭军进展并不顺利，正当溃退之时，原谭延闿军务委员张辉瓒奇袭长沙，谭军不战而胜。赵恒惕率部逃至醴陵后，得到了吴佩孚的军火支援，很快向谭军发起反攻，并于9月中下旬先后攻占长沙等地。残酷的战争进行了两个多月，正当谭延阎准备重新部署与赵军决战之时，陈炯明和邓本殷部由广东东江和南路分别进攻广州，方本仁、邓如琢部又由江西大庾侵占粤北南雄、始兴。为了全力保住广东根据地，孙中山于 11 月 12 日急电谭延闿，让他急速前往广东支援，谭延闿遂带着部下赶赴广东。

虽然谭延闿在广东危急的时候奉命南撤，没有彻底打垮赵恒惕，但他从湖南带走了两万多人的部队，在削弱赵部势力的同时壮大了自己的力量。他个人虽未能亲临前线，但与孙中山一起制定了军事战略方针，并且做好联络调遣和各种军需工作，也为巩固广东革命根据地作出了贡献。

1924 年 1 月，国民党"一大"召开。谭延闿当选为中央执行委员会委员，任建国湘军总司令，又被孙中山指派兼代大本营秘书长一职，成为国民党的主要领导人。此后，谭延闿坚定地贯彻孙中山三大政策，并以国民党左派的面目，积极贯彻一大制定的对内、对外的各项方针政策。

陈炯明叛军并不甘心 1923 年冬围攻广州的失败，又于 1924 年春在直系军阀的支持下再次进行整编，企图与孙中山的革命势力对抗到底。为了彻底击溃陈炯明叛军，湘、粤、滇、桂联军加紧进行战前的各项准备工作。1924 年 2 月 13 日，谭延闿正式召集湖南各军高级长官誓师出发，宣布加入讨伐陈炯明叛军的东江战役。在广东革命形势高涨的情况下，孙中山作出了出师北伐的部署，任命谭延闿为建国军北伐军总司令。就在北伐军顺利出兵赣南之时，驻守吉安的方本仁部假意输诚，与陈炯明、赵恒惕勾结，使得北伐军腹背受敌，最终失去了吉安，从赣州、南康一带撤退至大庾、南雄等地。

谭延闿为兵败赣南而深感痛心，当他重过大庾时，不禁感慨万千。先后两次路过，时隔不久，但心情却是截然相反，去时踌躇满志，回时士气低迷。

这次的兵败对谭系湘军打击深重。谭延闿自 1923 年追随孙中山到广东后，患上了疹疾，左腿差点瘫痪，经多方治疗后略有好转。之后又转战湖南、广东、赣南，一直没机会进行彻底治疗。谭延闿作为一介文人，从政统军，实属不易。兵败之后的政治环境更是困顿难行。有朋友劝他隐退，但他依然赋诗明志，既已追随孙中山和三民主义，就要不畏"艰难困踬"，不令俗子"嗤懦懦"，为"大同世"的理想坚持奋斗。1925年1月，谭延闿在韶关成立湘军整理处，对湘军进行彻底整顿，裁汰冗员、精良装备、加强训练，同时进行政治教育。新建的湘军，精神面貌焕然一新，成为以后国民革命军第二军的基础。

此时，孙中山积劳成疾，身体每况愈下。陈炯明在英国和北洋军阀的支持下，准备"反攻广州"。谭延闿筹划湘军进兵部署，准备去前线督战。然而，突然传来孙中山于1925年3月12日因罹患肝癌在北京逝世的消息。17日，广州革命政府举行追悼孙中山大会，谭延闿率湘军将士在孙中山遗像前宣读了由他自己撰写的祭文。称颂孙中山"为东方民族而生"，"为东方民族而死"。21日，谭延闿与胡汉民等通电全国，继承总理遗志，并郑重申明："凡有反革命的行为及余孽蠢动"，"誓当廓清扫荡，一息尚存，此志不懈"。

孙中山的逝世在国民党内激起了千层浪，有人公开违背总理遗愿，有人开始争权夺利，有人缺乏革命斗志。就连谭延闿也觉得在政治上失去了一个可靠的人，一时感到抑郁。但多年跟随孙中山的革命经历和忠心耿耿的态度还是让他在关键时刻发挥了作用。

胡汉民曾找到谭延闿，将自己不想代理大元帅职权的想法告诉了他。对此，伍朝枢、廖仲恺等人均已表示同意，但谭延闿知道，孙中山尸骨未寒，立刻改组会对广东革命局势产生严重后果。他郑重其事地对胡汉民说："你的计划是对的，可此刻却万不能行，请你再勉为其难。"正是由于谭延闿的坚决制止，胡汉民"只好暂不提"改组之事，保证了第一次东征的顺利进行和广东革命局势的稳定。

4月，陈炯明的大部分主力部队已被消灭，但滇军首领杨希闵、桂系首领刘震寰与云南军阀唐继尧达成私下协议，准备反叛。在杨、刘反叛出现端倪时，谭延闿就曾慷慨陈词加以劝告。反叛发生以后，代理大元帅胡汉民犹豫不决，谭延闿却态度坚定，和廖仲恺一起，力主讨伐。谭延闿重病初愈，他不顾虚弱的身体，与胡汉民一起"指挥一切"，为迅速平定叛乱，巩固革命根据地做出了重要的贡献。

●广州国民政府成立后，谭延闿成为国民党要员，他是国民党左派。先后参与二次东征和统一两广。中山舰事件中，他苦心斡旋，收获"国民政府主席"的桂冠。

孙中山在世时曾为组建国民政府进行过诸多努力。由于现实条件的原因，一直没有机会付诸实践。孙中山逝世之后，胡汉民并不适宜继续代理大元帅的职务，他本人也有卸任改组的意思，然时局动荡，国民政府应以稳定为先。直到杨、刘之乱平定的第二天，即1925年6月15日，在中国共产党的倡议及国民党左派势力的促成之下，国民党中央委员会召开全体大会，就成立国民政府之事做出决议。谭延闿到会并表示赞同改组。在这次会议决议的指导下，7月1日，广州大元帅军政府正式改组为委员制的中华民国国民政府。谭延闿被推选为16人组成的委员会成员，并被选为5位常务中的一员。7月3日，国民政府军事委员会成立，谭延闿又被推选为8人委员会成员。至此，谭延闿的心境才颇有好转，坚持孙中山三大政策，支持国共合作。

谭延闿能成为国民党的高层领导核心，不是偶然的。自从他追随孙中山起，就一直为实现革命理想而尽心尽力。在讨赵、援粤、整军、东征、平乱等政治事件中，他立下了不小的功勋，逐渐成为国民党后起的重要人物。孙中山逝世后，他继续坚持三大政策，以良好的姿态同中国共产党人合作，取得了各方政治势力的一致好感。

此后，他与同为国民党左派，力推国共合作的廖仲恺合作共事，并且得到廖仲恺的开导和帮助。然而，国民党内部的派别斗争也愈加激烈。1925年8月，廖仲恺被刺，引起了谭延闿极大的悲愤，作了一首《廖仲恺墓下作》。全诗情真意切，既表达了对友人之死的痛惜，也说明了要继承烈士遗志，继续未竟事业的决心。

国民军整编之后，谭延闿兼任第二军军长。为了解决部分编余军官的训练问题，谭延闿决定开办"国民党政治讲习班"，由李富春主持，教员包括：萧楚女、恽代英、邓中夏、张太雷等共产党员，一定程度上反映出谭延闿与共产党人的良好关系。

同一时期，陈炯明不甘心失败，重新纠集四万多人的部队，占领惠州，威胁新生的广州革命政府。1925年9月1日，国民党中央特别委员会决定出兵东江，彻底消灭陈炯明反革命势力。谭延闿与蒋介石等人反复筹商对陈用兵的战略方针，同时组织南征军，以配合东征。10月底，东征军一举歼灭陈炯明主力1万余人，收复东江全境。11月，又消灭了盘踞在北江的熊克武部叛军。而南征军也挺进海南，消灭了邓本殷部，邓本人则化装逃上日本兵舰，离开了海南岛。

然而，反对孙中山三大政策的国民党右派于1925年11月23日在北京西山碧云寺召开了所谓"第四次中央执行委员会全体会议"，形成所谓西山会议派，并作出了反对国共合作和广州国民政府的决议。

为了反对西山会议派的分裂活动，继续促成国共合作的发展，11月27日，谭延闿与汪精卫、瞿秋白、张国焘等国民党中央执行委员、候补执行委员联名通电，反对西山会议派，并决定在广州召开国民党一届四中全会。在宋庆龄、何香凝、吴玉章、周恩来、陈延年、毛泽东等的努力和推动下，国民党一届四中全会于12月11日在广州召开。会议指出，国民党右派于1925年11月23日在北京西山碧云寺召开的会议是非法的，并作出了于1926年1月1日在广州召开国民党第二次全国代表大会来处理西山会议派的问题的决议。

1926年1月1日，国民党第二次全国代表大会在广州正式召开。谭延闿参加了会议，并与汪精卫等人一道被选为7人主席团成员。22日，谭延闿在二届一中全会上当选为国民党中央常务委员。这次大会继续坚持国民党一大宣言和孙中山的三大政策，给国民党右派以有力的反击，而谭延闿也在这次大会上继续被选举进入高层领导集团，担负着极为重要的党、政、军领导职务。

随着国民政府实力的增强，统一两广也逐渐提上了议事日程。1月26日，谭延闿和汪精卫、宋子文等，由白崇禧陪同到梧州与李宗仁、黄绍竑商谈两广统一问题，30日两广宣言合作，设立统一委员会，李宗仁接受国民政府任命的第七军军长一职。3月19日，由谭延闿等制定的"两广统一案"正式公布，至此，两广统一问题得到了满意的解决。这与谭延闿的努力是分不开的。

随着国民党第二次全国代表大会的胜利闭幕和两广的统一，广州出现了大好的革命形势，从而使得包括谭延闿在内的国民党左派人物，纷纷陶醉在胜利的喜悦之中，就连苏联顾问鲍罗廷也在给"苏俄观察团"团长布勒诺夫的报告中极为乐观地写道："随着许崇智的出走，梁鸿楷被解除武装，胡汉民被派往莫斯科，在广州似乎形成一个统一而巩固的政权。可以认为6名军长中，有4名是可靠的。我们同他们未必会发生误会……有了这些指挥官，就可以做许多工作。"

鲍罗廷所指的4名可靠军长，是国民革命军第一军军长蒋介石、第二军军长谭延闿、第三军军长朱培德和第六军军长程潜。然而，就在国民党左派和苏联顾问对广东局势估计得过于乐观，事实上，随着国民党内部的分化斗争，掌握军政实权的只剩汪精卫、谭延闿、蒋介石三人。而政坛新秀蒋介石已经对最高领导权垂涎已久了。

1926年3月20日，蒋介石一手制造了震惊中外的中山舰事件，向中国共产党人、苏联顾问及国民党左派发难。同时诿过于国民政府主席汪精卫。

1926年3月22日上午，国民党中央政治委员会开会讨论中山舰事件的处置办法，谭延闿出席了这次会议。有人提出惩办李之龙、周恩来、陈公博等人，共产党撤出第一军，将苏联顾问驱逐出境的建议。对此，谭延闿等国民党左派人物并没有表示明确的反对意见。经过讨论，会议最后决定：命令苏顾问团团长季山嘉回国，撤去第一军第二师各党代表，查办所谓不轨军官。苏联顾问季山嘉等人表示让步，随即撤回俄国。24日，谭延闿与林伯渠、何香凝等人在国民政府设宴欢送苏联顾问。于是，季山嘉等人当天便回国去了。这次会议完全按照蒋介石的意图通过了决议，而苏联顾问以及中国共产党中央对蒋介石的妥协，使得谭延闿与各军军长不得不表面上对蒋介石的行为表示"赞同"，这就使得原本抱着试探性的态度发动这一事件的蒋介石愈发地有恃无恐，谭延闿等人也被蒋介石表面上奉行国共合作与三大政策的狡猾伪装所欺骗。

看到以谭延闿为首的军方和苏、共的步步退让，而蒋介石的夺权的声势依然咄咄逼人，汪精卫心灰意冷，悄然离职出国。30 日中央党部决议汪未回任前由谭延闿代理国民政府主席。4 月 16 日，国民党中央党部及国民政府召开联席会议，推选谭延闿为政治委员会主席，蒋介石任军事委员会主席。

在中山舰事件中，谭延闿的态度经历了武力反蒋、居中调停、迁就助蒋的三个过程，这种转变有其无奈的原因。军队难以迅速集结，苏俄、中共的退让态度都使得谭延闿开始主张的武力反抗孤掌难鸣。而在广州城内的紧张局势下，居中调解也的确是需要的。当时，蒋、汪、苏俄、中共等几派政治力量都处于进退两难的尴尬境地，如果一旦突破临界点，发展成武力冲突，后果不堪设想。谭延闿对各方关系的调和的确对打破僵局，弥合国共关系起到了积极作用。就个人来说，谭延闿也擅长于各种关系的调和，落有"药中甘草"的雅号。

然而，尽管谭延闿希望看到国共两党能够精诚合作，但他也认为国民革命应该由国民党来领导，而共产党人则只能起辅助作用。他在调解各方面的压力的同时，也在客观上为蒋介石夺取党权、军权帮了忙。

1926 年 7 月，国民革命军出师北伐，蒋介石任总司令，李济深为总参谋长，邓演达为总政治部主任。谭延闿被任命为第二军军长，开赴湖南进行北伐。随着北伐的胜利进军，革命军攻下武昌，击败了吴佩孚的主力，随后，又开辟了江西战场，全国革命的重心转移到了长江流域。为了适应革命形势的需要，在谭延闿的主持下，国民党中央于 1926 年 11 月 26 日召开了政治会议，决定迁都武汉。然而，蒋介石却突然变卦，公然要求迁都南昌，引发了迁都之争。

为了限制蒋介石的军事独裁，推动北伐战争的继续深入，在中国共产党和国民党左派的推动下，国民党二届三中全会于 1927 年 3 月 10 日在汉口召开，谭延闿被推选为大会执行主席。会议主要打击了蒋介石的个人独裁统治，重申了反帝反封建的革命立场和遵循孙中山制定的革命策略。而新成立的武汉国民政府则吸收了共产党人直接参加政权，是国共联合的一种新的政权形式。

1927 年 4 月 1 日，汪精卫从莫斯科回到上海，与蒋介石会面。4 月 12

日，蒋介石在上海发动了震惊中外的反革命政变，许多共产党人和爱国群众惨死在反动派的屠刀之下。18日，蒋介石在南京正式成立了所谓的"国民政府"，而谭延闿则在武汉代理国民政府主席。以蒋介石为首的南京国民政府开始与以汪精卫、谭延闿为首的武汉国民政府分庭抗礼。至此，宁汉分裂。

●在宁汉合流的过程中，谭延闿逐渐走到了革命的对立面。国民政府统一后，谭延闿曾任南京国民政府主席、国民党中常委等职务，是中华民国历史上第一任行政院院长。

宁汉分裂后的局面是，胡汉民站在蒋介石一边，而孙科、宋子文站在汪精卫一边。谭延闿一面改号"左庵"，以左派的面目出现，与工农联系广泛；一面在武汉与蒋介石政府频繁接触，八面玲珑，在两边都大受欢迎，成为宁汉争相拉拢的对象。

1927年4月27日至5月9日，中国共产党第五次全国代表大会在武汉召开，谭延闿与孙科、徐谦组成国民党中央代表团出席了开幕式。尽管他此时已经有了同蒋介石妥协的迹象，但他作为国民党中央的代表参加共产党的"五大"却是很有意义的。这是自中共诞生以来唯一有国民党中央代表参加的全国代表大会。

日益高涨的农民运动逐渐超出了谭延闿的预期，他开始反对，攻击农民运动"过火"。在内外反动势力的压迫下，谭延闿的政治立场开始转向反动。1927年6月10日，谭延闿与汪精卫、孙科等人从武汉到郑州与冯玉祥举行会议，在这次会议上，冯玉祥一面攻击共产党与工农运动，一面向武汉国民政府要河南省的地盘。在残酷的现实面前，谭延闿等人感到联冯限蒋的希望渺茫，不得不把第二次北伐的成果，唐生智北伐军主力以很大牺牲换回来的河南省全部让给了冯玉祥。

6月19日，冯玉祥与蒋介石、李宗仁、吴稚晖、胡汉民等宁方要人召开徐州会议，达成了蒋、冯合作协议。这样，武汉国民政府陷入更加孤立的境地。南京的蒋介石同样处境尴尬，外部孙传芳的大军直逼江岸，借机卷土重来，内部又遭桂系李宗仁、白崇禧"逼宫"，他不得不宣布下野。而善于见风使舵的谭延闿一改左派作风，又发挥"甘草"作用，化解宁汉矛盾，摒弃前嫌，和促成宁汉合流的活动，同时全力配合汪精卫叛变革命。

在经过细致、周密的策划、布置之后，谭延闿与汪精卫于7月15日主持召开国民党中央常务委员会扩大会议，正式宣布"分共"，即七一五反革命政变。昔日的同盟者——中国共产党瞬间被谭延闿视为敌人，昨日还信誓旦旦要坚持孙中山先生的三大政策，一会儿就全都置于脑后了。这就是曾经以左派自居的谭延闿，现在已经站在了革命的对立面。

1927年8月底，武汉国民政府正式宣布迁都南京，国民党在组织形式上实现了统一。9月初，宁、汉、沪三方在上海成立国民党中央特别委员会，谭延闿被选为大会主席。9月17日，又举行了第二次会议，决定改组国民政府，推定汪精卫、胡汉民、李烈钧、蔡元培、谭延闿5人为国民政府常委，成立了由67人组成的军事委员会，并任命伍朝枢为外交部长、孙科为财政部长、王伯群为交通部长、王宠惠为司法部长、蔡元培为大学院院长。9月20日，改组后的国民政府成员在南京宣誓就职。至此，宁、汉两个国民政府正式"合流"为南京国民政府。

1927年12月1日，蒋介石在上海与宋美龄举行了隆重的婚礼，谭延闿是这对"新人"的名义介绍人。说到介绍人，还有一个小故事：

1921年，孙中山经过宋家的同意，将22岁的宋美龄介绍给丧偶未娶的谭延闿作续弦。但那时的谭延闿已经42岁了，认为自己年纪太大，身体也不大好，不敢耽误宋美龄的青春，却又怕对不住孙中山的一片好心。在进退维谷之中，谭延闿心生一计。他准备了一份厚礼来到宋家，给宋老太太叩了三个响头，拜其为干娘，然后又认宋美龄为干妹妹。这一来，宋美龄对谭延闿大有好感。当蒋介石向她求婚时，她随即表示："非谭延闿做媒我不嫁。"于是，蒋介石只好请谭延闿帮忙，最终修成正果。

回顾国民党历史上的派系斗争，蒋介石虽然排挤了政敌胡汉民和汪精卫，却一直对谭延闿网开一面，也许还有这方面的原因。

1928年2月2日至7日，国民党二届四中全会在南京召开，这次会议是在蒋介石的操纵下进行的。蒋介石在与汪精卫、胡汉民等人的争斗中占了上风，但又不便马上亲自出面总揽大权，因此他提名谭延闿做主席。经过选举，谭延闿担任了南京国民政府主席，同时也被选为国民党中央执行委员会常务委员。而蒋介石通过二届四中全会，身兼国民政府军事委员会主席、国民革命军总司令、国民党中央组织部长、国民党中央政治会议主席数职。所以，尽管谭延闿名为国民政府主席，但实际的党、政、军大权都操纵在蒋介石手里。

在谭延闿担任国民政府主席期间，他除了处理相关政务外，还花了一些时间临摹了在广州陆海大元帅府大本营担任代理秘书长等职务时收存的孙中山的书信，并编辑成《总理遗墨》第1辑。从他临摹的字来看，已经可以反映出他书法的熟练纯厚炉火纯青。

随着国民党军队北伐，占领京津，统一全国之后，1928年7月，蒋介石为了将大权牢牢地握在自己手中，便提出结束"军政时期"，开始"训政时期"。8月，在南京召开国民党二届五中全会，决定按照五权宪法的精神，为设立司法、立法、行政、考试、监察五院作准备工作。10月8日，南京国民政府公布《中华民国国民政府组织法》。同日，国民党中常会举行第173次会议，决议蒋介石、谭延闿等16人为国民政府委员，蒋介石为国民政府主席兼海陆空军总司令，谭延闿任行政院院长。至此，谭延闿成为国民政府的首任行政院院长。10月10日，蒋介石在南京中央党部大礼堂出席国民政府主席就职典礼，而谭延闿也结束了为期8个月的主席任期，改任行政院院长。

1929年1月，在国民党中央政治会议纪念周上，谭延闿以行政院院长的身份发表《循礼守法可以为治》的演讲，希望通过遵循立法，达到中国政治改革的目的，这也成了他后来的施政方针。为了突出蒋介石的领袖地位，谭延闿还将孙中山与蒋介石的往返书信临摹编辑成《总理遗墨》第2辑。

4月，谭延闿因病住进上海宏恩疗养院。在那里，他一边治病，一边临摹《麻姑仙坛记》，书法水平有了更进一步的提高。9月，病愈返回南京。

这个时期的谭延闿一方面以行政院院长的身份在后方为蒋介石解决后顾之忧，处理各方事务。同时，利用空闲时间练字、作诗、喝酒，过着悠然的文人生活。在政治上，他恪守"不负责，不建言，不得罪人"的"三不主义"，每次行政院开会，都不置可否，只是闭目养神，一切唯蒋介石的意志马首是瞻。

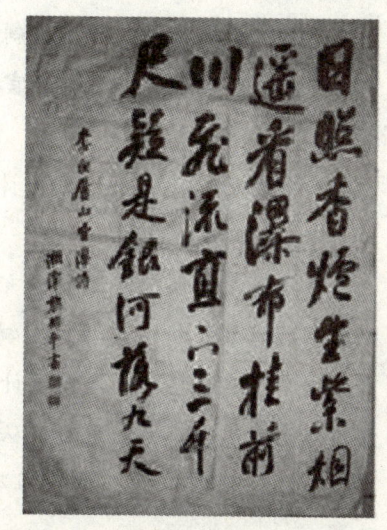

谭延闿手书

1930 年春，蒋介石与阎锡山的矛盾激化，冯玉祥又与阎锡山联手反蒋，中原大战爆发。谭延闿与胡汉民等人以五院院长的名义，发表《告军人书》，通电各地军人，要认识到"中央根本政策为和平统一"，反复强调统一的重要性，为蒋介石大造声势。这个电报全文都是为蒋介石的出兵制造理论依据，以获得舆论上的支持。然而，谁都没有意识到，这已经是谭延闿最后一次为南京政府效力了。

就在蒋介石即将取得胜利之时，谭延闿突然去世。9 月 21 日午后，谭延闿写了几封信后便出去看马，在路上突发脑溢血，医治无效，第二天上午 9 点去世，终年 51 岁。

谭延闿一生，处事老到，三次督湘，几经沉浮。跟随孙中山以后，在党内外的各种政治势力中，总能以调解人的身份，穿插其间，争取各方好感，故有"政坛不倒翁"的美誉，这些调和看上去是在做无用功，实则在促进团结，统一中国的过程中起到了重要作用。调解并非易事，在这过程中，他以坚韧的精神，多变的政治手段克服了诸多困难，付出了大量的心血。而个中的无奈、伤感，却难以言明。正如他在《生日口占》一诗中吐露的那样：

岁月婆娑已作翁，此生常在百非中；
年来想望多成幻，老觉调停不是功。

19

急劫可怜棋局幻，欢情惟剩酒杯空；

艾人今后堪题署，无奈应官与早慵。

9 月 22 日，南京政府发出讣告，称颂谭延闿：

德显醇深，谟猷宏远。辛亥之役，建树湘中，就援鄂渚，克奏光复之
勋。嗣后讨袁、护法诸役，力持正义，大节凛然。暨乎壬戌、癸亥之际，
平契湘军，追随总理，入襄至计，出奏肤功，为主义而效忠，固初终之不
懈于以宏济艰难，克定危难，从容坐镇，政绩弥昭。方今大乱渐平，国赖
者硕何图，讦谟未竟，痼疾难廖，天不憖遗民失师保，遽闻溘逝，震悼
殊深。

之后，蒋介石又亲自指派萧萱选定南京紫金山麓灵谷寺之东作为谭延
闿的国葬陵墓。但由于建造陵墓的工程比较耗费时间，便定于 1931 年 9 月
4 日先行国葬典礼。举行国葬的当天，南京政府的主要官员、各省各地军
政要人以及外国驻中国使馆代表纷纷发表演讲或做文章，对谭延闿大加
赞扬。

如胡汉民在悼词中写道：

谭先生休休有容，具有古人所谓宰辅的气度，他的性格，只有和平中
正四个字，可以得其大略。兄弟与谭先生相处十余年，从未见其疾言厉
色，有时有人为什么问题互相争持时，谭先生一来，往往令人意消；遇到
难以解决的问题，一经谭先生调处，也就十分妥贴了。所以有人视谭先生
为药中甘草，几于攸往咸宜。但是，谭先生在我们工作中，不仅是随便配
合的甘草，而是在配合之后，能使我们的工作，发生伟大的效能，显出异
常的工作的。

1932 年 12 月，谭延闿墓竣工，墓地及有关纪念堂、祭台、命令碑、
纪念牌坊、龙池及石墓等共占地 300 亩。1933 年 1 月 9 日，南京政府举行

谭延闿墓落成典礼，各界要人都赠送了挽联。蒋介石在挽联上写着："救国伕同心，撑住艰危，大难将移公竟去；匡时资伟略，绸缪建设，群伦失望我愈悲。"胡汉民写的是："景星明月归天上，知气春风在眼中。"古应芬是："首义在湖湘，先觉追陪，廿载勋名酬素志；忧劳缘党国，宏才奄逝，三秋风雨助悲声。"李烈钧是："承教有年，每切高山景仰；胡天不愍，意令深木倾颓。"他们都从不同的角度称赞谭延闿，对谭延闿来说，也是一种肯定与奖赏了。

蒋介石：集权领袖　1930 年任职

　　蒋介石，这个曾经叱咤风云的一代枭雄，是对二十世纪中国历史具有巨大影响的罕见人物。他的一生经历太过传奇，也有太多纠葛。他与宋美龄的婚恋，他与共产党的较量，他与美日的关系，他在台湾的生活，都是后人津津乐道的话题。尊之为千古完人者有之，斥之为独夫民贼的也不少。事实的真相究竟是怎样的？历史的大幕将徐徐展开，这里，既有光辉灿烂的画卷，也有阴暗无光的角落……

　　●蒋介石从日本军校毕业后，回国参加革命，后得到孙中山信任，发动了中山舰事件和整理党务案。北伐进程中，制造反革命政变，在血雨腥风中建立起南京国民政府。

　　蒋介石，幼名瑞元，学名志清，又名中正，1887 年 10 月 31 日，生于浙江省奉化县溪口镇。9 岁丧父后，母亲王采玉带着 4 个年幼的孩子艰难度日，孤儿寡母，生活很是凄苦。

　　蒋介石幼年顽劣，"瑞元无赖"的诨号传遍溪口。为使儿子收顽劣之性，王采玉依照乡俗，在蒋介石 14 岁时，为他迎娶了长他 5 岁的毛福梅为妻。

　　1906 年，蒋介石先考取浙江武备学堂。不久又赶上清政府陆军部的"通国陆军速成学堂"（保定军校前身）在各省招考，蒋介石幸运地被录取。第二年，清政府陆军部在保定军校里考选留日陆军学生，蒋介石本来尚无报考资格，经过一番努力，获准参加考试，结果入选，被破格保送去日本就读"士官预备学堂"。

1908 年，20 岁的蒋介石进入东京振武学校，就读于炮兵专科，同期生中有黄郛和张群。就在这一年，蒋介石由陈其美介绍，加入中国同盟会。第二年，经陈其美引见，蒋介石第一次谒见革命领袖孙中山。从此以后，蒋介石抱定毕生追随这位伟人以展宏图的决心。

蒋介石与考取保定陆军学校的浙江籍同学合影

1910 年，蒋介石从振武学校卒业，入日本新潟县高田野炮兵第十九联队。1911 年辛亥革命爆发，蒋介石应先期回国的陈其美之召，归国参加浙江起义。

参加辛亥革命，是蒋介石可以炫耀的一段历史。但其间发生的陶成章被杀事件，成为其难言之隐。

陶成章，光复会著名领袖，多次发动组织武装起义，功勋卓著，享有较高的声望和影响。辛亥革命后，浙江军政府成立，陶被选为省参议会议员。1912 年 1 月，浙江革命党人众议拥戴陶成章出任浙江督军，一向视江浙为自己势力范围的陈其美，指使蒋介石收买了光复会王竹卿，乘陶成章生病住进上海广慈医院之机，潜入病房，将陶杀害。

陶案发生后第二天，孙中山从南京致电陈其美，令其"严速究缉，务令凶犯就获，明正其罪，以慰陶君之灵，泄天下之愤"。陈其美当然不会"严速究缉"，便悄悄地打发蒋介石离开上海，避往日本。蒋介石此次赴日，从春到冬，整整一年。他在日本办了 4 期《军声》杂志。

二次革命爆发后，陶案风波已过，蒋介石从闲居半年的溪口老家来到上海，帮助陈其美组织武装讨伐袁世凯。陈其美被袁世凯暗杀后，蒋介石开始得到孙中山的重视。

1917 年 7 月，孙中山依靠滇、桂军阀唐继尧、陆荣廷的力量，在广州建立中华民国大元帅府，自任大元帅，揭起护法运动大旗。为对付滇、桂军阀的专横与掣肘，孙中山筹建8000人的"援闽粤军"，任命陈炯明为总司令，邓铿为参谋长。从1918年起到1922年，蒋介石先后担任"援闽粤军"总司令部作战科主任、第二支队司令和第二军参谋长等职。在此期间，蒋介石多次辞职，以退为进，捞取资本，屡试不爽。特别是往往选择军事上最需要他的时候，提交辞呈，或者干脆不辞而别，返归故里。

1922年6月16日，陈炯明发动了"炮轰总统府"的武装叛乱。此时，蒋介石正在宁波。两天后接到孙中山发来的"事紧急，盼速来"的急电。在这危急关头，蒋介石经过几天准备，于6月25日从上海启程，29日登上永丰舰，与孙中山共生死。可谓"间关赴难"、"临危受命"。孙中山授他海上指挥全权。无奈舰队内部叛变投敌事件迭起，救援之师受阻，至8月9日，孙中山不得不率领众人离开广州，经香港去上海。蒋介石与孙中山并肩战斗40天，更加强了孙中山对他的信任。

国共第一次合作开始后，孙中山任命蒋介石为黄埔军校校长，兼任粤军参谋长。黄埔军校是国民革命时期，国共两党培养军事政治人才的重要摇篮，蒋介石在军校中实行严格的政治、军事训练，实行军事政治并用的方针，为国民革命和以后的国共两党培养了大批的军事政治人才，国共两党的许多著名将领都出于该校。

在黄埔军校，蒋介石竭力培植个人势力。当时在军校，两种思想和势力的斗争是很激烈的。一些国民党右派分子为与共产党成立的外围群众组织青年军人联合会争夺青年学生，戴季陶、王柏龄、贺衷寒、缪斌等于1925年11月发起成立孙文主义学会，打着研究孙文主义的旗号，行挑拨反共之实。蒋介石站在幕后指使操纵。当两派矛盾、冲突激化到不可调和时，他便以调解者的面目出现，召集两会举行联席会，相继宣布解散。这两个组织遭解散后，成立以蒋介石为会长的统一的黄埔同学会，所有黄埔学生均为会员。规定一切会务均听命于会长，下级绝对服从上级。蒋介石名义上不偏不倚，实际上结党营私。黄埔同学会还在筹备过程中，蒋便暗示亲信赠送他一枚银质纪念章，上面刻有"革命领袖"四字。蒋介石力量之所在的黄埔系，发源于此。最著名的有所谓黄埔八大金刚，他们是：何应钦、顾祝同、钱大钧、蒋鼎文、陈诚、陈继承、刘峙、张治中。

蒋介石率领黄埔军校"学生军",先后两次东征,讨伐陈炯明,平定滇、桂军阀杨希闵、刘震寰叛乱,为广东根据地的巩固,作出了不可忽视的贡献。蒋介石的地位也随之提升,在国民党二届一中全会上,蒋介石成为9名常务委员之一,不久又任国民革命军总监。随着地位的上升,蒋介石的领袖欲也在滋长,其政治倾向日益右转。

1925年3月,孙中山逝世。在蒋介石面前,军界有其顶头上司军事部长许崇智,党内汪精卫、胡汉民、廖仲恺更是资深历长,万难望其项背。天有不测风云,蒋介石时来运转。1925年8月,廖仲恺遇刺身亡。蒋、汪结盟,驱胡倒许,分掌权力。但是,蒋、汪之间的矛盾、斗争也随之而来。对两个领袖欲极强的人来说,一山容不得二虎。蒋、汪初次交手,掌握军权的蒋介石便大获全胜,汪精卫出走国外。

1926年3月蒋介石制造的中山舰事件,是其反共的开始。3月18日,黄埔军校驻省(省城广州)办事处主任欧阳钟称"奉蒋校长的命令",通知海军局代局长、共产党员李之龙速派有战斗力的军舰到黄埔听侯调遣。当李文龙派中山舰开到黄埔后,蒋介石否认有过调舰命令。这时谣言蜂起,说苏联顾问和共产党员要劫持蒋介石,等等。20日,蒋介石在广州实行紧急戒严,逮捕李之龙,监视和软禁大批共产党人,解除省港罢工委员会的工人纠察队武装,包围苏联领事馆,监视苏联顾问。事件发生后,引起了各方面的广泛注视,尤其是引起其他军事将领如程潜、李济深的不满。"各军都想同蒋介石干一下。"共产党内,如陈延年、毛泽东、周恩来等人也主张与蒋介石斗争,但由于形势的发展,情况都发生了变化。3月24日,苏联考察团团长布勒诺夫召开苏联顾问团会议,宣布以布留赫尔代替季山嘉等人,放弃缓期北伐主张,限制苏联顾问的权力等决定,处处迎合蒋介石的要求。4月16日,蒋介石当选为军事委员会主席。中共中央和陈独秀是事后得知情况的,党内尤其是陈独秀是反蒋的,但无能为力。中山舰事件中,蒋介石自请处分,缩小事态,查办肇事者,并申斥国内外敌人的挑衅,既打击了政敌,又争取了个人权力,仍以公正面目出现,得到了各方面的谅解和支持。

不久,蒋介石又通过整理党务案进一步窃取了国民党最高权力。1926

年5月15日，国民党二届二中全会在广州召开。蒋介石宣布开会理由，矛头直指共产党。随后，由蒋介石、谭延闿、孙科等9人，提出《整理党务案》，核心内容为四项原则：改善中国国民党与共产党的关系；纠正党内跨党党员之轨外行动及言论；保障国民党党纲党章的统一权威；确定共产党员加入国民党之地位与其意义。在《整理党务案》之外，蒋介石又单独提出国共"协定事项"八条，以上四项原则和蒋的八条提案，是在改善和调整两党关系的表面下，运用国民党组织机制，通过中央名义公开而全面地限制、排斥共产党，是两党仍有合作关系的前提下，公然对共产党的污蔑、歧视。两个提案随后正名为《整理党务第一决议案》及《整理党务第二决议案》。随后，蒋又提出了旨在从组织上排斥汪精卫的《整理党务第三决议案》及为了进一步控制共产党员活动的《整理党务第四决议案》。会后，毛泽东、林伯渠、谭平山等被迫提出辞职。同时，蒋趁机加剧了向中共夺取中央和地方党权的攻势。6月，蒋接任国民党中央常务委员会主席。同月，国民党中央通过出师北伐案，任命蒋介石为总司令，总揽了国民政府所属军、政、民、财各机关大权。由此，蒋成为垄断国民党、国民政府和国民革命军大权的第一号人物。从而为日后的全面"清党"扫清了障碍。

蒋介石"苦心经营"得来的权力通过而后的北伐运动逐步得到了巩固。当时，广州国民政府经过了两次东征和南征，肃清了广东境内的军阀势力，取得了军政、财政等各方面的统一，进而又完成对广东、广西两省的统一，形势好转，工农运动蓬勃开展，广大民众迫切要求国民政府出师北伐，及早推翻北洋军阀的统治。种种迹象表明：广州国民政府有必要、有实力进行北伐，以安天下。早在1926年4月24日，蒋介石在"统一两广特别委员会"会议上就提出了"应早定北伐大计"的主张。他需要突出北伐的重要性，从而将自己作为军事最高负责人推上政治制高点。同年4、5月份，军事委员会先后两次草拟北伐作战计划。最终确定，先打吴佩孚在两湖的军队，对孙传芳采守势，同时固守广东根据地。6月4日，国民党中央执行委员会通过迅行出师北伐案，蒋介石为国民革命军总司令，国民革命军全军共8军10万人。7月9日，5万人于广州东校场誓师北伐，揭开了轰轰烈烈的北伐战争的序幕。

北伐战争首战湖南，再平湖北，又克江西、福建，随后光复浙江。浙江是蒋介石的家乡所在，夺得此地，稳固局面，对蒋有特别的意义。在半年多的时间里，蒋介石统率北伐军击溃吴佩孚，打败孙传芳，占领了湘、鄂、赣、闽、浙诸省，把国民革命从两广推进到长江流域，取得了巨大胜利。

北伐军在中国南部的胜利，震撼了整个中国，鼓舞了所有渴望推翻北洋军阀统治的仁人志士的革命激情。基本上结束了北洋军阀在中国南方的统治局面，同时也沉重摧毁了北洋军阀妄想苟延残喘的梦想。所有长期从事民主主义革命事业的人都透过这次北伐看到了希望，看到了未来。

而蒋介石是这次运动的领导者，虽然他并没有被视为可以取代孙中山或三民主义精神的新形象，但蒋介石一时之间也成为举国上下关注的焦点，蒋再不是以前名不见经传，四处漂泊，徘徊徜

国民革命军总司令蒋介石

徉的过客，也不再是家乡父老眼中的"无赖"。此时此刻，他成为名噪天下的英雄人物，被赋予了很多头衔，如"一个了不起的军事家"或者是"一个不负众望的革命家"等。

北伐的节节胜利，使得蒋介石的实力越来越大。国民政府迁都武汉后，蒋介石不愿再与国民党左派和共产党合作，打算凭借自己的军事力量"搞个单干"。国民党二届三中全会后，中共、国民党左派与蒋介石的权力之争已达到白热化程度。蒋介石也开始了积极酝酿反共"清党"的过程。

为了实现自己政治分裂的愿望，蒋介石首先迫切需要建立自己的幕僚班子。为此，蒋约集了在南方政权中任职的张静江、陈果夫、戴季陶等到南昌密谋，还从北方招来许多临时好友。此时，面对中国大革命的迅猛发

展，英美日帝国主义列强也在积极活动企图分化革命阵营。蒋介石暗中联络日本，同时通过多条渠道与美国接洽。在蒋介石同英美日国家暗地勾结过程中发生的"南京事件"，加速了蒋介石集团与帝国主义合流，并加速了蒋介石集团走上反共"清党"的道路。蒋介石"清党"反共的另一项重要准备活动便是收买利用青洪帮，成立了由地痞流氓组成的人数众多的帮会势力武装，此帮会成为助蒋清共的重要力量。

在做了上述充分准备后，蒋介石集团为掩盖其反革命行径，还假借"中央监察委员会全体会议"之名"决议清党"，并发表美其名曰为"护党救国"通电，这就为蓄谋已久的反革命政变披上了"合法"的外衣。

1927 年 4 月 12 日凌晨，大批青洪帮打手打着工人的旗号，携带枪械，从租界冲出，向分驻上海总工会等处的工人纠察队发动突然袭击，反动军队旋即以"调解工人内讧"为名，收缴双方枪械，2700 名配有 1700 支长枪和几十挺机关枪的工人纠察队员在几小时内就被解除了武装，队员们有的来不及反抗，有的虽拼死抵抗也不能幸免，几百名纠查队员被杀害。事变发生后，上海工人及各界群众发动总罢工和游行示威，表示强烈抗议，但遭到反动军警的疯狂屠杀和搜捕。到 4 月 15 日，上海工人有 300 多人被杀，500 多人被捕，5000 多人失踪。这就是震惊中外的四一二反革命政变。同时，四川、江苏、浙江、广东等省也发生以"清党"为名，对共产党人进行大屠杀的事件。著名共产党人李启江、萧楚女、熊雄等都是在这时英勇就义的。

●蒋介石的南京国民政府，解决了政争，并对革命群众进行镇压。九一八事变后，推行不抵抗政策，全国反对。西安事变和平解决，被迫停止内战，一致抗日。

四一二反革命政变后，蒋介石控制了以沪宁为中心的新东南地区。1927 年 4 月 18 日，根据国民党中央政治会议第 73 次会议决议，南京国民政府在丁家桥前江苏省会议厅举行成立典礼，这标志着以蒋介石为代表的南京国民政府正式成立。这样，当时的中国就出现了暂时的三足鼎立局面，即自恃反共有功的南京国民政府，摆出国民党元老资格的武汉国民政府以及占据着西北地区的冯玉祥。为稳定新建立的南京国民政府，蒋介石首先努力调整与汉方和冯方的关系。蒋介石用大量财力支援一招击倒了冯玉祥。随后，汉方迫于宁冯联合的压力不得不改变了选择趋向。7月14日，汪精卫于武汉召开秘密会议，悍然决定"分共"，次日正式宣布与共产党分裂，国民大革命失败了。

为避免在宁汉抗争中成为目标，蒋介石兵败徐州后于1927年8月12日晚，宣布辞去国民革命军总司令等本兼各职，次日在上海发表下野宣言，随即乘船回奉化老家。这是蒋介石"以退为进"的策略。

蒋介石利用其下野后中国政局动荡不堪，各党派纷争的混乱局面，从中看清各政界要人的嘴脸并积极拟定日后的具体对付方案。为了积累政治资本、获得更多支持以复职，蒋介石继续其对外政策和策略，积极与帝国主义建立联系。此外，蒋介石下野后极尽其能地张罗成与宋美龄的婚事。1927年12月1日，蒋宋婚礼在上海隆重举行。这次婚礼成为蒋的政治宣言，蒋通过婚礼宣布自己已成为孙中山的合法继承人，与孙中山结为连襟，增加了蒋介石的政治资本。其后，蒋介石经精心策划，巧妙利用各派系间的矛盾，扫清了复职的一切障碍，1928年1月9日，蒋介石通电宣告恢复国民革命军总司令职务。

蒋介石的东山再起，使自己在国民党中的地位更加稳固，南京国民政府在渡过了混乱状态后，在以后的斗争中慢慢稳定下来，成为蒋介石在大陆进行政治经济军事活动的主要载体。

蒋介石建立的南京国民政府面临着各方面挑战，其中有汪精卫的政治反对派和以胡汉民为代表的国民党元老派，蒋介石采取各种手段与之进行争斗，取得了争斗的胜利，在此过程中经历了再次下野和再次复职后，进一步巩固了自己在国民党内部的政治权威，巩固了南京政权，为其实现专制与独裁铺平了道路。

南京国民政府建立并稳定后，各地军阀和地方实力派虽然表面上归顺了中央政权，但对蒋介石及其中央政权始终心怀戒意，决不允许蒋介石染指地方利益。为了实现全国的真正统一，从而进一步巩固和扩大自己的权

蒋介石在十年内战中

力，蒋介石利用军阀之间的矛盾，凭借自身强大的军事、经济实力，开始了荡平地方军阀的过程。

由于当时二期北伐后，桂系军阀的迅速膨胀强大威胁到蒋介石的独裁统治，对此，桂系便成为蒋在铲除异己时第一个要打击的目标。蒋介石先是逼走白崇禧，后又用计赚取李济深，拉拢冯玉祥。1928年3月31日，蒋桂战争打响了。此次战争在蒋介石做好了充分准备的前提下以蒋介石的彻底胜利而告结束。

蒋桂战争之后，冯玉祥掀起了倒蒋高潮，西北军两次倒蒋，但终因政治、军事实力远不敌南京方面的中央军，再加上倒蒋联盟阵营各自为战，缺少统一指挥，军阀之间的分分合合却给了蒋介石可乘之机，最终使得蒋介石取得蒋冯战争的胜利。

蒋介石连续挫败和击溃了桂系、西北军的进攻后，更加盛气凌人，各派不服蒋的压力，寻找新的途径与之争雄。1930年5月11日，爆发了中国历史上前所未有的中原大战。蒋介石精心分析战局，随时变更军事战略，力求战术灵活。在此基础上，又极力拉拢张学良，最终迫使阎锡山、冯玉祥联合发表通电，"即日释权归田"。中原大战以蒋介石的全面胜利而告终。

中原大战后，蒋介石收复了北平、天津。此时，剩下的只有东北问题了。蒋介石考虑到若以武力继续北进，必将遭到日军直接干预，因此决定以和平手段解决东北问题，停止对关外用兵。日本一手制造的皇姑屯事件加速了蒋介石解决东北问题的进程。新疆、热河相继易帜后，1928年12月29日，张学良通电全国宣布东北易帜。在东北易帜过程中，蒋介石和张学良相互沟通，相互配合，一致对外，为争取国家统一作出贡献，东北易帜最大限度上维护了东北人民的利益，赢得了全国人民的赞誉。此外，东北易帜的实现，使蒋介石名义上统一了中国，进一步巩固了南京国民政府的地位。

1930 年 11 月 12 日，是孙中山的诞辰之日，这天，国民党三届四中全会于南京召开，蒋介石在三届四中全会上，成功地修改了国民政府组织法，从而提高了国民政府主席、行政院院长的职权。原行政院院长谭延闿于 22 日病逝后，即由宋子文代理，会上，正式推举蒋介石兼任行政院院长职务。当时，行政院为五院中权力最大的院，相当于内阁。

蒋介石统治的南京国民政府几乎用武力实现全国统一后，在内政和外交上也苦心经营，力求进一步巩固统治。

政治方面，二期北伐结束后，蒋介石就宣布"训政时期"开始。提出了"统一军政"、"实施训政"和以党治国的口号，国民党三大后，蒋介石完全控制了国民党中央大权，国民党的性质也发生了根本性的转变。到抗战爆发前的国民政府的"训政"，其纲领、基本法和体制主要反映了蒋介石及其拥护者的意志。

南京国民政府存在的有限时间里，其体制和制度也处在不断变化中，总的趋势是越来越具体，越来越周到。如国民政府的组织法和总统府的组织法的制定、修改，前后共达 13 次，每一次都反映了蒋介石地位的巩固和权力的扩大。国民党五大后，蒋介石及国民政府的政治倾向是较积极的，采取了一些较现实的政策，并逐渐向联共抗日方向转变，总趋势有所进步。

意识形态方面，南京国民政府时期可谓一手遮天。蒋介石及其政府对意识形态的控制极具特色，不仅继承了古代文化专制的手法，而且渗进了近代法西斯主义文化禁锢的强暴，具有沉重"党化"色彩。主要通过强化思想管制，加强文化围剿，使教育党化来强化意识形态的管理。此外，"训政"期间，蒋介石还建立了庞大的特务系统，加强对国民党、国民政府和军队的控制，镇压共产党的活动，强化对民众的统治。

经济方面，南京国民政府成立初期，蒋介石也采取了一些有利于民族资本经济发展的政策和措施。在农村，先是推行减租减息，进而制定了《土地法》，进行土地改革，制定保护国贷的政策，繁荣民族经济，改革税制，废除厘金制度，进行币制改革等，这些政策和措施一定程度上促进了社会经济的发展。此外，从1935年开始，蒋介石倡导的全国规模的国民经济建设运动，虽是其想利用"建设统一"来保障他的"政治统一"，但客观上促进了整个社会经济的恢复和发展。从南京国民政府成立至全面抗战爆发，蒋介石通过各种政策和措施，建立了以蒋、宋、孔、陈为首的官僚资本集团。官僚资本发展成为垄断资本，严重影响了中国经济的发展。

外交方面，南京国民政府在抗战全面爆发前，围绕着国际、国内斗争的需要，开展了一系列的外交活动。南京国民政府成立不久，1927年5月9日，蒋介石宣布其对外方针：一、对外不采取暴力手段；二、在适当的时候提议废除不平等条约；三、打倒帝国主义，但不是排外性质。南京事件和济南惨案的相继发生，在国内引起强烈反响。蒋介石为了弥补和纠正在处理这些事情上的不当，树立自己的领袖形象，采取了一些新的对外政策。这时，南京国民政府的外交活动主要围绕着关税自主权和废除领事裁判权，即"改订新约"运动开展。在当时的历史条件下，南京国民政府宣布废除不平等条约，采取和平手段，对列强在华特权逐项交涉，并取得一定成果，这是符合历史发展潮流的。然而，蒋介石出于意识形态的考虑，以及配合国际上的反苏潮流，不惜与苏联交恶。其指示张学良与苏摩擦，引发了"中东路事件"。1929年7月19日，中国政府宣布与苏联断交。

自南京国民政府成立后，蒋介石从未停止过反共反人民的反革命活动。四一二反革命政变后，国民党反动派在"宁可枉杀千人，不可使一人漏网"的口号下，血腥屠杀共产党人和革命群众。全国共产党员的人数由国民革命时期近6万人减少到1万余人。在反革命屠刀下，许多著名的共产党员和工农运动领袖壮烈牺牲，革命群众组织被解散或封闭。而且南京国民政府还对中共首脑机关进行疯狂破坏，中共的干部队伍遭到严重损失，中共中央机关被迫迁入苏区。

此外，国民党反动派还残酷镇压国民党左派。国民党左派代表邓演达组织了以国民党民主派为主体的第三党后，蒋介石悬赏30万元缉拿他。1931年11月29日，邓演达于南京城东被秘密杀害。蒋介石除了镇压异己，还积极致力于文化围剿，打击革命文化，摧残进步团体，迫害进步人士。

南京国民政府成立后，蒋介石的心腹之患就是革命根据地的红军。为了彻底剿灭中共及其领导的军事力量，蒋介石从1930年10月到1934年10月先后五次对红军和革命根据地进行大规模的"围剿"。前四次以蒋介石的军事失败而告终。第五次"围剿"，蒋介石得逞，红军撤出中央革命根据地，被迫开始了长征，使得中国的革命事业蒙受了巨大损失。红军长征后，蒋介石并没有就此罢手，仍然积极部署军队，进行围追堵截，企图将红军彻底消灭。蒋介石乘"追剿"红军之机，成功地削弱了地方势力，加强了中央政权对这些地区的控制。

1931年9月18日，九一八事变从柳条湖爆炸声起，日军在短短4个月时间里，攻城20座，略地千余里，直至攻占整个东北三省，使中华民族陷于空前的灾难中，而在这国难之际，蒋介石的注意力仍放在巩固南京中央政权上，而且不遗余力地"围剿"红军，在很大程度上限制了他对日军在东北军事行动的反应和政策的选择。其无力应付日军入侵，便实行"不抵抗政策"。中国人民抗日救亡呼声不断高涨，迫于内外交困的压力，1931年12月15日，蒋介石再次以退为进，宣布下野。

华北事变后，日本帝国主义加紧了侵略中国的步伐，中国民族矛盾日益尖锐。蒋介石却继续执行"攘外必先安内"的政策，引起国内各方面的不满。1936年10月，蒋介石亲赴西安，逼迫张学良、杨虎城率部"剿共"。12月4日，又迫令张、杨立即将其军队全部开赴陕北"剿共"前线。其后连续几天，张学良、杨虎城反复劝说蒋介石应以国家和民族的大义为重，容纳抗日主张，但均遭到蒋介石的斥责。张、杨二人受中共领导的抗日救亡运动的影响，决定发动"兵谏"，逼蒋抗日。

1936年12月12日凌晨，按张、

蒋介石和宋美龄

33

杨商定的计划,东北军一部包围华清池,扣留了蒋介石。同时,囚禁了从南京来的几十名国民党军政要员。这就是震惊中外的西安事变,此次事变引起了国内外巨大反响。起初,蒋介石态度顽固,宁死也不抗日。国民党以宋子文、宋美龄为首的主和派,为保全蒋介石,主张用和平方式解决西安事变。中共方面,分析了国际国内复杂政治形势后,从中华民族和中国人民长远利益出发,确定了和平解决西安事变的方针,从而为结束"剿共"内战,实行一致抗日创造条件。

12 月 23 日,张学良、杨虎城同宋子文、宋美龄进行谈判。经两天谈判,最后达成了联共抗日的六项条件。24 日晚,蒋介石会见周恩来时,表示同意谈判议定的六项条件。西安事变和平解决,粉碎了亲日派和日本帝国主义者的阴谋,十年内战局面基本结束,国共第二次合作已成不可抗拒大势。26 日,张学良陪同蒋介石到达南京后,便因"对于上官为暴行胁迫"被判处有期徒刑十年。然后又在蒋介石的导演下由十年徒刑体面地变成了交军事委员会"严加管束"。

●抗战初期,蒋介石的态度是积极的,拼中国之国力与日寇血战。进入相持阶段后,开始消极抗日积极反共。还进行了积极的外交活动,并出席了开罗会议。

1937 年 7 月,日军发动卢沟桥事变,中国军队奋起抗击,伟大的中华民族的抗日战争由此揭开序幕。事变发生后,当时正在庐山举办训练团的蒋介石是准备应战的,但仍抱有和平的幻想。平津、华北相继告急,此时国民政府为共赴国难而召开的庐山谈话会上,蒋介石态度明朗地表明,最后关头已经到来,决心拼死抗战。此次谈话,确定了抗战的方针,蒋介石已经接受了中共倡导已久的抗日民族统一战线的主张。日本妄图占领整个华北时,蒋介石也调兵遣将,向河北、察哈尔不断增兵,以图挽回局势。淞沪告急后,南京国民政府迁至重庆,并积极实施以四川为抗战总基地的大后方战略。南京失守后,组织难民及工厂内迁,这也是蒋介石统帅部设计的全面抗战方略中不可缺少的一部分。可以看出,抗战爆发后,蒋介石的抗战态度是比较积极的。

1937 年 8 月 13 日，淞沪会战打响，抗日战争全面爆发，8 月 20 日，国民政府组成了以上海为中心，包括苏南和浙西的第三战区。在整个淞沪抗战期间，军事上的实际指挥者是蒋介石。历时 3 个月的淞沪会战，是抗日战争爆发后的第一次重大战役，蒋介石主动出击，并且打破日军三个月灭亡中国的迷梦。在整个战役中，蒋介石亲自组织和指挥，他亲自制定了作战计划，调集了 73 个师参加这次会战，占当时蒋介石军事委员会能够指挥的部队的三分之一强，而这些部队都是蒋介石的嫡系部队。参战的 70 余万大军，在蒋介石及军委会的统一组织下，不分派系，同仇敌忾，为保卫祖国而战，显示了中国军民的抗战意志和力量。

日军占领上海后，随即转兵直逼中国的首都南京。国民党军队虽然在南京外围同日军进行了许多战斗，并给予敌人一定杀伤，但最终未能阻挡多路日军的猛烈攻击，南京失守，南京的陷落令举国震动。1938 年 1 月，蒋介石在开封召开军事会议，会上他强调说中国政府要继续抗战下去。并指出，高级将领要有坚持抗战的决心，下令逮捕并惩处了擅自撤退的第三集团军总司令韩复榘。随后，中国将士为保卫徐州，同日军展开了殊死搏斗。同年 3 月下

蒋介石

旬至 4 月上旬，中国军队在台儿庄地区对孤军深入的日军进行英勇顽强的阻击和外线迂回包围。经数日激战，最终打败进攻敌军，歼敌 1 万余人。台儿庄大捷，是抗战以来国民党正面战场取得的最重大的胜利，从南京沦陷到主动放弃徐州，蒋介石调集的部队与敌周旋 5 个多月，虽有巨大牺牲，但达成了以空间换时间的目的，各军得以补充和训练以恢复和增强战斗力。

同年 6 月，国民政府组织了抗战以来规模最大的一次会战——武汉保卫战。战争中中国守军虽进行了英勇抵抗，但未能阻挡日军攻势，最终蒋介石决定放弃武汉。但此次会战歼伤敌军数万人，大大消耗了日军的有生

力量，日军战略进攻之势由此衰落，中国的抗日战争由战略防御转入战略相持阶段。

可见，整个战略防御阶段，国民党军队的抗战是比较主动积极的，能够在合作抗日的旗帜下，与中共协同作战，对日军进行了较有力的抗击，大大消耗了日军实力，扩大的战争规模，使日军在战略上日益陷入被动地位。战争进入相持阶段后，国民党军受片面抗战路线的束缚而逐渐陷于消极抗战状态。

全面抗战以来，蒋介石积极寻找抗战盟友，并一直寄希望于英美等国"主持公道"，期望他们出手干预和制止日本侵略。然而在初期的抗战中，英美等西方大国对日本的侵略采取绥靖政策，一再抛弃蒋介石，使其陷入十分艰难的境地，蒋介石对英美的希望一再落空。然而蒋介石在孤立的境地中表现出自己的坚强个性和坚定态度，毅然迁都重庆，组织军队展开英勇抗战。

为了营造一个有利的国际环境特别是获得国际援助，蒋介石主动改善了同苏联的关系。1937 年 8 月 20 日，中国与苏联签订了《中苏互不侵犯条约》，奠定了苏联援华抗日的政治基础。1937 年 9 月初，苏联运往中国的战斗机有 72 架，轰炸机 54 架，以及大量炮弹。11 月 1 日，中苏双方又签订五千万美元借款协定。并于 1938 年和 1939 年两次签订信用贷款，总额共计两亿美元。苏联的援助不仅及时，而且作用巨大，帮助中国抵挡住了日本的战略进攻。蒋介石还成功地获得了苏联局部的暗中军事支持。整个抗战期间，苏联先后共派遣两千名空军志愿人员参加，并派出大批军事顾问来华。

蒋介石虽在抗战以来坚持抗战，但其中并未放弃和谈的幻想，时刻准备与日本握手言和。硝烟背后，双方曾选择了德国扮演调停角色。然而，基于双方利益的冲突，最终使得德国驻华大使陶德曼的几次调停都归于失败。而中日密谈却一直未停，国民政府的军政要员曾通过多种渠道与日本秘密接触，进行"和平"试探和讨价还价。蒋介石与日本谈判的目的，一是希望通过和谈，做出有限妥协，结束战争，二是做给美苏等国看，从而得到他们的帮助，三是拖延时间，等待国际形势变化。从中也可看出其动机既有反共对日妥协的一面，也有延缓日军进攻，推迟汪伪政权成立的目的，这也是蒋介石抗战两面性的反映。

中日战争的爆发，使整个世界处于一个利益纷争加剧国际格局大变动的复杂环境中。坚持正面战场抗日作战的同时，蒋介石密切关注着国际形势的发展，极力捕捉每一个有利于中国抗战的转机。

此外，抗日期间，蒋介石在维护主权和领土完整上也曾做出过一些努力。

太平洋战争爆发后，在中国掀起了废约运动。接下来经过中美、中英之间艰苦谈判改订新约，美英两国正式宣布废除在中国的特权。1945 年初，在旨在重建战后秩序的雅尔塔会议上，蒋介石被盟友暗算，成了苏联的盘中餐。1945 年 8 月，宋子文与莫洛托夫签订《中苏友好同盟条约》后，蒋介石逐渐发现自己在与共产党争夺东北时被斯大林耍了后，并没有与莫斯科建立亲密关系，"友好同盟"终成一纸空约。抗战中，蒋介石在光复台湾问题上，态度是积极和坚定的。其坚持提出并在抗战胜利后实现了这一目标。1945 年 10 月 25 日，台湾地区日军投降仪式在台北举行，收复了祖国的一块重要失地。而在香港问题上，蒋介石的满腔热情却因国力的弱小而被泼了冷水。蒋介石栽入英国人手中，香港问题留下余根。在新疆，收服了盛世才，使新疆行政权回归中央；在西藏问题上，蒋介石与国民政府坚持西藏主权问题的不妥协态度，苦心经略西藏，绥和了汉藏关系，增进了汉藏感情。

为促成有利于中国抗战的局面，除利用外交关系外，蒋介石在内政建设也进行了一些努力。

抗战初期，由于战局未稳，大片国土沦陷，悲观怀疑情绪滋长。为了统一全党思想，坚定民众信心，改革以往施政纲领以团结所有抗战力量，1938 年初，蒋介石严惩了一批抗战不力的将领；调整了党政军领导机构，他辞去了行政职务专事军职，统率全国军队；连续召开军事会议，检讨前期抗战得失。此外，1938 年 3 月 29 日至 4 月 1 日，国民党在武汉召开的临时全国代表大会在统一思想，振兴国民党方面也起了积极作用。会上，蒋介石专门作了一个题为《对日抗战及本党前途》的长篇报告，揭露了日本帝国主义"大陆政策"是侵略中国的一贯相传的政策，强调我们国家和民族如要生存舍抗战别无他途。蒋介石还分析了敌我态势，对抗战前途作了乐观的展望。而且在这次会议中，蒋介石荣任国民党总裁，更有利于削弱汪精卫的权力，打击亲日势力，但也给了蒋介石独裁专制一个合法的依据。

1938年11月，蒋介石在南岳召开军政官员联席会议，希望此次会议能成为国军振兴的起点。会议主要议题是总结第一期作战经验教训，并确定第二期抗战的战略方针，全面整训军队也是此次会议的重要议题。南岳会议是在抗战主题下进行战略机制大调整的会议，蒋介石及时抓住了抗战形势的转化，极大鼓舞了全国军民的斗志。并把游击战提高到战略高度。将部队进行分批整训，恢复和强化了战斗力，正面战场的抗战也进入了一个新阶段。

随着日军在中国战场侵略步伐受阻后，日本接连两次发表近卫声明，企图政治诱降。国民党内的对日妥协投降分子活跃起来，汪精卫的亲日集团公开叛国投敌。蒋介石与汪精卫决裂后，为澄清因汪精卫而引起的思想混乱，坚定民心，稳定军心，蒋介石加紧了建立自己绝对权威的步伐。1939年1月，国民党五届五中全会召开，设立了国防最高委员会，蒋介石为委员长，确立了蒋介石对党政军一体化领导的高度集权体制。在当时内外交困时刻，蒋介石在加强专制独裁同时，不失时机地在其构建的力行哲学中充实民族主义精神，发动"国民精神总动员运动"，以使思想意识的统一与权力的集中相一致。

蒋介石还利用抗战时机，大张旗鼓地在西南地区统一军政，力图完全控制西南各省，为此努力经略西南地区为大后方。国民政府迁至重庆后，四川的重要性进一步突出，经过一段艰难历程后，蒋介石实现了芝麻开门的神话故事，将四川"中央化"。而当时仍处于地方力量割据状态的云南也是蒋介石一直以来的心病。随着战争形势的变化，云南的战略地位愈显重要。围绕云南的控制权，蒋介石与"云南王"龙云展开了一系列斗争。蒋介石采取了调出、派进和解决的三步法，逐渐将自己的势力渗透到云南各个领域，实现了云南的"中央化"。

在抗战中，蒋介石并没有放弃反共，与中共的关系随着抗日形势的变化发展先后经历了合作，溶共，限共，直至反共。

日本开始了全面侵华战争后，中华民族面临亡国灭种的严重危险。在全国抗日救亡运动不断高涨和中国共产党倡议国共合作抗战的情况下，1937年，国民党中央通讯社发表了《中国共产党为公布国共合作宣言》，国民党和共产党抛开了十年来的恩恩怨怨，携起手来，共御外侮。正面战场战斗打响后，

1939年10月，蒋介石兼任四川省主席

中共积极协助。淞沪会战、太原会战中，中共方面予以了积极配合，在这期间，林彪、聂荣臻率领的一一五师取得的平型关大捷是全面抗战爆发后，中国军队的第一个歼灭战。忻口防御战，也是抗战以来蒋介石指挥国共双方军队互相配合，共同作战，有力抗御敌人的一次重要战役。在整个防御阶段，中共领导八路军、新四军及各界民众自卫武装，有力配合了国民党正面战场作战，尤其是敌后抗日游击战争的展开，抗日民主根据地的建立，有力支持了友军的正面防御。国共双方的团结合作，使得战争形势逐渐朝有利于中国的方向发展，顺利进入了战略相持阶段。

然而，进入战略相持阶段后，蒋介石对共产党的疑心也越来越重，想搞两党合并和统一。早在抗战前就存有的"溶共"心情，到抗战爆发后更为迫切。1939年1月21日至31日，中国国民党在重庆召开了第五届中央执行委员会第五次全体会议，主要议题是抗战和党务问题。关于党务问题，蒋介石做了题为《唤醒党魂，发扬党德与巩固党基》的报告。这次会议把中共力量的壮大及其政治地位的提高，视为国民党自身颓势的一个重要原因。于是，国民党确定了以"溶共、防共、限共"的手段来试图达到其壮大自身的目的，还设置专门的"防共委员会"。五届五中全会极力制造反共舆论，确立了"溶共、防共、限共、反共"方针。并开展国民精神总动员运动，以求从根本上否定中共及共产主义思想体系。

五届五中全会后，蒋介石先后掀起了三次反共高潮，尤其是 1941 年的皖南事变，使国共合作统一战线几近破裂。1941 年 1 月 4 日，奉蒋介石密令北移的新四军军部及其所属皖南部队 9000 余人，在叶挺、项英率领下，踏上北上征途。6 日，行至茂林时，突遭国民党军 7 个师 8 万余人的袭击。新四军被迫还击，血战七昼夜，终因寡不敌众，弹尽粮绝，大部分将士壮烈牺牲，军长叶挺被俘，副军长项英遇害。这就是震惊中外的皖南事变。1 月 17 日，蒋介石反诬新四军"叛变"，宣布取消新四军番号，还声称将叶挺交付"军法审判"。皖南事变真相被揭露后，国内外舆论对国民党严加指责，对共产党抱以同情和支持，国际上也反对蒋介石反共。在内外责难的处境下，蒋介石被迫缩小事件影响。

随着抗战形势的好转，国共之间的斗争虽更加频繁，但在中华民族整体利益面前，蒋介石不得不坚持抗战到最后胜利的到来。因为蒋介石的声望，随着太平洋战争的爆发，已越出了国界。由于中国战场的作用，蒋介石也随之身价百倍。1942 年 1 月，中国战区盟军统帅部成立，蒋介石任最高统帅。1943 年 11 月，蒋介石参加"开罗会议"，与罗斯福、丘吉尔共商国际大计，其达到了政治生涯顶点。政治上越是突出，军事上越是不敢怠慢。蒋介石和国民政府在抗战最后关头依然顽强出击，英勇抵抗。豫湘桂大溃败后，重整旗鼓，取得湘西战役的胜利，日军结束了在中国战场上的全部战略进军，1945 年 8 月 15 日，日本宣告无条件投降。举国欢庆的同时，蒋介石一刻不放松地加紧了受降和接收工作。

●抗战胜利后，国共进行重庆谈判。不久，蒋介石便发动了对解放区的进攻，但被打得一败涂地。经济上全面崩溃，政治上内部分裂，蒋介石被逼下野，最后竟跑到台湾岛去了。

日本行将无条件投降的消息传来，蒋介石立刻发出三道命令。一道给他嫡系部队，命令其"加紧推进"，"勿稍松懈"；另一道给待降日伪军，令其"维持现状"，不得向他所指定的部队以外的部队受降；第三道是令共产党领导的第十八集团军及新四军"应就原地驻防待命"。国民党企图垄断受降权利，集中力量抢夺抗战胜利果实。迫于国内人民厌战情绪及国际上不希望中国再有内战，更由于当时国民党准备尚不充分，于是，蒋介石打出了和谈旗号，通过改变策略，赢取时间。

从1945年8月14日至8月23日，蒋介石接连三次电邀毛泽东赴重庆谈判。他本以为毛泽东不会也不敢来赴谈判，这样可以取得和平攻势。没想到正在为自己导演的这出戏暗自叫绝时，毛泽东于24日复电，接过了蒋介石扔给他的带刺的橄榄枝。谈判尚未开始，蒋介石便输了一招。本欲扛起和平大旗，压倒共产党，没成想弄巧成拙，骑虎难下。1945年8月28日，毛泽东抵达重庆，谈判于第二天正式开始。蒋介石精心挑选了谈判代表，自己并未出面。

谈判的焦点围绕军队和政权两个根本性的问题。双方进行了几次会谈，均毫无进展。不管共产党做出多大让步，国民党代表坚持要中共交出军队和取消解放区。9月中旬，谈判陷于停顿。然而在其他问题上，如召开政协会议等，双方经磋商找到了一些共同点。10月10日，于曾家岩桂园客厅举行了《政府与中共代表会谈纪要》的签字仪式。马拉松式的谈判暂告段落，难产的《双十协定》终于问世，其对于和平建国及召开国民大会具有积极作用。

仅有框架作用的《双十协定》并不能解决实际具体问题，10月20日，国共以重庆又开始了第二轮商谈。商谈进行到谈及军队停止前进，承认解放区等问题时，再度陷入僵局。10月22日、23日、26日，双方进行了三次商谈。11月11日、15日，两党代表又先后进行了商谈。最终在美国总统特使马歇尔的调解下，于1946年1月10日达成了停战协议，13日，国共双方发布停战令。

停战协定签字的同一天，由各党派和无党派人士参加的政治协商会议在重庆正式开幕。蒋介石以国民政府主席的身份致开幕词。会中，蒋介石宣布一要确保人民之自由，二要确保政党之合法地位，三要实行普选，四要释放政治犯。在国民党实行专制统治的中国，这四条民主原则也可谓是个奇迹。会议通过了关于政府改组、施政纲领、军事问题、国民大会、宪法草案等五项议案。政协会议闭幕不久，蒋介石便表现出了悔意。2月2

毛泽东与蒋介石在重庆谈判期间的合影

日，政协会议陪都各界协进会等 19 个团体举行"庆祝政协成功大会"时，国民党当局立即策划进行破坏。在得到蒋介石默许的前提下，2 月 10 日上午，特务打手七八百人冲进会场，对与会成员大打出手。李公朴头部被铁尺打伤，胡子被扯掉半边。郭沫若也遭毒打，马寅初身负重伤，沈钧儒亦遭暴徒追逐，到会群众当场负伤和失踪的就有 60 多人。这场肆意践踏人民民主权利的大血案表明，蒋介石无心构建和平，就这样亲手撕毁了政治协议。

其实，日本投降后到全面内战爆发前，包括谈判期间国共双方军事较量从未停止过。到 1946 年 6 月底，仅在关内蒋介石就使用兵力 258 万人次，向中共发动进攻 3675 次。在关外，中央军更是公开、全面向东北民主联军进攻。到内战全面爆发前，蒋介石违反国共及美国三方达成的协议，不经军调部，调动两个兵团、42 个师、108 个师、两个炮兵团，共 130 万人到内战前线。

1946 年 6 月 26 日，国民党不顾全国人民的强烈反对，以围攻鄂豫边宣化店为中心的中原解放区为起点，向解放区展开大规模的进攻。全面内战爆发，内战打响后，蒋介石首战中原，实施其作战计划的全面进攻。然而，中原解放军胜利突围国民党铁壁合围的"围剿"，使蒋介石 48 小时结束在中原战役的计划成为泡影。从 7 月起至 9 月止，国民党军队先后向苏皖解放区、山东解放区、晋冀鲁豫解放区等地大举进攻。在刘伯承、邓小平的统帅下，解放军进行了同蒲路南段阻击战及晋西南、汾孝、临浮、巨野等战役，有力地迟滞了国民党军的疯狂进攻。

继张家口保卫战、易满战役及保南战役的失利后，蒋介石的注意力不得不回到华东战场。1947 年 2 月 20 日至 23 日，莱芜战役发生。此仗把蒋介石打得直跳，他一气损兵 6 万余人；二气李仙洲等大批军官将领无能；三气韩练成竟为中共特工，暗中支持共产党。莱芜战役标志国民党的全面进攻已经全面失败。在发动全面进攻的 8 个月中，南京政府损失总兵力达 71 万人，在此打击下，虽说兵力继续增加，但可以用于一线作战的机动兵已由 117 个旅降至 85 个旅。国民党士气也急剧下降，完全丧失了进攻能力。

从 1947 年 3 月起，蒋介石被迫改变战略，由全面进攻改为重点进攻。重点进攻地区为山东和陕北两个解放区。蒋的战略意图被形象地称为"哑铃攻势"，意图很明显，西攻延安，打击中共首脑机关和军事总部，断其中枢；东攻山东，把华东中共武装赶到胶东半岛，予以全歼，解除对长江三角洲、徐州、上海、南京的威胁，保住国民党的首脑机关，然而，在其实施重点进攻的 4 个月中，蒋介石不仅在陕北和山东遭受重大挫折，在其余战场也同样一再败北。

苏北战场有淮沭及李堡战役，晋冀鲁豫战区有豫北攻势战役，晋西南攻势战役，华北有正太战役、青仓战役，东北的夏季攻势等，其中的正太战役中人民解放军共歼敌 3 万多人，东北夏季攻势战役则收复县城 40 余座，歼敌 8 万多人。

国共双方军事力量对比发生变化，国民党方面的正规军已从 430 余万人降到 373 万人，正规野战军从 200 万人下降到 150 万人，机动兵力下降到 40 个旅，这表明国民党军队不再具备组织大规模进攻战的能力。自从蒋介石由进攻转为防御，中共则成为把握战场主动权的一方，中共方面决定在解放战争第二年，主力打到外线去，举行全国性反攻。

蒋介石重新部署兵力，针对中共由内线向外线的作战方案的转变，组织重点防御。在中原，华东战场上，将兵力分配在信阳、徐州及附近地区，并加强济南、胶州等战役重点防御。然而，蒋介石对战局的认识多少有些盲目乐观。他没认识到解放军已由防御转入反攻了。1947 年 6 月 30 日，刘、邓率 4 个纵队 13 个旅 12 万大军，在鲁西南张秋到临濮 300 里长地段，强渡黄河，揭开了战略反攻序幕。刘邓大军顺利挺进大别山，无疑向国民党统治心脏插了一把尖刀。在解放军三军配合，两翼牵制战略作战

43

下，蒋介石战略要点纷纷丢失，令其头痛心痛不已。蒋的"重点防御计划"告于破产。

蒋介石"重点防御"计划遭到打击后，华北、华东解放区连成一片，这为解放军伟大的战略决战创造了有利条件。此时，东北战场上，国民党军节节败退，已被分割包围于长春、沈阳、锦州及周围据点里，成了无法协调的孤立之旅。蒋介石三易东北主帅，最终也难以挽回东北颓势。战略决战的时机已成熟了。1948年9月12日，辽沈战役首先在东北宁路山海关、唐山段打响。从一开始，国民党军便被压缩在锦州、锦西两个孤立据点。东北野战军经过6天苦战，夺取了锦州。随后，国民党军困守的长春、沈阳也不堪一击，11月2日，沈阳解放，随之，营口也被解放军攻破。辽沈战役结束，国民党军被歼灭47.2万人，东北换了主人。

济南战役后，蒋介石精心构筑的重点防御计划被击破。蒋暴跳如雷，为挽救危局，决心固守徐州，确保南京外围。于是国共两党又在中原地区展开了中国历史上规模空前的大决战——淮海战役，蒋介石称之为徐蚌会战。淮海战役是在以徐州为中心，东起海州，西至商兵，北起临城，南达淮河的广大地区进行的。从1948年11月6日战役打响至22日这一阶段中，华东野战军在碾庄圩地区歼灭黄百韬兵团约10万人，兵团司令官黄百韬被击毙。中原野战军于11月15日攻克宿县，切断徐蚌线，完成了对徐州包围。11月23日至12月15日，战争进入第二阶段。中原及华东野战军一部，在宿县西南的双堆集地区包围并歼灭黄维兵团约12万人，生俘兵团司令黄维。杜聿明率30万人向西突围时，被华东野战军歼灭其中孙元良兵团约4万人。12月16日到1949年1月10日，战役进入第三阶段。杜聿明的几十万人被压缩在南北宽5公里，东西长20公里的狭长地带，终因军事上被围，心理上的降服，使蒋军成批成批走向解放军阵地。1949年1月10日下午，战斗结束，杜聿明部被彻底歼灭。淮海战役结束，人民解放军共歼、俘敌55.5万余人。此战役打开了通往国民党统治中心南京的门户。

辽沈战役后，蒋介石加强了石家庄、北平、天津、塘沽的防卫，保证西撤或南逃的通路。1948年11月29日，华北野战军开始包围张家口，平津战役开始了。到12月上旬，傅作义五个师被歼，被包围在张家口，新保安地区。1949 年 1 月 14 日，解放军对天津发起总攻，15 日全歼国民党军 13 万余人，解放了天津。天津解放后，90 万人民解放军兵临北平城下，经解放军和中共北平地下组织的耐心工作，傅作义接受了解放军提出的和平条件。1949 年 1 月 21 日，《关于和平解放北平问题的协议》签订。1 月 31 日，人民解放军进驻北平，平津战役结束。平津战役共歼灭和改编国民党军 52 万余人，华北、东北两大解放区连成一片。

三大战役，给了蒋介石反动派以毁灭性打击，其军队主力已被消灭，蒋介石赖以发动内战的资本基本上输完了，蒋介石反动统治的基础从根本上瓦解了。1949 年 1 月 22 日，就在《关于和平解放北平问题的协议》实施那一天，蒋介石宣布"引退"，隐居溪口。

1949 年 4 月，解放军占领南京，进逼上海，蒋介石乘"泰康"号军舰赴上海，指挥国民党守军顽抗。

蒋介石退离南京后，只是转入了幕后遥控，继续统筹国民党的军政要务，部署、指挥长江防卫便是其主要内容。1949 年 4 月 23 日，解放军三野第八兵团于黄昏时分进入南京城，登上总统府，南京胜利解放，一个旧王朝终结了，一个新时代已经到来。蒋介石不得不离开溪口，奔赴上海指挥防御。淞沪决战最终还是以蒋介石的撤退而收场。垂死挣扎的国民党军此时已无力积极防御，继上海败退后，东南沿海防御失败，西北、绥远也让蒋介石断了指望，湖南两广丢失，忍痛逃离陪都重庆。最后仓皇逃遁到成都，仅在此短暂停留 10 天。1949 年 12 月 10 日，蒋介石在成都凤凰山机场乘中美号专机向台北飞去，从此，蒋介石的双脚再没有踏上中国大陆。

● 到了台湾，蒋介石倒也是"励精图治"了。实行经济复兴计划，改组国民党，参与国际事务，不忘反攻大陆，但总的来讲，还是无法改变被困于台湾岛的现实。

蒋介石在大陆军事大溃败后，其主力部队撤退到台湾和东南沿海的一系列岛屿上，总共约 60 万人，其中三分之一留守台湾岛，其余三分之二分散在厦门岛、金门岛、海南岛、舟山群岛和万山岛一线，组成台湾岛的外围防线。其时，中共中央和毛泽东曾一度决心痛打落水狗，乘胜解放台湾。因此，蒋介石也在"保台"的名义下进行相应的军事挣扎。

蒋介石"复职"后与宋美龄在广场上

金门一战，国民党虽然守住了金门，但伤亡也极为惨重。蒋介石为了鼓舞士气民心，大肆宣扬国军潜在的威力，吹嘘金门之战是国民党反共复国的开始，各大报刊纷纷将古宁头之役称为"古宁头大捷"。中共中央为了给台湾和大陆的国共两党提供一个联系的渠道，决定暂停进攻金门，从此国民党占据金门至今。

为了固守海南岛将其作为未来反攻大陆的跳板，蒋介石在这里配以重兵，苦心经营，海陆空三军总兵力约10万人。薛岳依仗海空军优势，组织了环岛立体防御体系，用他本人的别名命名为"伯陵防线"，并吹嘘这条防线"固若金汤"。他企图凭借这道防线和琼州海峡天险，阻止解放军渡海登陆，以长期固守。同时也作了在情况不利时"主动撤离"的准备。但在解放军发起的海南岛战役之后不久，便突破了薛岳吹嘘的"固若金汤"的防线。

在台湾密切注视海南岛战局进展的蒋介石，看到如此死撑下去，国民党军经不起消耗。他在反省大陆失败的原因时，认为兵力分散是国民党失败的致命伤，而目前最主要的是守住台湾，所以他决定改变政策，收缩防线，集兵保台，宁使海南丧失，勿使台湾陷入险境。基于此，他急令薛岳撤离海口，放弃海南岛，率领有生力量回台。之后又大兵撤回舟山。

接二连三的大撤退加剧了台湾社会的动荡。为了对撤军行动有所交待，蒋介石发表了"为撤退海南、舟山国军告全国同胞书"。此文说明了撤退海南、舟山的真相。蒋介石说："当时衡量客观现实的情势，估计我们政府所有的实力，若非集中一切兵力与'共匪'作战，我们就无最后的把握，反将要被'共匪'各个消灭。"为稳定人心，蒋介石说他在制定这一策略时，构想了四个步骤，即：第一步要集中一切兵力，第二步巩固台湾及其卫星岛屿，第三步"反攻整个大陆，来拯救全国同胞"，第四步"复兴中华民国，建设三民主义独立、自主的新中国"。同时，蒋介石还发表"军人魂"的演讲，鼓励军民要与台湾共存亡，宣称："我所以不在大陆牺牲，就因为我要保持台湾，如果台湾失掉了，台湾就是我最后牺牲的地方。"为安抚人心，蒋介石还让夫人宋美龄前往基隆"慰问"海南、舟山撤退来台的军队。国民党中央党部与台湾省党部在此也表示了对蒋家小王朝的无限忠诚，纷纷举行宣誓："效死确保台湾。"

在收缩到台湾岛之后，国民党上下人心惶惶，对于守住台湾并无把握。在美国拒绝提供军事援助的情况下，台湾的陆海空三军都经不起长时间的战争消耗。为了抵御解放军对台湾的进攻，蒋介石还制定了代号为"磐石"的防卫计划，并对人事作了精心安排。还提倡战时生活，成立战时生活运动促进会，在部队中使用"连坐法"，为"保卫大台湾"，蒋介石在沿海加紧建筑碉堡防御工事，夜以继日，不眠不休。他经常进行防空演习，组织训练民众备战；闹得鸡犬不宁，甚至效法二次大战末期日本法西斯的"神风队"故伎，发动组织"反共敢死队"。

面对恶化的台湾社会治安，蒋介石进行了一系列的宣传活动，一是煽动一股疯狂的反共情绪，拼命吹捧蒋介石。二是千方百计使人们相信"反共复国"能够成为现实，极力宣传反攻大陆计划是"一年准备，二年进攻，三年扫荡，五年成功"。三是夸大军事战绩。四是鼓动人们为把台湾建成"反攻基地"、"复国典范"而做出牺牲。配合于正面舆论宣传的是在岛内全面推展特务工作，保密防谍。在社会上发起各起案件，以极法治世，还实行虚伪的民主政治，但蒋介石出于自身的利益，打击"台独"势力，捍卫了台湾是中国领土的一部分这样一个不争的事实。蒋介石在台主政时期，不管他是不愿看到中国分裂也好，还是妄想"反共复国"也好，他始终对"台独"采取打击策略，"台独"在台湾也始终没有取得任何公开的生存机会。

军事失败之后，蒋介石在台湾开始了一系列的改革运动。首先是改造

蒋介石眺望大陆

国民党。失去大陆，蒋介石认为是党的失败，而党的失败之因，是一般党员对三民主义的信仰之动摇，其应特别警惕者：一、曲解三民主义；二、毁弃革命领袖。因此，蒋介石下定决心要改造国民党，把台湾建成"反共复国的基地"。蒋介石此时制造"改造"声势实际是一箭双雕，一方面可以利用改造机会，纯化国民党为其服务；另一方面他也可以利用此机会彻底挤垮党内不同派系，特别是将桂系彻底击败。

经过两年多的改造，蒋介石基本上取得了两项成绩：一是重新整顿了国民党组织。蒋介石通过对国民党的改造，肃清了非蒋派势力。对党员训练加强，改造了党部，从而使蒋介石对国民党的控制加强。二是削弱了国民党内非蒋派别的政治力量，对统军的，解除其兵柄；对从政的，剥夺其实权。此后，蒋介石在台湾稳住了阵脚，在台湾的国民党小朝廷再也没有一支政治力量可以和蒋介石"对话"了，他可以得心应手地在台湾大搞其独裁专政了。

此外，蒋介石在经济方面也展开了一系列的改革措施。首先进行的是土地改革。实施土地改革，对国民党当局而言又是一箭双雕的大好事，既可以施恩于民，巩固统治基础，又可以削弱台湾地主的经济地位，间接打击"台独"分子和台湾地方势力。国民党在台湾的"土地改革"是分三步进行的：第一步，"三七五减租"。由此揭开了台湾土改的序幕；第二步，"公地改领"。日据时期，日本殖民政府和日本移民占有大量土地，台湾光复后国民党政府接收了这些土地，名曰"公地"。公地放领的实施，将"国有"耕地的所有权转移给农民所有，既调动了农民的生产积极性，又增强了农业生产基础。第三步，"耕者有其田"。台湾的"土地改革"通过层层递进的"三部曲",对台湾的农业、工业及至整个社会都产生了十分重大的影响,主要表现在:首先,土改使台湾农村的阶级结构发生了显著的变化,大量的无地农民成为自耕农。其次,农民的生产积极性大大提高。但也有其不足之处,比如地主阶级的利益在一定程度上得到保护,土改实际上是以自耕农的小土地私有制取代地主的大土地私有制。

除了土地改革以外,在经济领域的另一方面金融业,蒋介石也开始了大刀阔斧地改革。第一,改革币制。币制改革以后,虽然通货膨胀未能彻底消除,但在一定程度上得到缓和,囤积居奇与高利贷盘剥现象也大大减少。第二,高利率政策,在高利率政策的刺激下,存款量激增,定息和储蓄存款总额增长很快,同时,"政府"将这些巨额游资通过银行放款业务,扶持了一些迫切需要发展的部门,从而有助于台湾经济的恢复和发展。第三,黄金储蓄政策。为了多渠道地回笼货币,稳定物价,弥补财政赤字,建立币值信誉,台湾制定"台湾银行黄金储蓄办法",蒋介石政府对此政策加以修改,虽回笼了黄金,但有点得不偿失,当局遂于 1950 年 12 月 27 日终止了这一政策的实行。第四,加强外汇管理、实行复式汇率制。但此种措施无法遏止通货膨胀,美金黑市继续上涨。

新金融措施实施后,复式汇率与外汇审核制度相结合,有利于平抑物价、稳定汇率和节省外汇,复式汇率也使企业在进口重要生产器材原材时,可按较低官价汇率申请外汇,而其他一般货物则按较高的结汇证价结汇。这就发展了民营企业,使其在台湾本土得到飞速发展,保护了台湾民族工业,这无异有利于台湾经济的发展。

在财政方面,面对其一直入不敷出的境地,蒋介石集团采取了整顿税制,发行公债,压缩财政支出等措施。

通过这一系列财政金融方面的改革,台湾经济逐渐走上有序运转的转道,从而有助于国民党政权在孤岛上站稳了脚跟。

在蒋介石时代,台湾的工业发展大致分为两个阶段:第一阶段从 1953 年至 1960 年,为工农业平衡发展时期,第二阶段从 1960 年至 1972 年,为工业起飞阶段,在第一阶段实施的举措主要有:一、以农养工,以工促农;二、发展耐用消费品生产为中心的进口替代工业;三、官民企业并举，鼓励民营企业。

进入20世纪60年代，在"军事反攻"无望的情况下，蒋介石开始提出"建设台湾，反共复国"的口号，同时将施政重点集中于建设台湾，经营台湾。如何建设台湾？蒋介石在国民党五届五中全会上提出："必须先经由现代化政治、现代化经济、现代化教育、现代化社会和现代化生活的建设，才能确实根基。"对于如何建设现代化经济，蒋介石提出的唯一途径就是发展"实业计划与国民经济建设运动"。此阶段工业发展的具体措施主要有：首先进口替代转向出口扩张；其次，创立加工出口区；再次，引进外资和外国先进技术。台湾经济在五六十年代得到迅猛发展，其中蒋介石吸取大陆失败的教训，采取正确的经济发展策略，成为台湾经济起飞的重要主观因素。

蒋介石退出大陆后，在"外交"方面逐渐走不出去了。

1956年6月24日，蒋介石发表《苏俄在中国》一书，该书20多万字，440页。主要论述了国民党和苏联、中共间的关系，国民党失败的原因和教训。这本书可以说是蒋介石对历史上和苏联外交关系的一次反省和检讨。但也表现了蒋介石对苏联和中国共产党的仇视。在整个20世纪50年代，台湾顺应西方反苏反共的大潮，基本上是以《苏俄在中国》的思想作主导，和苏联老死不相往来，苏台处于对峙状态。到了20世纪60年代末、70年代初，随着中、苏、美三国关系的变化，在错综复杂的国际局势下，台湾与苏联两个不可能接触的"宿敌"，也有过以"合作"为目标的奇妙行动，蒋介石在高举反苏反共的旗帜下，对苏、台"合作"的潜流睁一只眼闭一只眼。

1964年由中法建立外交关系而导致台湾与法国"断绝外交关系"，台湾在国际间失去了一个重要据点。1972年3月13日，中英双方代表在北京签署了中英关系正常化协议，英国外交大臣宣布：中华人民共和国政府和台北都认为台湾是中国的一部分，台湾问题是中国的内部事务，应由中国人民自己解决。老牌资本主义国家英国率先承认新中国，给了台湾当局一个警告。

1951年9月，由美国一手导演的《对日多边条约》49国签字，中国被排除在外，台、日关系面临危机。1952 年 4 月 28 日，《对日双边和约》签订，台日关系经过了几年平稳发展。然而，随着中日间贸易关系日益密切，台日关系跌入低谷。尼克松上台后，中美关系发生质的

蒋介石、宋美龄在士林官邸接见艾森豪威尔

变化，日本追随美国，与中国关系日趋友好。1972 年，中日邦交正常化，并发表联合公报，台湾当局宣布与日本"断交"。

美国，是国民党政权立足台湾的支柱。随着杜鲁门下台和艾森豪威尔上台，随着朝鲜战争的结束和台美《共同防御条约》的签订，大批美援抵台，台美关系进入"蜜月"时期。1960 年 6 月 16 日，艾森豪威尔由菲律宾搭乘第七舰队的"圣保罗号"巡洋舰前往台湾，第二天，艾氏改乘飞机抵达台北。蒋介石、宋美龄、陈诚、张群等国民党官员倾巢而出，到机场迎接。肯尼迪上台后，台美关系明显降温。约翰逊继任美国总统后，对华政策更有了明显改变。1965 年 6 月 30 日，美国停止对台湾的经济援助。尼克松上台后，中美关系发生转变，美台关系逐渐恶化。继 1971 年，台湾被取消了联合国会员国资格后，1972 年 2 月 21 日，尼克松访华。随后，中美联合公报发表，中美关系正常化进程开始，蒋介石"反共复国"美梦被彻底打破了。

●蒋介石身体一直很好，由于受了一次车祸，一直就处于病中。1975 年 4 月 5 日，中国的清明节，他在台湾去世，其葬礼异常奢华，他的棺材仍悬于台北。

蒋介石不吸烟、不饮酒，甚至不喝茶，饮食起居极有规律，所以，在 20 世纪 70 年代之前，也就是他 85 岁之前，除了 1962 年做过一次前列腺

肥大切除手术外，几乎没有得过什么大病。

然而，到了 70 年代之后，蒋介石的身体状况每况愈下。1971 年春，蒋介石开始尿血，紧接着血管硬化的病状也开始显露出来。蒋介石的身体因血管硬化而不断恶化，走路打晃，拄拐杖有时都不顶事，常要人搀扶，双手颤颤抖抖，不要说写字了，连点眼药、剪指甲都要人代劳。

蒋介石在庭外小憩

1969 年 9 月，蒋介石、宋美龄夫妇与往年一样，搬到阳明山官邸避暑。这是一个晴朗的下午，蒋介石、宋美龄在军警们的严密保护下，乘车由士林方向返回阳明山官邸。

当蒋介石的车队快速经过仰德大道岭头附近的弯道时，前导车司机发现前面有一部要下山的公路班车正停靠在站牌前接送旅客上下车，前导车因为刚刚转了个陡弯，所以没有来得及看清楚这部公路班车的后面还有没有车过来。正往前疾驰的时候，突然一部军用吉普车正从班车的后面猛然超车，并且速度未减，直接下冲。前导车发现情况紧急，猛地将车煞住。

就在这关键的一瞬间，紧跟在前导车后面的蒋介石夫妇的座车来不及反应，司机没有踩急刹车，车头猛然地向前导车的车尾撞去。在座车与前导车相撞的刹那之间，剧烈的冲撞力量，使手握拐杖，正闭目养神的蒋介石的身体猛烈地向前抛去，撞到了前面的玻璃隔板上，蒋介石的胸部当场受到严重的撞伤，阴囊也被撞肿了，嘴中的假牙也飞了出来。宋美龄的双腿也被撞到了玻璃隔板上。

车祸一发生，现场一片混乱，警笛厉叫，救护车随即赶到，蒋介石夫妇立刻被送到医院急救。蒋介石在医院小住几日，作了些治疗后，很快出院了。但车祸后，蒋介石连病带惊，一蹶不振，身体状况急剧恶化。

1972 年是台湾的"大选"之年，年届 86 岁高龄的蒋介石在遭到"内政"、"外交"等一连串的打击之后，自感时日无多，"传子"之念愈加迫切，因此，他竭力想利用连任"总统"的机会将手中的党、政、军大权彻底地让渡给自己的儿子蒋经国。3 月 21 日，在"国民代表大会第五次会议"上，蒋介石以 1308 票的高票额当选为"中华民国第五任总统"。

就在蒋介石就任"中华民国第五任总统"时，不幸的事件发生了。因前列腺肥大他住进了医院，作了一次大手术，后又转为慢性前列腺炎。

5 月 20 日，台湾举行连任"总统"蒋介石宣誓就职典礼。蒋介石强打精神接受前来参加祝贺的 20 万人的欢呼。当日，台湾电台和电视台对此进行现场直播。

就在就职典礼顺利进行之际，大煞风景的事情出现了。当电视画面由"总统"接受欢呼的画面转到"副总统"严家淦的特写镜头时，银幕的下端居然出现了当时台湾流行的一部电视剧中的一句对白字幕："大哥不好了⋯⋯"，这就好像是严家淦在诅咒蒋介石。好在蒋介石当时没看电视，不然的话，非得气昏不可。

"大哥不好了⋯⋯"事件发生后的第一个月，即 1972 年 6 月，蒋介石被查出患有心脏病。7 月 22 日，蒋介石突然昏迷，因抢救及时，幸免一死。8 月初，蒋介石住进"荣民总医院"六号病房。在病床上，蒋介石经常昏迷不醒。

蒋介石昏迷和卧床不起的事情尽管保密工作做得很好，但是自从他担任"中华民国第五任总统"后不久，在一年内几乎没有抛头露面，台湾岛内谣言、传闻不胫而走："总统"已经不在人世了，蒋夫人开始把自己的财产转到美国去了，蒋经国与严家淦为争当"总统"干起来了，蒋"总统"死因不明，等等。岛外"友邦"国家也十分关切。对此蒋府上下起初没当回事，但随着时间的推移，渐渐感到事体不小，于是在宋美龄导演下，报纸纷纷刊发了蒋宋与其孙蒋孝勇新婚夫妇的合影，大肆刊登了蒋介石接见"四全"主席团成员的消息。

蒋介石生前最后一次在媒体中露面是在他病入膏肓的 1975 年初，接见美国驻台湾"大使"马康卫。此前的 1973 年和 1974 年，马康卫曾几次向台湾当局要求拜见蒋介石，均因蒋介石病重而被宋美龄以种种借口谢绝，为此美国外交部和中央情报局从各个方面均判断蒋介石将不久人世。这次是马康卫离职回美的最后一次请求，宋美龄考虑到台湾与"友邦"关系的维持和发展，与孔二小姐等人密商后，决定还是接见马康卫为好。这次会见时间很短，期间主要是宋美龄在唱主角，蒋介石只偶尔挤出几个不连贯的词汇。

重病三年之后，蒋介石在1975年的清明节（4月5日）走完了自己的一生。

蒋介石病逝后2小时零10分，"行政院"于4月6日晨2时发布经主治医师签字的医疗报告及蒋介石遗嘱。

蒋在遗嘱中称：

余自束发以来，即追随总理革命，无时不以耶稣基督与总理信徒自居。……实践三民主义，光复大陆国土，复兴民族文化，坚守民主阵容，为余毕生之志事，实亦即海内外军民同胞一致之革命职责与战斗决心。惟愿愈益坚此百忍，奋勉自强，非达成国民革命之责任，绝不中止，矢勤矢勇，毋怠毋忽。

台湾当局则对蒋介石遗嘱采取了同上述看法截然不同的立场。就在蒋介石病逝第二天凌晨7时，国民党中常会召开临时会议，会议对蒋介石的遗嘱决议如下：

全党同志，敬谨接受总裁遗嘱，并愿全国军民，共同以反攻复国之决心，团结奋斗，完成总裁遗志，亦即实践三民主义，光复大陆国土，复兴民族文化，坚守民主阵容，誓达目的，毋怠毋忽，谨此决议。

1976年11月中国国民党十一大召开时，又通过了《全党奉行总裁遗嘱决议文》，宣称：

我们誓言，坚决奉行总裁遗嘱——实践三民主义，光复大陆国土，复兴民族文化，坚守民主阵容，以此为全党党员革命的职志与战斗的决心。承担并完成艰苦奋斗的革命任务。以上慰总裁在天之灵！

在十一大重新修订的《中国国民党党章》中，蒋介石遗嘱被写入党章，以使国民党员"遵行"。修订党章云：

总裁遗嘱所示："实践三民主义，光复大陆国土，复兴民族文化，坚守民主阵容"四大革命任务，为总裁毕生的志事，全党同志自应奉为共同的革命职志与战斗决心，努力贯彻实现，故本草案拟予纳入总纲第二条，期以相互勉行，并使革命民主政党之涵义更为具体而明显。

国民党当局的上述做法未免过于牵强，如果接任国民党中央主席职位的不是蒋经国，恐怕对蒋介石的遗嘱未必如此重视。

4月6日的国民党中常会除了对蒋介石的遗嘱作出决议外，还作出两项决定：

第一项决定："副总统"严家淦根据"中华民国宪法"第49条规定："总统缺位时由副总统继位，宣誓就任总统职。"严家淦在就职后发表谈话称：

力行总统蒋公遗训，继承未竟之业，竟智尽忠，驰驱效命。

第二项决定：对蒋经国辞职决议"恳予慰留。"蒋经国于其父病逝第二天便以行政主管官员身份向国民党中央提出辞呈：

经国不孝，侍奉无状，遂致总裁心疾猝发，遽尔崩殂，五内摧裂，已不复能治理政事，伏恳中央委员会矜念此孤臣孽子之微忠，准予解除行政院一切职务，是所至祷。

国民党中常会对蒋经国的辞呈决议如下：

行政院院长蒋经国同志，以总裁崩殂，恳辞行政院院长职务一节，中央常会咸以国家内遭大变，外遇横逆……革命之事功未竟……至望蒋经国同志深维古人墨经之义，勉承艰大，共谒其效死勿去之忠尽，即所以笃其锡类不匮之孝恩。

蒋经国对国民党中常会"效死勿去"之议，发表谈话称：

敢不衔哀受命，墨经从事，期毋负于全党同志与全国军民之督望。

严家淦在蒋介石病逝7个多小时后便继任"总统"，时间之快为历史罕见。严继任"总统"后的第一道命令就是：

特派倪文亚、田炯锦、杨亮功、余俊贤、张群、何应钦、陈立夫、王云五、于斌、徐庆钟、郑彦棻、黄少谷、谷正纲、薛岳、张宝树、陈启天、孙亚夫、林金生、沈昌焕、高魁元、赖名汤等21名大员组成治丧委员会。

与此同时，"行政院"宣布三件事：

（1）自4月6日起，历时一月为"国丧"期，"国丧"期间停止娱乐、宴会及各项庆祝集会（后改为4月6日至17日）；

（2）军公教人员一律着素色服饰并佩带2.5寸宽的黑纱；

（3）蒋介石遗体停放国父纪念馆5天，供民众瞻吊。

4月6日凌晨2时，蒋介石遗体由官邸移至"荣民总院"，4月9日，蒋介石灵柩移至国父纪念馆。移灵时，由于蒋经国在蒋介石遗体前一次又一次地"长跪志哀"，并把照片登在报纸上，于是，他手下的一批人也就纷纷上行下效，率领各自手下人在灵堂或路边跪祭蒋介石。为了证明蒋介石得到民众的拥护，《中央日报》刊登了"省政府主席"谢东闵率各县市长长跪蒋介石灵前泣悼的照片。在20世纪70年代号称民主社会的台湾，竟然出现了穿西服官员匍匐跪地"吊祭先王"的场面，实在是可悲又可笑。从4月9日起，严家淦和全体治丧大员轮流在国父纪念馆为蒋介石守灵。

大陆对蒋介石的去世反应平淡，新华社消息说，蒋介石为"帝国主义、封建主义和官僚资本主义在中国的代表"，"双手沾满了中国革命人民的鲜血"，他是"国民党反动派的头子、中国人民的公敌"。

外国对蒋介石的去世态度不一。蒋介石一生中最"忠实"的外交盟国美国，对蒋之死表示十分冷淡，福特总统只拟派农业部长前来吊丧，后经台湾当局要求，才改派副总统洛克菲勒前来。而蒋介石另一"外交"伙伴日本，则对蒋的病逝表现出出奇的狂热。4月7日，各大报刊均以头版头条报道了蒋介石病逝的消息，多数日本报纸称蒋介石是"近代中国所产生的英雄"。

日本的井田官房长官代表日本政府发表一个"非官方式"的谈话，称赞蒋介石并以示哀悼。其后，日本首相三木武夫以自民党总裁的名义，给蒋经国拍了一个唁电。同时，自民党决定派前首相佐藤荣作以"自民党总裁代理"的名义前往台北吊丧。由于中国的抗议，日本连自民党代表的名义也不用，佐藤荣作与另一位前首相岸信介以"友人代表"身份出席了蒋介石的葬礼。

4月16日是蒋介石的大殓日，8时5分仪式开始。8时8分45秒，蒋介石灵柩的棺盖放在7尺铜棺之上。之后，由张群、何应钦、陈立夫、薛岳、谷正纲、黄少谷、黄杰、谢东闵等8位中国国民党中央评议委员、中央常务委员将一面青天白日旗覆盖在灵柩之上。接着，严家淦与"五院"院长、"行政院"副院长徐庆钟、"总统府资政"王云五、"光复大陆设计委员会"副主任于斌等在灵柩上覆盖了青天白日满地红"国旗"。然后，严家淦恭读祭文。

礼毕后，台湾当局还怕蒋介石不能升"天堂"，又在蒋介石的大殓日，以基督教仪式行之。牧师周联华为蒋介石主持了追思礼拜与安灵礼。

其后，周联华领读经文、诗篇第23篇，读启应文。追思礼拜结束，响起圣乐，纪念馆外鸣礼炮21响，接着，蒋介石的灵柩在执绋人员的护送下，停放在灵车之上。

民众送别蒋介石

灵车前身用 20 万朵深黄色的菊花装饰，两边各有几条白绋，车前挂一青天白日"国徽"及鲜花十字架。灵车队99 辆由宪兵队开道车在前领道，包括"国旗"车、党旗车、统帅旗车、奉行蒋介石遗嘱令车、捧勋车、遗像车。车队后面是宋美龄挽蒋介石的大型黄菊十字架，家属随其后。2000 多执绋人员缓缓驶向蒋介石灵柩的暂厝地——慈湖。

据报载：在蒋介石灵柩驶往慈湖的路上，当局发动了成千上万的学生在灵车所经途中"迎灵"。绝大多数行业停止营业、鲜红的建筑上一律奉命改漆素色。不合丧悼气氛的广告，也一律修改。交通路口则搭牌楼，各家要挂挽额，平常失修的马路和未铺柏油的路面一律要整修，害得沿路各商家和修路工人日夜赶工，满肚子的怨言无处申诉。当日，治丧委员会的大员们还想出"路祭"这个名堂，沿途分配各机构行号另设供桌，同时规定灵车经过时不许迎灵的人抬头正视。此外还要求民众在大典鸣炮之时，在原地悼念 3 分钟。

下午 1 时 10 分，安灵礼在慈湖宾馆完成。蒋介石的灵柩停放在正厅中央的灵堂上，灵堂是以漆黑光亮的花岗石建造的，长 3.2 米，宽 1.8 米，高 1.43 米。灵堂上镶着青天白日徽，灵台基层四周缀满白色雏菊。正厅东侧，蒋介石原卧室房内一切布置保持原状，靠窗子的地方有一张深咖啡色的书桌，桌上有一架蒋介石生前使用的电话机，大理石笔筒和一个白色的碗，书桌南侧有一架黑白电视机，还有蒋介石的鸭舌帽和眼镜，并排放在电视机上，北面靠墙地方有一个书架，放着蒋介石生前读过的各种书籍，墙上挂着一幅宋美龄画的画。在卧室的茶几上，放着一张蒋介石生前用红铅笔写的一张便条："能屈能伸"。

安灵礼完成后，蒋经国对参加大殓的大员表示答谢。

至此，蒋介石的丧礼才算完毕。蒋介石丧事排场之大，实为古今中外所少有。

丧事处理完毕，国民党中央于 1975 年 4 月 28 日举行会议，商讨党权归属问题，会议作出三项规定：

（1）接受蒋介石遗嘱，并即具体规划，坚决执行；

（2）保留党章"总裁"一章，以表示对蒋介石"哀敬"与"永恒之纪念"。

（3）中央委员会设主席一人，推选蒋经国担任。

蒋介石病逝后，遗体作了防腐处理，他的灵柩一直停放在慈湖"行宫"，不断有人前去参观，台湾当局为了永久纪念蒋介石，决定筹建"中正纪念堂"。

1980 年 4 月 5 日蒋介石病逝 5周年之际"中正纪念堂"完成。纪念堂坐东朝西，遥望大陆；平面用方形，以寓"中正"之意；堂顶八角，造成多数之"人"字形，聚于宝顶，上与天接，以寓"天人合

蒋介石陵寝正门

一"之思想；屋顶用天坊宝蓝玻璃瓦顶，蓝中带紫，顶上有青天白日"国徽"。"纪念堂"高 70 米（三层台阶高 14.5 米，主体墙高 24 米，斗拱至宝顶尖 31.5 米）。内部隔为上、下两层，上层为正堂、平面为 40 米见方，四角各突出 7.5 米。后方居中矗立蒋介石坐姿铜像，铜像高 6.3 米，厚 6 -12 厘米，全重约 21.25 吨，由陈一帆承铸，台座高 3.5 米。铜像基座正面刻了蒋介石遗嘱，大理石壁上，正中刻有蒋的遗墨"民主"二字。左右两边分刻了"伦理"和"科学"。在正厅两侧的大理石壁上，刻着两句蒋介石所谓的"嘉言"："生活的目的在增进人类全体之生活"、"生命的意义在创造宇宙继起之生命"。"纪念堂"下层为展示室，陈列着蒋介石的遗物、文献及喜读书目；放映室放映蒋介石的所谓"功绩"，"生活电影与录

音"。

　　距纪念堂中心线470米处竖立一高30米，横宽长67米的正牌楼，一列大小五个拱门，象征"五权宪法"。牌楼正中匾题置4个大字"大中至正"。

　　在纪念堂南北两侧，竖立两座格式相同的高13.8米、长19.7米的牌楼，一为"大忠门"；一为"大孝门"，寓意"大中至正"的蒋介石是一个"忠"、"孝"两全的人。

　　台湾当局还在其他地区建造了一些纪念馆或铸刻了一些铜、石像之类。如果蒋介石地下感知，一定会对他的传人的"杰作"大加赞赏。然而，无论台湾当局建造多少座纪念堂或纪念馆，铸造多少个铜、石像，也无法改变历史和人民对蒋介石公正的评价。

陈铭枢：佛学名将 1931 年代理

陈铭枢年少的生活充满了苦难，却没有被压垮。在随革命军南征北战的过程中，他逐渐成为一名骁勇善战的将军。面对日寇入侵，他组织十九路军进行了可歌可泣的淞沪抗战。面对蒋介石的对日议和，他抛弃了亲蒋派的立场，毅然举起了抗日反蒋的大旗。他一生学佛，逐渐看淡人生，纵然境遇艰难，也能淡然处之，自得怡乐。

●陈铭枢的年少生活并不尽如人意，他 17 岁便投身军界，接受了系统的军校教育，并进入同盟会。1915 年，他谋炸广东督军龙济光，事泄入狱，越狱后赴日本。

陈铭枢，字真如，生于 1889 年 10 月 15 日，广东省合浦县人。陈铭枢两岁时丧母，继母过门后，经常虐待他。他回忆说：

父亲是个秀才，不问家人生产，后母过门后同父亲染上大烟，俾昼作夜，全不理会子女何等状况，后母常诬我，润渐日久，父亲随之恶我恨我。每值食时，我在门侧窥视父母及弟妹都围坐了，才偷偷地进去，侧身蹲下，战战栗栗，一举碗把饭塞入口，急卒了事，未尝敢吃一顿饱饭，偶然添多半碗，便遭斥骂。

因长期受虐待，陈铭枢长得面黄肌瘦，奄奄一息。舅公知道他的可怜处境后，念及骨肉情，便将他接到外婆家。在那里，陈铭枢恢复了儿童的活力和天真。以后，当他受不了父母的虐待时，就逃到外婆家。但十分难得的是，即使在这样的境遇中，陈铭枢对父母并没有愤恨之情，继母后来生了一个弟弟，一个妹妹。弟弟是由他背大的，妹妹也在成年之后获得了他很多帮助。

陈铭枢

7 岁时，陈铭枢开始随父亲读书。稍长，他靠族中公益金帮助到公馆文治高等小学就读，接受新式教育。其间，他常要在家带弟妹，因此经常失学，学习成绩很差。后来，他在军中意识到文化的重要性，开始发愤自学，才有了很好的文化造诣。

青年陈铭枢长得身高体壮，经族人介绍进入军队当勤务兵，开始了军旅生涯。1906 年，广东陆军小学扩大招生，陈铭枢得知后，回到家乡为报考军校作准备。几个月后，只身航海，赴广州报考。说来也令人心酸，当时的陈铭枢连一件行李都没有，全身上下只有挨家挨户乞讨来的 20 块大洋。当时，科举已废除，读书人从军成风，竟有 3000 多人报考。陈铭枢自知文化底子差，但又志在必得，考前不无悲凉地对同考的人说："苟不获取，当投白鹅潭而死也。"也许是毅力所致，考试时陈铭枢发挥得特别好，顺利地被录取了。8 月，17 岁的陈铭枢进入设在广州黄埔的陆军小学第二期学习。

在广州陆小的时候，陈铭枢对学习并不特别感兴趣，而是醉心于革命的宣传，立志以革命为职业。入学后不久，经陈汉柱介绍，陈铭枢加入同盟会。入盟后，陈铭枢广事交友联络，和同期同学蒋光鼐，后来入学的邓演达结下了深厚的友谊，成为长期合作的密友。同时，他经赵声介绍，又认识了朱执信、倪映典等在广州新军中活动的骨干，建立了广泛的革命联系。

1909 年，陈铭枢从广州陆军小学毕业，升入南京陆军中学学习。来到南京，他和同时升入陆中的蒋光鼐一起，积极联络同学，进行宣传组织活动。陈铭枢是陆中同盟会的主持人和对外联络人。

武昌起义的消息传来，陈铭枢和军校的同盟会员摩拳擦掌、跃跃欲试。这群军校的学生们都已经经过系统的野外演习和实弹射击，具备了一定的战斗能力。当时，大家都把注意力集中在学校的武器库上，希望能借机拿到里面的武器弹药，然后借机参战。学校察觉到学生们的想法之后，惧于风声鹤唳的政治形势，竟偷偷地将武器库中的弹药全部运走。军校学生得知后，觉得自己赤手空拳，难以在当地响应起义，就希望赴武昌前线参加战斗。大家公推陈铭枢前往上海，向同盟会总部请愿，并要求拨给旅费。陈铭枢热血澎湃，受此重任，未办理请假手续，就悄悄越墙离校了。

10月25日晚，陈铭枢赶到上海，见到即将赴武昌的宋教仁。陈铭枢说明来意后，宋教仁当即拿出500元给他作为川资。陈铭枢回到南京后，才知道因为违反纪律已被学校开除，无法进校。于是邀同学出校商议，最后商定军校生分三批去武昌参加起义，陈铭枢率领第一批队伍先行，同行者有蒋光鼐、陈果夫等10余人。

陈铭枢等到达武昌后，被编在中央第二敢死队，参加保卫汉口的战争。11月1日，汉口失守，湖北军政府委任黄兴为战时总司令。黄兴很看重这批南京陆军中学的学生，便将他们大概100多人重编为学生军，直属总司令部，作为自己的亲随骨干部队，随侍左右，对各部进行督战。学生军跟随黄兴，艰苦征战，在战争中，有的学生慑于伤亡，退缩了；有的学生贪图都督府的官职，转向了，但陈铭枢十分坚定地留了下来，继续接受战争的洗礼。

上海光复后，张謇、汤寿潜等人力邀黄兴到上海主持组织中央政府。当时，汉阳已失守，黄兴悲愤万分，与鄂中各将也矛盾颇多，便决定离汉东下。临行前，黄兴挑选了一批学生军随扈自己，陈铭枢是学生军中同盟会的骨干，被黄兴选上，成了黄的卫士，随黄赴沪。到达上海后，陈铭枢等人驻扎在北火车站附近的南海邑馆，黄兴则住在法租界，他们就轮流到黄兴寓所守卫。

姚雨平所率领的北伐军到达上海后，一位营长找到陈铭枢，要他去该营当连长。陈铭枢愿意带兵作战，驰骋战场，便离开黄兴的卫队，在北伐军中担任起连长的职务。同时邹鲁为陈铭枢保留了经理部委员的职务。

陈铭枢率部在安徽凤阳休整时，发生了一件意外事件。一名士兵违犯军纪后，团部处置过当，竟将该士兵枪毙。偏偏这名士兵的叔叔在机关枪连任班长，眼看着自己的侄子年纪轻轻就一命呜呼，他又气又恨，到处宣传鼓动。事情越闹越大，以至于全连士兵都参与了进来，以暴乱表示不满。后经调解，以营长作孝子送葬，才算了结。陈铭枢对此事不负有任何责任，但事情毕竟发生在他负责的连队里，难逃其咎，便自动辞职。获准后，陈铭枢回到经理部报到。

　　袁世凯上台后，为安抚革命党人，给予种种待遇。当时有两条出路供陈铭枢选择，第一，到日本或者法国留学。第二，进保定军官学校。陈铭枢把出国留学的机会让给了同学谢婴白。谢婴白由此得以进入日本著名学府早稻田大学，后来还有幸成为国民党上将张发奎的参谋长。而陈铭枢自己则和好友蒋光鼐一起，进入保定军校学习。

　　二次革命爆发后，陈铭枢、蒋光鼐等30余人，多次秘密集会，决定到江西参加起义。正待出发时，邹鲁给陈铭枢去信，要他到广东发动关仁辅所部民军起义。关部是广东的会党，绿林武装，曾参加过镇南关起义。陈铭枢觉得这部分力量很重要，于是临时改变计划，只身南下广州。

　　陈铭枢抵穗不久，前清广东的旧军统领龙济光就率部攻进了广州城，当起了广东都督。陈铭枢和老同盟会会员陈雨亭，决定暗杀龙济光。辛亥革命时期，革命党人受俄国无政府主义思潮影响很大，并羡慕秋瑾、徐锡麟等人的英勇行为，许多人热衷于暗杀。陈铭枢在上海时，就学过制造炸弹，研究过暗杀的方法，陈雨亭也是个制造炸弹的高手，两个共同研究，一起在郊外做实验。不料，龙济光部署十分周密，陈铭枢甫住进客栈就遭怀疑而被捕，锒铛入狱，饱受牢狱之灾。

　　陈铭枢在陆军小学时的同学，他发展的同盟会会员李朗如，得知陈铭枢入狱的消息后，运用他家显赫的地位，把陈铭枢保释了出来，陈出狱后即乘船逃往香港。邹鲁等人见到他，欣喜万分，他们都已经做好实行兵变，攻打监狱，把陈铭枢救出来的准备。陈铭枢虎口逃生，唏嘘不已。

　　不久，国内形势急转直下，袁世凯控制了全国政局，革命党人在国内立脚不住，纷纷逃往国外，陈铭枢也在1913年底流亡日本。这时，孙中山和黄兴已先后到达日本。陈铭枢本是黄兴的卫士，现在生活无着落，只好依靠黄兴接济，按月领取。当时，流亡日本的革命党人很多，生活十分艰苦，对前途也感到渺茫。黄兴为了把他们集合起来，积蓄力量，以待时机，在东京郊外的大森创办了一所叫"浩然庐"的军事学校，委托老同盟会会员殷汝骊主持。陈铭枢也入校学习，共有同学近百人之多。

黄兴坚决反对孙中山在组织中华革命党时所规定的具有人身依附性的办法，以及特权观念。黄、孙两人各持己见，相持不下。最后，黄兴于7月间远走美国。陈铭枢对黄兴比较同情，同时也没有回家乡进行活动的有利条件，因此未加入中华革命党。在浩然庐结束学习后，陈铭枢在革命党人组织的另一个学校——政法学院学习了一段时间。在这里，他学习了一些政治经济学的知识，对他以后的政治思想很有影响。

在日本期间，由于黄兴的关系，陈铭枢接触了一些流亡日本的国会议员等政界人物，如张耀曾、彭允彝、欧阳振声等。通过和他们的交游，陈铭枢增长了阅历，扩大了社会联系。此外，陈铭枢开始对佛学感兴趣。他不仅专注于聆听高僧讲学，甚至孤身一人到远离东京的一个大森林里的一处寺庙独自参禅悟道，时间长达半年之久。清静环境和幽深的佛法涤荡了他烦躁的心情，塑造了他坚定的意志和独特的人生观念。

一年后，陈铭枢回国到上海，在宝记照相馆当小职员。他白天工作，晚间念佛。生活一片清明。然而，在陈铭枢的心中，革命的信念始终没有放下。

●护国运动中，陈铭枢重回军队，悉心练兵。在陈炯明和孙中山矛盾凸显时，他抽身引退，研习佛学。国共合作，他成功策动陈秋霖"报变"，再入国民政府。

1916年，陈铭枢在护国运动中重回军旅，参加了云南方声涛部护国军，担任连长。1918年5月间，方声涛奉孙中山之命，由粤入闽，陈铭枢借机离开方部，到肇军出任游击营长。肇军前统领为李耀汉，前清时系土匪出身，为当局收编，素质很差。陈铭枢接管肇军后，立志把这群散兵游勇变成国家的正规部队，因此，对他们训练得极为严格，即使部队执行剿匪任务，也不停止训练。他深感北洋军阀割据之苦，在训练中特别注意培养士兵服从命令而非拥护个人军官的做法。几个月下来，这支以素质差出名的部队在陈铭枢手里变得焕然一新，很有朝气，令人刮目相看。

1919 年 6 月，桂系的广东督军莫荣新下令通缉李耀汉，并派桂系护国军第二军军长林虎率部进驻肇庆，出任肇罗阳镇守使，改编肇军。陈铭枢的游击营本非李的亲信，经改编，归林部帮统杨鼎中统率，编为护国第二军陆军游击第四十三营。当时，蔡廷锴也在陈铭枢的军中，虽是军人出身，文化程度不高，却英勇果敢，屡立战功，陈铭枢十分喜爱，并着力培养他。到了第二军之后不久，陈铭枢就把他送到陆军学堂读书，并慎重嘱咐："你入陆军学堂后，要努力求学问，不要怕辛苦，不可中途灰心。"还勉励他，"有了学问，到处都可以做事"。可以说，正是陈铭枢的爱护与提拔，才有了蔡廷锴及其十九路军在上海浴血抗日的可歌可泣的一幕。

1920 年 8 月，桂系与粤军交火，貌似强大的桂系连连战败，顷刻间土崩瓦解。杨鼎中看到大势已去，就把军队四营交给陈铭枢统率。不久，陈铭枢在阳江宣布独立，响应粤军回粤，被改编为粤军第六军第一纵队，陈任司令。陈铭枢系广东人，与粤军中很多将校素有交情，他在粤军中的处境与以前大不相同。未过多久，陈炯明就任他为粤军第五十四协统领，奉命驻扎两阳地区，即阳江、阳春地区。

陈铭枢驻兵两阳，一方面加紧训练军队，一方面有计划地利用同学关系在广州活动。这时，他的军校同学邓演达正在粤军第一师师长邓铿手下任参谋。邓铿计划组编第四团，扩充第一师实力。邓演达便特向邓铿介绍陈铭枢，转达陈愿意放弃两阳地区，接受改编的意图。粤军将领魏邦平又向邓铿介绍了陈铭枢部的军事素养和战绩。于是，邓铿即将陈铭枢部调到广州，改编为第四团，陈任团长。

第一师在师长邓铿领导下，训练极严。"除日常学术科外，有军官团以研究学术，锻炼身体；有各种禁条，以陶铸德性，即烟酒亦在禁止之列。每星期三六，营内或放电影，或演白话戏，或请名流讲演。凡此种种，皆由于团长陈铭枢专心训练，且由邓师长特别优待，与以各种便利，故发展长才。因此，全团官兵皆能于无形中养成其高尚人格，爱国精神。"第四团成为全军著名的模范，贺耀组、林修海等各路将领都来参观部队的训练情况。这支部队成为黄埔军校成立前，国民党的骨干部队。陈铭枢本人也颇得陈炯明的赏识。

1921 年 6 月，桂系沈鸿英部突袭粤北，攻陷连山、连县、阳山，北江边防军李烈钧旧部赣军赖世璜部向韶关撤退。陈铭枢部奉命赴阳关阻击，遇到了败退的赣军赖世璜部。陈铭枢安慰赖世璜，并建议他派别动队到小北江侧袭击敌人。赖世璜正败得垂头丧气，便把陈铭枢当做救命稻草，立刻依计行事。安排好赖世璜后，陈铭枢又去会见了许崇智部将吴忠信，并自信满满地向吴全盘托出了他的计划："深夜进军，在敌来攻前占领阳山山地，抗拒敌人。"粤军在陈铭枢的部署下，动作迅速，天还未亮，阳山角下的一切已经部署好了。所有的有利地形均已被粤军占领。不出陈铭枢所料，沈鸿英部果然前来，发现不是赖军时，大吃一惊，心理上已经输了。又因为失去地形依托，仰攻不利，不到一个小时，全线败退。沈部不得已向江边逃去，却被早已准备在那里的赖世璜部逮了个正着，被追击缴械。赖世璜挽回了名声，陈铭枢也立了一大功。他的第四团由此得以进一步发展壮大。

1922 年 3 月 21 日，邓铿在广州遇刺身亡。邓铿去世后，陈铭枢和邓演达成为第一师中的核心人物。此时，陈炯明极力主张联省自治，力图自保，阻挠孙中山的北伐计划，陈孙二人交恶。陈铭枢觉得陈炯明对自己有知遇之恩，而孙中山则是革命领袖，深感难以应付，不知如何是好。

6 月，陈炯明系统的叶举部举兵反叛，炮轰总统府。事发后，陈铭枢团与工兵营和李济深（时任第一师参谋长）所率师部开赴老隆，保持中立。陈炯明派秘书来游说，陈铭枢则坚守中立。正在此时，廖仲恺提出北伐问题，陈铭枢想，与其坐在这里干耗着，还不如去闯一闯，于是，立刻去见了邓演达等人，表明了自己愿意随军的态度。第二天，他和他的军队就随部队一起出发了。

当时的部队军纪都比较差，扰民的情况常常发生。到赣州还有两天的路时，军队准备在一个村子宿营，却发现百姓都跑光了。好不容易找到一个老乡一问，原来都是被先头部队骚扰怕了。在宿营期间，陈铭枢的队伍体现了很高的素质，他们纪律严明，连挑水都不敢惊动百姓，要在百姓起床之前先挑。后来，百姓十分信赖陈铭枢的队伍，只要他们团在，没有解决不了的问题。

几月后，军队战败退入福建，第四团处境困难。陈铭枢进退两难，决心离开军队，准备到南京学佛，观望形势，就以第一营营长陈济棠代理团长。

1922年夏秋之间，陈铭枢来到南京内学院拜欧阳竞无为师，学习佛学。其间，梁漱溟、汤用彤、梁启超等著名学者都曾来内学院听讲，也有日本学者来听讲的。陈铭枢还曾一度游历北京，参观故宫、东陵，由京绥路出雁门关，游历云岗等地，开阔眼界。在北京的时候，陈铭枢认识了梁漱溟和徐名鸿，这两人在后来都和他建立了密切的关系。

1924年，国共合作开始，国民党改组，燃起了很多人的新希望。邓演达等纷纷劝说陈铭枢回粤。思量再三，陈铭枢终于决定再次出山。但他觉得单为做官而去，实难为情，便决定在回去前，送广州革命政府一份"厚礼"。

香港的《香港新闻报》是陈炯明的机关报，但该报社长兼总编辑陈秋霖并不甘心依附于陈炯明。陈铭枢认识陈秋霖，清楚其处境，于是就给陈秋霖发去一函，劝说他发动"报变"。10月间，陈铭枢来到香港，当即和陈秋霖联系，商定当日换版。陈铭枢挥笔改写了"新闻报"三字，陈秋霖则写了放弃陈炯明、投归国民党的社论，并用红字印刷。报纸发行后，掀起不小的波澜。广州革命政府知道是陈铭枢所为后，特派李章达持汪精卫亲笔函到港，迎接陈铭枢回粤。汪信中说："兄等此举，开旷古未有无例，新闻报起义，实贤于十万之师。"次日中午，陈铭枢与黄居素、陈秋霖、李章达等一起回到广州。

回粤不久，陈铭枢就到肇庆接任第一师参谋长，并兼第一旅旅长。因师长李济深长驻梧州，陈铭枢上任后，即以参谋长代行师长职务，驻肇庆练兵。

1925年1月，广东革命政府决定东征讨伐陈炯明。李济深对参加东征与否，犹豫不决。陈铭枢对东征则很积极，面见李济深，催他下达东征的命令。李迟疑不决，陈即在李的办公桌上，拿笔写好了命令，请他签署。李仍下不了决心，陈竟握着他的手签了名。第二天，他在肇庆集合全旅官兵，在广场誓师。誓师词是陈铭枢亲自拟的，印在纸上，每个官兵人手一份。据张发奎回忆，当时的许多官兵甚至能把这个誓师词背诵下来。

陈铭枢旅系东征后续部队，协同蒋介石率领的黄埔军校学生军作战。在作战过程中，陈铭枢敏锐地察觉到，东征军总司令许崇智对蒋介石有意见，但他还是以战争为上，对蒋介石表示："我当然受你指挥。我准备好，等候你的命令好了。"听到陈铭枢这么说，蒋介石露出了满意的笑容。东征期间，陈铭枢和蒋介石共同分析战争，制定计划。东征军连连获胜，东江之地得以肃清。总司令许崇智以陈铭枢作战有功，单独召见，加委为记名师长。通过东征战役，陈铭枢和蒋介石建立了密切的关系。

7月1日，广州革命政府改组大元帅府为国民政府，广东革命军扩大编制，采用苏联的一师三团制，编组国民革命军序列。第一师扩充改编为国民革命军第四军，陈铭枢出任该军第十师师长，下辖原蒋光鼐一团，另编组一团，张发奎一团则扩编为独立旅。

9月间，国民政府开始二次东征。陈铭枢受任为南路总指挥。为了减轻国民政府负担，他自己为军队筹款。由于军队不多，陈铭枢采取诱敌深入的方式，在鹤山单水口与敌大战，以少胜多，击溃敌军，打了一场漂亮仗。

●在宁汉对峙、中原大战中，陈铭枢都站在蒋介石一边。他先后担任十一军军长、政治部副主任、广东省政府主席等职。"围剿"江西红军使得陈蒋之间出现罅隙。

北伐开始后，陈铭枢受命进入湖南省，协助唐生智与吴佩孚作战。在向汀泗桥推进的时候，陈铭枢的部队担任正面进攻任务。此时，吴佩孚已经算好了陈铭枢到达的时间，集合了三倍以上的部队，占据了重要地形，等着陈部过来。这是关乎全局的一次重要战役。陈铭枢不敢懈怠，在晚上冲锋了多次，却因为寡不敌众，没有能够取得预期效果。就在这紧要关头，陈铭枢的顽强意志力又派上了用场，他秉着"我不杀敌、敌且杀我"的坚定信念，鼓起一百分的勇气，从团长中组织了几个骨干力量，再次冲锋。同时，把叶挺的独立团安排为预备队，决心破釜沉舟地大干一场。在他的鼓舞下，将士们也奋勇向前冲去，渐渐的，吴佩孚的军队支撑不住了。突然，张发奎部冲了出来，从侧面冲向敌军。吴佩孚部本疲惫不堪，张发奎一到，更是毫无抵抗力，只能全军覆没了。不久，蒋介石率七、八军也赶到了，蒋陈联手，又乘胜再取贺胜桥，俘获了大量战利品。

1926年10月10日，北伐军攻占武昌，北伐战争取得重大胜利。当日，陈铭枢就任武汉卫戍司令职务，维持武昌秩序。第四军以其辉煌的战绩，被誉为铁军。陈铭枢、张发奎、叶挺都成了战功卓著的北伐名将。时人评价说"张发奎攻击勇猛，陈铭枢会守会攻"，"向华（张发奎）师长之蹈厉无前，真如（陈铭枢）师长之指挥若定"。

为适应战争区域扩大的需要，国民革命军各部进行扩编，蒋介石于12月间委任陈铭枢出任第十一军军长，以原来的第十师为基础，分编为两个师。

蒋介石在北伐过程中，权力欲望日炙，北伐军攻下南昌后，挑起迁都之争，公然与武汉国民政府相对抗。而国民党内部也已形成反蒋独裁的斗争。陈铭枢自第一次东征后，和蒋介石保持着良好的关系，被视为亲蒋派。此时，他身在武汉，处境困难，却没有表态。他担心如此发展下去会演变成分裂，对革命、北伐都不利，只能沉默着再看看变化。

1927年2月底，武汉方面派谢晋和陈铭枢到南昌和蒋介石谈判。3月3日，国民党二届三中全会在汉口召开，陈铭枢列席会议。会议猛烈攻击蒋介石的个人独裁，要求罢免他的一切职务，情绪激动之时，也涉及人身攻击。陈铭枢对此十分不满，未到终场，就退席了。离席之后，他预料到形势会对他非常不利，紧急招来心腹蒋光鼐和蔡廷锴简单交代了一下，要求他们务必保住军队。当日，他就改装乘日轮赴九江，转去南昌见蒋介石，走上了拥蒋反共的道路。

4月18日，南京国民政府成立，蒋介石任总司令，宣布重新成立国民革命军总司令部政治部，由吴稚晖任主任，陈铭枢、刘文岛为副主任，陈主要负责宣传工作。此外，陈铭枢还兼任训练部部长，发行《革命军日报》，主办政治工作人员养成所。陈铭枢俨然是蒋记政府的要员。

宁汉之争，蒋介石成为众矢之的。蒋采取以退求进的策略，于8月初宣布下野。陈铭枢作为蒋派的一员，紧随其后，称病回沪，请辞第十一军军长及政治部副主任职务。9月2日，陈铭枢离沪赴日，进行调养。

陈铭枢离职后，蒋光鼐、蔡廷锴率第十一军进入福州。他们和海军合作，消灭了当地的新编第一军。蒋、蔡二人电请陈铭枢回部复职。陈铭枢接电后即乘船回国，于11月2日到达福州，重掌兵权，指挥第十一军。

王礼锡（左）、陈铭枢（中）、程希孟

1928年2月底的国民党广州政治分会上，将广东省划分为东、南、西、北四个善后区，进行"剿共清共"，陈铭枢负责南区。陈铭枢把镇压中共的革命，看成是完成国民党北伐的必要条件。

10月21日，国民党中央批准李济深辞去广东省政府主席职务，指定陈铭枢继任。陈因在香港突发盲肠炎，因而直到12月19日，他才就职。陈铭枢则针对广东省政中的问题，发表了题为《今后广东省政之建设》的就职演说。他提倡法治，主张"政治完全公开，与人民以共见；一方面敬谨以受党的监督裁制，一方面以诚意接受人民的监督批评"。在财政问题上，他表示要减轻人民负担，一切税收按财政原则予以整理，剔除积弊。在用人问题上，他表示要按照孙中山制定的考试制度，"实力奉行考试院制定的规程，以为用人的标准程序"。公开性和标准化是他的两点施政纲领。他要把广东省建设成一个模范省，表示"广东在革命的时代可以作革命的策源地，在建设的时代似乎也可以作革命的策源地"。

陈铭枢响应蒋介石裁军的主张，将第十一军缩编为一师一旅，以蒋光鼐为第三师师长，以蔡廷锴为独立旅旅长，自己则交卸了军职。

1929年3月，陈铭枢经香港准备前往上海，转南京出席国民党三大。不料，他所寓居的香港英皇酒店失火，他从睡梦中惊醒后跳楼逃生，不幸跌伤了腿，自此落下残疾。

国民党内部矛盾重重，战火不断。陈铭枢作为亲蒋派，坚定地支持蒋介石。中原大战开战之际，陈铭枢通电蒋介石，说："蒋、蔡两师作好准备，随时可听候调遣。"战争开始后，蒋光鼐、蔡廷锴两师奉蒋命转战各地。蒋、蔡所部攻入济南后，奠定了胜局。蒋介石以粤军功高，任蒋光鼐为第十九路军总指挥，蔡廷锴为军长。

胡汉民遭蒋介石软禁后，胡派势力集结广州，并和汪精卫派、桂系等反蒋势力谋求新的合作。一个新的反蒋联盟正在形成。陈铭枢本着以往对蒋介石实现统一的期望，反对起兵反蒋。但十九路将领均表示反对国民党内再起纷争。再加上广东方面各派人物争夺激烈，陈铭枢只得选择于4月10日离开广州，不久赴日，躲避这场纷争。

5月27日，反蒋各派在广州另行成立国民政府，并发表宣言，要蒋介石引退，国民党内再次出现了分裂局面。粤军调往粤赣边境，以防十九路军回粤。陈铭枢得悉十九路军彷徨无主，即于6月初秘密回国。蒋介石见到陈铭枢十分欢喜，希望他能到江西重领十九路军，担任"剿赤"右翼军总指挥官。并告诉他，进剿到一定阶段的时候，就让他带兵打回广东。陈铭枢明知十九路军不愿内战，自己也无染指广东的意图，但因为急于回军，只能姑且应允，想走一步看一步，等时机成熟以后再做其他打算。6月9日，陈铭枢到达赣州，重握兵符。陈铭枢向十九路军将士训话后，即发表通电，以和平统一和"剿共"自任。同时，他致电汪精卫等广东方面军政要人，呼吁放弃分裂的局面，支持蒋介石的统一。

除统辖十九路军外，陈诚、卫立煌、上官云相、郝梦龄、赵观涛等右翼各军部也归陈铭枢节制。然而，部队虽多，并不都能真正听命于陈铭枢。除了原来的十九路军以外，大多战斗力不强。陈铭枢率领的右翼集团军先后参加了对中央红军的第二次、第三次军事"围剿"，但均遭到惨败。

其中，在第三次"围剿"中，十九路军在江西兴国的高兴圩被红军打得落花流水，损失 2000 余人，军部险些被包围消灭。

红军机动灵活的作战方法，使十九路军只是疲于奔命，少有战果。陈铭枢感慨地说："国军处处黑暗，红军处处明亮。"同时，陈铭枢深感蒋介石赏罚不公，军事指挥能力差。蒋调拨给他统率指挥的各军，实际上仍由蒋直接下令，陈只能掌握自己的基本部队。以韩德勤一师为例，蒋在不通知陈的情况下，就直接调去"剿共"。等到这个师被红军消灭的时候，陈才接到他们的"呼救号"，而且不知道在什么地方。屡次这样，即使陈铭枢军事能力再强，也是无力回天了。而且，十九路军在广东方面断绝军饷供应的情况下，蒋介石也不予补给。在这样的情况下，十九路军的离心倾向日益加重。

恰在这时，第三党领袖邓演达在国民党军队中秘密联络各将领反蒋。由于陈铭枢曾是邓演达的同学和部下，陈铭枢也就成了邓演达秘密联络和争取的对象。经过一番秘密协商，决定利用蒋介石要陈铭枢出兵广东的机会，率军进入潮州、梅州，占领东江和闽南一带，然后发表时局宣言，呼吁和平，以停止内战，一致对外相号召，建立第三势力，武装调停宁粤双方，以图控制整个局势。邓演达还告诉陈铭枢，陈诚和蔡元培都主张反蒋。为了更好合作，邓演达还派其秘书杨杏佛到吉安与陈铭枢密商。陈铭枢思量再三，认为蔡元培有政治威望，邓演达有群众基础，自己有军事力量，三人合作定可开创一个新局面。然而，时局的变化总是变幻莫测，就在陈铭枢准备起事反蒋之际，九一八事变爆发。陈铭枢十分震撼，毅然选择共御外辱，暂时放弃反蒋计划。

●九一八事变爆发，陈铭枢全力调停宁汉矛盾，并组织十九路军进行淞沪抗战，然而，蒋介石一心与日议和，十九路军孤立无援，只能后撤，陈铭枢十分失望。

1931 年，九一八事变爆发，陈铭枢看到强敌入侵，形势危急，即向蒋介石进言："应举国一致，共御外侮。"面对宁粤分裂的政治局面，出身粤军的陈铭枢自告奋勇，担任调停人。很快，陈铭枢、蔡元培和张继组成了调停团。他们来往于南京、广州、香港各地，多方斡旋。辛苦调解，终使两派矛盾暂时得到调和。9月30日，蒋介石按照两广派的要求，任命陈铭枢为京沪卫戍司令长官，命令十九路军自江西调驻京沪，负卫戍之责。十九路军成了捍卫国民政府政治、经济核心地区的重要军事力量，也是陈铭枢从事政治活动的重要资本。10月下旬至11月上旬在上海召开"和平统一会议"，纷繁扰攘了大半年的宁粤对立，终于告一段落。

12月14日，按照事先约定，蒋介石宣布下野，由陈铭枢代理行政院院长。陈铭枢知道自己代理行政院院长的职务，"全属于粤方的主张，而蒋亦要我来缓和双方的争议"。他虽然代理行政院院长，一时间执掌国家最高行政权力，但以他的实力和资望，还只能负过渡时期看守内阁的责任，无权号令各方。事实也的确如此，行政院各部主管中，亲蒋派纷纷撂挑子不干，以示与蒋共进退；非亲蒋派，则袖手作壁上观，行政院陷于瘫痪。对此，陈铭枢无可奈何，他的这个"代理行政院院长"，事实上并无行政事务可行"代理"之责，连个"代理"也只是虚名而已。

12月22日，国民党四届一中全会在南京开幕。28日，全会选林森为国民政府主席，孙科为行政院院长，陈铭枢改任行政院副院长兼交通部部长。可以说，陈铭枢短暂的行政院院长生涯就这么告一段落了。

孙科政府自成立之日起，便处于风雨飘摇之中，财政外交两个难题无时不困扰着他。面对这堆烂摊子，孙科负气而去。为挽救局面，陈铭枢联合冯玉祥、李宗仁、李济深等，成立了中央政治会议特别委员会，负责处理政务。陈铭枢还争取到上海金融界每月900万的支持，加上税收700万，勉强可以维持政府的各项开支。陈铭枢的努力，虽收到了一定成效，但他毕竟缺少雄厚的政治实力，常有"心劳力绌，束和无策"之叹。

半月之后，国民党中央政治会议决定撤销特别委员会，1月28日，中常会任命汪精卫为行政院院长，孙科改任立法院院长，政局又为之一变。就在当晚，淞沪抗战打响。

陈铭枢对日本帝国主义的阴谋有着高度警惕，长久以来，他一直在积极着手反侵略战争的准备。他和十九路军将领蔡廷锴等拟定淞沪抗日计划，还和李济深等积极活动，争取东北抗日义勇军调进关内参加抗战，为激励十九路军将士的抗日斗争精神。1932 年 1 月 21 日在陈公馆，蔡廷锴问陈铭枢道："万一敌人向我军侵犯，我军如何动作?"陈铭枢断然回答道："当然不客气，武力抵抗!"

1932 年 1 月 23 日，他以京沪卫戍司令长官的名义和十九路军总指挥蒋光鼐、军长蔡廷锴、淞沪警备司令戴戟联名发出《告十九路军官兵书》，庄严宣称："为振醒世界之视听，复活我们受辱的伟大民族之魂魄，保种保国，以死以生，自最高级长官以致伙夫，要须具有十二万分最后之决心与平素革命之勇气。不抵抗无以为人，不抵抗无以救国。认清楚此次与暴日拼命，通非寻常之战可比，意义丰富，价值无上。抛掷一头颅，即保障世界一分和平，挥洒一点血，即挽回一分国运。……我们没有回顾，我们不管成败利钝，一刀一枪，死而后已。"忠勇报国之心，义无返顾之志，溢于言表。

1932 年 1 月 28 日深夜，日军不宣而战，十九路军奋起抵抗。蒋光鼐、蔡廷锴接在第一时间发出两封急电，一封给陈铭枢，一封给何应钦。何的回电对蒋、蔡有所责难，而陈铭枢的回电抗日态度却十分明确，要他们继承十九路军的光荣传统，坚决抵抗，电文中说："租界外日军应伺机灭之……此时惟有准备最光荣之牺牲，切不可轻做退后之辱也。"在陈铭枢的指示下，十九路军对日寇进行了英勇抵抗，将日寇的第一波攻击击退。

在淞沪战役的前半个月里，十九路军的战果十分显著。几次反击都大获全胜。日军进攻势头严重受挫，不得不多次要求停火，等待增援。甚至被迫三次中途换帅。

自沪战爆发后，陈铭枢时刻关心战况的发展。在整个一·二八抗战期间，陈铭枢不仅指导十九路军的作战，激励官兵士气，鼓舞官兵斗志，而且坚决反对妥协议和，为十九路军呼吁支援。

十九路军的奋勇抗战获得了社会各界的支持。陈铭枢在南京萨家湾交通部长官邸接见了前来请求参战的一批黄埔青年军官，还有三百多人签名的请愿书，要到上海支援十九路军。很多人慷慨激昂，声泪俱下，甚至不惜以死相求。陈铭枢被深深地震撼了，立即给何应钦打电话，谈了这些情况，然而，何应钦和蒋介石正在酝酿对日妥协，不要说对这些情况无动于衷，连十九路军的援军问题也不给予解决。

为此，蒋介石甚至亲自出马，对陈铭枢说："十九路军已经保持了十余日的胜利，能够就此收手，避免再战为好。"他要求，双方应该协议停战，从速转入外交途径解决。为了达到目的，他甚至逼陈铭枢致电蒋光鼐、蔡廷锴遵照待命。

而此时的十九路军已经面临极其艰难的境地。日军的兵力已经增加到两三万人，野炮六七十门，次要战线上布满了海军陆战队，吴淞口集中了数十艘敌舰，还有六十余架飞机在空中不时盘旋。即知敌数倍于我，十九路军依然坚决顶住，他们靠着十几天来的作战经验，躲过猛烈的炮火，等敌人摸上来，用手榴弹还击。侵犯闸北的数千敌军和十多辆坦克，遇到了十九路军事先布置好的地雷，死伤无数。十九路军乘胜追击，把敌人一直赶到了沈家湾。然而，即使十九路军再骁勇善战，在没有后续部队，没有弹药补充的情况下，不可能做到长时间坚守。将士们的牺牲一天比一天多。

陈铭枢在后方心急如焚，想尽各种办法争取援兵，在他给汪精卫（汪此时为行政院院长）的电报中说："现我军益孤，咸愿死前线原阵地，不肯撤退……枢拟前往乞援。"首先，陈铭枢向蒋介石求援，蒋强调上官云相渡江困难，陈诚等部路途遥远，不肯；蒋既不肯，陈铭枢绕过蒋介石，要浙江的戴岳独立旅赴沪，但浙江省主席鲁涤平反对；又向孙科、汪精卫去电请援，但孙科也罢，汪精卫也罢，都取作壁上观态度，不肯增援。对此，十九路军高级参谋华振中感叹说："今日的军事，处置殊觉焦急困难，真苦煞真公（陈铭枢）、憬公（蒋光鼐）……"事实上，京沪线上的上官云相部和已到杭州的戴岳独立旅，只要蒋介石一声令下，几个小时就可以到达前线，蒋介石却多方拖延。26日，眼看着上官云相的部队已经接近前线了，他却只派出一个团在第二线修筑工事，另两个团按兵不动。不到几天，何应钦发来急电，把这两个团均撤回镇江。陈铭枢的最后一丝希望破灭了。

而这边，日军却在大举增兵，一度调集了七八万兵力，二百多架飞

76

机，于 3 月 1 日在前线发起了全面进攻。此时，没有任何后援支撑的十九路军已经无力扭转败局，蒋光鼐只能忍痛下令撤退。全军将士看到苦战多日，最后居然是这样的结局，纵然是铁血男儿，也不禁泪洒疆场。

十九路军是陈铭枢一手训练出来的劲旅，陈与该军官兵的关系并非一般上下级关系可比，蒋介石破坏抗战，置十九路军于不顾的态度让陈铭枢很是愤慨。最终决定与他决裂。

3 月 3 日，国联开会，要求中日停战。5 月 6 日，《淞沪停战协定》签字。淞沪抗战告一段落。整个十九路军，阵亡 2390 人，负伤 6343 人，失踪 131 人。

早在 1 月 6 日，蒋光鼐就取代陈铭枢，担任京沪卫戍司令长官。1 月 29 日，陈铭枢辞去行政院副院长职务。淞沪停战之后，陈铭枢还剩下的正式职务只有交通部部长了。陈铭枢看透了蒋介石的两面派做法，无奈政治手腕不及蒋，只能向行政院辞去了这仅剩的正式职务。

●陈铭枢领头发动福建事变，蒋介石调集大军镇压，举事失败，十九路军被肢解，陈铭枢也就此退出军界，游历各国，研究佛学，加入到民主党派的阵营，继续反蒋大业。

淞沪一战，使陈铭枢认识了蒋的真正面目。从此，他从以往拥蒋的立场转为坚定的反蒋，陈蒋关系到了无可挽回的境地。蒋介石知道要打击陈铭枢，就必定要拿十九路军开刀。于是，他先是撤消了京沪卫戍司长官公署，又提出将十九路军调离京沪核心地区的问题，最终将十九路军全军调往福建。蒋介石企图让十九路军在"剿共"战斗中消耗削弱。

10 月 20 日，陈铭枢黯然神伤地登上法轮科勃仁士号，出国散心去了。船行一月，途经亚、欧多国，11 月 22 日抵达法国马赛。在航海旅途中，陈铭枢为华振中、朱伯康编的《十九路军抗日血战史》作序，集中反映了他当时的思想认识。在欧洲期间，陈铭枢先后走访了巴黎、柏林、伦敦等地，会晤了不少旧友新朋。

漂泊半年多之后，陈铭枢于 1933 年 5 月 6 日，抵达香港。他低调行事，对外不事声张，紧张地与反蒋的政军界领袖接洽，准备另开政治局面，发动反蒋抗日。陈铭枢到达福建后，就深入部队作政治动员，力图把十九路军纳入自己希望的政治轨道，供自己驱策。当时，十九路军陷入两难境地：如不服从蒋介石的命令，不愿"剿共"，必为蒋介石所消灭；如服从蒋介石的命令，官兵不愿打，孤军深入，后无援兵，也必为红军所消灭。十九路军"剿"也败，不"剿"也败，前途堪忧。蒋光鼐、蔡廷锴二人决定铤而走险，随陈铭枢另立旗帜。陈铭枢、蒋光鼐、蔡廷锴三人经一度分歧之后，终于在反蒋抗日问题上达成了共识。

陈铭枢知道，自己的资历、声望都不足以担起领导抗日反蒋运动的重任，他必须找一个志同道合又德高望重的人号召。经过一番辛苦，他总算找到了同样致力于抗日反蒋的李济深。

福建举事若要成功，广东、广西两省的参加极为重要，但广东的陈济棠，广西的李宗仁、白崇禧不赞成陈铭枢的主张，采取旁观的态度。为了扩大力量，陈铭枢、李济深又分头与湖南的何键、贵州的王家烈、云南的龙云、四川的刘湘、山东的韩复榘、陕西的杨虎城等实权派，冯玉祥、方振武、李烈钧、方鼎英等在野派联系。在野派多表示支持，而实权派则多主慎重，在以后的事变中没有发挥多大的作用。陈铭枢还与中共取得了联系，但当时中共正处在"左"倾路线统治之下，关门主义盛行，没能采取及时有效的措施。

蒋介石获得情报后，为阻止福建举事亲自出马，极尽利诱、分化、威胁之能事，力图将其消弭于无形。举事前夕，蒋两次给陈去电，直接摊牌，陈铭枢回电拒绝。福建事变已如箭在弦上，不得不发。

11月上旬，李济深抵达福州。李济深和陈铭枢一起，在福州召开各党派会议。但会议分歧较大，主要集中在举事时间上。陈铭枢为了统一思想，决定在鼓山召开秘密会议。在会上，陈铭枢主张立即发动事变，而蒋廷锴却认为时机未到，主张再拖两个月。陈铭枢坚持己见，蒋廷锴只能妥协。在这次会议上，福建事变的策划者们还讨论了有关新政府成立的问题。鼓山会议是福建举事酝酿过程中最后一次具有决定性意义的会议，也是争论最激烈的一次会议。

1933 年 11 月 20 日，福建举事，福建人民政府成立，李济深、陈铭枢、蒋光鼐、蔡廷锴等 11 人任人民政府中央委员。随后，颁布了一系列政治、经济、外交方面的纲领、政策。福建人民政府是一个主张维护民族独立、实行政治民主、发展民族经济的政府。

福建人民政府成立后，陈铭枢主持文化委员会，从事宣传和群众工作，并在一些地方实行计口授田的试验。由于"整个国民党为蒋中正所把持操纵"，陈铭枢等人用了不少精力，组织成立了生产人民党。事实上，生产人民党的组织和党务活动没有来得及展开，只维持了一个空架子。

福建举事当晚，南京方面紧急召开国民党中央政治会议，决定开除陈铭枢等人的党籍，并交政府严行拿办。国民政府对陈铭枢、李济深、蒋光鼐、蔡廷锴四人，以"背叛民国"罪，褫去本兼各职。蒋介石在"围剿"前线，以个人名义发布《告十九路军将士书》，全力攻击福建人民政府。蒋介石还派出飞机，在福建境内遍洒他的《告十九路军将士书》，以此来动摇十九路军军心。他又将原来与福建有渊源的一些军人政客，任为军事特派员，派往福建各地，做拉拢收买的工作。

12 月上旬，蒋介石动员了他的海、陆、空军精锐部队对十九路军进行围歼。陆军分三路进入福建境内：一路以蒋鼎文为总指挥，统帅两个师，由赣东进入闽北；一路以张治中为总指挥，统帅三个师，经浙赣路到衢州，进入浦城；一路以卫立煌为总指挥，统帅五个师，进入闽西。另外，还把驻南京的两个装备最好的炮兵团调到福建。在空中，蒋派毛邦初为指挥官，调动了绝大部分战机，一方面侦查十九路军调动情形，一方面对福州等地进行疯狂轰炸。在海上，蒋介石专门派了海军舰队到福建沿海活动。如此周密部署，蒋介石还不放心，专门秘密与日本签订协定，请求日本出兵协助。日本海军舰队求之不得，当即开入马江，协助蒋介石的部队占领了厦门。

十九路军孤军应战。苦战一个多月，十九路军寡不敌众，最终失败。其后，十九路军被改编为五省"剿匪"东路军第七路军，4 个师分别开往河南、安徽整训，营长以上军官全部撤换，虽然师的番号得以保留，但物是人非，威名赫赫的十九路军就这样被蒋介石肢解了。福建事变因十九路军的解体而告失败，陈铭枢本人则化装逃到香港。没有了十九路军，陈铭枢也就在军政界失去了力量，失去了立足之地。

1935 年 7 月下旬，中华民族革命同盟在香港成立。同盟实行集体领导，中央委员会由李济深、陈铭枢、蒋光鼐、蔡廷锴、李章达等人组成，李济深任主席，下设秘书处、组织处、宣传处。在李济深不在时，陈铭枢、蒋光鼐也曾代理过主席职务。1936 年 1 月 4 日，李济深、陈铭枢、蒋光鼐、蔡廷锴联名发表《对时局宣言》，7 月，又提出了《目前行动纲领》。在这两个文件中，他们谴责南京政府对外妥协、对内独裁的政策，要求成立国防政府、抗日联军、救国会议，实现全民团结抗战。

陈铭枢墨迹

1936 年春，陈铭枢离港，再度赴欧洲游历，先后到达法国、英国、比利时、瑞士等国，并应邀访问了苏联。在此期间，陈铭枢参加了在布鲁塞尔举行的国际反侵略运动大会。1936 年年底，陈铭枢启程回港。途中，得知西安事变的消息，他在船上起草了一封长电，花了几百元发给蒋光鼐与蔡廷锴，要他们通电呼吁和平解决争端。这个通电由李济深、陈铭枢、蒋光鼐、蔡廷锴等联名发表，通电提出 5 项主张：停止内战，一致对外；开放政权，肃清亲日派；召集救国会议，实现民主自由；停止对日外交谈判，实行对日经济绝交；划分国防区，强固国防。

1937 年全面抗战爆发，陈铭枢为了达成抗战的夙愿，开始为回国作准备，并希望能和蒋介石化解前嫌。蒋介石为了安心抗战，也愿意用和平手段消除反对派。9 月 12 日，陈铭枢抵达离别多年的南京。蒋介石接见了陈铭枢，并共进午餐。21 日，蒋介石特任李济深、陈铭枢、蒋光鼐、蔡廷锴为军事委员会参议官。虽是闲职，但李、陈、蒋、蔡终于有了正式的名份（次年 4 月 9 日，国民党中央监察委员会恢复李济深、陈铭枢的党籍），得以参加民族抗战的工作。

为表示团结抗战的诚意，陈铭枢提出解散中华民族革命同盟。10月30日，同盟发表《解散宣言》："吾人深信此种光明表示，足以增强全民族团结之信念。我海内外同胞组织一律结束后，所有力量，自当贡献政府，效力抗战，以贯彻吾人之素志。"

1938年1月，陈铭枢在汉口主持国际反侵略运动大会中国分会成立大会。会后，他积极参加中国分会的各项工作。在武汉期间，陈铭枢还担任了民间组织国民外交协会的主席。他不辞辛劳，撰文演讲，向各国人民宣传中国抗战，争取国际援助。

自陈铭枢归国以来，蒋介石对他防范甚严，始终没有给他一个实际职务。陈铭枢只能做一些宣传呼号的工作，却不能到前线实际杀敌。抗战无门的他，心中苦闷，从1938年8月起，就隐居在重庆缙云山。缙云山是中国佛学会会长、著名佛教大师太虚法师创建的世界佛学苑所在地，高僧云集，名流荟萃。陈铭枢一直醉心于佛学，在这里研讨佛理，吟诗作对，饱览山水，倒也清闲自在。

陈铭枢研究佛学，但并没有完全置身世外，他经常参加谭平山、王昆仑、郭春涛等组织的民主同志座谈会，并参与了三民主义同志联合会（简称"民联"）的组成工作。1943年10月28日，民联正式成立，陈铭枢是常务干事之一。民联的建立在推动国民党民主派参加民主运动方面起了积极的促进作用。1948年元旦，民联和民促合并组成中国国民党革命委员会（简称"民革"）。陈铭枢作为民联主要领导人之一，支持并积极促成了民革的建立，是民革的创始人之一，为民革的工作做出了重要的贡献。

民革的工作重心之一，就是对国民党军政人员实行策反，获取国民党军事情报，配合中国共产党领导的人民解放战争。陈铭枢身先士卒，回到上海，在十分复杂、危险的环境中从事第二条战线的秘密工作。他先后策动了陈仪、程潜起义。上海解放前夕，陈铭枢冒险拜会上海代理市长赵祖康，希望他能采取措施，使上海尽可能完好地回到人民手中。赵表示："现在有中共和陈先生的关照，一定做到使上海完整地移交于人民。"此外，陈铭枢还做了许多工作，布置保护厂房、物资，并尽力规劝准备外逃者继续留在上海。

●陈铭枢思维守旧，不免会犯下错误。他犯颜直谏，也因此成为右派分子。晚年的他继续悟佛、练书法、学画画。1965 年 5 月 15 日，陈铭枢突发心脏病去世。

1949 年 5 月底，上海解放。陈铭枢感到终于从蒋介石的阴影下面走出来了。对中共这个新的执政党，他抱有很高的期望。准备以极大的热情投入到新的社会建设中去。

1949 年 9 月，陈铭枢作为三民主义同志联合会的代表，赴北京参加新政协会议。1950 年 9 月，中央提名陈铭枢为中南军政委员会农林部副部长。他对出任地方政务，且是自己不熟悉的农林部，深感失落，觉得不能发挥作用，因而迟迟不愿赴任。后经毛泽东亲自做他的思想工作，他才接受，高高兴兴到任去了，不久转任中南农林部长。抗美援朝战争期间，陈铭枢又担任中南抗美援朝总分会副主席。

陈铭枢从旧社会过来，已经习惯了自己的生活方式，不大能适应新中国严格的阶级路线和组织纪律，在工作和生活中不免会犯下这样那样的错误。

陈铭枢在书房

1950 年间，陈铭枢三次上书毛泽东，和他讨论佛学，并把内容总结成《与毛主席论佛学三上书》，在佛教界散发，造成了一种以佛学治国的氛围，影响很不好。顾及到陈铭枢的出发点是好的，且已年逾六十，毛泽东就在回信中委婉地作了提醒："尊著略读，未能详研，不敢提出意见。惟觉其中若干观点似有斟酌之必要。便时再与先生商略。"过了几天，陈铭枢得到了见毛泽东的机会，他十分开心，激动之余，居然和毛泽东整整讲了一天的佛学。在他看来，佛学博大精深，甚至能包涵马列原理。然而，这些确是毛泽东不太能接受的。

1954 年夏，民革就陈铭枢历年所犯三项政治性错误作出检查，即：一、对梁漱溟反动路线作了掩护性的发言问题。事情发生在 1953 年，在全国政协扩大会议讨论过渡时期总路线的时候，梁漱溟对当时农村政策提出意见，受到毛泽东的严厉批评。梁表示不服，在与会者声讨他的时候，陈铭枢没有意识到问题的严重性，就为梁漱溟作了辩护发言。二、对警卫员拆信等事件所持的态度问题。陈铭枢的警卫员警惕性很高，对他的妻子监视很严，甚至拆阅她的信件。这本来是一个警卫员工作中的错误，但陈铭枢却写了一首打油诗来发泄自己的不满，诗中出言不逊，对有关方面的"监督"作了讽刺，甚至加以散发。三、在《武汉民革》创刊号上发表不正确的言论问题。主要是指陈铭枢在讲话中转述毛泽东讲话中出现的政治错误。陈铭枢表示接受，并作了检讨。

整风运动开始后，陈铭枢就当时学校多半是靠党、团、工会这"一条鞭"进行工作，提出今后应更多的依靠教师和学生。他在各种座谈会上，都踊跃发言。陈铭枢一向心无城府，却又胆大自负，他看不起党外人士，认为他们提出的意见都是对旧社会残渣的包装，只有自己的提议是切中时弊；认为他们的目的都是曲意逢迎，只有自己是真心为国家出力。然而，陈铭枢并不是真的了解中共的理论方针政策，他所谓的条条建议并不符合中共对实际的要求。他不懂蒋介石，更不懂毛泽东。

反右派运动开始后，陈铭枢因前段时间的"大胆妄言"，被定为右派分子。1957 年 10 月 23 – 25 日之间，民革对陈铭枢进行了为期 3 天的批判，他承认了自己的"罪行"。直到 1962 年 4 月，陈铭枢的右派帽子才得以摘掉。

陈铭枢被错划为右派之后，度过了一段心境恶劣的时间。但他对佛学深有研究，在人生态度上，能够克制自己，不久就平静下来，钻心佛学。

同时，陈铭枢还继续研究书法。并且开始学习绘画。在重庆时，他曾学习过汉隶。晚年寂寞而清闲的时光里，陈铭枢重新捡起了书法，并蕴气养生，临摹了十多种篆书、隶书、行书、草书等。就画画而言，他最爱兰花。曾亲笔《贞刚三友画册》。陈铭枢晚年的习书描画也还取得了一定成果，民革北京市委还有时会请他前去作示范。虽然不能再评论政治，但谈谈书画也不失为一种好的选择。

一身报国之志，却被划为右派的现实让陈铭枢的心中时常隐隐作痛，尽管如此，他却从不抱怨，总是勉励子女们好好工作，要为国家、为社会服务。对待旧日朋友，他也十分慷慨，虽然自己生活也不易，却时常救济他人。

1965年5月14日，我国第二次核试验成功，15日，作了公开报道，民革为庆祝这次试验成功举行座谈会。陈铭枢对国家科学技术的发展十分兴奋，在座谈会上，竟突发心脏病，抢救无效，于当日下午4时5分逝世。20日上午，举行了公祭仪式，由何香凝担任主任委员，由蔡廷锴主祭。

他的知交熊十力在哀悼他时，评论说："其一生言动，大概胡胡涂涂。遇事可能冲动，而实无多留恋。与人无少长贵贱，一律以自然待之。无城府，无分别，无道理的后生随便尔汝之，他亦无所觉。其来似有因，其去极自然。吾不能不伤感，而又不必伤感也……漱兄（指梁漱溟……引者）谓其诗，殊不自知，此大误，说得明明白白。"可谓知人之言。

孙科：国父之后　1931 年任职

对孙科而言，作为国父孙中山先生独子，不知道是幸运还是不幸。父亲给他选择了一条出国留学，回国革命的道路；也给他做了一个为国为民，奋斗一生的表率。因为有孙中山，他能在国民政府官居高位，直至行政院院长，但也正因为如此，他无论怎么努力也超越不了父亲的高度。孙科不是没有奋斗过，他有过自己的政治抱负，提出过实施宪政的政治主张，还大力抨击过蒋介石的独裁，然而，因为各种复杂的因素，这些均未能如愿。在世人将父子比较的声音中，他只能低下头来。

●孙科为孙中山的唯一子嗣。留美回国后不久，即三任广州市市长，对国民政府立足广州贡献颇多。后又北上联络奉张，并随侍孙中山左右，是遗嘱署名者之一。

孙科是国父孙中山的唯一子嗣，曾在国民政府的官场上占有一席之地。

孙科，字建华，号哲生，1891 年 10 月 20 日，出生于广东省香山县（今为中山市），是孙中山与原配卢慕贞婚后 6 年所生。

1895 年，第一次广州起义失败后，孙科和母亲、祖母及尚在襁褓中的小妹，乘船渡海，奔赴檀香山，投奔伯父孙眉。两年之后，7 岁的孙科师从黄端祥，学习四书五经、唐诗宋词以及《昭明文选》等基础国学。如是者共 5 年，孙科就此打下了较扎实的国学基础。

1901 年，孙科在伯父孙眉的帮助下进入美制小学——天主教创办的圣安东尼学校学习。孙科诚笃好学，仅用 4 年时间就修完了 8 年的课程。

1906 年，孙科进入圣路易学院学习。

由于孙中山奔走革命而漂泊不定，无暇照顾儿子，而孙眉亦因家业破产而使供应往往困难，孙科不得不开始正式打工，过着极其辛劳的工读生活。在紧张的课程之外，他先后兼任了《自由新报》、《大声周报》、《少年

1910 年 5 月，孙中山在檀香山与孙科（左）、《自由新报》主编卢信（右）

中国农报》等革命报刊的编译，操劳所得，用以补充生活所需。1910 年，孙科在檀香山加入同盟会。

1912 年 1 月 1 日，孙中山宣誓就任中华民国临时大总统。一个月后，孙科按父亲的要求回国抵达南京，襄助父亲工作。

孙中山卸任后，孙科到达旧金山，准备进入美国加州大学深造。当时蒋梦麟正在加州大学读书，遂担负起照顾孙科的责任。孙科赴美途经檀香山时，与爱恋多年的表妹陈淑英结婚。

1912 年 8 月，在加州大学东方语文教授傅兰雅的帮助下，孙科顺利地成为加州大学的学生。入学后，孙科主修文科，兼修理科，所学包括：政治、法律、经济、会计、统计、保险、铁路、银行、新闻等，还有天文、地理、地质、生物、古生物及人类学等。

学习之余，孙科经常应美国人的邀请讲述中国革命问题，同时还在纽约替《民声报》编写俄国革命新闻和撰写国际问题的社论，这些都受到了人们的广泛关注和普遍欢迎。

在加州大学读书期间，孙科曾担任留美学生会会长，在旧金山、纽约一带联络华侨，开展募捐活动。他还担任同盟会驻美洲总支部支部长林森的英文秘书和粤语翻译。1914 年，黄兴访美期间，孙科还承担了黄兴一行的粤语翻译工作。

1916 年 5 月，孙科从加州大学毕业，获得文学学士学位。同年 9 月，他考入哥伦比亚大学研究院，主修政治、经济及理财，还选修新闻学。1917年6月，他获得商科硕士学位。次年7月26日返国。

当时，因桂系军阀和政学系政客的破坏，护法运动夭折，孙中山蛰居上海。1919年秋，孙科奉命在香港设立机关，支援讨伐桂系军阀莫荣新，莫等败逃后，广东统一。

为建设广州，有识之士认为广州作为首善之区，革命之腹心所在，应选聘熟悉欧美市政专业人才主持广州市政建设。而孙科在当时确为一合适人选，不仅因为他是孙中山的儿子，而且因为他曾在留美期间学习市政，又有市政规划论著行世。

其时，广州市政厅为广东省长所辖，设市政厅长，不设市长。市政则偏重工务，以拆城筑路，开办交通为重点，其实市政范围甚广。孙科到任后，雷厉风行，一夜之间拟定市政条例，将市政范围、性质、权责、职掌等一一列出，并且组织审订了广州市组织条例，明定市政厅下设公安、工务、财政、教育、卫生、公用六局，其中"公安"与"公用"两局名称为孙科首创，后来广被各市所沿用。"公安"包括警察、自卫、消防等；"公用"包括公车、交通、电灯、自来水等事业，这些实则都是现代城市的市长所应办理的公共事业。此外，还设立了审议室和市参事会两个独立的监察机构。

后来广州循现代规例而改制，广州即从省长辖下改为广州特别市，孙科就任广州市首任市长。这一则说明他在广州市政厅任内多有建树，二则说明当时政要对他的看重。1921年3月至1922年6月，孙科初任广州市长，他把主要精力放在市政建设上，以改变市容市貌，为建设近代化的都市广州创造条件。因此他上任后第一项工作就是拆墙筑路，开辟交通。在短短一年多时间里，广州市修建了近26公里的现代道路，街道拓宽了2.5至5米，新路均用水泥铺造。

除了拆墙筑路，广州市政府在推行教育、改善市容环境卫生和加强社会治安等方面收效也很大。市政府在推行教育方面可谓不遗余力。为提高市民素质，使广州向近代化都市迈进，教育局宣布要强化国民教育，专门组织了国民教育强制委员会来强制执行，教育局还设立了各种职业训练学

孙科（中）、孙琬（右）合影

校和成人教育学校。随着市府国民教育计划的推行，广州市相继建起了商业学校、妇女裁缝学校、师范学校和工人学校。

此外，教育局还利用公共图书馆和"市民大学"来扫除文盲。"市民大学"并不是正规的学校，一般是晚间授课，通过一系列演讲向百姓传授知识。孙科亲自在"市民大学"上课，并邀请汪精卫、胡汉民等国民党党政名流来演讲，内容包括社会科学、法律、人文、医学、自然科学及工业和农业科学知识等。由于讲课者的特殊身份及新鲜的授课内容，上千市民踊跃报名，后经教育局考试，最终录取了800人。教育局还曾计划为妇女提供育婴、家教、妇女卫生等方面的教育，后因经费问题而被迫放弃。

1922年6月，广东省省长兼粤军总司令陈炯明叛变，炮轰总统府，意图谋害孙中山。孙科奉命赴香港为讨逆军筹集军饷。1923年1月，陈炯明被驱出广州。2月21日，孙中山从上海回到广州，就任大元帅职，孙科也回广州担任第二任市长。3月，北京政府委派绿林出身的桂军将领沈鸿英督粤，不料沈鸿英拥重兵，威胁广州，孙中山为此焦虑万分。不少人力主用武力解决，但孙科极力主张采取抚绥政策。他自告奋勇，表示自己可以身入虎穴，抚慰该部。孙中山以国事为重，认为孙科忠勇可嘉，鼓励儿子前往。

孙科不计个人安危，偕马超俊到沈部大本营。颇令孙科意外的是，沈鸿英竟亲自到大门口迎接，热情欢迎，待以上宾之礼，挽手入座。他对孙科道出了一番肺腑之言："孙先生这次肯派他的独子——您老哥亲自来这里，是看得起我，相信我，我沈某何人？若不输诚效命为革命努力，真不是人了。而且以老哥的身份和地位，居然肯独自前来，忠孝义勇，不由人不佩服。如果我沈某不肝胆相照，与您合作，不是好汉，不够朋友。"沈鸿英问题随即解决。

第一次国共合作开始后，孙中山接受马林建议，决定于黄埔创办陆军军官学校，所需费用，除苏联支援一些物资及开办款外，均由孙科筹措。然而市产毕竟有限，军需开支浩繁，孙科时常为无可筹之款，以供大元帅府的急需而彷徨，废寝忘食。

然而，在贪污成风的官场，孙科的种种努力竟被诬为贪污敛财。面对充斥街市的流言，孙中山非常不安。胡汉民安慰他道："除非不做官，做官就免不了招致谤怨。若非哲生尽力，大本营每天的三万元军需是如何张罗的呢？我看哲生对市府经管钱银，不会有问题。因此，他市长任内连换了三次财政局长。"孙中山听了胡汉民的解释，稍做宽心。但是后来孙科因筹款事宜迁怒于胡汉民，令孙中山极其失望，甚至想要毙了孙科，这幕同室操戈之戏确有缘由。

1923年，孙中山命令胡汉民以大元帅的名义发出手令，到广州市政厅提款20万元作为军饷发给滇、桂军，让他们出发攻取惠州，直捣陈炯明的老巢。孙中山的侍卫副官张猛一早就持令来到市政厅向孙科提款，孙科一口拒绝并把手令撕得粉碎。当日下午，孙中山急于知道滇、桂军的军事动向，但是滇、桂军以没有领到粮饷为由不予出发。孙中山立刻责问胡汉民，张猛回来后将情况如实相告，孙中山气得脸色发紫，一句话也说不出，马上打电话让孙科赶来。孙科知道事情不妙，可是也只能硬着头皮前往。孙中山一见孙科就厉声叱骂："军情如此紧急，急需发饷给滇、桂军出发，你怎么说是没有这回事！你马上拨20万来，办不到，就不要做市长。"

孙科被斥责得默不作声，心中暗气胡汉民假借革命索钱，挑拨父子不和。见面后，胡汉民也恼怒道："这是你父亲叫我写的，怎么是假借命令？"盛气凌人的孙科举起手杖就朝胡汉民打去，胡一闪身，手杖落在办公桌的玻璃板上，顿时一声巨响惊动了在三楼的孙中山，他立刻跑上楼，见此情景，难过得几乎流出眼泪。他一手夺过卫士的驳壳枪要打孙科，幸得李烈钧、朱培德、黄隆生及时劝阻，孙科才得以逃脱。

孙科之所以对胡汉民大打出手，是与胡矛盾激化的表现。一直以来，孙科就和代行大元帅职的胡汉民意见不合，矛盾越来越深，胡汉民甚至向孙中山提出辞呈。孙中山也深知儿子年少气盛，易惹事，便力劝他以大局为重，同舟共济。迫于当时形势和父亲的压力，孙科只得照做，但是对胡汉民则始终心存芥蒂，以致后来两人也不断产生纠纷。

　　尽管如此，孙科还是继承了孙中山"天下为公"的崇高理想，主张"国事大家合力"，"国难无应共赴"。基于这种信念，每值艰难危险关头，他往往不计个人得失，宁做调解人，排难解忧，促进团结，推动了革命局势的向前发展。

　　随着广东革命根据地的巩固，孙中山决定北上讨伐吴佩孚、孙传芳等北洋军阀，统一中国。为了确保北伐的成功，孙中山在分析各军阀情况的基础上，充分利用军阀间的矛盾。他联合奉系军阀共同对付直系军阀的策略，得到了张作霖、张学良父子的积极响应。张学良为此致函孙中山商定共同反直系的大计，表示需"暂持冷静态度，以俟时日"。孙中山接函后派伍朝枢、汪精卫与之接触，并复函称赞此举"实为特识"，"望力持定见，他日运筹，可为预期也"。

　　1924年8月，孙科再次辞去广州市长职务，奉父命赴沈阳联络张作霖共同讨伐曹锟、吴佩孚直系军阀。陈剑如、谢无量与之同行，由上海经日本绕道韩国，到沈阳面见张作霖。

　　孙科不虚此行，他和张作霖达成协议后不久，奉军就打通了山海关，挥师天津。

　　北京政变发生后，孙中山北上主持大计。途经天津时，"因气候严寒，加以旅途劳顿，渐感不支，发冷发热，日干亦觉痛"，孙中山不得不滞留天津养病。孙科整天陪伴在父亲身边。

　　由于孙中山的病情加重，12月31日晨，孙科、宋庆龄护送他进北京治疗。经数位外国医生会诊确定为肝病，德国医生克利负责诊治。1925年1月24日，孙中山病势更重，26日速送北京协和医院施行手术，次日确定为肝癌晚期。虽用镭锭医疗仍毫无起色，遂改服中药，并于2月18日在孙科、宋庆龄等人陪同下住进铁狮子胡同11号行辕。

3月11日，孙中山自感即将离去，便召集孙科、宋庆龄等家属及各位同志于床前，让在场者证明，随后在事先拟就的"国事遗嘱"和"家事遗嘱"上署名。

次日9时30分，一代伟人孙中山病逝，享年59岁。

作为孙中山惟一的儿子，孙科与协和医院商量，先将父亲的遗体移到医院进行防腐处理，使其永存。然后他和国民党中央执行委员会在北京的委员一起，缅怀先总理，操办丧礼，借着全国人民沉痛悼念孙中山之际，扩大革命宣传，号召人民继承孙中山的遗志，废除不平等条约，召开国民会议，实现三民主义之新社会。

后来，根据孙中山生前希望安葬在南京紫金山的心愿，孙科陪同宋庆龄等到紫金山勘察墓地并参与选定中山陵的图案。

1929年春，历时近三年的中山陵基本竣工，是年6月1日，孙中山灵柩从北京迁移到中山陵安葬。孙科顺利地为其父实现了多年的夙愿。

孙科引灵车向中央党部前行时的情景

孙中山逝世后，国民党组织领导机构发生重大变化。1925年6月，国民党中央执行委员会举行全体会议，决定以中央执行委员会为最高决策机关，改组大元帅府为国民政府，军队改编为国民革命军，同时积极整理军政财政。7月，国民政府在广州正式成立，中央执行委员会推定孙科、汪精卫、胡汉民、张人杰、谭延闿、于右任等16人为委员。8月，孙科又担任国民政府军事委员会委员。

1925年6月19日，广州各界为援助上海工人反帝爱国的五卅运动，举行示威游行。当民众行至沙基口时突遭英军开枪射击，停泊在白鹅潭的法国军舰也为英军助威，发炮轰击，制造了震惊中外的沙基惨案。面对帝国主义侵略者的血腥暴行，时兼任广州市市长的孙科主张按国际公法与英法交涉，严惩凶手，对死伤家属给予赔偿，并保证杜绝此类事件的发生。同时，孙科与傅秉常赴北京与段祺瑞政府谈判，希望双方共同采取反帝行动，但段氏慑于帝国主义的淫威，不顾国权民命，拒绝与之合作，孙科二人只好无功而返。

1926 年 1 月，国民党第二次全国代表大会在广州召开，孙科当选为中央执行委员。11 月，又任国民政府交通部长，还兼任广州市长、广东省建设厅厅长、广州市党部组织部长等职。随着国民革命军北伐战争节节胜利，1926 年 11 月，广州国民政府决定迁都武汉，便于指挥北伐作战的顺利进行。孙科辞去广东方面的职务，与一些国民党党政要人同赴武汉考察。

●南京国民政府建立后，孙科与蒋介石政权有矛盾也有和解，曾一度组阁，后又掌立法院多年。抗日战争时期，他奉命三次访苏，对中国的抗日战争颇有贡献。

1927 年 9 月，孙科任国民政府财政部部长。1928 年 1 月，国民政府增设建设部，孙科转任建设部部长，而由宋子文任财政部部长。但后来由于孙科和胡汉民等人前往印度、小亚细亚、埃及、意大利、德国、英国、美国等国家考察政治、经济、建设，因此未就任该职。1928 年 2 月，国民政府增设中华民国建设委员会，孙科任常务委员。

孙科在出国考察期间，常与胡汉民和旅居法国巴黎的李石曾、王宠惠、傅秉常等聚餐，议论国事。1928 年 6 月恰好国民革命军收复北京，众人又聚在一起会餐。伍朝枢突然提议北京既已收复，全国完成统一，军政之治即将结束，应向中央建议试行"五院制度"。大家听后均表示同意，最后推选孙科为"党国训政大纲及应付外交方法"的起草人。由于孙科曾在美国哥伦比亚大学主修政治，对"各国政府"、"地方政府"、"罗马法"和"英美法"等颇有研究，加之自幼熟读中国古籍，了解中国国情且有多年革命实践经验，因此很快草案出炉，经大家审议后定稿电陈国民党中央。国民党中央非常同意孙科等人的提案，经中央政治会议决议，分送第五次中央全会及国民政府办理。同年 10 月，国民党中央常务会议正式通过了《中华民国国民政府组织法》、《中国国民党训政大纲》及《五院组织法》。这标志着国民政府由军政时期的政府体制转变为训政时期的政府体制，是政治上的一大进步。

孙科于 9 月回国后，出任铁道部部长。

"此乃一继承父亲的遗志，造福国民的时机。"即要实现孙中山当年"能令铁路延长二万里"，使"中国全国全境，四通八达"的夙愿。11 月，孙科草拟《铁道部组织法草案》，经中央政治会议通过后公布施行。

铁道部长孙科（右一）

12 月，平奉路即告直接通车。翌年 4 月，津浦路也恢复全线通车。5 月日军撤退，国民政府收回胶济铁路。12 月，粤汉铁路收归国有。

宏伟的铁路建设计划需要庞大的资金，孙科日夜思考筹款问题。经再三考虑，孙科在 1929 年国民党三届二中全会上提议"请于英俄两国庚款中，确定指拨一亿五千万元，发行公债，完成粤汉、陇海两路"，结果达成两项决议："其一，陇海铁路应提前于民国二十三年底竣工；其二，决定就全部庚款中拨用三分之二为铁道建设经费。"此乃孙科移缓救急的大胆设想，先拨一部分作修筑铁路之用，再以铁路营运盈余来发展教育，是为一举两得之策。

不仅如此，孙科还计划在六年内完成全国铁路的修筑，但最终未能完全实现。究其原因他曾解释说："因一则由于日本侵华日亟，抗战发生；二则民国二十一年，我调立法院，致未能一一实现，在极端困难之下，仅完成部分重要路线。"

早在 1927 年 10 月，国民党中央政治会议就决定创办民航公司。1929 年孙科以铁道部长身份，与美国飞机制造商卡特士·莱特洽谈，向对方赊购三四架飞机，成立了中国航空公司，孙科兼任董事长，这是中国最早的小型航空公司。

当时即使在美国，民航事业也尚处萌芽时期，飞机一般被视为危险的交通工具，素有冒险精神的孙科，在中国航空公司初创时，亲自乘机勘测由上海至南京的第一条航线。

在孙科的直接关心下，中国航空公司发展迅速，很快又先后开辟了沪汉、沪平、沪穗等航线，添购一些规格较大型号较新的飞机，甚至还有几架水上飞机，以黄浦江边为起降地。对于任中国航空公司董事长期间所做之事，孙科较为满意，晚年回忆道："我兼任董事长的一段时间，好像除了罗文干先生在沪宁线上因飞机失事受过一点伤外，并没有其他不幸事件发生。"

在北伐过程中，蒋介石的权力不断扩大，最终在南京另立中央，与武汉国民政府相对抗。宁汉分裂，这使孙科感到坐卧不安。于是为促成宁汉合流（即所谓合作），孙科自告奋勇和谭延闿一起亲冒龙潭之战的危险，奔走于南昌、南京与上海之间，为宁、汉、沪三方的"团结合作"穿针引线，实乃再恰当不过之人选。作为孙中山唯一的子嗣，以他出面奔走，名义上既可以继承总理遗志继续北伐，又有宣传上的效应；其次，孙科同沪方的所

1931 年，南北和平会议代表在上海合影，右一为孙科

谓国民党老同志关系密切，也是早已有名的反共首领；同时他与宁方的蒋介石集团有相当紧密的联系，汉方的汪精卫集团更不必多说。三方均以继承先总理遗命，为孙中山忠实信徒自居，那么孙科为此奔走实属理之当

然。在继承先父遗志，维护党人团结的旗号下，孙科凭借其特殊的身份和地位，卷入粤宁对立的纠纷之中。

1931 年因为宪法的问题，时任国民政府委员及立法院院长的胡汉民被蒋介石囚于南京汤山，是谓汤山事件。此事引起粤籍党政军人员的巨大不满，党内迅速形成一股反蒋浪潮，宁粤分裂。时任南京政府文官长的古应芬首先发出弹劾蒋介石的通电。5 月 3 日，广东陈济棠等联名通电，响应古应芬，要蒋引退。

当时孙科正在上海，老谋深算的蒋介石深感孙科乃举足轻重的人物，遂派国民党元老吴稚晖、张继等从中调停，力劝孙科回宁共商解决办法，而孙科则口头敷衍，暗中筹划去广州。某日，吴稚晖等尚与其在客厅恳谈，孙科便以"上厕所"为借口秘密从后门出去，直奔码头登上外国轮船离去。

5 月 24 日，孙科与陈友仁、许崇智、汪精卫、张发奎、唐绍仪、白崇禧等在香港讨论两广形势。到广州后，又和陈济棠、古应芬、林森、李宗仁等联名通电全国，逼蒋介石在 48 小时内下野。他们还组织了"国民党中央执监委员会非常会议"和广州国民政府，同蒋介石的南京国民政府分庭抗礼。孙科出任国民政府委员，并在广东省党部发表演说，大声疾呼："蒋介石独裁，中央一切权力，均为老蒋一人所包办……蒋介石是个疫鼠，我们无论如何都要将其铲除。"

宁粤既以宪法政见迥异而对立，更因对日问题歧见而分裂。对此，蒋介石颇想以武力解决，但因粤系人马多属孙中山的旧属，况且多为国民党元老，同时，正值中原大战刚息，全国抗日怒潮高涨，所以蒋顾忌影响较大，便电请孙科从中斡旋，以取得合作。孙科了解蒋介石为人，权衡利弊之后便决定以调停人身份从中调解。孙科反蒋态度的瞬间转变，令许多人迷惑不解。11 月 14 日，胡汉民被释放而至上海，致电广州方面"体总理亲爱精诚之者，斯党可以团结坚固"。

第二日，广州方面接电后，孙科、邹鲁自粤至沪。11 月 15 日双方和谈开始，经过 10 天的讨价还价，双方达成协议，蒋介石第二次下野，由宁、沪、粤三方选出四届中央执行委员会全体会议代表，南京电迎粤籍中委入南京。随即林森被任为国民政府主席，孙科为行政院院长。但是，在宋子文的牵制下，孙科无法解决面临的政治问题，尤其无法应付棘手的财政问题，结果未及一个月便辞职而去，行政院院长由汪精卫接任。有人计算孙科由就职到下台前后仅 24 天，是国民政府历史上最短命的内阁。

孙科与国民政府五院院长共同观看《中华民国宪法》

1932 年年初，由于张继拒任立法院院长，国民党中央决定改任孙科为立法院院长，但他没有贸然接受这个任命，而是由副院长覃振、邵元冲代理，孙科此举的原因是蒋介石不愿实施宪政。1932 年 5 月 3 日，监察院院长于右任代表蒋介石发表《放弃训政与中国革命之危机》的演说，驳斥孙科的宪政言论。5 月 5 日，孙科对于右任的演说作出反应，再次强调他实行宪政的必要性和意义。孙科为实行宪政仍不断对蒋介石独裁统治进行抨击，蒋介石逐渐发现孙科以宪政消除"各派不正当之手段之攻击"及各方军队"听令中央公正处置"的言论于己有利，特别是在汪精卫辞去行政院院长之职后，他遂于 1932 年 9 月底在江西庐山与孙科举行会晤，接受了孙科提出的召开中央执行委员会全体会议来讨论立宪问题的要求，孙科则表示已做好了就任立法院院长的一切准备。

事实上蒋介石心里并不赞成结束党治，可是在全国人民强烈要求抗日民主的巨大舆论压力下，经过权衡利弊得失，接受了孙科的提议。1932 年 12 月中旬，国民党在南京召开了四届三中全会，会议通过了孙科的《集中国力挽救危亡案》，决定于近期筹备实施宪政。蒋介石亦摆出准备实行宪政的姿态，声称"国民党责任为训政完成以后，实现宪政归权于全民"。同年 12 月 18 日，孙科以国民党四届三中全会已接受其实施宪政的主张为由，接受了立法院院长的任命，并于 1933 年 1 月赴南京就职。

孙科一上任就聘请专家40人，成立宪法草案起草委员会，自己兼任委员长，亲自主持宪法起草工作。张知本、吴经熊为副委员长，并推张、吴二人及马寅初、焦易堂、陈肇英、傅秉常、吴尚鹰七人为主稿委员。首先由张知本秉承孙中山遗教起草宪法，于1932年8月16日成稿。张知本辞职后，立即由吴经熊接手。

从1933年2月9日到4月20日，宪法起草委员会共举行12次会议，围绕起草宪法总纲拟定下述原则：规定总统、副总统由国民大会选出，军人非退职者，不能当任；总统为国家元首，不直接负行政责任，任期四年，不得连任；行政院院长由总统经立法院同意任免；省长民选。在县未完成自治前，省长暂由中央任命。这些规定的主旨是想用分权制取代集权制，以内阁制代替总统制，防止个人权力的过度集中，因此具有一定的民主色彩。

1933年6月，在孙科的指导下，依据以上原则，由宪法起草委员会副主任吴经熊拟就的宪法草案初稿完成，并以吴氏私人名义发表，征求各界意见。结果，分权制的原则立即引起国民党内保守派的激烈反对。关于限制总统权力的条文，国民党保守派认为"总统不得连任原则……限制太严，缺乏弹性，且无甚意义"，要求"改为连任一次或两次"。

迫于国民党内保守派的压力，宪法起草委员会对吴经熊初稿逐一修改，1934年2月24日初步定稿，3月1日全文发表。接着，立法院又指派傅秉常等人，将初稿整理成《初稿审查修正案》。该修正案将初稿中原有的内阁制精神变成了总统制精神，民主色彩消失殆尽。

1934年12月14日，国民党四届五中全会就宪法草案修改稿进行讨论，与会者仍认为该草案"牵制太多、权力未能集中，故运用必难灵敏"，要求立法院再作修改，"以造成运用灵敏，能集中国力之制度"。戴季陶还致信孙科，声称制宪"不可过于重视消极方面，而忽视积极方面"。他还以"中国国大人多"为由，宣称"立法不可作悬想"，"时当过渡，法定宽大"，"事太细微，不易一一遍举"。其意显而易见，即是向孙科施压，要求宪法草案更加突出总统权力。

在国民党统治集团一再施压下，1934年12月至1936年上半年，孙科再次组织力量对宪法草案作了两次大幅度的修改。1936年5月5日，体现总统权力至高无上的《五五宪草》（即《中华民国宪法草案》）正式公布。

宪政的倡导者孙科，基于维护国民党统治集团的利益，防止党外知识分子借呼吁民主，要求与国民党分享权力的需要，从民主主义的立场后退，甚至完全改变自己的观点，最终与蒋介石走到了一起。《五五宪草》充满了浓厚的专制主义色彩，其集权趋势超过现代任何一个总统制的民主国家。

随着日本侵略的加剧，孙科主持制定了多项法律条文，为长期抗战作准备。1934年6月，他主持立法院通过《兵役法》，1937年3月明令实施，改募兵制为征兵制度，遂使抗战过程中兵员不致匮乏。随后又制定了《妨害兵役治罪条例》、《军事征用法》、《国民兵役法》、《陆海空军刑法》等，均对抗战之进行起到了一定作用。1939年4月，立法院又制订《国民参政会组织条例》，使国民参政会作为抗战时期的半民意机关而为抗战起到很大作用。

除在法律方面为中国长期抗日服务外，抗战期间，孙科还先后三次访苏，争取苏联对国民政府的帮助。

九一八事变后，面对日本侵略的加剧，孙科一改长期以来反对与苏联合作的态度，坚决地主张联苏制日。1938年年底，中苏文化协会迁至重庆，协会所在地成为当时重庆文化人聚会的最佳场所，也是中共要人和各种进步人士经常光顾之地。孙科作为中苏文化协会会长，与周恩来、董必武等中共领导人和文化界进步人士密切往来，团结一致抗日。中苏文协在抗战时期作出了很大的贡献。

1938年年初，孙科奉命率团赴莫斯科与斯大林会晤，签订了五千万美元借贷协定，以此订购军火及机器。中国则以农矿产品偿还。孙科第一次访苏后，苏联派朱可夫率领军事代表团到中国，由孙科出面接待，蒋介石还亲自接见朱可夫一行，结果得到苏联近千架飞机和三千空军人员的援助。在抗战期间，约400余名苏联空军飞行员为中国抗战献出了宝贵的生命。

之后，孙科又两次率团访苏，每次都不辱使命。三访莫斯科，孙科都受到斯大林的接见。那时前往苏联的各国使节，欲见斯大林非常困难，甚至根本不可能。唯独孙科访苏时，立即约见，以盛礼款待，苏联党政领导人都作陪。斯大林对中国抗日战争，甚表支持。苏联为了保守中苏密谈，总是在夜半约见中国代表，举行重要会议。

在三次访苏过程中，孙科两次遇险，幸好都只是虚惊一场。

第一次是1938年9月间，孙科第一次访苏返国，路经香港，准备乘飞机赴汉口，向蒋介石汇报访苏经过。当时孙科住在香港半岛酒店，决定某日清晨乘飞机飞往汉口。那时香港附近的日军正密切监视孙科的行踪，为了迷惑敌人，他在往机场途中故意大兜圈子，拖延登机时间。当时香港机场上有到汉口和重庆两架飞机，到重庆的飞机上午8点准时起飞，因为日本特务认为孙科7时还在半岛酒店，行李却已搬走，就断定他前往重庆，遂派出海军飞机在中山县上空把飞往重庆的飞机击落，除一人幸免外，其余全部遇难。当天下午日军公开声明，此举本是要迫机降落，意在生擒孙科以雪恨，而孙科、梁寒操等人于是日上午安全抵达汉口。

第二次是1939年10月，孙科第三次访苏回国不久，他的夫人陈淑英因病在香港疗养，他便向蒋介石请假赴港探望夫人，顺便在港寓休养。1941年，因立法院急电催促速返重庆，孙科只好提前离港，不料到达重庆10天后，日军即袭击香港，如果那时仍留香港，势必成为日军的俘虏，难逃种种凌辱。

除了三访苏联外，孙科还于1939年经莫斯科到法国巴黎，奔走呼号，发表演讲，揭露日本军国主义侵略的真相，以争取全世界人民对中国抗日战争的同情和支持。可以说，孙科的巴黎之行是卓有成效的，岂料后来因德国入侵法国等原因，使他的不懈努力化为泡影，以致他晚年回顾人生时，也不愿提及此事。孙科数次访苏不仅使国民政府从苏联那里得到很多援助，也为自己捞到了不少政治资本。抗战前后由于他一直以亲苏派面孔出现，给人以"抗日坚定，倾向民主"的进步印象，在国共合作、团结御侮的民族解放事业中赢得了不小声誉。

1948年年初，国民党中央常务委员会及国防最高委员会联席会议以"新宪法"推举蒋介石为国民政府主席，孙科为副主席兼立法院院长，张群为行政院院长，此举显然是为了挽救腐朽透顶的国民党政权而进行行宪的准备工作。这被当时的社会舆论认为是蒋介石有意推举孙科为行宪后"副总统"的伏笔，这当然同当时国民党内部的派系斗争有关。

●孙科竞选副总统完全是蒋介石的意思，蒋认为孙出任副总统如囊中探物。殊不知来了个李宗仁，两人为竞选副总统一事闹得不亦乐乎，结果孙科还是败下阵来。

国民党于南京召开第一届"国民大会"，选举"总统"和"副总统"。前者自然非蒋莫属，然后者则难以测定。李宗仁、于右任、程潜等均已着手进行，党外人士莫德惠及徐傅霖等，亦跃跃欲试。而孙科并无此打算，因为"副总统"仅是一个虚位而已，并无实权，为虚位而弃立法院院长，实属得不偿失。

凭借美国人的支持，李宗仁对"副总统"选举可谓志在必得。但李宗仁的全力竞选成了蒋介石的一块心病，他实在不愿看到卧榻之侧有他人酣睡，所以采用了种种手段逼李弃选，但均遭李拒绝。于是，蒋介石为了打败李宗仁，经过深思决定推动孙科参选。

之所以如此，原因有三：其一，孙科在党内及海外的潜在势力极大，同时又有粤系人马的支持；其二，孙科所属之粤系，原本在抗蒋过程中多与桂系联合，这样推举孙科既可以分散李宗仁在西南方面的票源，又可以致人两伤，坐收渔利；其三，在竞选中实力相当雄厚的程潜以前是忠实的拥孙中山派，推举孙科可以在程潜弃选时得到程的支持票。所以，蒋介石决定推举孙科出来竞选"副总统"，想以这张"王牌"打败李宗仁，加之孙科乃一书生，没有多大野心，且性格较弱，不会成为蒋之政敌，这也是蒋推孙科的原因。

此事既决，孙科府第便说客临门，蒋派宋美龄登门敦劝，孙科仍表示，宁做有实权的立法院院长，而不愿干空头的"副总统"，同时他以竞选必须经费，无力筹款为托词而婉拒，致使蒋夫人无功而返。但很快蒋夫人再衔蒋命往访孙科，允以当选"副总统"后，仍可兼任立法院院长，如无款参选，则全部费用由蒋拨付。这使孙科顿失托词，可他仍犹豫不决，并未立即应允，他仍不想做人的"挡箭牌"。

最后，蒋介石不得不亲临府第劝驾。孙科一碍于情面，二碍于权势，终于答应参加竞选。

由于孙科是在蒋介石的推动下参加"副总统"选举的，这就在初露参选意图之时便与桂系处于敌对位置了。一方是有备而来，志在必得；一方是仓促成军，临阵磨枪，何况还存有被动之嫌，故而双方优劣势即可一眼望穿。更为重要的是，蒋介石在当时亦越来越不得人心，而美国人亦有意与之为难。所以，孙科此举实属铤而走险，打没把握的仗了。

在记者招待会上，孙科即席向数百位记者说明竞选"副总统"的动机，并答复各报记者的询问。他首先宣告自己确确实实决定竞选"副总统"。接着，他充满自信地慷慨陈述自己当仁不让竞选"副总统"的意义：

总统最大任务，为切实推行宪政，本人自信对全部宪法条文真义真谛了解之程度，不让第二人，宪法之草拟至完成前后，凡十六年，本人均躬亲其事，故对宪法每一章，每一条均了如指掌，本人自信有此资格协助大总统推行宪法。中国当前问题，应根据宪法精神力行三民主义，此种职责，就个人立场，党员立场，国民立场，政治负责人之立场言，本人均当仁不让。

中国为世界之重要一部分，中国问题为世界重要问题之一，而世界需要建立和平，中国亦如此，本人对此研究凡四十余年，本人自此自负，确认能担当此种谋求解决世界和平问题，故亦当仁不让。

去年国府设副主席，蒋主席命本人担任，迄今足证主席对本人之信任，蒋主席将荣任大总统，本人自当竞选副总统，以不负主席重望，故本人决心竞选，即在说明本人有自信，决能担当此职。

报告完毕，记者纷纷提问。其中涉及一些大家关心的敏感问题，孙科都轻松地答复了，而且使问者颇为满意，不失为一位老练的政治家。

从孙科决意竞选"副总统"起，就对竞选结果非常乐观。然而，许多支持他的人却很是担心。因为李宗仁、程潜等人早已作好准备，他虽有蒋介石的支持，但毕竟是临阵磨枪，仓促应战。当后来担任他竞选总部宣传部长的邓公玄提醒他时，他不以为然地说："没有关系，我们还来得及。"

1948年3月27日的《申报》报道："孙氏的竞选空气，一经揭开，助选的机构立刻成立了。"孙科的竞选总部煞费苦心，按日安排孙科分批宴请各地国大代表，以此述说竞选"副总统"的政见。其竞选攻势，虽与李宗仁相比差距甚远，但也充分凭借自己的优势，积极活动，赢得舆论界的支持。

3月28日，孙科宴请粤穗等国大代表，发表竞选政见。据《中央日报》报道："国府副主席孙科，今宴请粤穗及华侨国大代表，并邀粤籍中委作陪，共到百余人，孙氏于席间说明渠系以副主席，国大筹委会主任，广东同乡，及副总统候选人四种资格，举行此一宴会，并代表蒋主席向来京代表致慰，孙氏于申述其竞选政见时称，'本人除三民主义没有旁的信仰，除总理遗教没有其他理论'，要求各代表拿出自己的良知，选渠为副总统，孙氏并定下月二日起，分日招待各地来京代表。"

3月30日中午，孙科在国际联欢社招待各地国大代表，到会400余人，王宠惠、许世英、焦易堂、徐永昌、翁文灏等均在座，他们即席发表简单演说，大谈民主政治。接着，考试院副院长周钟岳，行政法院院长张知本，江苏代表袁希洛、丁宣孝等先后发言，主张一致推选孙科为"副总统"，全场气氛异常融洽。

4月2日中午，孙科偕夫人陈淑英在华侨招待所宴请边疆各族的国大代表共二百余人。宴席上，孙科用三民主义阐述了民族主义对外是争取中华民族的自由独立，对内则求国内各民族的一律平等。许多代表对孙科一向关怀边疆同胞福利表示感谢，并赞扬孙科对制宪的贡献，一致认为他具有国内外声誉及功绩，是"副总统"的最佳人选。

"副总统"选举的第一回合是争取候选人提名，孙科、于右任、李宗仁、程潜、莫德惠、徐傅霖为了争取更多国大代表支持，确保提名，"八仙过海，各显神通"，展开了激烈的竞争。最后，六位竞选人都顺利通过了候选人提名，孙科后来者居上，获得最多的代表签名，计540人。

4月23日上午，两千多名"国大代表"集聚国民大会堂，进行"副总统"的第一轮选举，国民党元老、考试院院长戴季陶担任主席。

这天《中央日报》的头版，以鲜明的字体刊登了"海内外拥护孙副主席竞选副总统各团体"的启事，

"副总统"候选人徐傅霖与谷正纲投票时留影

称副主席孙科先生是"民主的先进；进步的象征；国际问题权威；制宪的领导者；当前最需要的副总统。代表先生！您最神圣的一票请投孙科先生！"据说，这样内容的各种宣传标语充斥会场内外。

选举结果是李宗仁第一，孙科第二，程潜第三。按照"总统"、"副总统"选举罢免法规定，"副总统"选举与"总统"选举程序相同："以得代表总额过半数之选票者为当选。如无人得前项所规定之过半数得票，就得票比较多数之首三名重行投票，圈选一名，如无人当选时，举行第三次投票，圈选一名，如仍无人当选时，就第三次得票比较多数之首二名圈选一名，以得较多票数者为当选。"因此，李宗仁、孙科和程潜将在翌日参加第二轮选举。

在首轮选举中，发生了令孙科十分狼狈的"蓝妮事件"。

由于孙科和李宗仁势均力敌，为在竞选中获得优势，双方无所不用其极，采用各种非法手段揭对方的短，互相攻讦。《救国日报》社为援助李宗仁，遂抖落出"敝眷蓝妮"的事情来。

抗战胜利后，躲在大后方发国难财的国民党党、政、军、匪、宪、特又发起了胜利财、接收财，结果出现了"三羊开泰，五子登科"的局面，沦陷区的人民大遭其殃，许多人被扣上莫须有的汉奸之名，财产房屋被横加没收。孙科的一个外室蓝妮也在其中，蓝妮给孙科去信，希望孙科提供帮助。孙科便写了一张纸条，上有"敝眷蓝妮"等语，蓝妮持此条到接收

103

委员会，顺利得回房屋财产。"蓝妮事件"的发生，极大地影响了孙科的形象，导致他在第一轮选举中落后于李宗仁。

24日，第二轮选举准时进行，未果。这次选举结束后，风云突变，三位候选人先后声明退出选举。

程潜在第二轮选举中得票甚少，远落后于李、孙二人，已无胜出可能。鉴于此种情况，程潜便在24日晚向主席团声明放弃竞选，以便选举早日有结果。

李宗仁在两次选举中得票独多，遭反对派忌恨，公开攻击他，说他"当选副总统就要逼宫，或三个月后就逼迫领袖出国"，李宗仁为了抗议这种"诬蔑侮辱"，决定放弃竞选，以"表其光明磊落之态度"。他在致国民大会主席团的正式声明里说"近来忽发觉有人以党之名义压迫统制，使各代表无法行使其自由投票之职权"，认为"竞选已失其意义"。

同日上午11时半，孙科自动放弃竞选的声明也送到了主席团办公室里。声明声称这是为了肃清外面流言，一切由国民党定夺。

午后，国民党中常会召开临时会议，讨论如何应对三位"副总统"候选人声明退选的尴尬局面，直到傍晚才作出决定，仍然维持自由竞选的原则，国民党中常会和主席团推出几位德高望重的人来扭转僵局，主席团还决定26日休会一天，以有充分时间处理此事。最后，蒋介石只好亲自出面，安抚各方，挽回了僵局。

29日上午，国民大会开始第四轮选举。结果，孙科以143票之差出人意料的落选了。

孙科虽然落选仍不失君子风度，满面春风，谈笑自若，表示将努力于"戡乱建国"。29日中午选举结束后，孙科向记者发表谈话，感谢各位国大代表热忱赞助，并祝贺李宗仁当选，在致李宗仁的贺电中称："选举揭晓，先生以人望素孚，荣获当选，翊选元首，克展宏谟，特电申贺。"

1948年底，中国人民解放军第二、第三野战军在淮海战场取得决定性的胜利，而国民党军队尤其是蒋介石之嫡系部队遭到惨败，南京国民政府人心惶惶，大有朝不保夕之感。此种情况下，为保国民党政府苟延残喘，美国人逼蒋下野，以李宗仁为总统同中国共产党和谈。蒋介石再次决定以退为进，自己退居幕后指挥。

为了给李宗仁增加困难以不使之和谈成功而成为中国的一号人物，蒋采取了种种措施，其中之一就是自己退隐前任命孙科再掌行政院。之所以如此，是因为孙科对共产党成见既深，无意和谈，同时又在竞选副总统过程中与李结下深仇。蒋介石又玩起了以孙制李的把戏，

主席团部分成员合影

然而孙科竟愿意接受了，令许多人包括他的僚属都大为费解。为此，立法委员段剑岷心直口快，面见孙科，力阻其不可：

翁文灏临难而去，张群、何应钦早有问鼎之意。一有政治力量，二有军事资历，目下尚不敢担任，公乃文人，毫无凭借，此不可一也。闻江南危急，富户商贾，主张和议，主和就是投降，此不可二也。传闻总统有李宗仁暂代之说，公与李竞争副总统结下深仇，李为军人，蛮不讲理，绝对不能合作，且恐又遭其暗算，此不可三也。立法院等于国会，国会与宪法存在，即国家存在。行政院院长可随时易人。公在立法院久，与同志和协，千万不可组阁。坐镇立法院可也，副总统选举之教训，不可忘也。

孙科听罢，颇受感动，但沉思半晌后，最后仍说："兄所述爱我至深，我万分感激。且全是实情，我并不愿意作官，行政院院长我也干过一次。不过国家到了这份田地，皮之不存，毛将焉附？到了万不得已之时，总统蒋公才亲往看我。论公论私，我不能推辞。现在既答应总统，我只有跳火坑了，万死不辞，我只有一句话答复你：我决不投降。"

可见，孙科并非不知道国家大势，也不是不知道蒋介石之用心，但仍去做行政院院长，显然是有一种意气存在，即甘当蒋手中之牌去阻挠当时和谈进行，以报复一下李宗仁，同时也因自身的政治理念所致，即从内心

深处不信任、不赞成共产党。虽然他是孙中山的惟一子嗣，但他所拥有的仅是国父的名望及自己的书生身份，而当时情势所迫，几乎等于"下命令非当不可"、"逼着他受命的"，然而他的政治品格在此事中也可窥见一二。

●孙科在海外漂泊多年，后台湾有许多知名人士因孙科为国父之后，力陈蒋介石应邀其回台湾定居。返回台湾，出任"考试院"院长，为蒋家小朝廷尽职尽责。

国民党政权败逃台湾后，孙科并没有前往台湾去追随蒋介石，而是自1949年3月8日辞去行政院院长职务后即往香港暂居。

孙科于1953年移居美国，任"中美文化教育基金会"董事长。

孙科夫妇初抵美国，先后寄居在自己两个女儿家中，时间长达两三年之久，其后则蛰居在洛杉矶郊区其次子治强的寓所。孙科不置家产，因此，到美国后，生活十分窘迫，有时为了节省开支，自己种菜、烹炊，这一点值得人们钦敬。这样的生活，他度过了14个春秋，其为人能自甘淡泊，在国民党党政要人之中当属难能可贵。

国民党政权败逃台湾后，只剩下台湾岛及附近的几个小岛，仍念念不忘反攻大陆，以三民主义统一中国。在"山姆大叔"的庇护下，国民党不仅渡过了最初败退台湾岛的惶急之势，而且台湾的经济也奇迹般地恢复发展，社会渐趋稳定，国民党与共产党的宣传战也渐渐拉开帷幕。一直在国外奔波备受飘零的国父哲嗣孙科回到台湾归属国民党的时机也逐渐成熟。

其实，久居美国的孙科早就有回台的愿望，尽管他在美国以读书打发时光，但是他又不甘寂寞，始终关注台湾政局变化。在20世纪50年代他曾几次想返回台湾，然而台湾当局的冷淡令他望而却步。因此，他一直和台湾故友保持密切联系，希望有朝一日回到台湾，重温昔日在政坛上的风采。

1962年9月，为了参加第三十二届"中美文化基金委员会"会议，孙科特地从美国西海岸赶到华盛顿。其间，他接受台北一家报纸驻美记者的采访，在交谈过程中，不时流露出对台湾的向往之情。

这一段颇具政治背景的对话实际是孙科借台湾媒体向蒋介石表示"我很想回台湾看看"的愿望。

孙科向台湾当局表白返台心愿不久，即1962年"双十节"前夕，广东中山籍的"立委"刘崇龄以"老院长（指孙科）"为题，向"行政院"提出质询："哲生先生功在国家，过去曾担任过国民政府的副主席和行政院、立法院的院长，最近孙先生言词之间，也怀念台湾的老朋友，同时表露出有思乡之感。"

刘崇龄要求政府能主动邀请孙科回台看看，而回答这位中山籍立法委质询的，也是一位中山籍的"行政院"副院长王云五。他代表"院长"陈诚以坚决的语气表示："政府非常欢迎哲生先生回来，而且在筹备中的第三次阳明山会谈，哲生先生也列入优先邀请的名单中。"刘崇龄这个试探气球放得恰如其分，已为孙科回"国"预作铺路工作。梁寒操等一些粤籍国民党要人，孙科先前的僚属相继转告在美国的孙科，现在时机已渐成熟，可以回到台湾来了。

围绕选择何种适当的时机让孙科名正言顺地返台，最后双方约定在台湾各界庆祝孙中山百岁诞辰纪念时，以大会名义邀请孙科返台。

1964年4月，孙科在检查身体时发现血压偏高，小便有红血球，因担心是膀胱癌，入院手术后三星期出院，又调养了三个月，方完全恢复。孙科在《八十述略》中把返台时间说成纯属由于他的健康状况决定的，显然在掩饰自己返台过程中与台湾当局达成的默契。孙科回忆说：1965年是"国父的百年诞辰，国内准备热烈纪念，各方友好纷纷来信劝我回'国'。其实个人早就想回'国'来看看，只因健康关系，迟迟未能成行。现在既然痊愈，遂毅然决定回'国'"。

孙科古稀之年决定返台，在人生道路上又一次作出了非理智的选择，为其晚年写上了"拥蒋反共"的不光彩一笔，颇为世人惋惜。

1965年10月29日孙科返抵台湾，前往松山机场欢迎者不下3000人。如此重大的欢迎场面，使十多年来备受冷落的孙科夫妇不禁泪下，激动得说不出话来。

孙科夫妇返回台湾一度成为台湾的新闻热点，台湾各界人士纷纷举行

蒋介石款待孙科全家

酒会、茶会，宴请孙科夫妇，而台湾当局的安排更是颇费心机。孙科在阳明山稍事休息后，就前往台北市心园饭店，他的老友马超俊、梁寒操、郑彦棻和梅恕会为他设宴洗尘。宴毕，孙科又接受台湾《中央日报》记者采访。当天晚上，孙科夫妇应邀出席了蒋经国夫妇在圆山饭店的晚宴，作陪的有马超俊夫妇、张群夫妇、郑彦棻夫妇及蒋纬国夫妇。

10月30日恰好是蒋介石的生日，孙科偕儿子孙治平在蒋经国、郑彦棻的陪同下，乘飞机专程飞往台南，晋见蒋介石。此时，蒋经国已在台党、政、军界站住了脚跟，蒋介石传子的基础已经奠定，这也是孙科受邀回台的原因之一。蒋介石与孙科也可谓各自历尽劫波，加之两人都步入老年，故而相见甚欢。蒋邀孙共进午餐，并于餐后邀他共同游览风景区，又亲自送孙科回到行邸，给予孙科以极大的礼遇。尽管两人辈分不同，蒋介石应属同孙中山一辈的人物，而孙科则应属晚辈，但两人年龄相差只有5岁。

当天，孙科回到台北，出席国民党全体中央常务委员在晚上举行的欢迎宴会，国民党中央秘书长谷凤翔致词后，孙科请大家一起举杯为蒋介石祝寿。宴会后，孙科又出席国民党三军为蒋介石举行的暖寿晚会。当晚，台湾电视公司播出了孙科接受电视台记者采访的节目。当时孙科已年届75岁，虽显老态，但思维敏捷，纵谈国事、天下事，滔滔不绝，其言谈中始终坚持反共立场，错误地判断形势。他在"立法院"举行的欢迎老院长的酒会上，痴人说梦一般，说明年可能要在南京向大家敬酒，最长不过四五年，最短一二年，就可以反攻大陆。

11月12日上午9时，孙科出席在"总统府"前广场上举行的规模宏大、庄严隆重的"全国各界纪念国父百年诞辰大会"。这一天孙科是一位特殊的贵宾，他笑容可掬地忙于和向他问候的人握手并致谢。在"国父纪念馆"奠基典礼结束后，孙科发表演讲，热情歌颂孙中山的丰功伟绩。下午，孙科又参加了故宫博物院的落成典礼，并为孙中山铜像揭幕。虽然孙科一直声称此次返台是为了参加孙中山百年诞辰纪念，并未对外公开要在台湾长期定居。但是其内心是不愿再去海外飘零，恰好蒋介石作出诚挚之态邀孙科回来定居，孙科正求之不得，便答应下来。蒋介石便聘他为"总统府"资政，还将自己曾经住过的阳明山第一宾馆，嘱交孙科及其家属居住。阳明山第一宾馆是一座旧的日式平房，周围花木扶疏，清静幽雅，孙科自回台一直住在此处。

孙科返台定居不久即受聘为"总统府"资政，但这只不过是一个吃饭的闲职，也就是说使他有一个领工资的去处。可久处静淡的环境使他又思动起来，因而往往借同学、朋友及旧僚属欢迎之际，发表讲演，阐述自己对国父孙中山三民主义的心得。因为孙科作为留学美国的第一流学府的学生，学养堪称素厚，加之又在海外飘泊十多年，竟对孙中山之旧三民主义别有一套见解，如他对孙中山所提出之人口政策，"土地涨价归公"问题诠释比较合情合理。至于对以"三大政策"为中心的新三民主义则弃之不顾，这不仅是他内心中的政治理念所致，亦是台湾之政治情势所决定。

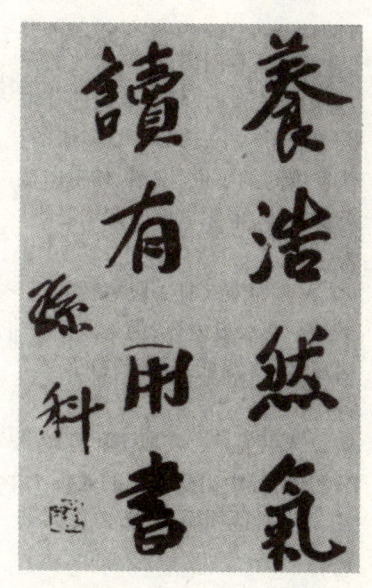

孙科墨迹

1967年9月，面对孙科久静思动以有新作为的心情，蒋介石考虑到其子蒋经国已在台湾党、政、军界站稳了脚跟，顺利将政权交给第二代已无大碍，而让孙科出山可以增加名义上的合法与合理性，更何况孙科已年近80，去日无多，所以便提议孙科任"考试院"院长，后经"监察院"同意而接任"考试院"院长。对于此事，孙科在回忆录中替自己表白了一番："回国以前，自忖年华已高，本想不再从政，但因'总统'之命，不敢不遵。而今反攻复国大业，凡为国民，皆有责任。接掌考院，亦所以尽绵薄，赎前愆，所以未便谦辞，毅然受命。"

孙科这段话着实也证实了他好为官之特点，看来当年大陆时期所传之言不虚。也许正是这种特点，使蒋介石知道他无多大野心，但即使如此，由于蒋经国一手控制台湾各界，决不允许他有"越轨专擅"之举。因之，孙科便落得个垂拱而治"考试院"的美名，究其实际，不过是位高爵显而无实权之意。蒋介石和蒋经国都不会允许他有实权，他不过是一尊供人参拜的木偶雕像而已。

孙科接任"考试院"院长，既无实权，因而只能做些礼仪上的工作。国际上对孙中山的推崇使他往往去参加此类会议，并且有时也会代表台湾当局出访与之有"邦交"的国家。不过，他在选拔人才方面着实也做了一些工作。

原来，台湾"考试院"曾有特种甲等考试办法，使得有博士、硕士高级学位的知识分子得到重用，但这一办法经过一年多，才得到"立法院"通过。通过后拖了约两年，"考试院"尚未订定细则。所以，当台湾"总统府"资政王云五在孙科从前任"院长"莫德惠手中接到"考试院"印信后致词中，面对新旧"院长"，吁请新"院长"孙科，尽速订定"特种甲等考试细则"。孙科接任"院长"次日，即登门拜访王云五，了解情况，并立令主管单位速拟细则，颁布实施，不久就连续三年举办特种甲等考试。

●在台湾，孙科是一象征性人物。1969年，他前往韩国参加纪念金九的活动，并被授予韩国中央大学名誉文学博士学位。后又赴美接受加州大学哈斯国际奖。

1969年春夏之交，韩国驻台"大使"金信向台湾"外交部"提出韩国政府准备追赠孙中山勋章。不久，韩国政府正式发函邀请孙科前往受勋。蒋介石感到以孙科的特殊身份访韩，有助于改善台湾在国际社会上的孤立处境，就同意孙科访韩。

稍后金信又转交给孙科一封由韩国总理丁一权署名的邀请信，情意拳拳，孙科立即复信表示同意。8月13日孙科搭乘"中华航空公司"班机抵达汉城，随行的有"考试院"秘书长钟天心、孙科长子孙治平等。

8月15日上午，孙科参加了韩国独立24周年庆祝会，晚上又出席了韩国国庆酒会。

8月17日，在韩国总统朴正熙主持下举行了仪式简单但隆重的赠勋仪式，孙中山获得韩国最高勋章"建国功劳勋章"，以感谢孙中山支持他们革命复国运动的功绩，同时还授予孙科"一级懋绩勋章"。

孙科在韩国期间，先后和韩国总理丁一权、外交部长崔圭夏举行会谈。授勋仪式结束后，孙科参观了韩国的工业区，对韩国工业的迅猛发展十分感慨。他后来在回忆录中说，韩国的建设本来落后于台湾10多年之久，直到1955年以后才开始建设工作，当时还只实行了两个五年计划，但他们十年计划的建设，其目的即在赶上台湾。事实上，某些方面的确值得台湾借鉴。

8月18日，孙科参加韩国民族独立运动先烈金九铜像的揭幕典礼。金九是韩国驻台"大使"金信的父亲，抗战期间，金九和许多韩国志士流亡到中国，得到中国人民的支持，组织临时政府，领导韩国人民进行抗日的民族独立运动。早在1942年10月，中韩文化协会在重庆成立，孙科被推举为会长，与金九过往甚密，感情弥笃。金九"为人热情，学识渊博，对韩之终必获得独立与自主，具有无比的信心"。或许因有那段交往，孙科站在金九铜像前，感情自然不同他人，他动情地说："如今虽幽明异路，回想起来，仍觉故人的音容宛在。"

8月22日，韩国中央大学授予孙科名誉文学博士学位，并请他发表演讲。

孙科在《八十述略》中回忆韩国之行时说："这次在韩国逗留了13天，由于韩人诚恳而亲密的态度，真有'宾至如归'之感，心情一直十分愉快。"

这一年，孙科不顾年迈，又去了一趟菲律宾。

台湾当局曾和菲律宾保持着所谓的"邦交"，视菲律宾为"同为反共

而奋斗"的"忠实盟友"。因此，1969年12月28日，孙科以台湾当局"特使"身份，前往菲律宾参加马科斯连任第六任总统的就职典礼。当孙科乘日航班机到达菲律宾首都马尼拉，菲律宾政府给予他最高礼遇，外长罗慕洛、总统府执行秘书长麦西达等亲自到机场迎候。当晚，孙科参加中山同乡会举办的欢迎宴会。

12月30日上午，孙科参加马科斯就职总统典礼，并代表蒋介石向马科斯总统面致祝贺之意。是晚，菲律宾政府举行国宴，孙科作为"特使"应邀出席，他对国宴的座位安排颇为自得。当时座位安排以韩国总理居首，美国副总统次之，孙科为第三位，其他各国外交部长皆陪于后，孙科自诩这是菲律宾政府对台湾当局的重视。

12月31日下午，孙科乘机返台。

1970年是孙科的母校加州大学102周年校庆，加州大学设立哈斯国际奖，其颁授办法是在每年加州大学校庆前，先由同学会就历届毕业的外国籍学生中，推选一名毕业后曾返回其本国服务且表现卓越者为得奖人，再提经校董会通过，于校庆典礼中颁奖。孙科是加州大学1916年毕业生，被选为该奖的第五届得主。

1970年2月，加州大学已决定颁奖给孙科，并发了一封航空快信到台湾，但不知何故，孙科并未收到信。3月中旬，台湾"外交部"转给孙科由台湾驻美国旧金山"总领事馆"发来的一个电报，说是加州大学邀请他去参加校庆大会，同时接受哈斯国际奖，并说该校已通知他达一个月之久，迄今尚未接到答复，如果不能去，也应当通知他们。孙科接到电报后与"外交部长"魏道明商量是否前往，魏道明认为应该去，接着向蒋介石请示，蒋介石表示这是人家的好意，应该去。

3月31日中午，孙科由长子孙治平陪伴在台北机场登机，13个小时后抵达美国旧金山。

这天晚上，加州大学同学会在三藩市一大饭店内举行宴会，与会者将近一千人，其间孙科作了十几分钟的演讲，对台湾近年在蒋介石领导下取得的进步大加美化一番。

4月5日，孙科离开三藩市到加州沿海岸南部各地去游览，返台时孙科途经檀香山、日本，在檀香山受到女儿孙穗芳的热情接待，在日本大阪参观万国博览会。

5月25日中午，孙科结束一生中最后一次远行，返抵台北。

1973年9月13日，孙科因心肌梗塞病逝于台北"荣民总医院"。对于自己不久于人世，孙科是有所预感的。因为在1973年4月中，孙科曾写信给儿子治平和儿媳张氏说自己将不久于人世。

孙科逝世后，身后如同其父孙中山一样，除了留下一些书籍和照片之外，没有留下什么遗产。他亦可谓一生节俭清廉，虽然在意识形态上与大陆不同，甚至是相互对立的，但其一生中在民族

孙科的儿女们为父亲守灵

最紧要的关头还是坚持民族气节，支持两党合作抗战的。同时在内战期间及在台期间，其为人也耿直，虽人缘不好，但其作为国民党显要，比较其他人的挥金如土、腐朽奢侈来说，他是一个清廉的典型。

孙科的后事由其子女要求按传统的方式承办，这一点颇不合基督教的传统。其女孙穗芳在他的口中放了一颗大珍珠，双手握着白玉，据说是以定其心，口袋中则放了金银元宝，并且还为之订了纸制的洋房、汽车和银箱，同时又烧了许多念过经的锡箔。当时台湾"总统府"的秘书长郑彦棻把阳明山军区的三分之一的山头开出来，作为孙科的墓园。举行葬礼之时，蒋夫人宋美龄出来瞻仰其遗容，这亦算是对孙家的一个交代和礼遇。

汪精卫：可悲傀儡　1932年任职

　　年轻时的汪精卫文采斐然，英姿勃发。他立志投身反清反帝爱国运动，一身浩然正气让多少人为之钦佩，为之仰望。然而，这样一个英雄少年，却终于在纷繁复杂的政治斗争和国际局势中迷失了自己，一步一步沦陷，最后竟然卖国投敌，成为侵略者刺刀下的傀儡。汪精卫和他的"汪伪政府"将永远被钉在历史的耻辱柱上。从一个革命斗士到成为举世公认的头号汉奸，汪精卫辛苦经营政治四十余年，却落得这样一个下场，并不令人同情。他的经历告诉我们，在民族大义面前，任何的背叛都是不容原谅的。

　　●汪精卫少年得志，深得孙中山器重，是同盟会的重要领导人和理论家之一，刺杀摄政王载沣的壮举和"饮刀成一快，不负少年头"的诗句，更使他名满天下。

　　汪精卫，名兆铭，字季新、季恂、季辛，笔名精卫，1883年5月4日生于广东省三水县，他在同父异母的兄弟姐妹中排行第十，最幼。

　　汪精卫的童年并不幸福，13岁丧母，14岁失父。每当想起这些，他总是颇为伤感。他曾说："我的母亲提起来，真伤心，我觉得她的一生，只是沉浸在'忧劳'两个字里，家计的艰难，以及在家庭内所受的闲气，如今还一幕一幕的时时涌现在我的眼前。"后来，他央请了一个画家作了一幅他9岁时偎依于母亲膝下习字的国画，题为《秋庭晨课图》来纪念亡母。

　　少年汪精卫很有诗才，时人赞曰："谓其文气磅礴纵横，评为旋转乾

114

坤之伟器，赞不绝口。"19 岁的汪精卫以第一名的优异成绩高中秀才。

因两位兄长先后病逝，生活更加凄苦，汪精卫只得给水师提督李准做家庭教师。

1904 年，对汪精卫来说是人生的一个重大转折点。这一年，广东选拔留学生赴日。汪精卫顺利通过了应选考试，考取了留日法政速成科官费生。同年 9 月，21 岁的汪精卫漂洋过海，来到日本进入东京法政大学学习。汪精卫勤奋努力，在一年半后的毕业考试中，取得了第二名的好成绩。速成班结束后，汪精卫并没有立即回国，依靠翻译书稿的收入，继续在日本学习。

在日本，汪精卫的思想发生了翻天覆地的变化。他曾回忆："留学法政，从宪法中得知国家观念及主权在民的观念。从前所谓君臣之义，撇至九霄云外，固有的民族思想勃然而兴。与新得的民权思想会合起来，便决定了革命的趋向。"

1905 年夏，汪精卫第一次会见了孙中山先生，孙中山很器重这位同乡，在同盟会成立大会上，汪精卫即被选为评议长。这时的汪精卫正值风华正茂的年龄，意气风发，随即以火热的政治激情投入革命的战斗。

少年汪精卫

在与保皇派的论战中，汪精卫笔锋犀利，与论敌进行了针锋相对的较量。在《民报》第一至第十三期中，他写了《民族的国民》、《论革命的趋势》、《驳革命可以瓜分说》、《驳革命可以生内乱说》、《再驳新民丛报之政治革命论》等 14 篇文章。这些论点明确，论据充分，爱憎分明的文章击中了保皇派的要害。在文章中，他提倡排满，但不是传统的仇满；鼓吹用"自立"以求"生存"，进而"雄飞于世界"；革命不是"排外"，要救中国必须依靠"民力"。

1906 年 7 月，汪精卫转战新加坡与革命党人张永福、陈楚楠等出版《中兴日报》，与保皇派的《南洋总汇报》继续进行论战，汪精卫和胡汉民是主要撰稿人。胡汉民专事批判康梁的著作，汪精卫则侧重从革命理论方面对康梁进行回击。

1907 年，孙中山被迫离开日本，准备"经营南洋，边陲起事"，他准备在越南河内筹划边境起义，南洋筹款被提到议事日程。孙中山把这个重要任务交给了汪精卫。同年，汪精卫携孙中山亲笔信孤身来到南洋，奔走呼号，跋涉各地，筹集了数目相当可观的款项。南洋之行，汪精卫可谓不辱使命，同时也提高了自己的影响力。

同盟会成立后，尤其是在 1907 和 1908 年两年间，频繁举行起义，然而无一不是以失败告终。同时，同盟会内部的分歧日显。多次的失败，内部的不和，使同盟会会员情绪沮丧，意志消沉。

这些情况让汪精卫再也沉不住气了，他"决心与虏酋拼命"，从事暗杀活动，试图"借炸弹之力，以为激动之方"。孙中山和黄兴、胡汉民等人多次阻拦，可是汪精卫决心已定，扬言：如果谁要阻拦，他便以陈天华为榜样，蹈海自尽。随之，他写信给日本的吴玉章索要炸药，吴玉章回信说："弟不赞成此举，故不能寄药品来。"

接到吴玉章的回信后，他又给吴写了一封要炸药的信，在信中，他阐述了他的革命"釜薪观"，他说："革命之事譬如煮饭。煮饭之要具有二：一曰釜，一曰薪。釜之为德，在一恒字。水不能蚀，火不能融，水火交煎，皆能忍受；此正如我革命党人，百折不挠，再接再厉。薪之为德，在一烈字。炬火熊熊，光焰万丈，顾体质虽毁，借其余热，可以煮饭；此正如我革命党人，一往独前，舍生取义。弟素鲜恒德，故不愿为釜而愿为薪。兄如爱我，望即赐寄各物。"吴玉章被说服，最终还是寄了炸药给他。

汪精卫推掉在香港建立的同盟会南方支部长职务，一心一意准备搞一次震惊全国的暗杀活动。他致书向孙中山告别，说到同盟会的溃裂已深，不再是口舌可以弥缝，需要有实际行动才能让革命者重燃信心，才能让反对者缄口。他自忖必死，在《告南洋同志书》中有这样的话：弟虽流血于菜市街头，犹张目以望革命军之入都门也。

他们刺杀的对象一开始是李准。因为革命党活动大都在南方，两广总督张鸣岐和水师提督李准就成了革命党人从事革命活动的主要障碍。但是革命同志都认为很危险，而且同盟会将在这里有军事行动，为了不至于打草惊蛇，只好放弃这个目标。后来又决心刺杀端方。端方是慈禧的外甥，在两江总督任上曾大力捕拿革命党，而且1909年他奉调直隶，路上行刺也是个好机会。汪精卫等在汉口大智门火车站作好了准备的时候，端方却取道上海，坐轮船回到天津，没有选择陆路，让他们扑了空。

　　最后，他们决定到北京去。临行前，汪精卫咬破手指，以血书赠胡汉民：我今为薪，兄当为釜。

　　1910年1月，汪精卫偕陈璧君、黎仲实等由港入京，于琉璃厂火神庙夹道组织秘密机关，同时喻培伦携购置的照相器材来京，与先期赴京的黄复生会合，开了个"守真照相馆"作为掩护。这些初生牛犊，热情高涨，可是保密工作却做得不好。1910年2月2日晚，竟然聚会在一起，开怀畅饮，引起了当地巡警的注意。

　　在北京，他们先是打算炸杀庆亲王奕劻，可是庆亲王出门都是前呼后拥，戒备森严，没有机会下手，只好作罢。此时，他们又得知载洵和载涛等从欧洲考察海军回国，临时决定刺杀他们，在他们回国那天，汪精卫手里拿了一个盛满炸药的铁壶，在前门车站等了大半天，但车站上的红顶花翎太多，竟看不清哪个是要谋刺的目标，又只得作罢。最后，他们决定"擒贼先擒王"，谋炸大清摄政王载沣！

　　摄政王府在地安门外鸦儿胡同附近，载沣每天上朝，都从鼓楼大街经过。他们计划在鼓楼前的短墙上投掷铁罐，炸死载沣，不巧的是鼓楼大街正值翻修马路，载沣改变了上朝的路线，计划只好搁浅。最后确定在银锭桥埋置炸药，刺杀载沣。1910年4月的一个晚上，喻培伦和黄复生偷偷来到银锭桥下。他们首先把炸药安好，然后再来安置电线，谁知事先目测不准确，临时才发觉电线短了几尺，不得已只好收拾重来。正在收拾的时候，暗中发现有人蹲在桥上，于是他们只得暂时躲开。而这时摄政王大门打开了，有打灯笼的人出来，便顾不得拿回炸药，只好任它埋在土里。等第二天晚上来探取时，炸药已经被人取走了！他们估计：若是敌人取走，必定会惹起满城风雨；若是毫无声息，则是一般居民拿去了。过了一天、两天，一连几天都没有动静，他们估计无事，便派喻培伦和陈璧君再到日本向吴玉章索取炸药，准备回头再举。

谁知，4月16日上午，汪精卫正在东北园住处谈话的时候，一个雇佣小厮突然来对汪精卫说："四老爷，四老爷，照相馆有人请黄爷去！"当黄复生出了住处，行至琉璃厂大街后即被捕。原来敌人非常狡猾，他们发觉炸弹后，并没有声张，先是拿到外国使馆找专家鉴定。专家说炸弹技术高超，绝非中国境内制造；但外壳很大，且较粗糙而车有螺丝，是就近制造的。于是清政府根据弹壳的线索，找到那家铁工厂。然后由便衣带着工厂的老板四处寻找，在琉璃厂附近认出了黄复生和守真照相馆。于是逮捕了黄复生，顺藤摸瓜之下，汪精卫也被捕入狱。

汪精卫被捕后，写下了长达数千言的供词，供词中他叙述了被捕的经过，揭露了清政府玩弄立宪之虚伪，他说清廷之立宪"适为君主权力之保障，为政府之护符，其言有少过乎？呜呼！如此之立宪，即单以解决政治问题犹且不可，况欲兼以解决民族问题乎"，而革命党人的"民族主义，谓不欲以一民族受制于他民族之强权；民权主义，谓不欲以大多数之人民受制于政府之强权"。最后他得出结论是："中国之情势，非于根本上的解决无振起之望，及今图之，其犹未晚，斯则后死者之责也。"

汪精卫自度必死，在狱中有诗作多首，也极尽慷慨豪迈之情怀：

衔石成痴绝，沧波万里愁。
孤飞终不倦，羞逐海鸥浮。

姹紫嫣红色，从知渲染难。
他时好花发，认取血痕斑。

慷慨歌燕市，从容作楚囚。
引刀成一快，不负少年头。

留得心魂在，残躯付劫灰，

青磷光不灭，夜夜照燕台。

在处理汪精卫一案中，清廷内部也有争议。摄政王等一批封建官僚主张判处死刑。但是以民政部尚书肃亲王善耆为代表的一部分人认为在预备立宪期间，杀几个革命党无济于事，反而会激起更多的革命者铤而走险，为缓和人心，羁縻党人起见，不如从轻发落。载沣后来也批准了善耆等人的意见，判汪精卫、黄复生终生监禁。

1911 年 10 月 10 日，武昌起义爆发。清廷摇摇欲坠，一方面起用袁世凯，企图武力镇压革命；一方面释放政治犯，麻痹革命人民。11 月 6 日，汪精卫等受清政府特赦，奉旨出狱。

汪精卫的出狱，为革命党和袁世凯之间架起了一座桥梁。汪精卫出狱后，袁也看中了汪，汪也看中了袁。胡汉民曾说过："精卫于湘、鄂等省反正时，得出狱……其（袁世凯）子克定弛以太原公子自任，精卫亦阴结之。事闻于袁，则私见精卫，谓非常之举，非儿辈所知，而自输诚于民党。"

在袁世凯的指使和革命党部分领导人的默许下，汪精卫和君主立宪党人杨度于 11 月 15 日组织"国事共济会"。共济会的主旨在于要求南北两方停战，组织临时国民会议，解决君主民主问题。在成立宣言中，他们宣称革命延续下去，必将招致外人瓜分或引起内乱的谬论。国事共济会的活动遭到于右任、宋教仁等革命党人的反对。

不久，汪精卫来到上海，被任命为伍廷芳的参赞，参加南北议和。汪氏与袁世凯事先已经有了默契，曾对袁言："中国非共和不可，共和非公促成不可，且非公担任不可"，"袁初谦让，后亦半推半就矣"。汪精卫参加议和后，对袁之推戴不遗余力，称："项城雄视天下，物望所归，元首匪异人任。"同时，他以同盟会北方领导人的身份，阻碍革命党人在北方的活动。

"二次革命"爆发后，汪精卫从法国回到上海，与袁世凯的谋士张謇、赵凤昌密商调停条件：推举袁公为正式大总统；四省都督临时期内暂不撤

1912 年 9 月迎袁使团到北京时合影（左一为汪精卫）

换；宋案查到洪述祖，应桂馨为止，不再继续追究。但是袁世凯根本不理会这一套，还是撤换了四省都督，而这时的汪精卫仍在劝说革命党人放下武器。在袁世凯已经全面发起反击的时候，他还寄希望于张謇等人的调停，寄希望于袁世凯，这与一个老革命党人的身份极不相称。

二次革命失败以后，汪精卫对政治感到厌倦，其后的几年间，他漫游欧美，寄情山水之间，试图忘却政治。

●**孙中山去世后，汪精卫一度以法定继承人自居，任国民政府主席兼军事委员会主席。廖案后出国。"四一二"前夕回国，并在武汉清党。他对日妥协，被人刺杀受伤。**

1924 年 1 月，国民党在广州召开第一次全国代表大会，决定改组国民党，通过新的党纲和党章。大会发表宣言，重新解释三民主义，提出"联俄，联共，扶助农工"三大政策。大会选举产生了中央执行委员会，汪精卫在这次会上被选为中央执行委员。

在这个过程中，汪精卫自始至终都是拥护孙中山的决定的。他理解孙中山的思想，认为中国军阀受着帝国主义的扶持，只有俄国革命军才是良友。在"一大"上，有人反对跨党，他驳斥道：先前吴稚晖、李石曾、张继等人都是无政府主义者，我们既然承认他们是国民党员，为什么对共产党的加入又不允许了呢，这是没有道理的。汪精卫是一大的主席团成员，一大宣言是由鲍罗廷起草，瞿秋白翻译，汪精卫润色而成。而且，大会的其他所有的文件几乎都出自他的手笔。孙中山这时对汪精卫评价也很高，说他是"真正跟我来革命的"不足二十人之中的一个。

国民党"一大"后，汪精卫与叶楚伧、邵元冲一起出任国民党中央上海执行部常务委员；不久，到广州中央宣传部任部长。

1924年，冯玉祥发动"北京政变"，囚曹锟，逐溥仪，并电邀孙中山北上共商国是。孙中山北行前召集汪精卫、胡汉民、廖仲恺等商议，决定让胡汉民留守广州，宋庆龄、汪精卫、戴季陶、孙科等随行。

1924年11月17日，孙中山一行抵达上海，命汪精卫先行进京做好事前布置，而他自己则率一行绕道天津。12月4日，孙中山抵达天津，这时的孙中山已经重病缠身。12月31日，孙中山入京。这时的北京政府由段祺瑞把持，他反对孙中山召开国民大会的主张，而主张召开"善后会议"，对外则"外崇国信"，承认不平等条约。这无疑对孙中山的病情是雪上加霜。在北京苦撑三个月后，孙中山于1925年3月12日与世长辞。

汪精卫在孙中山病重时一直随侍在侧，并代孙中山起草了遗嘱，这件事成了他以后政治生涯中的尚方宝剑。

孙中山逝世后不久，汪精卫被选为广州国民政府主席兼军事委员会主席。同年，廖仲恺被刺杀，胡汉民被逐出国，汪精卫大权独揽。正当他暗自高兴之时，蒋介石却乘机一跃成为军事实力派，成为自己潜在的威胁。

11月23日，国民党右派邹鲁、谢持等在西山碧云寺召开"国民党第一届中央执行委员会第四次全体会议"，史称"西山会议派"，他们对汪精卫作出处分：开除党籍六个月；开除其中央执行委员职务，并不得在国民党地方政府机关服务。对此，汪精卫主持召开了国民党"二大"，宣布：接受"一大"宣言及总理遗嘱，接受联俄、联共、扶助农工，以纪律制裁西山会议派。

汪精卫虽然基本打退了西山会议派的进攻，但是这时的"后起之秀"蒋介石却异军突起，3月20日，蒋介石发动了旨在反对中国共产党的中山舰事件，诬陷共产党阴谋暴动，扣押了海军局代局长共产党员李之龙，并调动军队包围了省港罢工委员会和苏联顾问住宅。事先蒋介石并没有同汪精卫联系，只是在事后让朱培德带了一封信给汪。中山舰事件一方面打击了共产党，另一方面也降低了汪精卫的威信。汪精卫当然恼怒异常，他愤

广州国民政府主席汪精卫

然说道：我是国府主席，又是军事委员会主席，介石这样举动，事前一点也不通知我，这不是造反吗？尽管中山舰事件责任不在汪精卫，但他因处境狼狈，只好引咎辞职，以"迁地就医"为名，于5月11日离开广东赴港，6月中旬到法国巴黎乡间隐居。

汪精卫出国后，蒋介石很快独揽了党政军大权。1926年年底，北伐军攻克了两湖和江西，左派认为长江流域工农运动发展比较快，因此应该定都武汉；而蒋介石由于自己的军权侧重江西，为自己计，力主政府设在南昌，并扣留到赣中委，形成第二中央。这样就形成了两个中央。1927年3月，国民党二届三中全会在汉口召开，决议提高党权，同时免去蒋介石本兼各职，一致要求汪精卫销假复职。这种情况给了汪精卫一个东山再起的契机。4月1日，在一片"迎汪复职"声中，汪精卫由法国归国。汪精卫这时采取了两面派的手法：一方面奉武汉国民党中央为正统，另一方面他又不想得罪蒋介石，他同蒋介石秘密会晤时答应到武汉"疏通意见"。无论怎样，他都能在国内政坛立足！

4月5日，汪精卫在上海和陈独秀联合发表了《告两党同志书》的联合宣言。在宣言中，陈独秀为了国共合作作出了最大限度的让步，公开声称放弃无产阶级政纲——无产阶级专政；汪精卫也做了一点让步，宣称"决无驱逐友党，摧残工会之事"。然而宣言却遭到蒋介石、吴稚晖等人的责难：治理中国只有国民党，没有联合共产党共治的可能。

4月6日，汪精卫离沪赴汉。以左派领袖面目出现的汪精卫此时明白只有保持左派的面目才能够保持自己的政治地位。因此，这时他所持的主要论点是：其一，拥护总理的三大政策，这是左派存在的理论基础，不可牺牲；其二，要遵守党的纪律，维护党统，提高党的权力和地位。4月10

日，汪精卫抵汉，武汉的反蒋气氛浓烈，迫使汪精卫不得不表明态度。4月11日，汪精卫在一个刊物上题词，以一个左派领袖的态度高呼：中国国民革命到了一个严重的时期了，革命的往左边来，不革命的快走开去。

4月12日，蒋介石发动了反革命政变，汪精卫这时不得不转而依靠武汉地区的革命势力，指责蒋介石的行为是"博帝国主义、军阀及一般反革命者之同情"，蒋是"民众之公敌"；17日，武汉国民政府与国民党中央宣布开除蒋介石党籍，并免去他的本兼各职，通电讨蒋。然而同时他也发现，两湖地区的工农运动蓬勃，武汉已经为共产党"把持"了，武汉"靠不住"了。

这时候，武汉国民政府发生了严重的经济危机，政权和军队的生存难以为继，而且两湖的反动军官已经迫不及待地开始了"分共"行动，夏斗寅、许克祥纷纷向共产党人举起了屠刀。这位政治上冠冕堂皇的"左派"领袖终于忍不住显出自己的真正面目。而在6月，共产国际代表罗易竟然将《五月紧急指示》交给汪过目，这份让他觉得是"消灭国民党"的指示坚定了汪精卫的"分共"决心。

7月14日，汪精卫召开了秘密的"分共会议"，跨党分子不准参加。7月15日，汪精卫公开丢开他一向拥护的"三大政策"，向共产党人举起了屠刀，是为"七一五"反革命政变。

蒋、汪的态度既然已经很一致了，那么宁汉合流就成了必然，现在剩下的只是权力的斗争罢了。此时，蒋介石指挥的军队在津浦线上的"北伐"打了败仗，使他的地位大为降低，加上与冯玉祥、李宗仁等人的意见相左，得不到支持，同时他感到需要得到帝国主义的支持，于是在8月13日宣布下野。宁汉合流顺水行舟。9月，宁汉加上原"西山会议派"达成妥协，产生了一个"特别委员会"，可是这个特委会由桂系把持，汪精卫等快快不乐，又偕陈公博、顾孟余回到武汉，拥唐生智成立武汉政治分会，与南京对抗。但是不久，唐生智为南京所败，汪偕谋臣只得南下广州，依靠粤系，反对"特委会"，形成宁粤对立的态势。

不巧的是，中共利用广东桂粤的矛盾，发起了著名的广州起义，虽然在粤系的强势手腕下失败，但是南京方面以此指责汪精卫包庇共产党。汪精卫再次陷入了困境，法国当局和乘机上台的蒋介石都劝汪出洋，汪精卫无奈，只好悻悻隐退，悄然赴欧。

汪精卫、蒋介石在中山陵前的合影

即使在欧洲，汪精卫也没有放弃他的政治生涯，他策划由陈公博在国内领衔发动了改组派政治运动，提出要改造国民党，在《革命评论》、《前进》等刊上与蒋系展开了论战，并且成立了"中国国民党改组同志会"，由陈公博在国内负责。改组派宣称要恢复"十三年改组精神"，国内反蒋派在汪精卫的周围聚集起来。1929年9月，在改组派的策划下，张发奎在湖北通电反蒋，要求汪精卫回国主政，同时桂系、冯系、阎系将领俞作柏、李明瑞、宋哲元、商震等联合通电响应张发奎，欢迎"革命领袖汪精卫维护政权党权"，汪精卫乘势回国。

谁知天不作美，张发奎与蒋开战首先失利，蒋系力量越发强大，引起了非蒋系的恐惧，于是，阎、冯、西山会议派等人请汪精卫到北平主持大计，组织国府，稍后的5月，阎、冯、桂与蒋展开了中原大战。8月，反蒋各方代表29人，由汪精卫主持，在北平召开"扩大会议"，确定由汪精卫、许崇智、谢持、柏文蔚等7人出任扩大会议常委。9月1日宣布阎锡山、汪精卫、冯玉祥、李宗仁、张学良（未征求本人同意）、唐绍仪、谢持等7人为"国民政府委员会委员"，阎锡山为主席。然而没有想到的是，张学良居然挥师入关助蒋，中原大战最终以蒋介石的胜利全面告终。1931年1月，汪精卫颓然宣布改组派解散。

然而反蒋各派并没有停止反蒋活动。5月27日，各派在广州召开国民党中央执监委非常会议，成立了中央非常委员会和广州国民政府。汪精卫又一次当上了国府主席，宁粤双方再次对峙。

九一八事变爆发后，宁粤双方以共赴国难为由举行和谈，最后双方达成妥协：广州国民政府取消，蒋介石下野。后来是汪精卫又离开广州，去了上海。

1932 年 1 月中旬，汪精卫、蒋介石经过杭州烟霞洞的密谈后，联袂进入南京。蒋介石主军，担任军事委员会委员长；汪精卫主政，担任国民政府行政院院长。蒋、汪二人瓜分权力，军事部、财政部、教育部的实权都掌握在蒋系人马手中，而铁道、实业等实权部门都在汪系掌握之中。就在汪精卫就任行政院院长当天，日本在上海制造了一·二八事变。

汪精卫和蒋介石的南京政府畏敌如虎，30 日即宣布迁都洛阳。汪精卫为迁都辩解说，政府是为了避免战祸，还要求各民众团体自动取消抗日名义，"以杜强邻之借口"，而且要在尽可能的范围内极力忍耐，极力让步，表示无意开衅。在十九路军浴血奋战之时，汪精卫却大泼冷水，说中国军事经济，在物质上着着落后，而且组织上也幼稚不完备。言下之意，抵抗一定是会失败的。

同时，汪精卫抛出了他的"一面抵抗，一面交涉"方针："军事上抵抗，外交上交涉，冀不失领土，不丧主权。在最低限度下，我们决不让步；在最低限度以上时，亦不故作强硬。这是我们共赴国难的方法。政府今后的措施，应严格规定最低限度的标准。若在最低限度以上，则政府应顾虑国家人民的力量及军事财政的状况，不惑于一部分人士的一时强硬论，纵使为国民所误解，亦应忍痛签订。若在最低限度以下，我们忍受，即是交涉，最低限度以下，我们拒绝，即是抵抗。"

但事实上，南京政府有的只是妥协投降，极大地刺激了日军的侵略野心。

面对日军的步步进犯，汪精卫和蒋介石却到处叫嚣"攘外必先安内"，对日一味忍让，致使国土日益沦丧。

蒋汪的亲日态度引起人民的不满，最终导致了汪精卫被刺事件的发生。

1935 年 11 月 1 日，国民党六中全会开幕，各中委齐集第一会议厅的门前合影。蒋介石见会场秩序很乱，借口身体不适未参加，汪精卫站在正

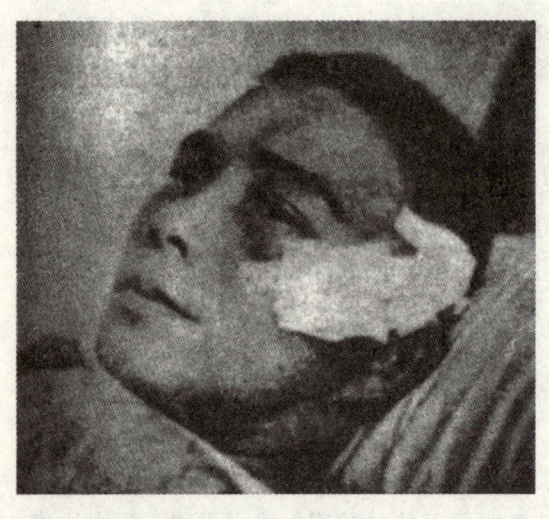
1935年，汪精卫在南京中央医院治疗枪伤

中的位置合影。镁光灯刚刚闪动，记者群中猛然冲出一个青年，拔出手枪，向汪连连射击，汪中三弹应声倒地。枪声响后，蒋介石和汪精卫的妻子陈璧君相继从礼堂内奔出，蒋从血泊中扶起汪精卫，汪妻陈璧君见照相时蒋介石未到场，疑心此事是蒋所策划，顿时大哭道："蒋先生，你不叫兆铭干就讲明好了，何必下此毒手？"蒋介石无言以对，十分尴尬。

刺杀汪精卫是由上海暗杀大王王亚樵精心策划的。王受托于李济深、陈铭枢，准备在会议期间暗杀蒋介石，由晨光通讯社记者孙凤鸣执行暗杀任务。11月1日，孙凤鸣胸前挂着记者出入证昂首阔步进入会场，他见蒋介石未出场，就按第二方案，枪击汪精卫。与此同时，他被卫兵击成重伤，送医院后已濒临死亡，很快不治身亡。

汪精卫遇刺后，在南京中央医院开刀，由德国医生将左额的子弹取出，背后的子弹不能取出，只好任其留在背上。12月5日，汪派骨干、外交部次长唐有壬在上海被刺身亡。几天后，国民党召开五届一中全会，解除了汪行政院院长职务，安置为中央政治委员会主席，汪派骨干都被赶出行政院。汪精卫感到大权已失，带伤匆匆取道欧洲。

●全国性抗战一开始，汪精卫便散布抗日亡国论，后来竟与日本人卖国谈判。在取得日本人同意后，他飞往河内，并发表了卖国的"艳电"，准备成立伪政府。

1937年7月7日，卢沟桥事变爆发，日军全面侵华。汪精卫对此十分惊恐，到处散布失败论调，汪公馆里也是一片悲观失败气氛。汪派分子自觉"前途未可乐观"，组"低调俱乐部"，宣扬亡国论。不久汪派核心分子周佛海、陶希圣又在蒋汪二人的支持下，成立了"艺文研究会"。

"艺文研究会"是一个执行反共媚日任务的文化团体。

其宗旨是："第一，要树立独立自主的理论，反对共产党的笼罩；第二，要造成一个舆论，使政府可战可和。"它的活动经费则由蒋介石手谕军需署，从"军事特别支出"项目内，每月拨 500 万元。"艺文研究会"先后在长沙、广州、成都、重庆、西安、香港等地设立分会。就这样，"低调俱乐部"戴上了"艺文研究会"的华丽桂冠。"艺文研究会"让汪精卫集团在组织上进一步得到扩大，而他们的"亡国论"更加甚嚣尘上，汪精卫明目张胆地反对抗日。

汪精卫的亲日倾向日益明显。"艺文研究会"成立后，他和周佛海在汉口秘密设立了一个以搜集日本情报为名的机关——"日本问题研究会"，由高宗武任主任，以便策进"和平运动"。

高宗武受命后，频繁往来于香港、上海、汉口之间，与日本高层多次密谈，探知了日本对华的和平计划。汪精卫知此内幕后，备受振奋，亲日活动更加露骨。

1938 年 7 月，日本内阁首相、外相、陆相、海相、藏相五相会议，通过了《适应时局的对中国谋略》，确定了"使中国丧失抗战能力，并推翻中国现中央政府，使蒋介石垮台"的方针，提出所谓"起用中国第一流人物，削弱中国现中央政府和中国民众的抗战意识，同时，酝酿建立巩固的新兴政权的趋势"，"建立反蒋、反共、反战的政府"。五相会议又制订了《从内部指导中国政府的大纲》，规定将诱降的对象由蒋介石转到汪精卫等"中国第一流人物"。

汪精卫和周佛海摸清了日本人的底，便决心继续干下去。高宗武由于身体不好，便改由汪派另一干将梅思平与日本人继续谈判。从 8 月 29 日至 9 月 5 日间，梅思平同日本人进行了 5 次谈判，拟定了实现中日"和平"的详细方案。

10 月 21 日，梅思平由香港飞往重庆，向汪精卫、周佛海等汇报与日方接洽情况。梅思平同周佛海、陶希圣3人商谈后，往见汪精卫。尔后，汪精卫、周佛海、梅思平、陶希圣、陈璧君等人连日秘密举行会议。决定由汪精卫出马，另立反蒋反共政府，与日本实现"和平"，并派高宗武、梅思平与日本当局就"和平方案"作进一步谈判。

11月2日，梅思平带着汪精卫、周佛海等人决定的"和平方案"，离开重庆，经河内返回香港。同高宗武会面后，为避人耳目，梅思平、高宗武、周隆庠分别乘坐法轮"道尔曼号"和意大利轮"戈善特亚号"去上海，同日方继续谈判。

在上海重光堂，经过几天的谈判高宗武、梅思平同影佐祯昭、今井武夫以个人名义，签订了《日华协议记录》和《日华协议记录谅解事项》，双方还作了《日华秘密协议记录》，草拟了近卫、汪精卫声明要点，制定了汪的叛逃计划。《协议》规定：

（1）中日缔结防共协定，中国承认日军防共驻扎，内蒙地区作为防共特殊区。（2）中国承认"满洲国"。（3）日本侨民有在中国居住、营业的自由，日本允许废除在华治外法权，并考虑归还在华租界。（4）中日经济合作，特别是利用、开发华北资源，承认日本有优先权。（5）赔偿日侨损失。（6）协议以外的日军，于两国和平恢复后，开始撤退，两年内撤完。

重光堂密约是汪精卫集团的一份卖身契。然而，贪得无厌的日本帝国主义并不以此为满足，只是设下一个圈套，把在重庆的汪精卫等人勾引出来。重光堂密约并没有把日寇的欲望全部端出来，免得超过汪精卫集团所肯承受的程度，致使其分裂中国抗日阵营的阴谋落空。10天以后，日本御前会议通过的《调整日华关系的方针》，对中国提出更广泛、更苛刻的要求。

重光堂会谈一结束，日汪双方的活动更加紧锣密鼓起来。

梅思平、高宗武在重光堂会谈之后，即返回香港。梅思平将"密约"缝在西装马甲里，从香港飞往重庆，向汪精卫汇报。汪精卫召集周佛海、陶希圣、陈璧君、曾仲鸣、梅思平等人，一连开了七八次会，讨论是否接受"密约"问题，急于当"第一夫人"的陈璧君极力主张接受。汪精卫经过反复思考，最后决定接受"密约"。派梅思平到上海向日本人做了答复，决定出逃。

汪精卫选择逃离重庆的路线，一是由重庆直飞香港，二是经昆明赴河内。由于汪身份显赫，不可能无故公开乘机去香港，这样做有很大的冒险性。因而选择了经昆明赴河内这条路线。为避人耳目，他们决定分散出逃：周佛海以视察宣传的名义，堂而皇之地先去昆明，陶希圣以讲学为名尾随而至，汪精卫托词去昆明讲演离开重庆，陈公博自成都飞往昆明。陈璧君的远房侄辈陈春圃打前站先走。

陈春圃时任国民党政府侨务委员会常委兼侨民教育处处长，在政治上同汪精卫如出一辙，加上他办事认真细致，深为汪氏夫妇器重。汪精卫以送子女到香港读书为名，要陈春圃把他在重庆南渝中学读书的幼子汪文悌和幼女汪文恂护送到昆明，并要陈预定由昆明赴河内的滇越铁路挂车包厢。

龙云（左三）在机场迎接以"演讲"名义飞抵昆明的汪精卫

汪的行动十分诡秘，将侍卫队长刘文焕支走，将雇佣的女佣遣散。他们清理东西，将书籍文件装进印有"双照楼"三字的箱子里。除汪等少数几个人之外，连在重庆的陈璧君的胞妹、汪精卫的侄子都不知道，许多汪派骨干也没有通知。

汪精卫集团开始行动。周佛海照计而行，12月5日飞往昆明。陈春圃带着汪精卫的两个孩子，搭机前往昆明。

12月18日上午9时，陈璧君和汪的亲信曾仲鸣、女婿何文杰等4人，预先到达重庆珊瑚坝机场。她和汪约定，汪在启飞前数分钟内赶到。陈璧君到机场时，刚巧蒋介石的亲信、国民党空军司令周至柔也要搭机飞滇。陈璧君做贼心虚，连忙示意曾仲鸣上前与他周旋，仅含糊其辞地说是"汪夫人"有事赴滇。起飞的时间将到，汪精卫仍然未来，陈璧君心里十分着急，嘱咐曾仲鸣，如汪精卫迟到，就向机场说明有汪搭乘，令飞机延缓起飞。就在这时，一辆小汽车正沿着珊瑚坝疾驰而来，汪精卫由一名侍卫陪同赶到。周至柔等看到汪精卫，都上前谒见。陈璧君这时才告诉周，说汪精卫去昆明讲演。

在昆明做短暂停留后，12月19日，汪精卫、周佛海、陶希圣、陈璧君、曾仲鸣、陈君慧、陈国琦、汪文惺、何文杰及副官、随从等一干人等，乘上龙云代包的专机，从昆明飞抵河内。汪精卫为掩盖自己投敌真相，在离开昆明前打电报给蒋介石，说因飞行过高，身体不舒服，且脉搏时有间歇现象，决定多留几日，再行返渝。

次日，陈公博也由成都经昆明飞往河内。

"艳电"的手迹局部

日本首相近卫得知汪精卫一伙逃到越南河内，遂于12月22日晚，在他的办公室内举行记者招待会，宣读了一个长约十分钟的声明，他宣称："日满华三国应以建设东亚新秩序为共同目标而联合起来，共谋实现相互善邻友好、共同防共和经济合作。"这便是所谓的近卫"三原则"声明。"善邻友好"，就是要中国停止抗日的行动，承认"满洲国"，并与之建立"完全正常的外交关系"；"共同防共"就是签订日华"防共协定"，中国允许在防共协定有效期间，"在特定地点驻扎日军"，并以"内蒙地方为防共特殊区域"；"经济合作"，不仅要承认日本人在中国有居住、营业的自由，而且在华北和内蒙地区的"资源开发利用上，积极地向日本提供便利"。

汪精卫集团收到近卫声明全文后，由汪精卫起草声明响应。周佛海、陈公博、陶希圣等携汪之声明由河内飞往香港，要在香港公开发表。

29 日，韵目代日"艳"，汪精卫发表了臭名昭著的"艳电"，称：

重庆中央党部，蒋总统，暨中央执监委员诸同志均鉴：

今年 4 月，临时全国代表大会宣言，说明此次抗战之原因，曰："自塘沽协定以来，吾人所以忍辱负重与倭国周旋，无非欲停止军事行动，采用和平方法，先谋北方各省之保全，再进而谋东北四省问题之合理解决，在政治上以保持主权及行政之完整为最低限度。在经济上以互惠平等为合作原则。"

自去岁 7 月卢沟桥事变突发，中国认为此种希望不能实现，始迫而出于抗战。顷读倭国政府本月 22 日关于调整中日邦交根本方针的阐明：

第一点，为善邻友好。

并郑重声明日本对于中国无领土之要求，无赔偿军费之要求，倭国不但尊重中国之主权，且将仿明治维新前例，以允许内地营业之自由为条件，交还租界，废除治外法权，俾中国能完成其独立。

日本政府既有此郑重声明，则吾人依于和平方法，不但北方各省可以保全，即抗战以来沦陷各地亦可收复，而主权及行政之独立完整，亦得以保持，如此则吾人遵照宣言谋东北四省问题之合理解决，实为应有之决心与步骤。

第二点，为共同防共。

前此数年，倭国政府屡曾提议，吾人顾虑以此之故，干涉及吾国之军事及内政。

今倭国政府既已阐明，当以日德意防共协定之精神缔结中日防共协定，则此种顾虑，可以消除。防共目的在防止共产国际之扰乱与阴谋，对苏邦交不生影响。中国共产党人既声明愿为三民主义之实现而奋斗，则应即彻底抛弃其组织及宣传，并取消其边区政府及军队之特殊组织，完全遵守中华民国之法律制度。三民主义为中华民国之最高原则，一切违背此最高原则之组织与宣传，吾人必自动的积极的加以制裁，以尽其维护中华民国之责任。

第三点，为经济提携。

131

此亦数年以来，日本政府屡曾提议者，吾人以政治纠纷尚未解决，则经济提携无从说起。今者倭国政府既已郑重阐明尊重中国之主权及行政之独立完整，并阐明非欲在中国实行经济上之独占，亦非欲要求中国限制第三国之利益，惟欲按照中日平等之原则，以谋经济提携之实现，则对此主张应在原则上予以赞同，并应本此原则，以商订各种具体方案。

以上三点，兆铭经熟虑之后，以为国民政府应即以此为根据，与日本政府交换诚意，以期恢复和平。

倭国政府 11 月 3 日之声明，已改变 1 月 16 日声明之态度，如国民政府根据以上三点，为和平之谈判，则交涉之途径已开。

中国抗战之目的，在求国家之生存独立，抗战年余，创巨痛深，倘犹能以合于正义之和平而结束战事，则国家之生存独立可保，即抗战之目的已达。

以上三点，为和平之原则，至其条例，不可不悉心商榷，求其适当。其尤要者，倭国军队全部由中国撤去，必须普遍而迅速，所谓在防共协定期间内，在特定地点允许驻兵，至多以内蒙附近之地点为限，此为中国主权及行政之独立完整所关，必须如此，中国始能努力于战后之休养，努力于现代国家之建设。

中日两国壤地相接，善邻友好有其自然与必要，历年以来，所以背道而驰，不可不深求其故，而各自明了其责任。今后中国固应以善邻友好为教育方针，倭国尤应令其国民放弃其侵华侮华之传统思想，而在教育上确立亲华之方针，以奠定两国永久和平之基础，此为吾人对于东亚幸福应有之努力。同时吾人对于太平之安宁秩序及世界之和平保障，亦必须与关系各国一致努力，以维持增进其友谊及共同利益也。

谨引提议，伏祈采纳！

汪兆铭，艳。

汪精卫发表"艳电"之后，又通过高宗武向日方提出 4 点要求：

一、日华两国在完成新东亚建设的基础以前，尽量与英美列强避免摩擦是重要的，因此当前对这些列强不要引起纷繁的事端。二、在军事发动以前的 3—6 个月期间，希望日本方面每月援助港币约 300 万元，但希望尽可能在对华文化事业费中开支。三、对北海、长沙、南昌、潼关等地日本军作战的行动，以获得政治效果为目标。四、彻底轰炸重庆。

汪精卫的要求，是以日军的军事行动加快摧毁中国军民的抗战力量，来配合他的"和平"攻势，以便支持他上台"收拾时局"，实现其当儿皇帝的野心。

汪精卫的"艳电"一出笼，立刻遭到全国人民的一致谴责。蒋介石也为之勃然大怒。但是对汪精卫，蒋介石还是采取了软、硬两手。蒋介石对留渝的原汪派人物，进行安抚。他还派国民党中央委员谷正鼎专程赴河内。对汪进行游说，派中央通讯社社长萧同兹赴香港晤周佛海劝其回心转意，但谷萧二人的游说工作均以失败告终。

蒋介石见软的一手失灵，便决定采用硬的一手。军统头子戴笠亲自挂帅，负责指挥暗杀行动。不料曾仲鸣做了替死鬼，汪精卫逃过一劫。

蒋介石以死相逼，激怒了汪精卫，他决定反击。汪精卫写了《举一个例子》的文章，在香港《南华日报》上发表，证明蒋介石和国民党高级军政人员都没有拒绝过日方的"和平条件"，这同他的主张是一致的。并公布了 1937 年 12 月 6 日的国民党国防最高会议第 54 次常委会的记录，把蒋介石和国民党内最高军政长官的主和细节，全部揭露出来，尤其是蒋介石与德国驻华大使陶德曼谈判的情况，更是披露无遗。汪精卫又笔锋一转，向蒋介石集团提出质问："当德大使奔走调停时，国防最高会议诸人，无论在南京或在武汉，主张均已相同，何以当近卫声明时，又会主张不同，甚至必将主张不同的人，加以诬蔑，诬蔑不足，还要夺其生命，使之不能为国家效力。"

汪精卫的文章一发表，犹如一发冷炮，打得蒋介石暴跳如雷。蒋骂道："余见奸伪之人多矣，但未有如汪之卑劣者。"他急忙赖账，并大造舆论，说这是捏造污蔑。又命戴笠再组暗杀组，日夜兼程，开赴河内。这次戴笠仍是无功而返。

●汪精卫在自认为一切准备就绪的情况下，开始了卖国准备，先召开汪记"六大"使卖国合法化，又成立汪伪国民政府。这个政府一心为日本人服务。

1939年4月25日夜，汪氏一伙在越南警察和日本军队的严密保护下，登上日轮"北光丸"号，慌慌张张地离开了河内。

5月6日，"北光丸"号进入上海虹江码头。8日，汪精卫等在日本宪兵的森严保护下，下船住进"重光堂"。31日，汪精卫、周佛海、梅思平、高宗武等一行11人，登上飞机，赴日谈判。

1939年，汪精卫在南京接受记者采访，发表组建伪政权的言论

6月6日，日本平沼内阁五相会议通过了《建立新中央政府的方针》，决定汪精卫出面组成伪中央政府，必须遵循符合日本政府利益的三项规定：第一，要有汪精卫、吴佩孚、"临时"和"维新"政权、改变主意的重庆政府等共同组成；第二，满足日本政府侵华的各项要求，并签订秘密协议；第三，成立的时间，要"适应于综贯全局的战争指导上的阶段，以自立的观点处置之"，"特别需要具备人的因素与基础实力"。日本期望建立的"新中央政府"，不过是日军占领下的各种势力的集合体，是一个松散的"全国性"的傀儡政权而已。

对这种安排，汪精卫敢怒不敢言，只得表示原则上接受这个方案，在技术上再想办法。汪精卫在6月18日，带着沉重的心情，黯然回国。

回国后，汪精卫即开始拉拢吴佩孚的活动，但两人都不肯作出让步。到了10月19日，汪又给吴写信，请求他参加"国民政府"。吴见反汪讨逆在全国掀起巨大声浪，不愿与汪同流合污，在汪的来信封面上手批：

"公离重庆，失所凭依，如虎出山入匣，无谋和之价值！果能再回重庆，通电往来可也。"

至此，日寇精心绘制的汪吴合作蓝图，被吴佩孚撕破。日本人又提出划湘、鄂、赣、皖、豫、鲁、冀 7 省归吴佩孚统治。同时逼迫吴的左右分批进言，又策划七省"人民代表"到北平去劝进，但吴佩孚始终未允。1939 年 12 月 4 日，吴佩孚因病死亡。他总算保全了一点晚节。

汪精卫卖国集团一面大造"和平运动"的舆论，一面招兵买马，只要能赞成其卖国主张的人，都被视为"同志"，来者不拒，悉数搜罗。来附汪投敌的有赵尊岳、岑德广、傅式说、刘郁芳、鲍文樾、靳云鹏、刘培绪等人。

汪精卫到上海后，收买了李士群、丁默邨的特工组织，在沪西极司菲尔路 76 号建立起新的杀人魔窟，依靠特工打天下。"76 号"开张后，丁、李一伙肆无忌惮地迫害抗日爱国志士，制造一起又一起流血惨案。"76 号"始终与血腥、黑暗、毒辣、卑劣相联系。"76 号"以残忍的恐怖手段，使汪的活动充满了血腥味。丁、李一伙还越出政治暗杀的轨道，在上海滩大干绑票、栽赃陷害以及烟、赌、毒的勾当，把上海搞得乌烟瘴气。

8 月 28 日，汪精卫集团在"76 号"召开了所谓的"国民党第六次全国代表大会"。大会通过了《整理党务案》，此案否定了蒋介石在国民党内总裁的职务，使汪精卫获得了国民党中央主席的"合法"地位。会议还通过了《修订中国国民党政纲案》、《决定以反共为基本国策案》、《根本调整中日关系并尽速恢复邦交案》，等等，为汪精卫及其同伙"合法"登台，贴上一张张标签。

汪记"六大"草草结束后，于 9 月 5 日召开了六届一中全会，推选陈公博、周佛海、梅思平、林柏生、丁默邨、陶希圣、高宗武、焦莹等为中央执行委员会常委；陈璧君、顾忠琛、褚民谊等为中央监察委员会常委。褚民谊为中央党部秘书长，陈春圃、罗君强副之；梅思平为组织部长，戴英夫、周化人副之；陶希圣为宣传部长，林柏生、朱朴副之；丁默邨为社会部长，汪曼云、顾继武副之。汪精卫投敌集团在乌烟瘴气中敲完了登台的第一场锣鼓。

"杀人魔窟"七十六号

汪精卫急于同"临时"、"维新"伪政府头目谈判，于9月18日偕周佛海、梅思平、陶希圣、高宗武等去南京，同王克敏、梁鸿志会谈。汪开门见山地要求王、梁等人参加"中央政治会议"。在日本主子的支持下，经过一番讨价还价，汪精卫集团同王克敏、梁鸿志勉强达成了一纸《决定事项》。

12月30日，日本"梅机关"头目影佐同汪精卫签订《日汪密约》、《日华新关系调整要纲》、《关于收拾时局之具体办法》。日汪密约的内容之广泛，条件之苛刻达到了无以复加的地步，比之"二十一条"凶恶10倍，比灭亡朝鲜的手段更加毒辣，淋漓尽致地显露了日本独占中国的野心，活现出汪精卫那种急于登台，甘当儿皇帝的猴急相。

可就在这时，后院起火。高宗武、陶希圣因不满权力分配，背叛了汪精卫，在蒋介石集团的帮助下，逃到香港。1940年1月21日香港《大公报》在《汪的卖国密约》标题下，公开披露了日汪密约，同时发表了高、陶致该报及致汪精卫的公开信。

高、陶二人的叛变促使汪精卫加快了登台组阁的步伐。这时日本当局因与蒋介石之间谋求合作的"桐工作"无望，便全力支持汪精卫重组政府。

1940年3月30日，汪伪政府在南京粉墨登场。

汪精卫把伪国民政府主席一职让给远在重庆的林森，自己任代理主席，他的目的是要重庆国民党也实行"和平"，宁渝间合流，可谓煞费苦心。

汪伪中央政治委员会第28次会议推举汪精卫为伪国民政府主席，去掉了"代理"两字。汪精卫也急忙发表通电，就任伪府主席。

汪伪政权成立后，汪精卫配合日本侵略者"以战养战"、"以华制华"的政策，在政治、经济、思想、军事上推行了一系列的反动政策，甘当日寇鹰犬，鱼肉人民。

"清乡"对日本来说非常重要。1941年，日军中国派遣军总司令部在1月中旬制定了《昭和十六年以后现地长期战政略指导》，并于2月17日通告侵华日军各部队。其中规定："应特别加强对敌领域之封锁，并在占据地域与敌领域之间，尽力予以有效而合理之切断，逐步划定重要地域，促进占据地域之治安肃正，力求满足我国国防资源，同时设法安定民心，培植新政府之实力，以渗透其政治力量，使之策应、配合我方进行战争及处理事变。"这个文件虽然没有使用"清乡"一词，但是"清乡"的目的、手段、步骤都已大体具备。

与此同时，侵华日军第十三军司令官泽田茂与日军驻伪军事委员会顾问晴气庆胤作了一番策划，由晴气庆胤与伪警政部部长李士群共同提出了在占领区实施"清乡"的建议。汪精卫立即同意这一建议。日军中国派遣军总司令官畑俊六表示全面支持。1941年3月13日，伪中央政治委员会决定组织"清乡"委员会。这个主持"清乡"的机构，与伪行政院、伪军事委员会并列，由汪精卫兼任委员长，伪立法院院长陈公博和伪行政院副院长周佛海兼任副委员长，李士群为秘书长。4月14日至5月15日，伪清乡委员会连续开了七次筹备谈话会，具体研究"清乡"的目标、方法和步骤。

鉴于以往单纯依靠军事"讨伐"迭遭失败的教训，会议提出了"军政并进"的方针。晴气庆胤在会上强调："今后'清乡'工作军政相辅而行，可谓三分军事七分政治，以政治为中心，而以军事推动之，且特工又从旁协助。"他们把日本帝国主义在朝鲜和中国台湾、东北实行过的各种殖民统治办法，蒋介石对革命根据地进行"围剿"的反革命手段，例如反复"清剿"、封锁交通、编组保甲、组训民团、统制物资等，统统当做法宝搬了出来。

根据"清乡"的目标和方针，会议还谋划了"清乡"的步骤：第一步是"军事清乡",即对新四军和抗日群众进行血腥的"讨伐"、"搜剿";第二步是"政治清乡",即通过编组保甲等手段强化治安;然后是"经济清乡"和"思想清乡"。企图通过军事清剿、政治欺骗、经济掠夺、思想奴化等所谓"综合战力",从军事上政治上"彻底改变占领区的治安状况","肃清"抗日力量,强化汪伪政权,由点线的占领扩展为面的占领;经济上"彻底开发并获取国防资源"。

为了实施这套十分毒辣的办法,伪"清乡"委员会设立了民众训练、特种教育、经济设计、招抚整编等各种专门委员会,成立了专门从事欺骗宣传的"清乡政治工作团",制订了大批"清乡法规"。为拼凑"清乡"队伍,特地从各地各部门抽调人员,按照行政、警察、封锁、情报、保甲、宣传、税收等分类进行了训练。使日伪最为头痛的是兵力不足,因而被迫决定,"清乡"采取分期分区进行,一区肃清后,将军队向第二区线内移动,第一区线内改调保安警察接防。

日伪的"清乡"运动,着重在华中地区进行。这首先是因为华中具有重要的战略地位。华中连结华北、华南,而且拥有上海、南京、杭州、徐州、武汉等重要城市和战略要点。侵华日军的指挥机关和汪伪政权的首脑机关都在南京。新四军在华中敌后到处建立根据地,对日伪形成了直接威胁。日军急需通过"清乡",将华中变成它继续进行侵华战争的稳固后方基地,变成它实施南进计划进行太平洋战争的重要后方基地。其次,日军推行"清乡"的一个主要目的是强化汪伪政权,实行"以华制华",而华中正是汪伪政权统治权力有可能达到的地区。第三,日军推行"清乡"的又一个目的是掠夺战略物资和人力资源,实行"以战养战",而华中正是中国人口密集、物产富庶的地区,当时粮、棉、盐的产量都冠于全国。

汪精卫对"清乡"运动十分卖力。他在《二次巡视清乡区在常熟民众大会训词》中振振有辞地说:"'清乡'运动好比一个病人服药调理,新国民运动便是病去之后,将他的元气培养,使之精神强健,身体结实。"这句话,一语道破了汪精卫集团开展上述两项运动的险恶用心。汪精卫声称"'清乡'要清心",也就是通过对沦陷区民众灌输其卖国主义的思想,以消除人们的抗日意识和在心理上对傀儡政权的抵触。

汪精卫多次亲赴各"清乡"现场进行所谓的实地指导，趁此机会四处兜售其卖国主义的谬论。他宣称："'清乡'就是协办大东亚战争。"他把这次日本发动的侵略战争说成是"东亚安危所系"，"中国存亡所关"。他强迫沦陷区民众要"以其全国力量……和日本协力，安定大东亚战争的后方，以人力物力源源加入，促成大东亚战争之目的之早日完遂"。同时，他还要求大小汉奸也承担起"后方责任"："一在确立治安，保持地方秩序之安全；二在加强军力，勤求精神物质之并进；三在裕源节流，尽力于物资之增益。"

为配合日本进行侵略战争的需要，汪精卫在沦陷区竭力推行奴化统治与宣传，以达到与主人"同生共死"之目的。在具体推行过程中，汪精卫等人主要采取了具体的措施：制订出一整套的奴化宣传纲要，用以推行卖国主义政策。汪伪宣传部先后制订了一系列的宣传要点、纲要，抛出了《战时文化宣传政策基本纲要》、《关于国民精神总动员》等文件。

在《战时文化宣传政策基本纲要》中，汪精卫集团提出了在整个思想文化领域的七项任务：一、"发扬东亚文化，巩固东亚轴心，完成战争之使命"；二、"清除英美侵略主义的罪恶，扫除英美个人自由主义之毒素，消灭依赖英美之卑劣心理，提高国民打倒英美侵略主义之敌忾情绪"；三、"防止国际共产主义之扰乱，扫除阶级斗争之毒素思想，发扬中国固有之民族伦理观念"；四、"养成勤劳的积极的向上的严肃的人生观，革除享乐的颓废的虚无的放任的末流习气"；五、"综合国家民族共同意志，发挥全体之创造能力"，"建立全体主义文化"；六、"普及科学教育，掖助科学研究，改进科学技术，奖励科学教育"，"协力大东亚共荣圈建设之成功"；七、"集中文化人才，团结文化力量，调整文化事业，确立文化宣传总力体制"。

汪伪政府还组织训练沦陷区青少年，竭力向他们灌输"东亚联盟"等亲日卖国的思想，以此作为其推行新国民运动的重点。汪精卫等人在沦陷区各学校强制推行亲日卖国奴化教育，并在南京举办了"青少团训练班"，以东亚联盟和新国民运动的理论作为"训导"的基本内容，同时还通过了《新国民运动青年训练纲要》、《中国青年模范团组织原则》、《中国童子军组织原则》等文件，并决定在全沦陷区曾遍设立青年团与童子军，进行对汪个人崇拜和亲日卖国的奴化教育。在汪伪"新国民运动促进委员会"之下，专门附设了一个青年干部学校，实施法西斯式的训练，培训从事卖国主义奴化教育与统治的人员。

汪伪政府利用报刊、广播、电影、巡回展览以及各种纪念活动形式，大肆鼓吹和宣传东亚联盟等卖国主义的理论。汪精卫傀儡政权的要员们还经常在节庆日子利用报刊和广播大肆贩卖其卖国主义的主张，同时还举办"和平建国文献展览"、"和平建国摄影展览会"进行奴化教育宣传。

汪精卫还配合日本人掀起了颇具规模的"东亚联盟运动"。1942 年 2 月，汪精卫在侵华日军中国派遣军总参谋长板垣征四郎等人的推动下，将北平、汉口、广州、南京等地成立的东亚联盟协会统一起来，成立了东亚联盟中国总会，汪精卫任会长。该会在其会章中竟宣称，东亚联盟中国总会是："为谋实现孙先生之大亚洲主义，期与邻邦各本于自由独立之立场，依最近共同宣言之精神，建设以道义为基础之新秩序，互相尊重其主权及领土，并于政治、经济、文化等各方面请求互相敦睦之手段，以达到共存并荣复兴东亚之共同目的。"

汪精卫以东亚联盟论曲解孙中山的大亚洲主义，将其作为伪国民政府建立的理论依据，以掩饰其傀儡政权的性质。东亚联盟运动直接配合了日本政府的侵略政策，适应了汪精卫伪政权在思想上控制沦陷区人民、破坏中国抗战的需要。日伪的东亚联盟运动，在日本和中国社会造成了一定的影响。东亚联盟论也是日本近代以来的各种亚洲观中，唯一直接将侵略理论化作国民运动的。

●汪精卫受刺后，一直伤痛不减，爱国医士刘一帖一帖膏药使其病情加重。病重的汪精卫成了日本军方的试验品，最终命丧日本。抗战胜利后，汪精卫墓被炸，终得报应。

汪精卫在 1935 年遭枪击后，虽保住了性命但子弹并未取出，病痛常常折磨着他，身体一日不如一日。

1943 年 12 月，日本驻南京陆军医院的中将军医铃木小荣亲自握刀，替汪破背取弹。手术后，背脊肋部的剧痛非但没有缓和，反而波及腰部颈间。背脊部的疼痛日胜一日，且大小便失禁，弄得病房内外之人，个个皱眉掩鼻。陈璧君见手术不灵，便乞求于中医偏方，经其侄儿陈春圃辗转打听，终于在无锡探悉到一位治骨伤疮毒的名医刘一帖。

　　刘一帖替汪做了仔细的检查，发现汪的创口已经平复，只是内侧发烫，脉息细促，便开了两剂褪火之药，并出示膏药一张，命贴于背心。谁知神医果有神术，服药贴膏后的第二天，汪的痛楚竟大大减轻。汪陈夫妇暗自庆幸，即派陈春圃去江城客栈，向住在那里的刘一帖送了一份厚礼，并派车邀他复诊。刘一帖收下礼物后，随车再往医院。他见汪病痛减轻，便面露喜色地对陈璧君说："汪先生创毒不重，只要照原方服上两剂，再贴一帖毒散膏药，便可一劳永逸了。"一面说，一面从小医箱内取出一张同样的膏药交给陈璧君，交代了几句后，便告辞回旅社去了。

　　汪陈二人本以为这一张"败毒散"贴了之后，便可消灾纳福。谁知贴后不到三个时辰，汪四肢抽筋，浑身上下痛似鞭笞，手心、脚心和额心一齐沁出汗来，陈璧君见病情恶化，一时慌了手脚。她一面请铃木大夫审视，一面命陈春圃去江城客栈接刘一帖到医院会诊。陈春圃气急败坏地来报告说，那刘先生当晚并未回到客栈，眼下四出寻找，已不知去向。陈璧君料到刘一帖在膏药中掺了虎狼之药，才引起如此严重的病变。三日后，有人给汪精卫寄去一信。陈璧君拆开一看，见白纸上写着四行黑字："厚礼不该收，既收亦不愁；平生药一帖，宜人不宜狗。"

　　汪精卫病情恶化的消息，立即通过军用电台，传到了东条英机耳里。东条作出决定：让这位"儿皇帝"去日本就医。

　　1944 年 3 月 3 日，一架由日本天皇赠给汪精卫的"海鹣"号飞机，载着近乎全身瘫痪的汪精卫，从南京飞抵日本名古屋机场，并立即被送进帝国大学医院的一间特设的病房里。经该院著名内外科大夫的紧急会诊，病情十分清楚，主要是铅毒入骨之故。

　　汪精卫静躺在病床上，希望这里的医生能救他一命，但他万万没想到自己会成为日本人手中的实验品。日本军部发令给医院，"为确保削骨去毒手术的成功"，"无论何人均可列为试验对象"。医院给汪精卫进行了"自然愈合"的试验性疗法。

汪精卫已是年迈体衰的老人，自然没有了"自然愈合"的能力。手术后，那三节做过削骨手术的胸椎骨仍在继续变形。汪的背肩部疼痛重又加剧起来，且形如干尸，彻夜呻吟，只好苟延残喘，卧等其死了。三个月后，1944年11月10日，汪精卫终于命丧日本。

汪精卫死后，小矶内阁假惺惺地发了讣告，连天皇也说了几句"痛惜"之言。在南京一班汉奸走狗的请求下，日本军部特地用"海鹣"号飞机将汪的尸体运回南京。

经过一番冷冷清清的"悼念"活动之后，11月23日，在日寇军警的严密监视下，汪的尸体被埋葬在南京梅花山麓。陈璧君自知他的尸体日后难免被人毁棺鞭尸，便亲自布置，在建造墓壳时，将5吨坚硬的碎钢块掺在混凝土里，然后浇灌成厚厚的墓壳。

抗战胜利后，1946年1月21日，国民党七十四军工兵部以"试炮"为名，用150公斤"TNT"烈性炸药炸毁了汪精卫墓。汪精卫尸体被火化，骨灰随风四散不见了。

汪生前所作的诗中，曾有"劫后残灰，战余弃骨"、"留得心魂在，残躯付劫灰"的句子，本是得意时随手写写的，想不到，到头来一语成谶，竟成事实！

孔祥熙：捞钱专家　1938 年任职

　　孔祥熙是民国政坛巨头之一，是孔子第 75 代裔孙，也是赫赫有名的宋大小姐——宋霭龄的丈夫。作为国民党内著名的理财专家，他曾经长期出任国民政府财政部长、行政院院长之职，还有着一段以特使名义出访英、意、法、比、美等国的潇洒旅程。利用自己的复杂的政治关系和发达的经商头脑，孔祥熙不仅为蒋介石解决了抗战时期的财政问题，也为自己和家庭营造了一个巨大的金融帝国。孔家人红极一时，个个过着锦衣玉食的奢华生活。

　　●孔祥熙早年得益于美国传教士的帮助，先后进入欧柏林大学、耶鲁大学学习。后回乡兴办铭贤学校，十分有名。"二次革命"后，他随孙中山远渡日本，并与宋霭龄结婚。

　　孔祥熙，字庸之，1880 年 9 月 11 日生于山西省太谷县程家庄。据传，孔祥熙是孔子的第 75 代裔孙。父亲孔繁慈，字和亭，晚清贡生，虽是旧式商人，却写得一手好字。母亲庞氏，是个漂亮的大家闺秀，从小对孔祥熙严格教育。孔祥熙出生 3 年之后，家里又添了一个妹妹孔祥贞。孔家祖上是拥有 6000 顷土地、多家商号的大财主，但到孔祥熙出生时，家道已败落，孔祥熙六七岁时，每日和村里的孩子到县城拣煤渣。母亲虽疼爱儿女，却在孔祥熙六岁的时候因病去世。父亲孔繁慈十分难过，并没有再娶，当起了乡村塾师。在父亲的私塾中，孔祥熙打下了很扎实的传统文化基础。9 岁时，孔祥熙因祸得福。那年，孔祥熙害了一场重病，多方求医无效，最后只好到美国传教士在当地开设的仁术医院医治，入院一周痊愈。孔祥熙由此结识了一些传教士，一年之后，他就皈依了基督教，并开始在教会学校读书。5 年之后，校方保送孔祥熙去通州潞河书院（燕京大学前身）深造。这些看似普通的选择却在传统的孔氏家族中掀起了轩然大波，一些守旧人士对此大加责难，认为背离了祖宗之学。然孔繁慈却坚定地支持儿子。

读书期间，孔祥熙逐渐萌生了出国留学的愿望。他知道，要争取官费留学，必须找到一位有权有势的朝廷命官做靠山。为此，他求见李鸿章，并给李鸿章留下了极好的印象。最后，李鸿章答应送孔祥熙出国留学，并奉赠了一包银子。孔祥熙临走时，李鸿章为了给他减少日后办理护照的麻烦，给了他一个"全权议和大臣一等肃毅伯随员"的名义，甚至致电驻美大使伍廷芳，让他对孔祥熙加以关照。有了李鸿章的支持，孔祥熙开始安心准备毕业考试。1901 年 2 月，毕业考试结束，平时成绩并非十分拔尖的他居然出人意料地获得了第一名的好成绩。按照潞河书院的院规，历届优秀毕业生，院方负责资送赴美进修。这样，孔祥熙留学的道路更广了。他获得了到美国欧柏林大学留学的机会。虽然宗族内部的争议声仍然不绝于耳，但此时的孔祥熙已经有了多年西学的基础，再加上李鸿章的推荐，没有什么反对声可以阻碍他了。同年秋，孔祥熙赴美进入欧柏林大学学习。

进入欧柏林大学后，孔祥熙最初主攻的是自然科学，选择的是理化专业。两年后，孔祥熙的兴趣发生变化，弃理从文，开始主修社会科学。其最后的结果是，理化不曾修完，社会科学也不曾学好。孔祥熙每每总结这段历史时，都会痛切自悔地说："一个人要学商便学商，要学工就学工，必须就个人志趣之所在，早早拿定主意，万万不可脚踏两只船，犹豫不决。脚踏两只船的结果，准定是跌到河里成了落汤鸡。"

1905 年，孔祥熙大学毕业，考入耶鲁大学研究院，专攻矿学。两年后，取得硕士学位。在此期间，孙中山途经俄亥俄州的克利夫兰时，孔祥熙专程去拜谒。这次历史性的会面，使孔祥熙受益匪浅。他后来回忆会见孙中山时的情形说："听了总理的这一段训示，顿时便有了拨云雾而见青天的感觉，多年以来横亘胸中的一大矛盾，至此引刃而解。总理的寥寥数语，能给我这么重大的启示，使我敬佩万分，所以，当时我便提出了追随革命、加入同盟会的请求。而承蒙总理不弃，他欣然地立予应允。"

1907 年秋，孔祥熙踌躇满志地留学归来，首先走的是兴办教育的路。他在家乡太谷县创办铭贤学堂，自任校长。以后不管孔祥熙做了多大的官，他都兼着铭贤学堂的校长。在孔祥熙的主持下，铭贤学堂逐步完善，与北京的师大附中、天津的南开不相上下。

武昌起义首发后，孔祥熙组织建立"中美同盟会"，响应革命。孙中山辞去临时大总统职后，于 1912 年 9 月 18 日抵达太原，下榻于皇华馆。孔祥熙闻讯后立即赶赴太原迎接，聆听先生演讲。随后孔祥熙与孙中山先生作第二次会晤，并"有所密谈"。也就是从这时起，孔祥熙同孙中山建立了更为密切的关系。"二次革命"爆发后，孙中山写信给孔祥熙，期盼他接信后即束装赴沪，以襄赞革命。孔祥熙接信后，把铭贤的校务交代一番，便匆忙上路了。不料，待孔祥熙赶到上海时，"二次革命"已告失败，留在上海凶多吉少，孔便东渡扶桑追随孙中山去了。

在日本，孔祥熙担任了中华留日基督教青年会总干事，负责管理该会会务，处理日常工作。他利用总干事的工作之便，广交留日革命党人，参加革命活动。在旅日的华人基督徒中，孔祥熙一时成了新闻人物，引起了宋霭龄之父宋耀如的注意。他专程上门拜会这位受人称赞的青年。由于有着相似的留学、革命经历，再加上共同的基督教信仰，两人一见如故。

1914 年春，孔祥熙和宋霭龄在横滨结婚。这是孔祥熙的第二次婚姻。

1908 年，孔祥熙娶孤女韩玉梅为妻。韩玉梅在教会学校长大，性情温婉，知书达理。婚后，夫唱妇随，生活幸福。可惜，韩玉梅自小

孔祥熙与宋母及家人合影。前排左起：宋美龄、倪佳珍、宋霭龄；后排左起：宋子良、蒋介石、孔祥熙、宋子文

体弱多病，患有肺病，没等为孔家留下一儿半女，便于 1912 年撒手西归了。早在 1906 年的纽约，孔祥熙和宋霭龄曾经在一次社交中遇见，但当时两人都没有留下什么深刻的印象。然而，在 1914 年的日本，当孔祥熙在宋家重新见到阔别八年的宋大小姐时，不禁眼前一亮。而孔祥熙的谦和也打动了宋霭龄，他们都迅速爱上了对方。孔祥熙与宋氏家族联姻，又有了能干的贤内助，此后便是官运亨通青云直上。所以有人称孔祥熙是"因妻得官，因官发财"。

婚后，孔祥熙对宋霭龄十分宠爱，他"似乎天生有一种理财的本领"，并用这种能力，频频收获佳人芳心。和宋霭龄结婚初，用 1.5 万大洋买了一套房子。宋大小姐对房子并非十分满意，不时抱怨。孔祥熙也不吭声，但没过一年，他就以 3 万多元价格出手，获利一倍有余。这才对夫人说："请问，世上还有什么正当买卖能超过百分之一百的利润？"这还不算完，孔祥熙又用这 3 万元买了上海福开森路的一栋住宅。这次房子虽然没的挑，但宋霭龄却认为房屋的旧主人是革命家黄兴，心里还是不太舒服。孔祥熙却依然笑呵呵地不为所动。不过数月，时局变动，房屋价格坐地看涨，孔祥熙居然又以 6 万元的"靓价"再次把房子卖了出去。接着，他用这笔钱，又在西爱咸路再买了一套房。短短几年工夫，这套原价 6 万元的房子居然一路飙升，涨到了 60 万元。至此，宋霭龄彻底服了老公赚钱的能力。

1915 年，孔祥熙携宋霭龄回到老家太谷，继续主持铭贤学堂。宋霭龄十分支持这项工作，在她看来，办学有百利而无一害，既可以培养儿童，报效家乡，又可以发现人才，扩大声望。她甚至亲自登台授课，主讲英语，深受学生欢迎。事实证明，宋霭龄的眼光是准的，若干年后，该校的很多学生都成了孔祥熙发迹的重要班底。

办学之余，孔祥熙利用与美国教会的关系，同美国驻华使馆参赞处建立了往来，创立了祥记公司，专门包销美孚石油公司的货物。同时，趁第一次世界大战之机，以极低的价格从山西购买铁砂，运往天津，转卖给美国，从中发了大财。之后，他便到上海和陈光甫等创办上海商业储蓄银行，在上海、天津一带经营地产投机生意，并充实了祖遗的广茂所、晋丰原等商号，在全国很多地方建立起他的商业组织。

1916 年元旦，袁世凯在北京登基当了皇帝，特令孔祥熙的侄辈、孔子第 76 代嫡孙孔令贻仍袭衍圣公，并授予"一级大绶宝光嘉禾章"加"郡王"衔。孔祥熙在老家得知消息后，大为愤慨，当即写了一篇《上书袁世凯书》。孔祥熙这篇讨袁檄文，通篇义正辞严，语锋犀利，大有革命者的精神和气概。文章发表后，颇受各界瞩目。

这篇讨袁檄文，同时也密切了孔祥熙与"山西土皇帝"阎锡山的关系。在 1916 年至 1925 年，孔祥熙任山西督军署参议的 10 年间，他奉阎锡山之职可算得上是尽心尽力，协助阎锡山承揽了几乎所有接待外宾的活动。同时，他为实施阎的"新政"，全力以赴，乐此不疲。

虽然只是初入仕途，但孔祥熙在处理经济问题上的天赋也已经显现出来。1919 年，山西全境受灾，70 余县颗粒无收。此时，北洋政府已经奄奄一息，无力赈灾，而地方的反抗情绪也到了极点。阎锡山十分着急，只得托孔祥熙在全省豪门富户中募捐救灾。这可不是个好差事，而且太谷孔家号称山西首富，更得率先拔毛。但孔祥熙胸有成竹，处理得滴水不漏。他先贷款救灾，再让灾民以工取酬，成为修筑公路的主要劳力，最后公路通车收费还贷，填补亏空。结果自家分文不出，功德圆满。当时北洋总统黎元洪知道之后，十分高兴，赐匾"急公好义"。孔祥熙也因此广结善缘，有了一定的政治声誉。

除阎锡山外，孔祥熙与当时北中国的另两位实力派人物——张作霖、吴佩孚的关系也非同寻常。他虽然先后拒绝了张作霖、孔祥熙的聘任邀请，但却暗中密切往来，保持了良好的交往。

●孔祥熙是旧中国四大家族中最能捞钱者，他通过发行公债、实行专卖、滥发纸币替自己营造了一个金融帝国，并为蒋介石解决了财政问题，一度贵为行政院院长。

1918 年，第一次世界大战结束后，孔祥熙被北洋军阀政府任命为中俄交涉公署坐办、中俄交涉公署驻奉代表、鲁案善后公署实业处处长等职。在接收青岛时，他又以实业处处长身份，兼任了青岛电信局局长，这是他

147

投身政界的开始。从此，孔祥熙便亦官亦商，奠定了官僚资本的基础。

孔祥熙于1925年年初从国外归来，时值孙中山卧病北京，因亲戚关系参加照料，以此成为"顾命大臣"。孔祥熙算不得一位有才干的政治家，但初登政坛即官运亨通。1926年他被任命为广东省财政厅长兼理后方财政部务，一时总掌国民政府的财政大权。

孙中山逝世后，国民党内出现权力真空。此时，孔祥熙以其"最能把握时机"的敏锐洞察力，开始捕捉政治新秀。最后在夫人宋霭龄的协助下，将宝押在了北伐军总司令蒋介石身上。此后，他便站在蒋介石一边，鼎力相助。

蒋介石与宋美龄的结合，是孔祥熙夫妇最早提出的，但却遭到宋子文的反对。于是，他们与宋美龄商量，请对宋子文有重要影响的谭延闿劝说，最后使宋子文屈服，终于形成了带有浓厚政治色彩的"中（正）、美（龄）合作"，蒋、宋、孔三家结下了利害与共的不解之缘。

从此，孔祥熙依附美国，支持蒋介石，控制财权，与蒋介石、宋子文和陈果夫陈立夫兄弟合称"四大家族"，成为中国官僚资产阶级的典型代表。

蒋介石对孔祥熙自是"知恩必报"。1928年，蒋重掌国民党军政大权后，就任命孔祥熙为南京国民政府工商部长，并推选其为国民政府委员；1928年3月，在国民党"三全大会"上，经蒋介石安排，孔祥熙被选为候补中央执行委员。

1932年4月，孔祥熙被特派为"中华民国考察欧美各国实业特使"，出访欧美各国。孔祥熙这次出访的目的，实际上是受蒋介石之托，在德国和意大利接洽购买军械、飞机事宜的。鉴于淞沪抗战中没有空军的教训，蒋介石急欲创建一支空军队伍。一年之后，孔祥熙满载而归，只德国方面，就答应出售给南京政府2500万美元的军火。蒋介石满心欢喜，遂任命孔祥熙为中央航校校务委员。

孔祥熙对这个无名无利的"校务委员"并不感兴趣，他妄想当航空部长。岂料就在此时，东窗事发。由孔祥熙订购的意大利飞霞式轰炸机运到中国后，由于意方军事人员尚未来到，航空署便派美国空军专家前去检查验收。验收后发现，这批所谓最先进的轰炸机全是意军淘汰的产品，炮管中的来复线都已磨光。航空署将实情报告了蒋介石，蒋表面上说要认真追查，却并无下文，但孔祥熙想当航空部长的美梦，也随之而彻底泡汤了。

1933年，宋子文和蒋介石因财政预算撕破脸，蒋便让唯命是从的孔祥熙接任财政部长。从此，孔祥熙主掌国民政府财经大权达11年之久。孔祥熙上任后第一件"公务"就是号召全国"慷慨解囊"资助反共战争。他曾明确宣布："剿共"的成功，比财政预算的平衡更为重要。于是，他的第一个"成就"就是摧毁了宋子文历时5年、苦心制订的财政限制措施，尽力地帮助蒋介石筹措军费，购买军火，进行"剿共"内战。孔祥熙的努力使蒋介石麾下的战将们，可以在日本步步加紧侵略的民族危机中、在"剿共"的战场上"建功立业"，使蒋介石能够在华北落入日本掌握之中的时候，庆祝"围剿"红军的胜利。

发行公债，是孔祥熙为蒋家王朝筹措经费聚敛财富的重要手段之一。从1933年到1935年年底，南京政府财政部在孔祥熙的主持下，共发行公债578000万元，1936年发行了208200万元。蒋、宋、孔、陈四大家族则凭借政治特权，在发行公债和进行债券投机中大发横财，却给中国的工商业和农村经济带来了灾难性的后果。

孔祥熙入主南京财政部的另一重大举动是主持国民政府的"币制改革"。此项改革对中国金融现代化起了一定的促进作用，但也使四大家族官僚资本家搜刮到了价值在3亿元以上的巨额白银。同时，由于南京政府控制了全国统一的发钞权，这就为它通过滥发纸币来掠夺民间财富大开方便之门。在此过程中，孔祥熙借改革之名，实行高压政策，吞并了中国、交通和农民三大银行，控制了全国金融。

1937年4月，孔祥熙前往欧美各国进行了国事访问。表面上是以国民政府特使的名义参加英国新君乔治六世的加冕典礼时顺道访问其他国家，实际上是为了加强同欧美资本主义国家的联系，寻求西方各国对抗战的支持。在大约半年的时间里，孔祥熙周游于列国之间，访问了英国、瑞士、意大利、法国、比利时、德国、捷克、美国等欧美国家，并与张伯伦、希特勒、墨索里尼、罗斯福等各国领袖会面。孔祥熙的这次出访，是国民政府成立后规格最高、时间最长、成绩也是最大的一次外交活动。他为国民政府定购了一批武器和军用物资，为中国的抗战起了积极作用，同时也争取到了一批国际资金，以充国内生产建设之用，起到了"借于低利外资，偿还高利内债，俾社会金融益形活泼，国库支出亦得以稍资弥补"的作用。但是，并没有达到蒋介石所希望的，由英、美等国向日本施加压力，迫使日本延缓侵华的目的，颇具讽刺意味的是，日本侵华战争正是在孔祥熙访问期间升级的。

七七事变爆发以后，正在欧美频繁活动的孔祥熙立即回国，旋即在武汉恢复了"中央、中国、交通、农民四行联合办事总处"，由他自任"总务"理事会主席。"四联总处"最初的职能是联络各行业务，从1939年9月国民党颁布"战时健全中央金融机构办法"后，它成了四大家族垄断全国金融业的核心机构。

1938年1月，为适应全国抗战的需要，南京国民政府改组。蒋介石以"身为最高统帅"，时刻需应付紧急战事为由，辞去了行政院院长职务，并提请孔祥熙接替此职。当日国民党中央委员会任命孔祥熙为行政院院长。1月3日，孔祥熙就职，他在权力的宝座上达到了巅峰的状态。

孔祥熙很快发现，行政院院长是一个吃苦受累、出力不讨好的位子。他多次私下向蒋介石表示，他愿意做行政院的领导工作，替蒋分忧，但还是请蒋恢复做院长，他当副院长为好。

在得到蒋介石默许后，1939年11月，在重庆召开的国民党五届六中全会上，孔祥熙提出"因战时需要高度集中，恳请蒋总裁自任行政院院长，以使政治军事统一指挥，而利于全国的抗战建国工作"的建议。这样，蒋介石再度出任行政院院长，孔祥熙则改任副院长。

从这时起，一直到1946年年底，蒋介石一直让他的这位连襟兼任行政院副院长、财政部长、中央银行总裁等要职，这使孔祥熙掌握着行政、财政、金融大权，取得了"一人之下，万人之上"的地位，在南京政府中的地位和影响达到了他一生的顶点。这期间，"孔财神"的主要"政绩"就是以抗战为名，用各种巧取豪夺的方式，为蒋为他自己搂财。

抗战期间，孔祥熙为蒋介石政府敛财的手段之一是发行公债和增加捐税。1938 年到 1944 年，国民党财政部发行"救国公债"、"建设公债"、"军需公债"、"国防公债"、"赈济公债"等共计 18 种，总计法币 151.92 亿元。同时，在孔祥熙主持下，国民政府还大量举借外债。1937 年以后，共向英国借款 12 次，向美国借款 9 次，致使国家权利大量外溢。孔祥熙等经办的公债，多数是以总预约权形式交给"四行"办理，由"四行"将现金先垫给国民政府，再由银行发行公债。但"四行"垫付的现款，只是不断增发的钞票，这样，四大家族控制的"四行"不但得到了公债与政府

孔祥熙

实领之间的巨大差额。同时，可以通过公债投机获取巨大利益。然而，国民党政府发行的公债无论还本付息，都只能靠搜刮人民，所以，孔祥熙不顾本已十分苛虐的捐税，继续扩大征税范围，形成了几乎无物不税的状况。

实行外汇管制和买卖黄金，是孔祥熙暴发横财的另一种手段。国民党政府从 1938 年 3 月开始实行外汇管制。随着法币的日益贬值，外汇和黄金的官价与黑市价格差额越来越大，四大家族利用特权，以官价买进大量外汇和黄金，再以黑市价格抛售出去，转手牟取暴利。

实行专卖制度，是孔祥熙的第三条"发财之道"。1941 年 4 月，国民政府成立专卖事业管理局。在孔祥熙等 20 人的提议下，先后对食盐、糖、卷烟、火柴、茶叶、酒等 6 类物品实行专卖。这一制度使国民政府收入猛增，1942 年增收额为 4.78 亿万元，1944 年竟达 18 亿万元，此外，孔祥熙还主持实行统购统销政策。1937 年 9 月，国民政府成立贸易委员会，下设复兴、富华和中国茶叶公司，对国统区的丝、茶、桐油、猪鬃等主要出口物实行统购统销。资源委员会则统购统销出口的矿产品。1942 年 2 月，成

立物资局，对棉纱实行低价强购，转手高价出售，从中获取重利。在实行专卖制度中，孔祥熙兼任复兴公司和富华公司的董事长，以自己的亲信把持这两个公司的业务，垄断了丝、茶、桐油等出口贸易。

在四大家族的众多"财源"中，孔祥熙最欣赏的要算是滥发纸币了。他曾对人说："发行公债真是麻烦，付息、抽签还本，又弄不到几个钱，不如印发钞票，简单得多。"抗日战争以前，国民政府共发行法币14.449亿元。抗日战争开始以后，不断增加发行量，据国民政府财政部公布：抗战八年内政府发行纸币103 190亿元，为抗战前的7300倍。滥发纸币造成币值惨跌，物价暴涨的恶性通货膨胀。在1937年100元法币可买两头牛，1943年能买一只鸡。到1947年就只能买三分之一盒火柴了。孔祥熙借助政治权力，通过各种手段夺走了人民大量的财富。据蒋介石所写的《孔庸之先生事略》披露：当1946年孔祥熙辞职下台时，国民党政府国库中仅外汇和金银等各种硬币两项，就价值10亿美元以上。孔祥熙的女儿孔令俊曾说："打了八年仗，爸爸为他（蒋介石）积了十来亿美金，不能说没有功劳。"称孔祥熙是蒋家王朝的"聚敛之臣"，实乃当之无愧。

抗战期间，孔祥熙除了在财政金融方面大显神威之外，同时也活跃在外交舞台上为蒋介石效犬马之劳。抗战开始后，中日两国短兵相接，同时一直保持外交接触，孔祥熙是国民政府与日谈判的主要负责人之一。另外，他还多次访美，在国民政府和美国政府之间往返穿梭。国民党虽有外交部，但蒋介石却将最重要的使命赋予孔祥熙，这充分表明了他对孔的信任。

●孔祥熙的所作所为遭到了正直人士的痛斥。由于其贪得无厌，蒋介石也保不了他，无奈之下，他只得辞职。失宠后，孔祥熙曾一度想重登政坛，但事与愿违。

因为追随蒋介石，孔祥熙的一生也是以反共为职志。但作为宋庆龄的姐夫，孔祥熙和共产党也有过一段交往，特别是在抗战时期，双方曾经一度保持了良好关系。1938 年 1 月 11 日，中共在国统区创办《新华日报》，孔祥熙亲自题词："自强不息"。毛泽东知道后，十分高兴，他通过宋庆龄向孔祥熙表达了感谢，并希望他和中共携手，共同抗日。几个月后，朱德在参加国防会议期间，专程和孔祥熙见面，两人相谈甚欢，朱德见势便提出为陕甘宁边区的人民赈济灾荒的要求。孔祥熙十分爽快地答应了，当即拨款法币 12 万元。他先给毛泽东和陕西省中央银行经理写了信，又派出其亲戚和门生韩天耀、曹仲植等人直接从陕西中央银行提款送钱，以绕过中央赈济委员会，确保款项的安全到位。毛泽东因而称赞道："孔先生这次做了一件好事。"他还强调，"只要孔先生坚持抗战，我们一定支持他。"12 月 17 日，孔祥熙参加了《新华日报》举办的义卖捐款活动，他出资200 元订了一份报纸，并题了"各尽其力，各输其财"八个大字。但在不久以后，蒋介石再次掀起了反共高潮，孔祥熙立马态度一转，开始疏远中共了。

孔祥熙和宋霭龄育有两子两女。四个孩子在这样的权力巅峰与豪门巨富家庭成长起来，个个神通广大，骄横跋扈。大儿子孔令侃，不过十七八岁就担任了交通银行代表官股的董事，并开始兼理财政部和中央银行在上海的一部分业务。小小年纪对当时中国财政金融界的头面人物，往往直呼其名，甚至当面训斥。就是对宋子文也不买账。抗战胜利前期，他开办扬子公司，凭借其强硬的后台和雄厚的资金，巧取豪夺，走私更是家常便饭，攫取了惊人的利润。大女儿孔令仪比较安分，但这位相府千金结婚的费用和嫁妆十分惊人，据《大公报》统计，用这笔款子足够救济一万个饥民，制作两个师士兵的军衣，开办一所设备完全的大学。鼎鼎大名的"孔二小姐"——孔令伟更是仗着孔祥熙的地位，经常为所欲为。她性格残忍，常着男装，到处惹事。她还有着很强的权力欲，不仅参与孔祥熙的公事，连蒋介石的政事也能插上一脚。小儿子孔令杰在国民党驻爱尔兰"大使馆"中作威作福，连顾维钧大使都畏他三分。离开使馆后，他从事炒股、房地产、石油的生意。

孔祥熙贵为国戚，手握重权，身边溜须拍马之徒不计其数。但一介书生马寅初不畏权势，在一次会议上当面将他痛斥一番。

153

任财政部长的孔祥熙访问德国

马寅初是我国著名的经济学家，早年毕业于美国哥伦比亚大学，并获博士学位，回国后不久，就担任了重庆大学商学院院长。当时，由于国民政府滥发纸币，孔祥熙、宋子文等人巧取豪夺，市场一片混乱，人民生活苦不堪言。马寅初目睹这一切后，不禁痛心疾首。

1939年中国经济学社年会照例举行，财政部长孔祥熙应邀出席，并做了冠冕堂皇的演讲。

孔祥熙讲完后，马寅初走上讲台，不缓不急地说："刚才部长先生讲了一通形势，我想请问一句，在法币已经贬值，物价不断上涨的情况下，财政部不但不设法出面干预，防止因通货膨胀给人民生活带来的影响，反而突然宣布大幅度降低法币对美元的兑价，无形中对物价上涨起到推波助澜的作用。而一些大倒小倒，利用手中职权，在市场上抢购美钞、黄金，在黑市上转手倒卖，大发横财，坑了国家和百姓，不知部长先生有何感想。"

此时，孔祥熙已全无常挂在脸上的笑容，变得面红耳赤，但又不好发作，只好瞪白眼生气。

马寅初不顾大会主席给他的眼色，继续慷慨陈词，大家不禁替他捏了一把汗。

孔祥熙在主席台上如坐针毡，趁休会时间，溜之大吉了。他对马寅初恨之入骨，曾对他的秘书说，从来没见过像马寅初这样敢于在大会上公开顶撞他的学者。

第二年，马寅初又牵头组织召开了1940年中国经济学会年会，大后方的社员都应邀出席了年会。孔祥熙也接到了邀请，鉴于去年的情形，便以公务繁忙为由推辞了，只派了几个助手代他前往。

大会在马寅初的主持下又一次反映了民意，对当时重庆政府的财经政策提出了批评。孔祥熙得知后，气得大发雷霆，大骂马寅初不识抬举。

当时，国民政府防民之口甚于防川，马寅初无疑是蒋介石的眼中钉。但马是留美博士，在美国和重庆都有不少支持者，抓他将招致更大的麻烦，蒋介石认为"招安"不失为万全之策。

孔祥熙得知蒋的打算后，马上来了个180度大转弯，提出要让马寅初出任财政部副部长。马寅初依旧"不识抬举"，严词拒绝了孔部长的好意。事隔不久，蒋介石通过重庆大学校长叶元龙，邀请马寅初到府上做客。马寅初一针见血地对叶说："他是一党一国的领袖，我一个区区百姓，有什么可谈呢？无非是要见我一面，好让我领他一个情，我看还是不去为好。"

马寅初铮铮傲骨，不肯向反动势力低头，终于招致了蒋介石和孔祥熙的毒手。1941年春，马寅初被秘密解押到贵州息烽一所秘密处所软禁起来，直到1944年，才重获自由。孔祥熙对马寅初的迫害，进一步暴露了他表面中庸平和，内心残忍凶狠的本来面目。

太平洋战争爆发后，蒋介石向美国政府借了一笔5亿美金的巨款。孔祥熙决定以3亿美金向美国购买黄金存在美国，1亿元作为发行美金公债的准备。当时官方汇率是法币20元兑换1美元。刚开始发行时，买者寥寥无几。消息传开后，出现争购风潮，黑市法币与美元的汇率竟一路上升到100：1。公债旺销，有利可图。当美金公债销售额达到5000万美金之巨时，孔祥熙命令中央银行业务局长郭景琨停止出售美金公债，并通知各地银行照办。郭景琨领命后，首先将尚未售出的公债如数押解回局，做一番手脚后，将债款转到保管库，开列专户保管。名曰保管，实际上债券早被套购到市场上兴风作浪去了。孔祥熙仗势妄为，这次共贪污26.47亿元之巨。

1945年7月，国民党在重庆召开国民参政会。之前，孔祥熙鲸吞美金公债的消息流传开来，群情激愤。由于此时孔祥熙赴美出访未归，众多议员无所顾忌，畅所欲言，对政府的贪污腐败猛烈抨击。黄炎培、陈庸稚等参政员就此事写成书面报告，要求政府一追到底。

蒋介石听了参政会主席团的汇报后，便密令财政部代理部长俞鸿钧迅速查清此案。

经查，发现美金公债自停止售出后，所剩约 5000 万元左右的美金也几乎售完。买主全用的是一些别名、化名、地址含糊不清，根本查询不到，甚至有些是南京、上海等沦陷区的地址。中央银行职员确曾明分资金，但数额微小，且只有副局长、副处长和一些职员参与其中。据中央银行出面对调查人员说，分掉少数美金理由正当，是为了犒赏行里有功人员，并且一切都是经过行长孔祥熙的同意办理的。但是，停售、明分、犒赏都是孔祥熙的面谕，档案中查遍也无片纸只字。

事情已不言而喻，但蒋孔二人沆瀣一气，蒋不会轻易拿孔开刀的。为平众怒，蒋介石只好在银行职员明分公债上大做文章，并将郭景琨逮捕入狱，只字不提套购巨额美金一事。孔祥熙回国后，有恃无恐，仍然大摇大摆地招摇过市，而且还煞有介事地为郭景琨请了律师。

找替罪羊遮掩，只能得逞一时。参政会的一些人冲破阻力，终于找到了孔祥熙贪污的原始凭证，并将整件事情捅了出去。一时间，孔祥熙侵吞公债、徇私舞弊成为重庆各报纸的热点新闻，新闻界高喊"杀晁错以谢国人"，整个工商界和国民党军政上层都被孔祥熙一事闹得沸沸扬扬。美国朝野也一片指责声。天怨人怒，孔祥熙已是声名狼藉，内外俱臭。

在这种情况下，蒋介石为缓和国内舆论，更为讨好美国政府，顾不得多年情谊，决定"丢车保卒"，撤掉孔祥熙，换上美国人中意的宋子文。

孔祥熙失宠了，无可奈何之中，他继辞去行政院副院长、财政部部长之后，又相继辞去了中央银行总裁、中国农民银行董事长、四行总处副主席等职。在不到一年的时间里，孔祥熙先后辞去了这 5 个最重要的职务，只剩下中国银行董事长、国府委员和国民党中央执行委员这些有名无实的闲职。

孔祥熙并不甘心就这样退出，他要殊死一搏。伪国大召开时，孔祥熙利用自己的籍贯大做文章，勾结北方代表，竞选立法院院长，以图东山再起。但立法院是 CC 系和政治系的地盘，岂能容他染指？结果在两派的联合抵制下，孔祥熙的如意算盘落空了。

叱咤风云十余载，今朝落马甚悲凉。1946 年孔祥熙夫妇到上海清理了资产，然后回到山西太谷的祖宅，扫墓祭祖。返沪后，宋霭龄以到美国治病为由，静悄悄地飞往美国。孔祥熙很早就开始在美国买房置地，为自己准备退路了。

1947年秋的一天下午，孔祥熙接到一份来自美国的电报。电报说宋霭龄在美国生了病，需要他速去美国陪伴。孔祥熙清楚自己离国赴美的时候到了。他迅速处理完在国内的股份和房地产后，向国民政府外交部递交一份外交护照，并附亲笔信一封，要求延长该护照的使用时间。

这张护照是1944年孔祥熙赴美考察中国银行国外业务与洽谈美援事项时签发的。他当时还是堂堂的国府委员兼行政院副院长，而现在身无官职，外交部官员十分为难。考虑再三，想到孔祥熙还任着中国银行的董事，决定以这个名义另办一张"官员护照"（较外交护照低一级），可承办人指出，中国银行仅能算国营事业，董事长不能算作正式的政府官员。

最后，在宋美龄的一再催促下，外交部的人想了个法子，给孔祥熙弄了个外交部顾问的头衔，以此名义填发了外交护照。

●**孔祥熙移居美国后，在政坛也有所活动。他依然是媒体关注的重点。20世纪60年代初，他曾一度回台湾为蒋介石祝寿，但不久又到美国居住，最后病逝于美国。**

这次赴美后，孔祥熙和宋霭龄一直在里弗达尔生活。他们的财产按最保守的估计也有10亿美元。孔祥熙每周有两三天开车去华尔街，照料他的中国银行纽约分行，余下的时间在家里工作。

1948年，国民党在进攻解放区中屡屡失败，蒋介石不得不再次请夫人出马，赴美求援。可这回却碰了壁，杜鲁门对这位"蒋总统夫人"又冷又硬。宋美龄不得不暂时栖身宋霭龄家里寻求打算。孔祥熙虽然对蒋介石怀有怨气，但毕竟是一家人，二人在反共的利益上也是一致的。他义不容辞地表示可以借助自己和几位美国友人之间的关系，说服美国政府。果然，在孔祥熙的游说下，时任美国参院拨款委员会主席的布里奇兹不仅投票支持院外援华集团的活动，而且派出一个代表团赴华考察。回国后，这些人

孔祥熙与蒋介石、宋美龄在孔祥熙的老家山西太谷

向美国政府提出了一个"公正"报告书，恳切希望给予南京国民政府以经济上的帮助。当然，孔祥熙这次自然是费金无数。

专栏作家德鲁·皮尔逊，是在孔家退隐政坛之后，仍然对他们感兴趣的少数几个新闻工作者之一。他认为孔祥熙其实是"院外援华集团的神经中枢"，负有外交上的特殊使命。皮尔逊提醒他的读者们，通过"院外援华集团"的各办事机构，南京国民政府将数千万美元过户，以支付闪电战式的宣传的费用。他写道：

孔祥熙博士对美国政治熟谙的程度不亚于对中国财政的精通。在路易斯、约翰逊参加杜鲁门内阁好早以前，孔就选择约翰逊为他的私人律师。

后来，约翰逊当了国防部长，成为主张美国支持台湾最坚决的倡导者之一。这与他和孔的关系，也可能有关，也可能无关……孔祥熙博士曾多次拜访新罕布什尔州参议员斯泰尔斯·布里奇兹，而这位参议员也一直积极敦促给台湾和蒋介石流亡分子以援助。

1948 年，布里奇兹竞选连任时，他的表上登记了纽约的阿尔弗雷德·科尔伯格的 2000 美元的竞选捐款。科尔伯格，是"院外援华集团"的前台人物，也是孔祥熙博士的朋友。

意味深长的是，布里奇兹参议员不仅投票支持"院外援华集团"的政策，并就此发表演说，而且还为孔—宋王朝帮了一次大忙。

另外一位作家斯特林·西格雷夫在《宋家王朝》中这样写：

孔令杰（孔祥熙之次子）已经成为这个家庭中最忙碌的一员，1950 年尼克松竞选参议员期间，孔老头子派小儿子去洛杉矶，给这位参议员送去捐款和鼓励。他还劝说加利福尼亚州众多华人选民帮助选举尼克松。孔令杰的援助之手巩固了孔家与尼克松夫妇之间的交情。此后多年里，尼克松夫妇时常造访里弗达尔孔府。

在留美的前几年，孔祥熙一直把自己的政治生命，寄托在老同学杜威身上，但杜威的命运不佳，被民主党的杜鲁门轻易地击败，孔祥熙的注下错了。此后他联络共和党的议员，利用杜威的关系，想在华盛顿的国会大厦中发挥一点作用。

寓居美国的孔祥熙，屡屡成为新闻人物。

1951 年 6 月间，美国国会为了调查麦克阿瑟事件，召魏德迈到场作证。当时魏德迈说，当国共战争发展到最高潮而南京国民政府面临经济崩溃边缘的时候，他曾提给蒋介石一张名单，主张责令当朝权贵要捐献资产，以补军费来源，可是蒋介石一看到孔祥熙名列前茅，就勃然大怒，说名单上所列的都是他多年来的忠实干部，并不如外间所说的那么有钱。翌日美国报纸把魏德迈发言列为头条新闻登出，舆论哗然。

孔祥熙、宋霭龄与长女孔令仪（左）

有一次，孔氏在长堤所设的别墅，逃出了一个中国籍厨师，向法庭控告孔祥熙虐待，要求自由，并请美国予以政治庇护，孔祥熙在美国拥有多处私人房产，穷奢极欲之致。此事一时也成为街谈巷议的花边新闻。

同年春，香港出现了一本《孔祥熙传》，同时盛传孔祥熙组党，并准备同陈诚竞选"副总统"，似乎煞有介事。后来事实证明，那是有人想骗他的钱，故意布下这么一个圈套。

159

1956 年 11 月 25 日，香港《星岛日报》刊登两篇文章：一篇为社论，标题《维护纲纪、伸张正义、豪门权贵如要回国做官，须先受审判》；另一篇为副刊文章，标题《孔祥熙欲投机乎》。由于两篇文章中出现了"白华"、"天堂遗臭"及"皇亲国戚"等词，使孔祥熙大为震怒，便让其子孔令侃向香港高等法院民庭控告《星岛日报》毁谤，要求赔偿不指定数目的损失费。此案开审时，双方俱延聘著名大律师出庭致词，社会人士纷纷予以关注。据一般人估计，双方讼费可能超过七八万元，如此巨额开销使该案成为轰动一时的一桩大案。1959 年 2 月 14 日上午，法院开庭后宣判，原告孔祥熙胜诉，被告人需赔偿 1 万元开堂费。

1957 年 1 月 18 日，香港《新晚报》刊登一篇题为《孔祥熙在美国干了些什么?》的文章，披露了一些情况，现摘一些内容：

前两天晚上，在朋友某君家里遇到了一个新从纽约来的美国商人。他解放前在上海做进出口生意，和国民党政府的一些达官贵人很有交情，对于这些人的情形也相当熟悉。

我和他谈来谈去，忽然扯到了在纽约当"寓公"的孔祥熙。

据这个商人说，孔祥熙目前虽然没有担任国民党政府的任何职务，但却是代表蒋介石和美国参议员诺兰、众议员周以衡这些人充当打交道的主要角色。此外，他和"中国委员会"的主持人鲁斯也经常来往。

"当然蒋介石得找他帮忙"，我不禁接嘴说，"因为他那么有钱，可以掏腰包来垫活动费。"

"你这个假定可完全错了"，这个美国商人哈哈大笑，"H·H·孔在别的事情上可以通融，在钱这一方面可绝对不肯开玩笑。据我所知，他的活动费还是向台北实报实销的。最近，他不像去年那么活跃了，因为蒋介石没有发付足够的活动费给他。一分钱，一分货——这是他一贯的主张。"

接着，他又告诉我，孔祥熙的大部分时间是在纽约度过，原因是：他的妻子宋霭龄在那里做股票买卖，已经成为股票市场上的一个第二三流的大户。而他本人，为了想多活几年，遵照医嘱实行节食，大肚子已经不像从前那么凸出了。

1962 年 10 月 23 日上午 11 时 50 分，台北松山机场，一架从美国飞往台湾的客机徐徐降落下来，蒋经国、李骏耀两人走上飞机，把 83 岁的孔祥熙和他的夫人宋霭龄扶了下来。机场上响起了热烈的掌声。

蒋介石站在机场贵宾室的门口，脸上一直带着微笑。孔祥熙从欢迎的人群面前走过，一再说着"谢谢"，当他来到蒋介石跟前时，蒋向前走了两步，握住孔的手，向他问好，孔祥熙则表示感谢。接着，孔祥熙发表简短谈话如下：

"本人此次返国，得谒见总统及夫人，极为愉快。许多老友老同事亲到机场迎接，因时间关系，未及一一握手致意，甚以为歉。

"本人旅居国外多年，此次有机会返国小住，更恭逢总统七秩晋六华诞，得以亲向总统视觐，备感荣幸。尤其能亲眼睹台湾各方面之成就，及军经建设之成果，克遂夙愿，至为欣慰。

"多年来许多老友老同事为反攻复国在台湾所做之努力，以及对国家之贡献，本人由衷表示钦佩。深信不久将来，在总统英明领导之下，我人必能早日反攻复国，解救被'共匪'奴役的同胞。

"今日承蒙'总统'伉俪、'副总统'伉俪、于右任'院长'、谢冠生'院长'、张岳军秘书长以及'中央银行'俞飞鹏副总裁等亲往机场迎接，顺此致敬谢忱。"

孔祥熙这次回台有留居台湾安度晚年之意，但对外只说是给蒋介石做生日。然台北政局耳语纷传，又说孔氏此次返台，系因蒋"总统"政躬违和，想在有生之年，大家能有机会团聚一下。

孔祥熙夫妇在蒋介石给他们安排的别墅里住了下来。时隔 13 年，两人早已习惯了美国的环境和生活，在台湾有很多不适应的地方。孔祥熙的身体也每况愈下，糖尿病、肺心病、高血压、消化道溃疡等多种疾病一起袭来。

在宋霭龄的坚持下，他们在台湾居住了三年四个月后，于 1966 年 2 月 28 日，乘机返回美国。临行前，孔祥熙向蒋介石辞去了中国银行董事职务。这个职务，孔祥熙去美国后一直保留着。当孔祥熙与一些故旧戚友握手道别时，忍不住老泪纵横。

返美后，孔祥熙和宋霭龄搬进长岛的新别墅看病养老。他边看病，边休养，生活过得幽闲而平静。

1967 年 7 月 22 日，孔祥熙起床后，躺在软靠背椅上，漫不经心地看报。突然，他感到身体极不舒服，家人急忙把他送往纽约的医院诊治。医生们曾一度稳住了病情，但 8 月 10 日病情又开始恶化，8 月 16 日，心力衰竭，死在医院，时年 87 岁。

孔祥熙死后，《纽约时报》发了消息，对他的一生作了如下评述：

孔先生是一位有争议的人物，他以前的一位下属最近说：他是一个很难相处的人，他喜欢闲谈，但是他从来不愿意发出明确的指示，至于他的能力，他像所有山西银行家一样，是一位精明的办事员。但是，他不是一位有政治风度的理财家。

蒋介石得知孔祥熙的死讯后，不仅派宋美龄和蒋纬国到美国参加葬礼，还亲自写了"总统褒扬令"，其内容如下：

总统府资政孔祥熙，性所敦笃，器识恢弘。早岁负籍美邦，志存匡济，追随国父，奔走革命，宣力效忠。北伐以来，领赞中枢，历任实业部长、工商部长、国民政府委员、中央银行总裁、行政院副院长兼财政部长、行政院院长等职，多所建树。万以财政金融制度，擘画兴革，克臻统一，八年抗战，长期戡战，而军需民食，未曾匮乏，其汁谋勋业，自是千古。况时值政府戮力安攘，乃以外交军务，或承命以驱驰，或排难而弭乱。在艰弥励，益懋勋猷。综其生平，为国尽瘁，不矜不伐，当兹复兴之

162

际，方冀老成匡辅，遽闻磕谢，震悼殊深。应予明令褒扬，并将生平事迹宣付国史馆，以示政府崇报耆勋之至意也，此令。

孔祥熙的葬礼在纽约第五街的马布尔联合教堂举行。参加葬礼的除家属及宋美龄、蒋纬国之外，还有"院外援华集团"的中坚人物，如尼克松、红衣主教斯佩尔曼、参议员埃弗雷将·戴克森、詹姆斯·法利和迈阿密海滨的百万富翁威廉·波利。当时，宋子文也在美国，且身体尚可，但因孔宋多年交恶，他只打了一个电话，未参加葬礼。孔祥熙的骨灰被安放在纽约北郊哈兹代尔的芬克里夫墓园。

宋子文：两朝国舅　1945年任职

　　宋子文，宋氏家族的长子，孙中山的小舅子，蒋介石的大舅子，哈佛大学硕士，哥伦比亚大学博士、理财高手、世界上最大的富翁，等等，这些特殊的身份与荣耀注定了他在民国历史上会有不寻常的经历。他曾沉迷于数字王国，利用自己的金融天赋，一次次帮助广东国民政府、南京国民政府解决财政危机，他也曾关心政治，积极抗日，为和平解决西安事变而奔走。身居高位的他，一度担任中国的财政部长、行政院院长、外交部长等核心职务。叱咤风云大半个世纪后，蓦然回首，他却发现安逸的家庭和亲情才是永远的归宿。

　　●宋子文是宋家长子，曾获得哈佛大学的硕士学位和哥伦比亚大学的博士学位。回国后追随孙中山，利用自己的理财水平，革故鼎新，帮助广东国民政府渡过难关。

　　1894年12月4日，宋子文在上海出生。其父宋耀如曾经在美国学习、生活过，是一个集牧师、工商业者、革命党人身份于一体的传奇式人物。母亲是徐光启的后代，是一位端庄、贤淑、有知识、有主见的女子。她擅长数学，喜爱弹钢琴。宋子文是家里的长子，从小受到严格的教育，后进入圣约翰大学少年班学习，直到本科毕业。圣约翰大学是美国基督教在上海开办的学校，师资力量较强，设有神、文、理、医、工等学院和研究院。在这里，宋子文对中国古籍与新式的学问都有所掌握。宋子文在校时学习特别认真，在各科中，他的数学成绩最好，他更有一套令人难以置信的记忆数字的本领。在宋子文的前后校友中，出了不少民国政界、外交界、金融界、实业届的知名人士，为中国培养了大量人才。宋子文也一直深以该校为荣。

毕业后，在父亲安排下，1911 年，宋子文赴美留学，就读于哈佛大学经济系。在父亲宋耀如的心中，是把宋子文作为自己商业事业的接班人来培养的。宋子文本人也的确擅长经济。当时，姐姐庆龄和妹妹美龄已在美留学，三人相互照顾，留学生活倒也不苦闷。四年后，宋子文以优异的成绩毕业，获得经济学硕士学位。在哈佛念书期间，正值第一次世界大战爆发，宋子文和其他留学生一样，有着拳拳爱国之情。他曾在《留美学生月刊》上发表文章《欧洲战争和中国的对外关系》。但当时年轻的他并没有想到，在二十多年以后的第二次世界大战中，他会以中国外交部长的身份驻美，游走在各大国之间斡旋谈判。

不久，宋子文赴纽约，进入国际银行工作。他作为国际银行的小职员，主要办理华侨、华商汇款中国亲眷和在国内兴办企业事宜。这项工作并不十分复杂，但它为宋子文了解国际金融业务，提供了见习的舞台。工作之余，宋子文坚持学习，经常到哥伦比亚大学听课。

1917 年，宋子文获得了哥伦比亚大学博士学位，宋美龄也从韦尔斯文理学院毕业，兄妹便结伴回国。

回国后，宋子文进入汉冶萍公司上海办事处工作。汉冶萍公司是我国最早的钢铁联合企业，由汉阳钢厂、大冶铁行和萍乡煤矿组成，时盛宣怀任该公司总裁。宋子文满腹经纶，工作做得有声有色。

宋子文风度翩翩，做事利落，得到总裁之女盛瑾如的青睐。该女热情大胆，主动出击。留美期间，宋子文曾有过失恋的经历，对爱情他心有余悸。盛小姐锲而不舍的追求，打消了他心中的顾虑，两人开始频频幽会，沐浴在爱河之中。

盛宣怀听说此事之后，极为生气。他认为宋家门户不显赫，宋子文只是一介书生，况且女儿早已许配门当户对之人家。盛宣怀棒打鸳鸯，下令宋子文走人。父母之命不可违，宋、盛二人有缘无分，从此天各一方。后来，在盛瑾如出现婚姻危机时，有人感叹这段姻缘，批评盛氏家长没有远见卓识，只顾眼前。最后，这一消息登在了香港的《大公报》上。据说，盛氏家长看了这则消息也是追悔莫及。

宋子文离开汉冶萍公司后，任职于上海银行，开始在上海实业界活动。1923 年，在赶走陈炯明后，孙中山在广州重建革命大本营，百废待举，急需人才。孙中山便邀请妻弟宋子文前来相助。宋子文到广州后，初任广东政府英文秘书，帮助孙中山处理日常事务。10 月，两广盐运使邓泽如辞职，伍汝康继任，孙中山便任命宋子文为两广盐运稽核所经理。广东政府财务紊乱，度支竭蹶，而宋子文是经济专门人才，盐税又是广东政府收入的重要来源，所以孙中山委以重任，让他主理盐税，并着手整顿广东紊乱的经济体系。此后，宋子文便由金融实业界转入政界，也是他日后大显身手的开端。

宋子文才干超人，办事也很认真，在他主持下，广东的经济状况有所好转，使革命政府渡过了一个又一个的难关。孙中山愈来愈器重他，很快又委任他以筹备建立中央银行的重任。1924 年 8 月，中央银行成立，宋子文理所当然地出任首任行长，廖仲恺、胡汉民、孙科等为董事。中央银行虽然成立了，但在外商银行垄断金融的状况下，要巩固它并尽快发挥其支持革命的作用，并非易事。宋子文根据孙中山的命令，代表广东革命政府向外商借入毫洋 1000 万元，作为中央银行开办之资金，并向地方金融机构借款 18 万元，用以委托美商代印钞票。为加强中央银行的地位，提高中行信用，宋子文采取了多项措施，如力争通过《取缔外币条例》，平息了挤兑风潮，使中行业务有了长足发展，到 1925 年该行月周转总额已达 8500 万元至 1 亿元，是年初的 25 倍。在理财方面，宋子文与众不同的即是宏观清楚，微观不失控；确保重点，兼顾全面；多方敛财，精打细算；强化政府，加强税收。他就像广东政府的"大管家"，每一笔账目，每一笔财源，每一项开支，都精打细算，有轻有重，有缓有急，既考虑目前又考虑长远，用他的话说："吃不愁花不愁，计划不到发了愁。"到 1927 年年初，广州国民政府在其控制区域内已经有了一个稳固且日益强大的金融中枢。革命政权的巩固和发展因此有了有力的财政后盾。

1925 年年初，孙中山被确诊为肝癌。宋庆龄悲痛万分，电令宋子文来北京。宋子文连夜从广州赶来，他一面安慰二姐，一面跑里跑外，关心和

166

照料重病中的孙中山。3月12日，孙中山先生不幸去世。宋子文以见证人之一的身份，在孙中山的两份遗嘱上签名，并且参加了全部治丧事宜。这使宋子文的社会地位进一步提高。

1925年7月，国民政府在广州成立。广东省政府依照国民政府所颁布《省政府组织法》改组成立，设立民政、财政、教育建设、商务、农工、军事七厅，宋子文出任商务厅长。8月20日，国民政府部长廖仲恺遇刺身亡，宋子文继任国民政府财政部长，兼任广东省财政厅厅长，并仍保留中央银行行长与商务厅的兼职。

翌年1月1日，国民党"二大"召开。宋子文当选为中央执行委员会委员、政治委员会委员和国民党中央商业部部长。会上，宋子文报告了他的财政计划，针对当时存在的问题，明确提出改善广州国民政府财政制度的任务，要求在短时期内迅速统一国民政府的财政，并向各军政单位提出三点紧急要求。会后，宋子文主持颁布了清理田赋、清理厘捐、整顿盐务、改革印花税、整理沙田耕地等一系列措施。宋子文还设立了筹饷局，从各驻军手中收回了征收防务军饷的权力。

在国民政府的支持下，宋子文整理财政的措施，如期取得了比较显著的成效。国民政府的收入消灭赤字逐年增长。1923年政府收入为1031.6万余元，1924年为798.6万余元，1925年增至2518.2万余元，而1925年10月至1926年9月底猛增至8020万余元，1926年全年收入则为10013.6万余元，1927年为10876.8万余元。

●宋子文曾反对蒋宋联姻，但很快投入蒋的阵营，担任国民政府财政部长，为蒋家的政权奠定了强大的经济基础。约法之争中，宋子文遭粤方暗算，险些送命。

1926年11月，北伐军攻占武汉后不久，国民政府发生了迁都之争，国民党中央政府指派宋子文、陈友仁、徐谦、孙科和鲍罗廷5人代表团去武汉了解将政府迁往那里的可能性。在宋庆龄的陪同下，他们先抵达南昌，与蒋介石晤谈后再抵武汉。途中一个偶然的机会，宋子文结识了九江富商张谋如的女儿张乐怡。张乐怡年轻貌美，宋子文意气风发，两人一见钟情，很快定下终身，成就一段美满的婚姻。在后来的生活中，张乐怡和宋子文一直恩爱有加，白头偕老。12月间，在武汉集会的国民党中央执行委员与国民政府委员决议在政府未迁都武汉之前，组成"临时联席会议"以暂时行使职权。5人代表团致电广州，主张迁都。

1927年2月27日，国民政府迁都武汉。3月10日，在汉口召开的国民党第二届中央执行委员会第三次全体会议，在决议中对迁都武汉的声明加以确认。武汉政府由国民党左派掌权，以4月初由欧洲回国的汪精卫为首。宋子文在这一政权中拥有多项职位，既是财政部长，28人的国民政府常务委员会委员，15人的军事委员会委员，还是国民党政治委员会委员，后又被任命为湖北省政府委员兼财政厅厅长。

1927年4月18日，蒋介石和他的支持者在南京成立了一个敌对的政府。就在这一形势演变之前，武汉政府先已派遣宋子文、陈友仁、孙科等前赴上海观察时局并试图要求当地的领导者同赴武汉。而陈、孙二人在任务中途即先行折返，宋则单独抵达上海。但他调停宁汉蒋汪之间冲突的工作则告失败。由于长江流域皆在南京政府的控制下，宋子文无法返回武汉，因此留居上海。宋子文在上海背叛了武汉政府，很快就和吴稚晖、李济深、白崇禧等召开会议，策划反共"清党"，参与蒋介石发动的"四一二"反革命政变。

8月，蒋介石为了谋求党内的统一，实现宁汉合流，不得已辞去了所有的职位下野。12月1日，蒋介石和宋美龄结婚。对这桩婚事，宋子文曾表示反对，几至兄妹决裂，后经国民政府主席谭延闿调解和好。此后，宋子文便加入到蒋介石的阵营之中，他积极拉拢上海的大银行家和商界人士及江浙财团，支持蒋介石的反动统治。同时，他也利用蒋介石的政权力量，扩充宋氏家族在财政金融界的实力，发展成为中国的"四大家族"之一。

1928年1月，蒋介石复出，任命宋子文为南京国民政府财政部长。与宋子文之间的家族关系对蒋介石的掌权是一大助力。因为唯有通过宋子文，南京的国民政府才能获得上海的金融家与商人们的支持。而且，另一方面，宋氏也是建立现代化金融体系的关键人物。

宋子文任职以后，发现国民政府每月收入不足百万元，而开支则在1100万元以上。宋子文自感受命于危难之间，新官上任连烧五把火。

第一把火：争取关税自主。自鸦片战争以来，因受"协定关税"的束缚，我国关税一直是值百抽五，少得可怜。对此，宋子文痛心疾首，"协定的约束，产业不能振兴，洋货不能抵制、权利外溢，百业凋残。理财人又不懂此事的重要，是个悲剧。取消协定关税，势在必行，迫在眉睫"。宋子文奔走于各方之间，努力不懈，终于在1928年7月25日与美驻华公使马克谟签订了《中美关税条约》。条约规定："历来中美两国所订立有效之条约内所载关于在中国进出口货物之税率、存票、子口税并船纱等项之各款，应即撤销作废，而适应用国家关税完全自由之原则。"随后，宋子文又同挪威、比利时、意大利、丹麦、葡萄牙、荷兰、英国、瑞典、法国、西班牙等国缔结了"友好通商协定"或新的"关税条约"。

第二把火：改革盐业统税。当时，由于包商、分区、引岸等制度的存在，盐政百弊丛生，百姓怨声载道，严重影响了政府的收入和稳定。宋子文明察暗访之后，提出了统一收入、统一税率、整理场产、推行运筹等一系列盐税改革措施。为了防止盐务走私，宋子文还筹建了税警团。盐税改革卓有成效，据统计从1928年度到1932年度，南京政府盐税收为分别为3000万元、1.22亿元、1.5亿元、1.4亿元、1.58亿元，成直线上升趋势。除1932年因东北沦陷而损失不少收入外，其间年份都处在稳定的增长之中。所以，宋子文颇为得意地提出："迨十八年九月，财政部竟能宣布不但能逐年偿还盐债并用余力可清偿旧欠矣。"

第三把火：税制改革。宋子文最主要的做法就是统税，即一物一税，以消灭"厘卡林立，重叠征收"的弊病。根据实际情况，财政部规定了烟草、棉纱、火柴等重要商品的税率。统税的开征，为蒋介石开辟了财源，以1931年为例，南京政府的统税收入为：卷烟税0.50018亿元，棉纱税0.15656亿元，火柴税0.04168亿元，水泥税0.01735亿元，麦粉税0.05837亿元，熏烟税0.01584亿元，啤酒税0.00663亿元，以上各项共计约0.8亿元。当年财政收入为5.53亿元，统税收入约占七分之一。

1936 年 10 月 10 日，宋子文在上海主持中国银行大厦奠基礼

第四把火：建立中央银行，实行金融统制。1928 年 11 月 1 日，中央银行在上海成立，宋子文任总裁。中央银行为国家银行，其特权有发行兑换券，铸造及发行国币，经营国库和内外债，业务范围有：经营国库证券、商业票据买卖和兑现，办理汇兑发行期票，买卖金银，接受存款的货款等。中央银行从成立之日起，便开始与中国银行、交通银行争夺金融市场。宋子文更是想把它们收入自己囊中，他在蒋的支持下，提出修改"两行"条例，命令两行总行从北京迁至上海，强行加入"官股"。到了 20 世纪 30 年代中期，"两行"中的"官股"超过半数，宋子文名正言顺地接任中国银行董事长，对交通银行也派其嫡系人物担任董事长。宋子文几乎控制了全国的金融市场。

第五把火：废两改元，统一货币发行权。废两改元，就是废除银两，改用银元。当时，银两和银元并行，但全国没有统一的标准。各地使用的银两单位繁多，主要有海关两、库平两、规元两 3 种，银元重量各地也有差别，"我国货币之紊乱，至今日已达极点"。加之，"自民国建立以来，银元需要既繁，流通亦广"，废两改元势在必行。1933 年 3 月 1 日，宋子文发布《废两改元令》，先从上海实施废两改元。之后，国民政府又于 4 月 5 日和 6 日，先后发布废两改元的布告和训令，规定 4 月 6 日起，所有公私款项之收付与订立契约票据及一切交易，须一律改用银币，不得再用银两。同时，国民党中央造币厂开始铸造银币。银币正面为孙中山半身像，背面为帆船图案，俗称"孙头"和"船洋"。废两改元的实施，规范了中国币制，活跃了流通，方便了人民，搞活了经济，拓宽了中央银行活动的规模，同时也为以后法币制度的实行打下了坚实的基础。有权威人士评说，这是继秦始皇统一度量衡后中国的又一次改革。

宋子文的这些财政措施以及他为国民政府争取到的支持者，是蒋介石得以在一连串的内战中节节胜利的重要关键。宋子文为蒋记国民政府的巩固立下了汗马功劳。同时，宋也建立起了自己的王国，宋氏家族的财力、势力、影响力，急速膨胀扩大。

在国民党第三次全国代表大会上，宋子文当选为中央执行委员会委员，此后，在国民党第四、五次全国代表大会上均继续连任该职。在此期间，他还担任国民党中央政治会议委员和国民政府委员等职。1931 年 6 月，蒋介石任国民政府主席兼行政院院长，宋子文被任命为行政院副院长兼财政部长，成为国民政府的主要负责人。这时，因"约法之争"，胡汉民被扣，汪精卫、李宗仁、孙科等在广州另立国民政府公开反蒋。孙科邀请宋子文南下担任财政部长而被宋所拒绝。宋子文竭力维护蒋介石，因而为南方所忌，急欲除之而后快。

1931 年 7 月 23 日晚，宋子文和 6 名贴身卫士、机要秘书唐腴胪乘火车到达上海北站。"我（宋子文）正往车站外面走，在我离出口大约 15 英尺的时候，有人突然从我的两侧同时开枪，我意识到我是射击的目标，我立即把灰暗的、车站里十分显眼的白色硬壳太阳帽甩掉，跑进人群，躲到一根柱子后面。整个车站很快被刺客们的左轮手枪发出的烟雾所笼罩，乱枪从四面八方打过来。我的卫兵们则开枪还击。整整过了五分钟，车站的烟雾才消散。我的卫兵看见至少有 4 名刺客在开枪，否则人数还要多些。当烟雾消散的时候，我们发现同我并肩走的我的秘书，肚子、臀部和胳膊都中了弹。子弹是从两侧打进他的身体的。他的帽子和公文包弹痕累累。我比他高很多。可是我哪儿也没有伤着，简直是个奇迹。"

奇迹，缘于"案中案"。事后调查得知，唐腴胪是做了日本驻华公使重光葵的替死鬼。就在同日，另有一伙人准备暗杀重光葵。重、宋二人搭乘同一辆火车。当宋子文和唐腴胪并肩出现在出口处时，杀手见唐身穿夏布衫，手持黑色皮包，中等身材，以为是重光葵，便开始集中射击，唐应声倒地，身上连中三枪。走在后面的重光葵听到枪声，趁乱钻进自己的汽车，逃之夭夭了。暗杀宋子文的杀手，则以为宋已毙命，趁乱逃离了现

171

场，宋子文躲过了此劫。

九一八事变发生后，宋子文多次在广播电台发表演说，揭露日本帝国主义的侵略罪行。1931 年 12 月，蒋介石被迫下野，辞去本兼各职，宋子文也被解除了行政院副院长兼财政部长的职务。1932 年 1 月 28 日，汪精卫出任行政院院长，为拉拢宋，将他官复原职。当夜，上海地区的日军与中国驻军十九路军爆发了激烈的枪战。在这一会战中，宋子文扮演了一个间接的角色。他先是组织自己手下装备精良的税警团拦截走私活动，当战火继续弥漫之际，他又将税警团投入战斗，与十九路军并肩作战。十九路军司令蔡廷锴后来回忆道，宋子文在这次战役中也曾以金钱支持国军。

蒋介石复出后，与汪精卫合作，组成新政府。宋子文再任中央银行总裁、行政院副院长、财政部长等职。他积极参与政府活动，对暂时建立起国民党内的政治平衡和蒋、汪联盟起了重要作用。

●宋蒋矛盾因预算审计制公开化。抗战过程中，宋子文为国民政府争取到大量外援。抗战胜利前夕，出任行政院院长，主理与苏谈判事宜。萧萧寒风中，宋败逃美国。

1932 年 10 月到 1933 年 3 月，汪精卫去欧洲访问，宋子文代理行政院院长。汪精卫归国后，宋子文受邀赴伦敦参加世界经济会议。会后，他访问了日内瓦，并且设置了一联络官，以取得技术援华。随后转赴美国，于 8 月 27 日，争取到了美国对棉花及面粉 5000 万美元的贷款。他在英、美、瑞士等国曾作反对日本帝国主义侵略中国的游说，并要求国际联盟对中国作经济援助。

宋子文回国不久，就因实行预算审计制一事，与蒋介石发生了激烈的冲突。

预算制对中国来说是个新事物。宋子文从国家管理正规化、制度化、法制化的角度出发，信奉国家管理必须实行预算制，必须做到收支平衡。经他再三坚持、再三进谏，直到 1931 年南京国民政府才有了独立的国家预算机构——主计处。而蒋介石对预算制极为不满，经常任意修改预算，加大军费支出。宋子文对此极为恼火。

宋子文出国 4 个月期间，孔祥熙为支持蒋的"剿共"任意修改预算，为所欲为，银行家们怨声载道。宋子文知晓后，气冲冲地来到蒋的官邸，要求他立即停战。

蒋、宋二人话不投机，越谈越激愤。多年来，蒋介石对他这位大舅子一忍再忍，现在终于发作了，一怒之下，赏给宋子文一记重重的耳光。宋子文没想到蒋会对他动粗，呆在原地，片刻后反应过来，抢起凳子就向蒋介石砸去。侍从们急忙奔过来拦下，蒋才化险为夷。"耳光风波"使宋子文明白自己也只是蒋介石的一只狗而已。也就在此时，蒋介石开始起用政学系和汪精卫等亲日派（宋子文为亲美派）。权衡再三，宋子文决定辞职。1933 年 10 月 29 日，宋子文辞去行政

1933 年 6 月，宋子文在伦敦出席世界经济会议

院副院长、财政部长、中央银行总裁各职，专任国民党中央经济委员会主席。此职无经济实权，无经济实体，只是一个全国性的经济协调机构。尽管宋子文辞去了国民政府的职务，但他仍然接近权力中心。

此后，宋子文便主要从事国内经济建设。配合宋美龄倡导的"新生活运动"，宋子文搞起了轰轰烈烈的"经济建设新运动"。他本人亲到兰州、西宁、西安等地考察，提出建设西北的各项方针政策。

1934 年 6 月，宋子文成立中国财经开发公司，其目的是鼓励外国投资，活跃国内金融市场，发展中国工商业。抗战之前及战争期间，兴建铁路形成铁路交通网是中国财经开发公司的主要打算，并为此而替国民政府向英、法及其他外国银行谈判借款。但由于战争造成的严重破坏，一条铁路都没有修成。20 世纪 30 年代中期，该公司还与美国企业谈判，准备在中国开设人造丝、造纸、化肥、卡车、橡胶等工厂。1935 年 4 月 1 日，全

国最大的重要的私人银行——中国银行改组，宋子文出任董事长，以便国民政府直接控制，直到 1943 年止。

1936 年 12 月 12 日，张学良、杨虎城在西安实行兵谏，软禁了蒋介石。得知消息后，宋子文立即由香港返回上海，并对新闻界发表谈话，表示：如有任何可能之解决办法，本人极愿在政府领导之下，尽最大之努力。12 月 19 日，宋子文专程赶赴西安，面见蒋介石，很快，他了解了杨虎城及中共方面的态度，并得到"只要蒋先生抗日，不会杀害他"的保证后，立即于 21 日返回南京，并以其安全返回的事实，大力宣传蒋的安全性，主张和平解决西安事变。22 日，宋子文与宋美龄等一行再次飞抵西安，在蒋的授意下与张、杨及中共代表团谈判，至 24 日三方基本达成协议，蒋表示：停止内战，联共抗日；25 日，在张学良的亲自陪同下，蒋介石、宋子文一行回到南京。可以说西安事变的和平解决，宋子文起了相当重要的作用。其后，传闻指出，宋子文对软禁张学良曾十分愤怒，因为这违反了原先的承诺。然而，西安事变毕竟是揭开了宋子文重入政界的序幕。

在国民党上层中，宋子文一直主张对日强硬，1937 年 7 月 7 日，日本发动卢沟桥事变，抗日战争全面爆发。自此，宋子文更加公开其抗日立场，同时积极从事抗日救亡活动。抗战开始后，关税收入受到严重的打击。国家收入大幅度减少，而军费支出却急剧增加，每日军费至少要 500 万，全年需 18 亿元，超过实际收入的三倍多。宋子文不愧理财高手，推出三项重要措施：发行 5 亿元救国公债；成立中国、中央、交通、农民"四行联合办事处"（简称"四联总处"），以加强国家银行的联系和协调，集中资力协助政府应付危局；集中外汇，加强控制，这些措施为支持军需维持战时财政起到了重要作用。

1940 年年中，宋子文作为蒋介石的私人代表赴美，谋求美国的军事、经济援助。宋子文抵美后，发动了外交攻势，进展顺利。当年就与美国进出口银行签订了《钨钞借款合同》。1941 年 2 月，以金融矿产的输出做担保，获得美国政府 5000 万美元的贷款。4 月，宋子文与美、英同时分别签订《平准基金协定》，美英两国分别贷与中国 5000 万美元和 500 万英镑。

这是自抗战以来，中国获得的最大一次外国贷款。太平洋战争爆发后，美国大大增加对中国的贷款。1943年2月，宋子文完成了与美国政府间一笔金额达5亿美金的信用贷款的谈判。6月，他签署了中美土地租借法案。整个抗日战争中，中国获得美国贷款8次，共7.508亿美元及大量物资援助。在借款方面，宋子文是出了大力的，为抗战的胜利做出了贡献。

鉴于宋子文在华盛顿的成功，国民政府改任其为外交部长。1942年1月1日，宋子文以中国代表身份在华盛顿签署了《联合国家宣言》，禁止任何盟国单独与交战国媾和。宣言的签订使中国成为国际四强之一。在同年12月27日举行的国民党五届十中全会上，宋子文被推举为中央执行委员会常务委员。1943年1月，美、英和国民政府签订条约，废除在中国的治外法权及其他特权，其他西方各国亦随之效法。虽然此事发生在日军占领中

宋子文手持租借法案留影

国大部分地区的时候，但这些新条约的签订被重庆方面广泛地认为国民党的一个重要目的已经达到。时任外交部长的宋子文，格外受人称赞。2月，宋子文与罗斯福总统及英外相艾登会谈。4月间，访问加拿大。7月，飞抵伦敦与英政府商讨战后计划，并且觐见英王乔治六世。8月，他参加魁北克会议，会商缅甸会战。

1943年10月宋子文回国后，经常接待和会见美国来华的官方人士，其中有1944年6月访华的副总统华莱士，9月份奉特殊使命来华的赫尔利（赫尔利希望调解正起端倪的国共冲突）和美国战时生产局长纳尔逊。宋子文是国民党首领中强烈反对建立有共产党参加的联合政府的人之一。

1944年12月，宋子文代理奉命赴美的孔祥熙行政院院长的职位。

1945年3月，宋子文率中国代表团去旧金山出席联合国国际组织会议。该会议于4月25日举行时，宋子文被选为4名主席之一。4月28日，按轮流值班制，宋子文主持了第三次全体大会。5月1日，联合国举行第6次大会，选举通过4个大组委员会和12个小组委员会名单。宋子文当选指导委员会、执行委员会、提名委员会及程序委员会成员。宋子文在美国时会见了杜鲁门总统，商谈远东及战后中美合作的问题。

1945年5月30日，宋子文被任命为行政院院长，第二年元月25日正式任职，仍然兼任外交部长。当时，他的主要工作是商谈中苏友好条约的订立。条约以雅尔塔会议美国保证苏联在中国东北的影响为基础。宋子文于6月30日抵达莫斯科，到7月12日为止，他多次会见了斯大林。由于主要立场的分歧，谈判因而中止。宋子文返回重庆，并向国民参政会报告谈判的经过，他坚持强硬的立场，决不在外蒙问题上对苏联让步。7月30日，宋子文将外交部长之职转交王世杰。8月5日，宋子文由王世杰陪同去莫斯科，开始新一轮谈判。这一回的谈判终于在8月14日有了结果，双方签署了《中苏友好同盟条约》及其他相关的协议，而这一切最终导致日后外蒙的独立。当条约全文送抵重庆时，行政院在反对声浪中仍然加以批准。

抗战胜利后，国民党开始疯狂"接收"。宋子文利用划归行政院的资源委员会，控制了全国的钢铁、厂矿、石油、有色金属、电力、机电、化工等行业，并扩展到水泥、粮、盐和造纸工业。还成立了中纺公司，接管了日本在华全部纺织设备。他还在资金、原材料、燃料动力等方面大力扶植上述被国民政府直接控制的企业。这

1945年8月，宋子文（右二）赴莫斯科谈判

样，国家资本和官僚资本以空前的速度迅速膨胀，众多的民族工商业则日益陷入困境。另外，宋子文指令财政部以大大压低币值的伪币收购办法，对各阶层人民进行残酷的掠夺。

内战爆发后，国民党统治区域的经济迅速恶化。宋子文是全国最高经济委员会主席，他为支撑摇摇欲坠的经济而被迫采取的紧急措施和限制办法很不得人心，未获得成功。无奈之下，宋子文于1947年3月1日辞去行政院院长之职。未曾想到辞职后第22天即遭到弹劾。3月23日，在国民党五届二中全会上，CC派的国民党中央委员黄宇等人私下活动，搞了个100人提案。主旨是"恳请政府迅速切实惩治黄金风潮案负责人宋子文、贝祖贻及其部属，并彻底查清官办商行账目，没收贪官财产，以肃官箴，而平民愤"。监察院接手此案后，派何汉文等4位监委去查核。经过一番调查，监委们又将宋子文在外汇上的贪污情况写成调查报告公布于众，第二次对宋子文提出弹劾。新闻界也闻风而动，一时间宋子文的丑闻充斥大小报端。"弹劾风波"持续数日之久，最后因宋子文与蒋介石的特殊关系及其个人势力之大，不了了之。不久，国民政府授予宋子文"大同勋章"，意在安民告示，宋子文无问题可查。

宋子文认为是蒋介石庇护他度过了"弹劾案"风潮，便投桃报李，宣布将自己在中国建设银行的全部股权1800亿元捐献给政府。也许1800亿元成了宋子文的政治资本，捐款不到一周，行政院便通过了宋子文为广东省政府委员兼主席的任命令。

1947年10月1日，宋子文赴粤，走马上任。在广东，宋子文秉承蒋介石的意旨，积极拍卖广东省资源，以换取美元支持内战。然而正当宋子文为蒋介石寻觅财源打内战的时候，中国人民解放军已吹响全面反攻的号角，以摧枯拉朽之势，百万雄师下江南。他本人也被中共列在重要战犯名单之中。

宋子文见势不好，便于1949年1月24日，辞去广东省长职务，同夫人张乐怡一道乘机逃往香港。今非昔比，启德机场没有欢迎的人群，唯有满天的寒风。宋子文紧绷着脸，他穿着一套双排扣西装，在翻领上别着国民政府和国民党授予的奖章，戴了一顶翘边帽，手里拿着他心爱的手杖。

张乐怡在他旁边低头走着，她披着一件貂皮大衣，戴了一副墨镜，以免别人看到她那双哭肿了的眼睛。从此，宋子文开始了他的流亡生活，6月9日，宋子文及家人由巴黎转飞到纽约，定居美国。

●在美国，宋子文是颇有影响力的大富翁。十余年后，宋子文到台小住，从蒋介石处未捞到任何好处。1971年4月，宋子文因误吞鸡骨而被鲠死，实出人意料。

自1949年6月抵美至1971年4月去世，宋子文在美国度过了他最后的人生。这22年里，宋子文一直深居简出，减少交际，一心一意在美国这个充满机遇的国度里建设他的金融帝国。他在美国从事石油股票、农矿产品期货和新技术的生意，并由此结识了大量在新加坡、香港、东京和伦敦的有势力的财界人士，继续保持着他在金融界的影响力。他的住处也从曼哈顿的别墅换到了长岛的豪华住宅，还收藏了一大批中国青铜器。他的努力没有白费，宋家在美国的财产远远超过20亿美元，甚至达30多亿美元。他的住宅警卫森严，有一套复杂的警报系统。《大英百科全书》记载，宋子文"享有世界上最大的富翁的名声"。

虽然在美国的"寓公"生活比较惬意，但在初抵美国时，宋子文还是以一介"平民"的身份，利用他在美国的影响，积极为蒋介石效力。他曾与顾维钧商议组织一个新内阁的问题。他们的设想是：邀集一部分知名、廉洁、自由主义的留美学者在蒋介石和李宗仁的支持下，组成一个新的内阁，并在各政府机构工作中使用若干美国顾问，让蒋介石在充分的外国技术支持下主持军事，把政治和政府事务交给文职官员；让文官去当省主席，蒋介石和国民党退居幕后，授予新内阁以施政的全权，用民主的方式来应付局面。在宋子文看来，他们改革政府的目的不仅是为了拯救国民党政权，以图重整旗鼓，更是为了让美国当局看到国民党人"真诚自救"的决心，以便获得美国的大力支持与援助。但这一主张明显是和蒋介石的独裁意图相悖的，故不可能被蒋介石所采纳。宋子文和顾维钧的组阁努力只能是一次"空中组阁"的尝试。

宋子文登上《时代》周刊封面

此时，因经济问题，宋子文正遭到美国朝野的指责，美国当局断定宋子文及其家族贪污、挪用了巨额公款，而且已将大笔美国援助中国之款项转入自己囊中。这使美国人十分气愤，美国官员不再像以前那样"友好"，对宋子文和孔氏家族的调查都在进行中。美国联邦调查局在杜鲁门的指示下，找出了宋家在二战时期的档案材料，发现宋子文开始担任公职时财力十分有限，但到了1943年1月，他已经积蓄7000多万美元了。联邦调查局还向各地机构发出指示，要求调查宋氏家族所控制的工业、公司和企业的国内银行存款额。这些调查的确发现了一些有价值的材料，但最终因宋氏家族在美国的强大势力，以及宋子文等人在美居留的特殊身份而告停止。

1950年年初，蒋介石发来电报邀请宋子文到台湾就任正式职务。而此时的宋子文根本不想去台湾，他刚刚在美国曼哈顿花园大街1133号购置了一幢别墅安顿下来，之后，国民党中央党部又几次电请宋子文赴台，宋子文均置若罔闻。

宋子文很精明，他不愿在这个时候冒风险。当时，英国已经承认了中华人民共和国，不少人认为美国也会很快紧随英国的脚步，一切只是时间问题。到处漫延着失败的空气，外界几乎没有人认为蒋介石能在台湾待一年以上。在这种情况下，宋子文自然是不愿意去台湾与蒋介石"共患难"了。他有他的计划，其中包括购买大批枪支——4万5千支恩菲尔德步枪，是美国机构公司拥有的，储存在加拿大仓库中。1950年1月，就在蒋介石想让宋子文带上牙刷和存折回台湾的时候，布拉科公司驻华盛顿的代表罗伯特·比奇洛要求国务院允许出口枪支。他说布拉科公司的首脑威廉·布番洛斯基是宋子文的"私人朋友"，希望把这些枪支从温哥华运到台湾。

国务院持怀疑态度，一则这个要求不是台湾"大使馆"提出的，再则还有一个奇怪的细节，这就是要求美国发许可证，而不是要求枪支所在的国家加拿大发许可证。这意味着宋子文可能参加发动政变的计划，由国民党军队中的同情他的分子来发动一次政变，推翻蒋介石，而建立一个由他自己担任首脑的新政府。但是一位提供消息的人士对联邦调查局说，宋子文扮演的角色其实是"向中国共产党买主出售设备的一家公司的代理人"。

蒋介石对宋子文的态度极为恼火，在"七大"上亲自圈笔批准了"党内重大整肃案"。在该案列出的被开除国民党党籍的名单上，宋子文位居第二，排在孔祥熙后面。看上去蒋介石似乎有意借此"大义灭亲"，昭告其"励精图治"的决心。事实上，蒋介石真正目的，不过是要安抚党内反对孔宋情绪，此举并不影响蒋介石与孔宋家族之间的私人关系，毕竟裙带关系是一辈子难以割舍的。

虽然宋子文没有去台湾，但是他在金钱上支持院外援华集团，因为这样做是符合他的利益的。院外援华集团可以在许多方面起作用。然而，真正造成宋子文和蒋介石关系疏离的，则是"吴国桢事件"、"孙立人事件"的接踵爆发。吴国桢是宋子文、宋美龄兄妹十分倚重的人才，孙立人则是出身于宋子文担任财政部长时期的税警总团，两人都堪称宋子文嫡系人马和重用心腹。蒋介石的行动使得宋子文意识到，之所以"破获"吴国桢、孙立人事件，是要为蒋经国积极营造接班布局。宋子文敏感地意识到，蒋经国相当忌讳孔宋家族在台湾"复辟"，借着吴、孙事件，正可斩断孔宋家族在台湾滋生之根苗。这类事件让宋子文更加内心忐忑，裹足不前，他不愿意再卷入那些血雨腥风的斗争中了。

退出政坛时间久了，宋子文也慢慢习惯于平静的生活。他把大部分时间和精力都花在自己的家庭上。从1950年年初开始，宋子文的三个女儿宋琼颐、宋曼颐、宋瑞颐相继出嫁。宋子文夫妇对三个女儿自幼便关爱有加，看到女儿一个个长大成家，三个女婿也都英俊硕健，事业有成，十分欣慰。整个大家庭看上去一派祥和之气，老少其乐融融。后来，大女儿琼颐生有二子，二女儿曼颐生一子二女，小女儿瑞颐则生有二子二女。三个女儿共生育了九个外孙（女），孩子们的加入使得宋子文夫妇晚年生活充满了生气和乐趣。对他们来说，最美好的时光就是与女儿和孙辈们的相聚了。宋子文夫妇喜欢与外孙辈一起做游戏、捉迷藏。每逢遇上吹生日蜡烛，宋子文总要拉上外孙们"帮忙"。随着年事渐高，宋子文舐犊之情更浓。特别是大女儿琼颐的二儿子冯英祥，从小便与外公外婆生活在一起，是宋子文带着逐渐长大的。

尽管家庭生活幸福和美，但宋子文也还是惦念着大洋另一端的人们。1958 年 12 月，宋子文以探友、度圣诞节的名义，前往香港住了 20 来天。这次探访引起一片舆论纷纷，香港报章曾登载了关于他将重新承荷政治使命的种种说法。但宋子文在香港记者招待会上称：来港就是为了看朋友、度圣诞节，没有政治使命。他说："我已是望七之人了，和政治生活已隔开得太久了，不准备再搞了。"对于所提种种敏感问题，他一概闪避，不作正面答复。记者们非常感慨，眼前的宋子文显得苍老而瘦削，发已半白，乍一看几乎都认不出来了，给人们一种对一切都毫无兴趣、与世无争的印象，同当年神采飞扬、气势逼人的"T. V. Soong"相比，已判若两人了。

1963 年 2 月，在经历十多年的岁月变得心平气和以后，宋子文终于接受蒋介石请他访问台湾的邀请。他与蒋介石夫妇在其别墅一起住了 8 天，并同"未透露姓名的官员"进行了会谈。蒋介石显然认为，虽然他无法使宋子文拿出钱来，但他至少可以使宋子文对华盛顿施展他的老魔术，可是他错了。宋子文虽有居高位的朋友，但是他不再想花力气了。蒋介石的愿望当时没有实现，后来也没有实现。2 月 8 日，适为元宵节，宋子文、宋子安兄弟，孔祥熙、宋霭龄夫妇，与蒋介石、宋美龄夫妇，一同前往台湾南部澄清湖，在澄清湖招待所，东道主蒋介石、宋美龄以丰盛的晚餐，招待孔祥熙、宋霭龄夫妇及宋子文、宋子安兄弟。参加这场"家宴"的，还有蒋经国、蒋纬国兄弟。这是蒋介石一家与孔宋家族从 1948 年以来，头一回全体团圆聚首。蒋介石也与宋子文阔别十三年，宾主久别重逢，本应分外亲热，然而据侍卫人员表示，宋子文无论是在士林官邸作客，或者元宵节在澄清湖招待所聚餐，神色固然轻松自在，但大部分时间总是沉默寡言，只有蒋介石询问时，才作简短应答，很少主动讲话。住在圆山饭店，宋子文也是深居简出，在台十几天时光里，仅由宋子安陪同，一块出门逛了一趟台北商业区衡阳街。

谁也没有想到，这次的聚会居然是这个大家族的最后一次全员会面。1969年2月25日，宋子安因脑溢血在香港病逝。3月5日夜，宋子文由美国飞抵香港，翌日在一基督教堂参加其弟的安息礼拜仪式。这是宋子文生前最后一次踏上国土。

1971年4月24日晚，从美国旧金山的一个小型会议上，传出一条消息：前国民政府行政院院长、历任国民党政府财政部长、外交部长、中央常委的宋子文，因误吞鸡骨而被鲠死，享年77岁。这位被称为中国近代史上"四大家族"之一的大财阀，在离开大陆22年之后，竟然这样离开人世，实在出人意料。

获知宋子文的死讯后，尼克松给蒋介石夫妇发去了一份唁电，对宋子文的一生给予了高度的评价："他报效祖国的光辉一生，特别是他在第二次世界大战期间为我们共同的伟大事业所做的贡献，将永为美国朋友们铭记不忘。和你们一样，我们感到他的逝世是一个损失。"

与此同时，尼克松还立即授意相关部门邀请其姐妹宋霭龄、宋庆龄、宋美龄前来纽约参加葬礼。世人都瞪大了眼睛，希望看到宋氏三姐妹的再次相聚。电报发到北京宋庆龄那里，这位二姐很快做出奔丧的回信。同时，尼克松也收到了宋霭龄、宋美龄将前来参加葬礼的回函。不料，此时正处在中美建交的关键时期，已离台经夏威夷飞纽约的宋美龄，中途得到了蒋介石的通知，以勿入中共的圈套为由，要其停止飞赴美国参加葬礼。接着，宋子文家属又收到孔家的电话，宋霭龄临时决定不参加弟弟的葬礼了。得知这意外的消息后，尼克松立即通知有关部门电告蒋介石，说明宋子文的葬礼纯属宋氏家族的私事，和内地的中共无关。但宋美龄和宋霭龄依然没有前来，只是由蒋介石颁发了一块题有"勋猷永念"四字的匾额。令人不胜感慨的是，就在葬礼的前一天，中共方面也发来电告，说由于包租不到专机，宋庆龄无法赴美参加弟弟的葬礼。

5月1日，宋子文的追思礼拜在纽约市中心的教堂举行。只有太太张乐怡及三个女儿，以及宋子良、顾维钧、刘锴等数百人参加，葬礼很简单。宋氏三姐妹均未出席。宋子文一生叱咤风云，却在最后以这样的结局收场，不得不令人叹息。为了政治牺牲亲情，无论对于生者还是死者，应该都是一件痛苦的事吧。

　　宋子文追思礼拜结束不久，美国传来一则外电称："曼哈坦遗嘱认证法庭透露，中华民国前财政家宋子文，留下遗产一百多万美元。"根据宋子文的遗嘱明定，宋子文把遗产的一半交给他的夫人张乐怡，另外一半的遗产平均分配给三个女儿与九个外孙。看来，当一切尽散，宋子文想到的还是自己的家人。也许他最后的愿望，就是自己的亲情悲剧不要在下一代身上重演。

张群："厨子"幕僚　1947年任职

　　张群是四川人中在国民政府任职最高、时间最长的军政人物。从保定军校开始，他的一生都在追随蒋介石。作为政学系的得力干将，张群几乎参加了民国时期所有重大政治活动。虽然他曾位居行政院院长，却对蒋百依百顺，恭谨有加。从大陆到台湾，张群一直致力于对日外交，虽然做了很多反共亲日的活动，但在主政四川时期，还是为抗战做出了巨大贡献。晚年，张群曾自嘲说："我只是一个厨子，主人吃什么菜，我做什么菜。"此话道出了他一生办理外交、处理政务的心态和与蒋介石的密切关系。也许这种官场修为才是他成为60年幕僚神话的真正原因。

　　●张群早年接触新思想，决定投笔从戎。他与蒋介石同船赴日留学，结下了深厚的友情。1918年，张群开展了一次最早的对日外交。虽未成功，却开始崭露头角。

　　张群，初字鹤军，后因奔走革命，始改为岳军，其父名叫张汉霞，字星亭，生性善良，为人淳朴。其母姚氏信仰佛教，吃斋虔诚。对张群随父姓，但还有一种说法是他本应姓邓。张群的父亲曾跟四川省长宁县县官邓某当过随侍。邓某有一个小老婆，是原来他身边的一个侍女。收房后因常受到大太太的排挤，小老婆不堪受辱，几次要离家出走。后来，邓某就把她嫁给了张群的父亲。此时，小老婆已有身孕，这就是张群。

　　1889年5月9日，张群生于四川省郫县（后在华阳县寄居）。张群出生后，邓某在为其子聘请家庭教师时，也让他伴读。但他天资聪颖，进步很快。几年之后，张群进华阳中学。当时反清的民族民主思潮兴起，张群在学校里阅读进步书刊受到影响，向往投笔从戎，改字"岳军"，意即要像岳家军那样，报效祖国。

14岁时，清廷陆军部开办的保定通国陆军速成学堂在全国招生，张群背着父母报考，在成都初试顺利录取，接着到北京参加复试。复试由受到学堂督办段祺瑞的亲自主持，对应考学生，需要一一召见。为了防止出问题，监考官再三向大家叮嘱，见段祺瑞时要行满族的半跪式请安礼。张群认为此种礼节有失民族尊严，宁肯弃考。经过劝阻，张群勉强进入考场，但决定不答试题，只交白卷。考试科目包括数学、理化和国文三科。对数学和理化，张群未写一字，却对国文题甚感兴趣，不禁借题发挥，写出一篇洋洋洒洒的文章。本来以为放弃两科，肯定名落孙山，没想到最后居然榜上有名。张群就这样进入了保定通国陆军速成学堂，入校后隶属于步兵第二队。

入校后，张群仍然不大安分，常有越轨的言论。第二年学堂选送40人去日本深造，张群与蒋介石同列其中。1908年春，张群和蒋介石等人同船东渡赴日留学。船上几日，张群与蒋介石互相照拂，友谊日增，张群遂决定改变自己所学，与蒋同习炮科。到日本后，两人同入振武学校学习，不久又一起加入了同盟会，参加革命党人的活动。在这段时间，他们租了一间约20平米的房屋，常常利用星期天邀约要好的同盟会员聚会，自己动手，做上一桌饭菜，边吃边谈革命，相互激励斗志。

1910年冬，张群在振武学校结业后，同蒋介石一道被编入日本陆军第十三师团野炮兵第十九联队实习，为士官候补生。军营生活是很艰苦的，除了常规的军事训练外，他们还要做刮清长官的靴子、洗刷拖炮的战马等繁琐的工作。蒋介石后来追述他和张群洗刷马匹的情景时说："每天当我们洗了脸之后，官长就带领我们进到马厩去擦马，擦马的工作，要从马蹄、马腿擦到马背，经过马背擦到马头、马尾，这马的每一个关节，每一部肌肉，都要用禾草来尽力的摩擦。这样大概经过一小时，将马的浑身擦热了，马的血脉流通了，而我们的本身亦因用劲擦马，努力工作，虽在这样的冷天，不仅不觉得寒冻，而且身上和手足都是发热，有时候还要流汗。……等到马擦完了以后，再将它牵到厩外雪地里马槽去饮水和喂料，

185

等到马喂好了，我们自己才能回营房去吃早饭。到了傍晚，再要同样的到马厩去擦马一次，然后才吃晚饭。"

1911 年 10 月，武昌起义爆发，声震全国。消息传到日本，留日同盟会会员纷纷整装回国。张群和蒋介石一起回到上海，张群出任陈其美的沪军司令部参谋，蒋介石出任沪军第五团团长。上海光复后，张群与蒋介石、黄郛换帖结下金兰之盟，他年岁最小，居三。这对张群以后的政治生涯具有深远的影响，为日后张群的飞黄腾达奠定了基础，也是张群一生追随蒋介石为其效命的缘由。

民国建立后，张群卸去军职，准备赴英留学，后因"二次革命"受阻。在此期间，张群参加了讨伐袁世凯阴谋复辟帝制的活动。革命失败后，张群逃往日本。如今来到日本，他仍有意继续深造，便进入日本陆军士官学校继续学业。1915 年夏毕业后，到爪哇巴达维亚（今印度尼西亚首都雅加达）华侨学校中华学校任教。护国战争开始后，张群潜回上海，投身反袁斗争。他被陈其美派去杭州任浙江督军署参谋，又在浙江驻沪办事处任联络事宜。1917 年 11 月 1 日，张群和蒋介石同被孙中山任命为广州大元帅府参军，不过两人职责不同，张群参与处理大元帅府的军机事务。后孙中山被排挤出广州，张群一度依附政学系首领岑春煊，出任护法军政府政务厅副官长，后成为政学系重要人物。

1918 年秋，张群以《民国日报》和《中华新报》记者的身份，参加新闻界访日代表团赴日。此时国务总理段祺瑞正在与日本政府商洽大量借款，图谋扩大军事力量，推行"武力统一"方针。张群访日主要是为了设法说服日本放弃"借参战之机谋求借款，以图武力统一全国"的"西原借款"。于是，他找到当时留日的同学，时任日本参谋部次官的田中义一，分析形势，希望日本政府放弃支持段祺瑞的计划。田中义一却不为所动，并且侈言借款给段是为了使段成为中国最有力量的人物，以收拾混乱分裂局面，实现中国统一。回国后，张群写了一篇题为《中日亲善之疑云》的文章，批评日本的对华政策。这是张群最早的一次对日外交。尽管此行未达目的，但张群由此与日本军政两界建立了联系。

1919 年秋，张群被孙中山派去四川居间调解四川督军熊克武与省长杨

186

庶堪之间的矛盾。张群入川后，担任省警务处长兼省会警察厅厅长，以便于调停活动。但是熊、杨之间矛盾日深，杨庶堪与吕超等人结合，挤走了熊克武，张群亦难以为继，于 1920 年冬离川返沪。闲居数月后，张群北上来到北京，正值大哥黄郛在北京政府走红之时，乃得到黄的照拂，先后担任总统府总务处长、交通部航政司司长等职，从而建立了丰厚的人脉关系。

1924 年 10 月，冯玉祥在北京发动政变，联合胡景翼、孙岳共同建立国民军。胡景翼是张群在日本留学时的旧友，政变后任国民二军军长兼河南督军，张群应胡之邀赴豫，出任河南省警务处处长兼警备司令，又任省长警察厅厅长。

1926 年北伐前夕，受北伐军总司令蒋介石的邀请，张群出任总司令部总参议，成为幕僚领袖。自此，张群鞍前马后，为蒋介石夺取天下、建立稳定的统一政权，出谋划策。

1927 年北伐军攻克南昌后，张群投到了蒋介石门下。蒋介石发动"四一二"反革命政变后，张群任军政部次长，从而一跃成为蒋介石身旁的要员和最亲近的幕僚。

蒋介石给张群的第一个使命便是游说孙传芳。孙传芳本人及将领数十人出身日本士官学校，张群与之均有同窗之谊，他便以此关系，向孙传芳建议三策：上策，与国民革命军携手共同北伐；中策，局外中立；下策，助吴佩孚对抗国民革命军。孙传芳当时轻视国民革命军力量，不屑与之携手，又以曾受吴佩孚的提携，不愿负吴，于是采取中策，提出"人不犯我，我不犯人"，各自保境安民的主张。这样蒋介石派张群游说孙传芳的目的业已达到。当北伐军挥师挺进武汉，孙传芳感到自身可危，才悔之不迭，乃自赣西发动攻势，但此时势单力孤，大势已去。

1927 年 4 月，蒋介石在南京建立国民政府。张群被选为中央政治会议委员。不久，蒋介石在内外压力之下，"以退为进"宣布下野。张群毅然决定与蒋介石共进退。他陪同蒋介石回到其浙江奉化溪口老家，两人朝夕相处，伺机而动。张群能够不计名利，毅然陪蒋介石下野，令蒋介石大为感动。从此，将他视为最亲近的幕僚，张群也被称为"蒋介石的怀刀"，为蒋氏尽心效力。蒋介石经常将他最不放心、最难处理的事情交给张群处理，因为张群最能领会他的意图，并不折不扣地执行。

8月，蒋介石决定去欧美和日本转一圈，以求取得列强对自己的支持，东山再起。他派遣张群前往日本打前站。经张群操办，蒋介石与已任日本首相的田中义一会晤。此时的田中义一提出了臭名昭著的"欲征服中国，必先征服满蒙。欲征服世界，必先征服中国"等赤裸裸的侵华政策，在与蒋介石、张群的会谈中，虽然就反共达成了共识，却没有明确表态支持蒋介石继续北伐的主张。这为后来的中日冲突埋下了伏笔。随后，张群则留在日本继续活动。

1928年年初，蒋介石回国复职，重新执掌国民党军政大权。他没有忘记曾和他共患难的张群。任命张群为中央政治委员会委员兼外交事务委员会委员，实际上是国民党的外交部长。对日外交一直是国民党政府最直接、最棘手的问题。张群作为蒋介石的智囊，在对日外交问题上肩负着重大使命，是对日外交的主要参与者。当时正是中日关系最为紧张的时期，过去国民党政府对日本采取的是敬而远之的政策，少接触、不谈判。张群上任后，提出了新的外交策略。在国民党中央的一次大会上，他说："我们对日本政府的应付方略。必须作一些改变和调整，要主动与日本外交当局谈判，声明我们的立场。"

当时，国民党军队正在进行对张作霖的北伐。国民革命军进军山东济南，日方反应强烈，于5月出兵济南，酿成济南惨案，蒋介石妥协退让，不准还击，"忍辱负重"，国民革命军退出济南，绕道北上。与此同时，张群奉命赴东京斡旋此事，拜访日本首相，乞求日本政府对国民政府的"北伐"予以理解和支持，力请通过外交途径解决济南事件，但并未获得日方的满意答复，根本的解决并无可能。

1928年9月，北伐结束后，张群又被派去日本。他私下告知田中，蒋介石即将就任行政院院长，希望日本在东北问题上保持友好态度，对国民党南京当局的统一事业不要加以阻挡。张群利用出色的辩才和广泛的人脉，与日本政府周旋。直到次年3月，中日双方才就"济南事件"签订了日本撤兵、但不追究日军残杀中国军民的屈辱的外交协定。

1929 年，张群被选为国民党中央执行委员、任上海市长、湖北省主席、外交部长，成为新政学系的党魁。

●张群唯蒋命是从，不敢越雷池半步，受到蒋的喜爱和重用。在对日态度上，他揣摩蒋介石意图，多方妥协，在主政四川时期为抗战做出巨大贡献。

1930 年 4 月，张群出任上海特别市市长。张群刚刚走马上任，中原大地又起战火。当中原大战正酣之际，争取张学良成为蒋介石和反蒋派谁能取胜的关键。张学良在战争初期，表面保持中立，暗中静观战局的发展。张群受命带着南京政府任张学良为陆海空军副总司令的委任状及巨款到沈阳，又跟踪张学良从沈阳到葫芦岛再到北戴河，软磨硬泡，费尽心机，终使张学良出兵助蒋，蒋介石最终取得了中原大战的胜利。张群为蒋介石立下了奇功一件。

国民党内部派系林立，以黄郛、张群、杨永泰为代表的新政学系由于三人在蒋介石身边的显赫地位而尤为引人注目。在蒋介石的心目中，政学系占有特殊的自治地位。1936 年，黄、杨先后死去，张群遂成为国民政府中政学系的首脑人物。他八面玲珑，多方照应，唯蒋命是从，无一丝异意与其间。张群的一句名言是："原则同意，技术研究。"乍听起来，似乎还对，可是，细一分析，是在"同意"的前提下"研究"，等于是一句废话，毫无自己的主张可言。张群的朋友评价张说："众友评岳军，只能呼之为蒋之使女，而不得称为如夫人，以如夫人尚有恃宠撒娇时，而张并此无之，唯有唯唯诺诺，欲如何使如何，无一丝违抗。"这一评价的确入木三分。

张群对蒋介石的方方面面研究得都很透彻，所以很善于迎合蒋介石。张群深知蒋对自己的属下，最忌者是任用私人，所谓私人，主要是指同乡、同学和同事。张为取悦于蒋，此类人员，概不引用。因此，凡张所用之人，都能顺利得到蒋的批准，张也常以不用同乡、不用亲戚本家、不援引旧时同事、"大公无私"自诩，或以一"清高"自命。

九一八事变后，全国抗日民主运动空前高涨。张群认为中国困于贫弱和内战，无力单独抗击日本；中国内部尚未统一，国力尚未充实，对日关系不宜破裂。这种举动和主张与蒋介石的想法不谋而合，但却遭到上海各界人民的强烈反对，张群被迫辞去上海市市长职务。

张群

1932 年年初，蒋介石正集中力量在南方对红军大打出手，为应付北方政局，任张群为北平政务委员会常务委员，协助张学良策划北方军政大计，主持对日交涉。其对付日本侵略的政策是灵活的两手政策，不得已时略加抵抗，为避免惨败，除调解外别无他路时则争取局部和平。这是蒋介石的"攘外必先安内"政策的忠实具体地体现。长城抗战爆发后，黄郛受命北上，与日军交涉，张群多方协助，积极配合，签订了丧权辱国的《塘沽协定》，把对日妥协活动推向了一个新的高潮。

1935 年，日本的压力再度增加。12 月，汪精卫时在南京遇刺受伤，辞去一切职务，蒋介石代汪精卫而为行政院院长，张群为外交部长，改变了汪精卫敬而远之，不与日直接谈判的外交政策，张群主张和日本谈判，解决主要争端，调整两国关系。张群在谈判中秉承蒋介石意图，针对日本驻华大使川越口头提出的超过"二十一"条的七项强硬无理要求，提出了中国希望调整两国关系的五点希望，要点为：塘沽协定及上海停战协定的取消，冀东政府的解散，华北自由飞行的停止，停止走私及恢复中国方面取缔的自由，察东及绥远北部伪军的解散。张群表示此五项问题为中日纠纷症结所在，若不解决，中日邦交无由调整。

这些是针对日本的无理要求而提出的反要求，显然不会被日本接受。谈判到西安事变前最后破裂。在中日近一年的谈判中，张群与日本代表八次会谈，一改以前对日一味退让的态度，维护了中国的主权。1937 年 1 月，日本驻华使馆秘书、武官奉调回国，谒张辞行，张群明确指出："日本之对华态度如何，影响甚巨，故我国一方面决定由外交途径进行调整交涉，而同时在其他方面又不能放弃抗日之准备也。"

1937 年 2 月，张群继任中央政治委员会秘书长。作为蒋介石的主要谋士，张群多次参与对日决策。在讨论与日本的和、战方针问题的庐山谈话会上，以何应钦为代表的亲日势力认为："中国武器不如日本，若开战，七日之内必亡国。"亲英美的孔祥熙则主张："抗战不如参战，参战不如观战。"最后，张群提出了所谓"和必乱，战必败，败而后和，和而后安"的"十四字真言"，被蒋介石奉为"国策"。这一充满失败主义论调的基本政策，在实际中被国民党的消极抗战政策所体现。

11 月，上海陷落，南京吃紧，德国驻华大使陶德曼又加紧进行"调停"活动，张群以中国代表身份参加谈判。由于日本占领南京后，要价越来越高，态度更加强硬，谈判破裂。次年 1 月，中日两国同时召回大使，两国外交关系断绝。

1938 年，张群任军事委员会行营主任、行政院副院长。

1940 年 11 月 1 日，川康经济建设委员会在成都召开成立大会，张群代表蒋介石主持会议。这次会议名义上是为川康经济建设制定计划，实际上是蒋介石为联络各方人士，也为张群融洽各方人士之间的关系打下基础。11 月 15 日，蒋介石任命张群为成都行辕主任兼四川省主席，以镇慑抗日后方的四川。张群任了六年的四川省主席，他是自民国以来，四川省时间最长的当权者。

张群入川主政时期，正是抗战中期。重庆成为国民党的临时首都，也是军事、政治、经济、文化的中心。四川是毫无疑问地成为抗日大后方，也是兵源、粮源的主要供给基地。然而，由于四川长期处于军阀割据的混乱状态，政治环境复杂，斗争激烈。因此，张群无异于在刀尖上跳舞，稍有不慎就会造成川局混乱，影响抗日。因此，张群的责任十分重大。

张群经过周密的思考，首先在省政府人员的安排上下了一番工夫。当时的实力派包括刘湘部队的潘文华、西康省政府主席刘文辉和川康绥靖公署主任邓锡侯。张群对刘、邓、潘等人实行联络拉拢，以求安定团结，而他们也把张群当做保护伞，以免遭蒋介石的宰割。由于双方各有所需，张群主政期间，两方相处得倒还比较愉快。实力派们不但没有捣乱，还对征兵征粮工作出力不少。八年抗战，四川人民贡献的人力物力财力居全国之冠。张群功不可没。

1943 年，美国同意派出重型轰炸机对日本作战。张群奉命统筹办理扩建基地工程。经省政府研究决定，选择具备条件的新津、邛崃、彭山、广汉四县为机场，并由省政府统一督促指挥。在这过程中，张群多方面征询意见，认真部署，严格监督。最终出色地完成了任务。有了高质量的降落机场，美国空军使得日本侵略者受到了严重的空中打击。

能在如此艰难的时局里取得这样的政绩并不容易，这和张群良好的品行习惯是分不开的。第一，他不在乎房产。张群刚调入四川任职时，没有私宅，借住在东城根郭勋祺的住宅；省政府购置官邸后，张群就退还了郭勋祺的住宅。甚至在卸任后，还把官邸交还给了省政府。第二，遵守作息时间，甚至去得早走得晚。他不仅以身作则，还常常告诫属下说："此值抗战时期，国难当头，必须以国事为重，力求做到当日之事当日毕，万不可稍有懈怠，贻误政事。"在他的带领下，省政府迟到早退的风气慢慢得到好转。第三，注意倾听下属的意见。张群在每周二召开省务会议，从不无故拖延。各省府委员、厅长均要出席，按会议程序自由发言，讨论重大事务，按赞成人数决定如何办事。第四，严格管理经费的支出。国民党时期可以对长官拨发活动经费，成为"特别办公费"。用以支付编外人员的薪金和特殊支出。虽然四川的特别办公费不少，但张群却严格管理，每月都有结余，长此以往为政府节约下了一大笔钱。

●抗战胜利后，张群继续全力支持蒋介石。1947 年 4 月，张群粉墨登场，出任行政院院长。1949 年，他多次赴昆明活动，被卢汉扣押，差一点没去成台湾。

抗战后期，张群在四川待了五年，常驻成都。抗战胜利后，为了商定国共停战协定，于 1946 年 1 月，成立了以张群、周恩来、马歇尔为首的 3 人小组。当时，又召开了政治协商会议。在召开之前，张群为拆散民盟，孤立共产党，费尽心机，机关算尽。民盟在酝酿推选参加政协的代表时，一天，张群、吴铁城等出面邀民盟一部分常委，以商谈旧政协筹备事务的名义，举行谈话会。开始，张群讲了些蒋介石准备怎样举行旧政协的话，并征询大家的意见，之后话锋一转，故意挑起关于民盟 9 名代表名额在民盟内各党派如何分配的问题。

这时，青年党左舜生突然发言："青年党在中国是国民党和共产党以外最大的而且最有历史的大政党，它在民盟三党三派中当然是最大的一个政党。民盟 9 个代表的名额，青年党要占 5 席。"左舜生这段话使在座的其他民盟领导人大为惊异。原来这是张群一手导演的双簧戏，是一个拆散民盟的阴谋。当然遭到民盟其他人的反对，双方争论不休，僵持不下。

张群出来圆场说："倘若民盟在代表席位分配问题上真有困难，青年党作为一个独立单位参加政协倒是办法之一。这不就减少了民盟内部的纠纷吗？至于这两方面每方面几个代表，是否两方面代表的数目一定要相等，这总是可以协商解决的。"这样，张群一方面按照预定计划，支持青年党来达到分裂民盟的目的，另一方面又做得十分圆滑而不过分地得罪民盟其他的领导人。

全面内战爆发后，国民党反动派在召开伪"国大"、制定伪宪法之后，又加紧实行所谓"实行宪政"的准备。1946 年 3 月 16 日，国民党六届二中全会选出了张群为国民党中央执行委员会常务委员。是年夏，蒋介石为了政治需要，准备改组行政院，拟以张群出任院长一职。对于坐镇四川的大员，张、蒋经过慎重斟酌，决定以邓锡侯暂时代理。9 月 9 日，四川省卫生处长、外科医生董秉奇及其家属从成都飞往上海。10 日，张群在上海江湾机场乘美军专用飞机取道东京、夏威夷等地，16 日抵达纽约。当时报纸报道是：经医检验，颈部患癌，急于赴美就医。但很多人怀疑张群以治病为托词而别有活动。张群过去曾有亲日之嫌，如今为"登台拜相"作准备，如不取得美国的支持，会失去外援，难以维持局面，因此要先打通门路。

1947 年 1 月 31 日，张群回到成都。1947 年 4 月，国民党又演出了"改组政府"的丑剧。17 日，国民党六届中常会召开第 65 次会议，会上推选五院院长，张群获任行政院院长。这一所谓的"多党政府"，成为蒋介石独裁统治的装饰品。23 日，张群就行政院院长职，向全国发表广播讲话：未来 8 个月，将由训政时期过渡到宪政时期。5 月 13 日，行政院提出改组四川省政府案，决议张群兼理川省主席。

张群在行政院院长的位置上坐了一年多。因开始实行"宪政"，当立法院在 1948 年 2 月召开第一届第一次会议时，蒋介石向该院提议张群任行政第一院长，如果通过，张继就可以继续蝉联。但因 CC 派、复兴派的立法委员不支持，虽然蒋介石亲自出面关照，仍然没有收效。最终只能用翁文灏来代替张群。

1948 年 5 月，张群改任总统资政。1949 年年初，蒋家王朝将要灭亡，为做垂死挣扎，张群受命担任重庆绥靖公署主任及西南军政公署长官，为挽救国民党的败亡出力。同年年底，蒋介石眼看四川将要解放，成都旦夕不保，便想利用云南和西康这块地方，作为负隅顽抗和垂死挣扎的最后据点。为此，张群多次赴昆明活动，4 月初，到昆明和云南省主席卢汉协商，说蒋介石准备把中央政府搬到昆明和西昌，卢汉以"云南民穷财尽粮缺，负担不起，云南人民不会同意"相拒绝。

12 月 9 日下午，张群再次飞往昆明，并想经昆明去台湾。当晚，卢汉率部起义宣布归向共产党，拘留了张群，并让张的随员对张说："起义是云南人民的强烈愿望，我们是顺应民意弃暗投明而起义的，希望张先生和我们一致行动。"张群说："你们的起义行动我是很同情的。我也知道这是大势所趋，民心所向，国民党的确是无法挽回了。蒋先生过去所作所为，连我也有不满意的地方。但是我一生都是一个国民党员，我和蒋先生的私人关系你们也是知道的，我不能和你们一致行动。如果你们要把我当作俘虏看待，交给共产党，我想他们也不会对我怎么样的。要是你们让我走，我很感激，我今后也不再做什么事，到海外做个寓公算了。"此时，扣留张群的消息引起了蒋介石的震怒。国民党军用飞机在昆明上空盘旋并发出警告，要求保障张群的安全。卢汉又顾及和张群的旧谊，终因一念之差，将张释放，使之逃到台湾。

●张群是蒋介石的对日问题专家，蒋对其多有就教。日本与新中国的多次谈判，都因张群从中作梗而告吹。但随着美国对华政策的变化，张群的努力再无效力。

张群到台后，蒋介石称他是"机智逃出虎口"，仍委以"总统府"资政重任。1950年任中国国民党中央非常委员会委员，是年中央党部改组，任中央评议委员。由于他和日本的关系密切，与日本谈判的经验丰富，所以继续充当蒋介石有关台日关系的顾问。自1950年后，张群奉蒋之命，频繁来往于台北、东京之间，强调日、台的新关系及日、台、美联系的重要性。在日本政界、外交界、工商界里广泛活动，结交日本朝野上层右派。其持论皆集中于"台日全面合作，共同积极反共"这一点，挑拨分化中日两国关系，破坏中日邦交正常化。1951年，张群兼任国民政府行政院设计委员会委员，还被推为国民党中央直隶党部第一小组组长。

中华人民共和国成立后，日本政府曾一度打算同新中国建立外交关系，对台湾当局提出的"双边条约"不感兴趣。日本官房长官风崎胜男在会见台湾代表董显光时态度漫不经心，谈话不着边际，并表示不愿伤害大陆中国人的感情。日本首相吉田茂甚至在1950年10月29日参议院条约委员会的一次会议上公开表明，他试图与中华人民共和国建立外交关系。

这天，蒋介石正在日月潭边的涵碧楼前散步，秘书送来了吉田首相在日本参议院条约委员会发言的全文。蒋介石看罢全文，不禁怒火中烧。他让秘书马上打电话，请张群前来台中商议。

这个时候，台湾当局"外交部长"是叶公超，但张群仍是负责处理日本问题的全权代表。每遇重大问题，蒋介石总要叫张群前来商议。张群接到电话，当天下午就赶来了。

"岳军啊，这日本人太不像话了。当初抗战结束之时，我们本着'以德报怨'的精神，对日本人并没有过多地追究，扶持日本，目的就是想联手对付共产党。你看现在，他们居然想同毛泽东媾和，把我们甩到一边。"

蒋介石的脸红了，说话的调门也高了许多。

"总统，对日本人的态度不能操之过急。我们慢慢做工作，晓以利害，是可以让他们回心转意的。"张群似乎胸有成竹，说话不紧不慢，"我们可以通过美国政府向日本施加压力，您别看吉田说话这么硬，美国人一表态，他可是不敢不听哟。"

蒋介石沉思了一会儿，认为张群说得有道理，就马上让人给在美国的顾维钧发电报，要他一定要策动美国向日本施压，如果日本与新中国媾和，台湾的地位将十分危险。这一招果然奏效。

这年 12 月 10 日，美国派杜勒斯访日，与吉田首相就台湾问题举行会谈。在美国的压力下，吉田放弃了与新中国媾和的打算，同意与台湾当局缔结和约。

这个决定公布后，立刻遭到中国人民的强烈反对，中国外交部认为，这是日本政府对中华人民共和国最严重的挑衅，坚决反对日蒋"和约"。英国与苏联等国对日本政府的这一决定表示反对。

台日"和约"于 1952 年 8 月 5 日正式生效。为了表示祝贺，蒋介石派出了以张群为首的代表团赴日本访问，其任务是洽商台湾与日本合作问题，协助恢复台湾驻日本"使馆"。张群临行前发表了《中日关系与美国》一文，论述了对战后台湾、日本和美国的看法；还以孙中山"中国今日欲求友邦，不可求之于美、日之外"的话为论点，并指出，日本与东亚各国家，正共同对一个"敌人"，还说"反共斗争中，日本不可能始终保持中立"。其目的是拉拢日本投靠美国，共同反对中国共产党，以求台湾政府生存。张群到日本后，与日本政界、经济界的头面人物广泛接触；又见日本天皇，陈述了中日及亚洲大局的意见。张群与日首相吉田茂会晤时，吉田茂坚持留张群参加日本立皇子典礼。他在日本活动了四个月，方才返回台湾。

自此以后，张群经常来往于台北与东京之间，拉拢日本政界右翼人士，巩固蒋日关系，加强与日本的经济与文化等各方面的交流，台日关系进入"蜜月"时期。

1954 年 5 月中旬，蒋介石任命张群为台湾总统府秘书长，协助蒋介石处理台湾内外事务。6月，日本首相岸信介访问台湾，提出"东南亚经济开发基金计划"来征询台湾国民党政府的意见。蒋介石命张群于月9回访日本。张群随带台湾的经济专家和工商界代表人物到日本，商讨了开发基金计划。10月2日，张群与岸信介发表联合声明。日本天皇、皇后及皇太子接见张群并设午宴款待，10月4日返回台湾，在日本访回了十八天。除了频频访日外，张群还多次出访南朝鲜、泰国、梵蒂冈、德国、希腊、奥地利、维也纳、西班牙、瑞士、约旦等欧、亚、非一些国家，与这些国家首脑及各界人士接触，其目的是表明台湾国民党政权还存在，希望不要轻易抛弃台湾政府，而支持蒋介石到底。可以说，张群的出访为国民党在国际舞台树立形象，立下了汗马功劳。

张群所做的一切不过都是秉承蒋介石的旨意。有一次，张群在日本，有人对他说："岳公，你追随蒋先生最久，和他关系也最密切。大陆失陷，你是否也要负一部分责任？负一部分没有及时进言责任？"张群很坦率地说："我只是个厨子，主人喜欢什么菜，我做什么菜。"换句话说，就是一切唯命是从，绝无半点自己的主张，张群的对日外交自然也都是蒋介石意志的体现。

1971年7月16日，基辛格访华后，发表了中美联合公报，宣布美国总统尼克松将于第二年适当的时候访华。蒋介石闻讯后，十分震怒。

就在这个时候，日本自民党马上就要改选总裁。当时在自民党中最有希望获胜的田中角荣曾表示，如果他当选首相，一上台就准备建立与中华人民共和国的邦交。

消息传来，蒋介石惊恐万状。他知道，还想像当年那样留住日本已是十分困难的事情。思来想去，蒋介石还是想作最后的努力，而完成这一重任的只有张群。张群这时也是83岁的人了，蒋介石对他能否完成这一重任也不免有些顾虑。

第二天一大早，蒋介石就让人打电话给张群，询问了张群的身体情况，请张群来士林官邸坐一坐。

张群放下电话，知道蒋介石没有事是不会这么早就打来电话的。他匆匆洗把脸，就乘车来到了位于阳明山的士林官邸。与张群有好长一段时间没有见面了，蒋介石问了问张群的身体，拉了一会儿家常，就转入了正题。

"日本人见美国要改善与中共的关系，也来了个一百八十度的大转弯，向毛泽东讨好。你看我们下一步应该怎么办才好？"一向刚愎自用的蒋介石已完全没有当年的那种自信。

"我们与日本的关系，已是今非昔比，美国人这么一闹，日本人就会跟着起哄。依我之见，赶快派人去日本，亡羊补牢，也许还有些作用。"张群说话显得底气不足，末了又加一句，"但不可希望值太高。"

"你看去日本谁最合适？"蒋介石试探着问道。

"如果总统认为我还行，岳军愿去日本作最后努力。"张群已知道，蒋介石这次叫他来的目的。

听了此话，蒋介石似乎受到感动："岳军，80多岁的高龄，我还要你出访，真是难为了你呀！"

"总统！您不是也在日日夜夜操劳吗！我还比您小两岁，身体好得很呢。"张群站起来，在屋子里大踏步地来回走了几步，表示他可以担当此重任。

"这次出访，要利用你在日本政界的影响与关系，做做他们的工作。在接待和安排上有什么困难，告诉经国，让他帮你解决。"

"我会尽全力去做，请总统放心。"张群起身告辞时，脸上闪过一丝不易察觉的苦笑。

7月25日，张群飞往日本。张群一下飞机，也顾不得旅途劳顿，就四处活动，频频拜访日本政要。他首先求见刚从那须地别墅回东京不久的天皇。接着又与快要下台的首相佐藤荣作、政客岸信介等人长谈。

第三天，张群出席了"台日合作策进会"，打算利用这个机会，争取日本工商界的支持。可是，日本不少财团的首要人物听说张群要参加这个会议，知道他另有所图，便纷纷借故请假缺席。

29日，张群在台湾驻日"大使馆"举行了记者招待会。那天，日本各大媒体和世界主要通讯社驻东京的记者来了不少。张群在会上发表了长篇讲话，对美国的亲北京行为表示批评，希望日本不要步其后尘，否则必将身受其祸。

但是，张群的那一套理论，已不为人接受。他的讲话结束后，只换来几声稀稀拉拉、礼貌性的掌声。张群这次日本之行，以失败告终。中日建交，已是历史潮流，这是任何人阻挡不住的。这是张群最后一次以台湾当局的名义访日。此次访日，结束了他与日本官方接触与谈判的历史。

8月2日，张群乘飞机离开东京。在他乘车去羽田机场时，心情沉重，一言不发，无可奈何地悲叹自己外交上的失败。回到台湾后，被批评为："只用耳朵听他们日本朋友的话，要想保住和扩大权势，一味亲日，落到今天的下场。"到此，似乎可以为张群几十年来所致力于的中日外交划上一个不甚圆满的句号了。

●离开政坛的张群闲来无事，便著书立说。谈修养，说喝酒，论爱情，参加"三张一王转转会"，极为自得其乐。1991年12月，102岁的张群离世。

1975年4月5日晚11时50分，蒋介石病故。蒋经国接替其位继续执掌台湾省的党、政、军大权。蒋介石病逝，张群"痛苦的心情，是不能以语言文字所能形容的"。他写了《蒋公精神与民族同在》的长文，叙述从光绪三十四年与蒋介石同入保定军官学校起至今，追随蒋介石六十余年的生活。他说，蒋介石"从北伐以至战乱时期，曾三次引退，三次复职。但他的引退，并非消极，只是放弃名位，并非放弃主张，更非放弃责任。他是依旧以在野之身，尽瘁国事"。足见张群对蒋介石之忠实，他的一生都与蒋共始终。蒋介石去世后，张群继续拥护、辅佐蒋经国执掌台湾国民党政权，尽忠至蒋经国病故之后才告一段落。

告别政坛的张群，在家颐养天年。他是个闲不住的人，便开始著书立说。在90高龄时撰写过一部回忆录《我与日本七十年》，启笔忆旧，追溯往事，一部充满屈辱、血淋淋的中日关系史跃然纸上。正如张群自己所说："追怀往事，真不胜其感慨，在这70年的中日关系史上，我可说是渊源最久，接触最多的一个……我几乎是无役不从。"相信历史和人民对张群在中日关系史上所扮演的角色早已做出了最公正的评价。

张群到台湾后，数年如一日专攻养生之道，写成《谈修养》一书，到80年代初期就已印行9版。此书被捧为"经史烂熟于胸中，冶中西哲理于一炉"。实际上是张群几十年来读书和做人做事的经验总结。张群谈修养，实是自我宽慰。他一生高坐政坛顶峰，鲜有政绩，常被人们议论。对此，张群满腹牢骚地说："多做多错，少做少错，不做不错；多恩多怨，少恩少怨。"他在书中告诫人们要宽宏大量，尊贤容众，表示要学郭子仪："功盖天下主不疑，位极人臣众不妒。"这里道出了张群"修养"的奥妙！他还大谈其养生之道长寿秘诀，读来朗朗上口，如："大笑一次，年轻一天；大怒一次，短寿一年。"张群还作了一首不老歌："起得早，睡得好，七分饱；常跑跑，多笑笑，莫烦恼；天天忙，永不老。"

在《养气》一章中他写道："虔诚的信仰，淡泊的胸襟，坚毅的意志，永恒的热忱，廉抑以应世，宽恕以待人，忍耐以自制，协和以容众，以公诚化愤怨，以负责树众信，以服务为领导，以牺牲求创新。"

张群喜欢喝酒，酒量也不错。他在《谈喝酒》中说："喝酒要有些条件。第一主人要好；第二客人要好；第三酒要好；第四酒品要好；第五下酒菜要好；第六谈话要好；第七光线要好；第八环境要好；第九太太要好，即使喝醉了，回家也不挨骂。"他的这些理论，得到了爱好喝酒的同道朋友们的认同。

张群对人的情爱也有自己独到的见解。张群的妻子马育英是上海教会字校教书的老师，也是一个虔诚的基督徒，为人慈善，乐于助人。1911年春天，张群认识了她，两人在4月正式订婚。张群曾经谈道："我们在结婚以前，每次我去看她，旁边总有监护人，不是她的校长，就是我们的介绍人。在我们结婚之前，我们这对准夫妇，从米没有一起去看过一场电影。"虽然这个开始有些拘束，但张群觉得他们这种半旧式半自由的婚姻，也很不错。这年的10月5日，他们在上海怀思堂举行了婚礼。1949年马育英随张群一块去了台湾。

张群生有两子一女。长女张兰，曾留学美国学音乐，与哈佛大学政治学博士刘毓棠结婚。次女张佩蓉，12岁时患伤寒症死于上海。长子张继正留学德国学工科，后因欧战爆发转入美国康奈尔大学，得工程学博士，1965 年任台湾经济部次长，后来当了国民党"中央银行"总裁。次子张继忠，留学澳洲雪黎大学攻读电机工程，得学士学位，回台湾任电力公司工程师，后改学神学，辞去工程师职，改任浸礼会牧师。张群夫妇这两男一女两媳一婿生有三个

张群与夫人马育英

孙女、三个孙儿和三个外孙。可谓是人丁兴旺，子孙满堂了。

张群把男女之爱分为三部曲：男女从初恋到结婚，是恋爱；两人成家以后，有了孩子，夫妇不仅有了爱，更有了恩情，这时是恩爱；孩子长大成人，另立门户，老夫老妻彼此相怜，这是怜爱。

张群说，世界上的事不外乎讲情与讲理。夫妇间必须情理并重，处处为对方着想。理是冷的，情是热的；理是刚的，情是柔的。用情伴着理，冷暖刚柔互相调剂，家庭就会永远保持着春天。

张群夫妇在家庭生活中奉行"敬爱、谅助"。张群对这四个字的解释是"相敬以礼、相爱以诚、相谅以恕、相助以勤"。后来他又发展成八句："相爱如友，相敬如宾，互谅则信，互助则亲，凤箫叶奏，莺镜生春，同心永结，德业日新"。他喜欢引用中国俗语"人熟不如礼熟"和莎士比亚"一切真挚好友，建筑在尊敬的基础上"来说明要相敬以礼，谦抑自己。而夫妇间如果能够始终保持这个态度，必能永远保持和谐。1961 年 10 月 5 日，张群与妻马育英结婚 50 周年，举行金婚纪念会。在纪念会上张群再次讲述了自己的家庭生活得力于"敬爱谅助"四个字，并为金婚纪念题辞。

岁月的磨砺，使张群对人生有了与众不同的深刻认识。正是有了这套人生哲学，才使得他在漫长的人生道路上，不管是顺境还是逆境，都能够应付自如，这也许正是他健康长寿的秘诀。

1987年张群98岁生日的时候，人们来为他祝寿，看到他身体硬朗，都非常敬佩。张群在答谢词中说："人生70才开始，六十几岁还在摇篮里。"张群的戏言，获得满堂喝彩。张群这句话也成为一句名言，在老一代的国民党去台军政人员中广为流传，至今人们还津津乐道。

1990年7月，张群以101岁的高龄，参加了张学良90岁的生日庆典。这天，张群坐着轮椅，兴致很高，他以庆典活动发起人的身份，宣布庆典开始。然后，宣读了亲笔所写的致词。

张群与张学良有着很深的情谊，早在1930年中原大战之际，为了争取张学良的支持，蒋介石任命张学良为陆海空军副司令，张群受蒋之托，为张学良送去委任状与信印，并劝说张学良归附蒋介石。张学良在张群的劝说下出兵援蒋，自此两人结下莫逆之交。

来台后，张学良仍无行动自由，张群经常去看望这位老朋友，与大画家张大千、"国策顾问"王新衡一起，每月一次，轮流做东请吃饭，被人戏称为"三张一王转转会"。

张学良与张群、张大千、王新衡在张大千家

当年，张群的母亲不愿随儿子来台湾，1958年在家乡病逝。张群第二年才得知母亲病逝。当时，他正任"总统府秘书长"。为了表示对母亲的哀悼，他特地向蒋介石请假，在家设立灵位，守灵3周。

张群思念故乡，他常常在梦里回到故乡。醒来后对人说，有朝一日能够回到故乡，就心满意足了。随着年龄的衰老，这种希望越来越渺茫。1991年12月14日，因心肾功能衰竭，张群在台北逝世，终年102岁。他是近代军政人物中少有的长寿者。

立法院院长

胡汉民：第二总统　1928 年任职

　　胡汉民，是孙中山极为倚重的左膀右臂，是辛亥革命的先行者，也是民国时期著名的书法家和诗人。作为国民党内位高权重的领袖人物，其资格之老、声望之隆，远非后生晚辈蒋介石能比。但同时他又是现代中国有争议的人物。因为反共，他遭到共产党的抨击；因为反对独裁，他又遭到蒋介石的排挤。纵然这位理论家曾经文采风流，盛极一时，最终却被蒋介石软禁，后虽得释，却几乎失去对民国政治和社会的影响力。1936 年，他仅仅因为一局残棋，而落下了自己的人生大幕。

　　●胡汉民自小聪明而又自负，曾经两度赴日留学，并追随孙中山，此后一心致力于革命事业。是"最了不起的一位幕僚长，也是历史上少有的一位相爷"。

　　胡汉民，本名衍鸿，字展堂，别号不匮室主，1879 年 12 月 9 日，出生于广东番禺。胡汉民天资聪颖，小小年纪就显出了惊人的记忆力和理解力。其父亲胡文照，以师爷为业，因个性倔强，恃才傲物，常常失业，故四处迁徙，流寓各地。胡汉民秉承了父亲的这种个性，在年少的就因为聪明而非常自负，以后随着年龄的增长，这种性格更加鲜明。

　　胡汉民的童年很幸福，父慈母爱，兄弟相亲。但灾难突然降临，13 岁时父亲病逝，两年后母亲也离世。之后，一个哥哥和两弟一姐也因病过早地结束了生命。一连失去六位亲人，胡汉民悲痛万分。他那争强好胜的性格，给了他在逆境中奋争的力量。为求生存，胡汉民到当地一家私塾当起了"小先生"。他边教书边自修，苍天不负苦心人，16 岁时考取了当时广东的最高学府——学海堂。学海堂是清代著名学者阮元在 1824 年创办的，师资力量雄厚。面对清末内忧外患的社会现状，学海堂开风气之先，倡导经世致用之学。顾炎武、王夫之等的思想和理论给了胡汉民很大的触动。在这里，他的思想发生大的转变，开始倾向革命。当时日本东京是革命党人的海外活动中心，胡汉民决心东渡留学，去寻找革命同志和救国道路。

1901 年，胡汉民中举人，次年与陈融之妹陈淑子结婚。恰逢清政府颁布文告，鼓励出国留学，奖掖成才。胡汉民虽有报国之志，却因家贫而无法出国留学。好在天无绝人之路，1902 年科举考试时，有两个富家兄弟请他当"枪手"，他帮两兄弟都上榜，获得 6000 大洋的酬劳。这时胡汉民才筹足了费用，留学的愿望得以实现。1902 年 5 月，他告别新婚妻子陈淑子，东渡日本，踏上了寻求救国救民的道路。胡汉民到达日本后，进入了留学生聚集的弘文学校师范科学习。8 月初，他的同学吴稚晖为保送中国自费学生入日本陆军的成城学校事，与清政府驻日公使蔡钧据理力争，受到了日本当局和清朝驻日公使的不公正处理。胡汉民因此参加了反对清驻日公使迫害留学生的活动，写下退学书，愤而回国。这次留学仅仅两个月就这样结束了。胡汉民回国后，1903 年春应广西梧州中学聘请，担任总教习，并兼师范讲习所所长，主讲修身、国文等课。他巧妙地将民族革命宣传贯穿于教学之中，引起当地官僚的嫉恨。

1904 年冬，胡汉民以广东省官费生的身份再度赴日留学，入法政大学速成班学习。这次留日学生中，还有汪精卫、朱执信、张伯翘、古应芬等。胡与汪精卫、朱执信等朝夕相处，求学论道，建立了情同手足的关系。在法政大学，胡汉民系统全面地学习、接受了资产阶级的政治、经济、法律、伦理道德等思想理论，确立了资产阶级世界观，由一个反满爱国的封建知识分子转变为资产阶级革命者。

1905 年 8 月 20 日，中国同盟会在东京正式成立。9 月 1 日，胡汉民在廖仲恺的寓所第一次见到了孙中山。因为独特的地域和文化，"广东帮"在近代中国是一个非常活跃、地位举足轻重的群体。胡汉民就是这个群体中的出类拔萃者。他思想敏捷，长于理论思考，深得孙中山赞识。当晚由孙中山主盟，胡汉民加入了同盟会。这夜可以说是胡汉民此后 20 年政治生涯的起点。胡汉民入盟后，被推选为本部评议员，后任秘书，帮助孙中山管理文书，起草文件。

同年 11 月，同盟会的机关报《民报》创刊。《民报》刊名是孙中山采纳胡汉民的建议而确定的，同时，胡汉民被委派主持《民报》的编辑工作。胡汉民不仅熟谙中国经史，而且能文擅诗。他两次东渡，又涉猎西学特别是法国启蒙思想和包括马克思主义在内的西方现代思潮以及日本明治维新以来的变革历史，因此，他极精于文论。在与保皇派的论战中，胡汉民出色地"发挥革命救国之主张，与君宪派之《新民丛报》作剧烈之笔战，玄论超万，风靡一时"，"使康梁一派人士销声匿迹"，

胡汉民

这种理论宣传才干得到大家的一致赞扬。"汉民"是他在《民报》上发表文章时所用的笔名，意味"排满兴汉"。因为文章红极一时，这个笔名便广为人知。此后，他便以"汉民"行世了。在孙中山的培养重用下，胡汉民迅速成长成熟，两人关系也日益密切。到后来，不管孙中山遇到怎样的困难，胡汉民都不离不弃，是他的坚决拥护者和支持者。

1907 年 3 月，同盟会的主要领导进行了新的分工，胡汉民辞去同盟本部秘书职务，随孙中山离开日本东京，前往越南河内。孙中山化名高达生，胡汉民化名陈同，租用河内甘必达街 61 号，作为领导南方各省武装起义的指挥机关。

胡汉民接受的第一个任务是策应黄冈、惠州起义。革命党人虽攻克了黄冈城，但清军调集重兵反扑，起义很快失败。黄冈起义失败后，胡汉民又随同孙中山、黄兴等人指挥了镇南关之役、河口起义等多次武装起义，都以失败告终。

1908 年秋，孙中山在新加坡设立同盟会南洋支部，任命胡汉民为南洋支部长，并强调，如果胡汉民无暇顾及南洋支部工作，需他人代理，也属胡汉民的权力。从此，胡汉民成为同盟会掌有实权的独当一面的领导人。

新加坡是保皇派长期经营的海外活动中心。日本论战失利后，保皇派便转战新加坡，在此大肆宣传其反动思想。"保皇势力已先入为主，几乎贻害华侨不浅"。胡汉民到新加坡后，兼任《中兴日报》主编，署名"龙腾"发表了一系列文章。他的论战文章，"透言列强之政策，了如观火，使读者快慰不已"，批保皇派的文章，"非惧外媚满者所能置辩也"。孙中山、汪精卫等也参与到论战中来，保皇派猝不及防，很快败下阵来。这次论战的影响远远超过新加坡一地，华侨渐渐倾向革命，为华侨进一步支持革命运动奠定了思想基础。

1909 年 5 月 19 日，孙中山由新加坡启程前往欧洲，临行前将指挥与领导国内武装起义的工作交付黄兴与胡汉民。黄兴负责军事，胡汉民负责党务。为了更有效地领导南方各地的武装斗争，同盟会又在香港设立了南方支部，仍由胡汉民担任支部长。孙中山赴欧洲后，胡汉民坐镇香港指挥工作，传达孙中山的命令、指示、意见。胡汉民与孙中山的关系在并肩作战中得到升华，受到孙中山与日俱增的信任、倚重，胡汉民在同盟会中的地位不断上升。

胡汉民虽为一个手无缚鸡之力的书生，却有能吃苦不怕死的精神。1911 年，"三二九"广州起义前夕，胡汉民考虑再三，决定将女儿胡木兰托付给一位老人照料。因为随时有牺牲的可能，胡汉民忍痛在一块布上写下了自己的名字、籍贯，缝在胡木兰的衣服上，充分表现了置生死于度外的勇气。

10 月 10 日，武昌起义爆发。11 月 9 日，广东宣告独立，胡汉民被推举为广东都督。胡汉民到任后，广东军政府随即成立。他在任上，主要解决广东光复后面临的最紧迫的两个问题，即财政危机和军队问题，卓有成效。胡汉民督粤时间甚短，仅 40 余日，但建树不少，为新政权倾注了满腔热血。

1912 年元旦，中华民国临时政府在南京成立，孙中山被推举为临时大总统。孙中山就职后，任命胡汉民为临时政府秘书长。于是，胡汉民作为孙中山的幕僚长，辅佐他执掌全国革命政权，有"第二总统"之称。章太炎对胡汉民的职权有过这么一段说明："临时政府成立以来，宪法未定，内阁既不设总理，总统府秘书官长，乃真宰相矣。"是年胡汉民年仅34岁，虎虎有生气，满腔热情地协助孙中山处理各项事务，大胆革故鼎新，颇有建树。在"让位"问题上，胡汉民有过严重失误，他曾力劝孙中山让位于袁世凯。胡汉民后来回忆起此事时，称自己"可云功之首，而又罪之魁"。

1912年4月1日，孙中山正式解除临时大总统职务，由袁世凯继任。胡汉民作为总统府秘书长的使命随之结束。4月3日，孙中山偕胡汉民、汪精卫、廖仲恺等人，离宁抵沪，经武汉、福州，最后回到广州。

胡汉民回广东后，广东各界一致敦请他复任都督，胡汉民遂再次出任广东都督并兼任民政长。他根据孙中山"造成一模范省"的指导思想，决心将临时政府未及实施的政策在广东一一贯彻。军政府根据广东实际情况，通令严禁以农田偷种罂粟、采取保护工商业的措施、制定"地税换契案"等有利于经济发展的新政策。胡汉民也很重视行政建设，把对官员的选用和管理作为一个重要问题来抓。军政府制定了《粤省选用官吏及勤惩暂行简章》，规定政府官吏都应在东西洋学校或中国学堂毕业，或经民众推举。反对共和政体、精神病、财产上失信用者、吸食鸦片者都不能任官吏。孙中山评价说，"其学问道德，均所深信，不独求于广东难的其人，即他省亦所罕见也"，所以，"迹其平生之大力量，大才干，不独可胜都督之任，即位以总统，亦绰绰有余"。

●胡汉民全力辅佐孙中山，曾差点被桂系军阀沈鸿英杀害。孙中山去世后，胡汉民失去了依靠的力量，又由于缺少圆滑和世故，在各方权力角逐中，他屡屡失意。

二次革命失败后，袁世凯悬赏巨款通缉孙中山、黄兴、胡汉民等革命领袖。8月2日，胡汉民随孙中山流亡日本。

到日本后，孙中山即开始筹建中华革命党。胡汉民虽追随孙中山参与了组党筹备，制定各项章程等工作，但因他反对孙中山提出的绝对服从其个人的规定，直到1914年5月1日才加入了中华革命党，在党内编号是450。7月8日，中华革命党正式成立，胡汉民为政治部长。胡汉民发挥理论宣传的专长，主编中华革命党的党刊《民国》。《民国》杂志将宣传的重点放在声讨袁世凯背叛民国以及借民主共和之名，行专制之实的种种罪行，以捍卫真正的"民国"。

1915年初，袁世凯复辟帝制的劣迹大白于天下，中华革命党的反袁斗争从舆论声讨转向了组织武装斗争。孙中山三次发布《讨袁檄文》和《宣言》，并派人回国筹建了中华革命军东北、东南、西北、西南四个军，开展武装反袁斗争。1915年11月，胡汉民到菲律宾筹募经费，第二年4月化名陈国荣秘密从日本回到上海，协助陈其美领导上海的反袁斗争。5月18日，陈其美不幸被袁世凯收买的流氓打手刺杀于上海。痛失战友，胡汉民悲愤地写道："其魄至弱，其魂至强，死者亦有知，豺狼当道岂能久。为道太厚，为身太薄，天下正多事，麟凤非祥奈若何。"

1916年6月6日，袁世凯在全国人民的讨伐声中忧惧而死，护国战争取得胜利，孙中山、胡汉民等人也随之摆脱了流亡的困境。袁世凯死后，国务总理段祺瑞总揽国家大权。段祺瑞企图武力统一全国，拒绝恢复《临时约法》和国会。为反对段祺瑞专权，1917年9月1日，孙中山在广州成立护法军政府，任陆海军大元帅，护法运动正式开始。作为孙中山的助手，胡汉民的主要任务是联络、斡旋南方各派军阀，为求得他们的支持，胡汉民扮演了一个忍气吞声、四处求人的角色。护法军政府是孙中山与南方各派军阀联合的产物。南、北军阀实"一丘之貉"，双方很快勾结在一起。1918年5月4日，孙中山被迫辞去大元帅。21日，孙中山在胡汉民的陪同下，离开广州赴上海。

护法运动失败，革命党人一时又茫然失措了。在这种沉闷、痛苦的困境中，胡汉民只得苦中作乐：吟诗、作赋、读书、练字。

在此期间，胡汉民还代表孙中山参加了南北议和。1919年5月13日，胡汉民致电广州军政府，辞代表职。

胡汉民辞去和谈代表后，于 8 月 1 日在上海创办《建设》杂志，并担任总编辑。胡汉民在《建设》上发表了大量文章，继续从理论上探索中国未来的命运和前途。

1920 年至 1923 年间，胡汉民全心辅佐孙中山进行革命斗争、平叛陈炯明叛变、建设广东革命根据地。其间，胡汉民差点被桂系军阀沈鸿英杀害。

胡汉民出任广东省省长第三日，沈鸿英假借讨论地方善后及卫戍事宜，邀请胡汉民、魏邦平等人到广州江防司令部开会，企图趁机将胡置于死地。会间，沈的手下突然疯狂扫射会场，胡汉民的两个卫兵当场被打死，胡趁乱逃到楼下。幸而有人来制止，胡汉民得以脱身回到省署。沈鸿英料定胡汉民必定要回家，便命手下埋伏途中。沈的手下不认识胡汉民的汽车，结果误射他人汽车，车毁人亡。胡汉民侥幸虎口逃生，急忙逃到香港。广州局面一片混乱。

几个月后，孙中山回粤亲自主持工作，胡汉民到沪工作。在上海，胡汉民无所作为，不久即回到广州。当时，孙中山已建立了陆海军大元帅大本营，正领兵在东江一带作战。胡汉民回粤后，即被任命为总参议，主持大元帅府的日常工作，"文在外专注意于军事，无暇分神于其他，一切政事，统同由展兄（胡汉民）代行"。

1924 年 1 月 20 日，中国国民党第一次全国代表大会在广州召开，胡汉民是大会五人主席团主席之一。会议期间，胡汉民主持审查国民党一大宣言，由于他在一些关键问题上如反帝纲领上采取妥协态度，引起孙中山的不满和批评。在孙中山指定的 24 名中央执行委员会委员中，胡汉民仍列第一名。这时，胡汉民是偏向"右"的，他对三大政策采取保留的拥护态度。

1924 年 6 月 16 日，黄埔军校举行开学典礼。胡汉民也到场参加。孙中山演讲完毕后，胡汉民宣读了"总理训词"："三位煮鸡，萝卜大葱……"不少非广东籍的学生目瞪口呆，直到后来才知道，这位胡兄是用广东话读的训词："三民主义，吾党所宗。以建民国，以进大同。咨尔多士，为民前锋。夙夜匪懈，主义是从。矢勤矢勇，必信必忠。一心一德，贯彻始终。"这篇总理训词后来成为黄埔军校学生的座右铭，为历届学员所熟诵，而胡汉民的这一趣事也一届届流传了下来。

9月，第二次直奉战争爆发。10月23日，直系将领冯玉祥乘直奉大战之机，发动北京政变，推翻贿选总统曹锟。冯玉祥控制北京后，电请孙中山北上主持大计。11月13日，孙中山从广州北上，胡汉民代理大元帅。孙中山北上，陈炯明以为有机可乘，便纠集叛军分三路进犯广州。胡汉民立即任命蒋介石为东征总指挥，分三路东征。经过近两个月的激战，将陈炯明基本上歼灭，东征取得了巨大胜利。

1925年3月12日，孙中山在北京病逝，国民党出现权力真空。6月15日，国民党中央执行委员会决定，将大元帅府改组为国民政府，采取委员共同负责制。本来，胡汉民是代理大元帅，似乎可以顺理成章地问"鼎"即位，但他对平定"刘杨叛乱"不力，得不到许崇智的支持。虽有正义感，但性格高度自负，平日尖酸刻薄，好谈大义，缺少政治上需要的工于心计、圆滑通达，因而支持率也低。以书生之气对待政治，以"君子风度"对待权位，胡汉民很快就处于劣势。7月1日，中华民国国民政府正式成立，汪精卫为主席，后兼任军事委员会主席、宣传部长等职，成为孙中山以后第一位国民党领导人。胡汉民则辞去了代理大元帅和广东省省长职，为国民政府常委兼外交部长，军事委员会八位委员之一。可见，胡汉民在国民党内的地位下降了。

8月20日，国民政府财政部长廖仲恺在中央党部门前遇刺身亡。胡汉民因与嫌疑犯胡毅生、林直勉、朱桌文等人关系密切，被指为廖案主谋，遭软禁。9月15日，汪精卫在国民党中央执委会的会议上澄清事实指出胡汉民与廖案没有直接关系，决定"请胡同志往外国接洽，以非常重大任务，付之胡同志之手，由此可知当日政府当局，对于胡同志并无若何芥蒂"。

胡汉民对此视为被"放逐"，内心凄楚不堪，自比为逐之屈原，作

《楚囚》一首：

稚子牵衣上远航，
送行无赖是秋光；
看云遮处山仍好，
待月来时夜渐凉。
去国屈原未憔悴，
鸩人叔子太荒唐；
浮屠三宿吾知戒，
不薄他乡爱故乡。

1925 年，胡汉民在莫斯科留影

在这场权力斗争中，胡汉民遭到惨败。

胡汉民在苏联利用各种机会发表演说。在苏联的半年，达到了他一生最激进的时期，盛赞十月革命，并要以俄为师。

12 月，国民党右派不顾广州国民政府劝阻在北京召开西山会议，要求驱逐共产党。在对待西山会议派的问题上，胡汉民基本上同广州中央党部保持了一致态度。

胡汉民在苏联的激进言论及对西山会议派的立场，为他赢得了一定的政治主动权。在 1926 年 1 月的国民党第二次全国代表大会上，胡汉民是"缺席的主角"，在最后的选举中，他以 248 票全票当选为中央执行委员。同时，还当选为中执会常委、政治委员会委员及工人部部长。

1926 年 4 月 29 日，胡汉民回到广州。此时，"中山舰事件"余波未平，国民党内反对"联共"的人正蠢蠢欲动。这正中胡汉民的下怀。胡汉民在苏联的激进演讲带有很大的虚假成分，随着对苏联的了解，他的反苏反共决心更加坚定。胡汉民不顾旅途劳累，连日参加各种会议，竭力主张实行"分共"政策，并提出了"党外无党，党内无派"的口号。

蒋介石通过"中山舰事件"取代了汪精卫，成为广州国民政府炙手可热的人物，但他自知羽翼未丰，仍需利用苏联和中共，故对胡汉民的主张加以抵制。同时，国民党内的大多数人也反对胡汉民化友为敌，分裂革命队伍的行径。胡汉民成了不受欢迎的人。不仅如此，他在国民政府内的外交部长一职也正式由陈友仁取代。胡汉民郁郁寡欢，不几日便乘船离开广州，经香港去上海。

●胡汉民加入蒋介石阵营，手握重权，1928 年 10 月出任国民政府首任立法院院长。约法之争，胡蒋矛盾激化，最后胡汉民成了蒋介石的阶下囚，被软禁。

胡汉民在上海闲居近一年，景况颇为凄凉，自称"日惟读书，冀补年来学殖荒落之憾"。靠译述著作维持生计。但胡汉民并不是一个甘于寂寞的人，他一直在关注着政局的变化，准备东山再起。

在北伐过程中，蒋介石的实力不断发展壮大。羽毛已丰，蒋介石便撕下伪装，开始反共"清党"。分共之心，胡汉民早已有之。胡、蒋二人各有所需，一拍即合。

胡汉民要求蒋介石"以壮士断腕的决心反共'清党'"。4 月 12 日，蒋介石在上海发动反革命政变，胡汉民即随蒋介石前往南京，参与建立蒋记国民政府。

4 月 18 日，蒋记南京国民政府成立。蒋介石要与武汉方面抗争，除靠军事实力之外，还需要政治上的号召力和旗帜，而在国民党内资历、影响足以与武汉汪精卫相抗衡的，唯有胡汉民一人。故蒋介石将胡汉民推到前台，让他出任南京政府党政军三个主席。另外，胡汉民还有很多兼职：中央执行委员会常委兼宣传部长，秘书处秘书，军事委员会常务委员，中央宣传、组织、财务、法制、外交等委员会委员，不一而足，胡汉民成为了南京国民政府的实际主持人。

胡汉民将反共"清党"作为首要工作来抓。他发布的第一道命令就是《国民政府通缉共产党首要令》。他还为国民党确定了带有政策性的"清党原则六条"，其主要内容为："清党"期间中止入党；所有党员须经审查始发给党证；将土豪劣绅、贪官污吏等腐化、恶化分子一律清除。胡汉民明确指出："我们这次的'清党'是要进一步把共产党的死灰都送还给俄罗斯，不要让它遗留在中国。干脆地说，这次的'清党'，就是要消灭中国共产党！"

北伐时期，蒋介石与胡汉民合影

为消除共产主义和共产党的巨大影响，证明其反共"清党"的必要，胡汉民到处发表谈话、文章。这些宣传工作可以分为两类：通过"阐扬"三民主义来诋毁和攻击共产主义；直接造谣污蔑共产党。

1927 年 8 月 12 日，蒋介石被迫辞职下野。胡汉民在南京的地位有赖于蒋的支持，此时他只好通电表示，愿与蒋同时下野，暂时不问政事。胡汉民在上海隐居半年后，于 1928 年 1 月底偕孙科、伍朝枢等人前往土耳其和欧洲考察。土耳其之行，对胡汉民的政治主张影响很大。

4 月，胡汉民离开土耳其，前往法、德、英等欧洲大国访问。胡汉民访问这些大国的目的主要是向各国政府宣传国民党的政策，争取国际支持，同时为废除各国在华的不平等条约作些试探。

8 月下旬，胡汉民一行抵达香港，准备经广州前往南京辅助蒋介石。当时，国民党内的反蒋派已在集结、酝酿反蒋斗争。国民党要员陈铭枢、陈济棠、许崇智、居正、谢持等都极力阻止胡汉民去南京，劝他留在广州，主持广东政治分会，与南京"分治合作"。胡汉民拒绝了，9 月初到达上海。蒋介石特地赶到上海迎接他。9 月 18 日，胡汉民回到南京，国民党中央常务委员会立即补选胡汉民、孙科为中央常务委员，地位迅速上升。

胡汉民熟悉孙中山理论，并有民国初年执政的经验，蒋介石便委任他负责制定《训政纲领》。10 月 3 日，国民党中常会通过了《训政纲领》，规定：训政期间，由国民党全国代表大会代表国民大会领导国民，行使政权；孙中山规定的人民所有的选举、罢免、创制、复决四种权力，由国民党训练国民逐渐推行；国民政府由五院组成；国民党中央政治会议指导国民政府的工作，并拥有对国民政府组织法的修改和解释权。至此，国民党的训政及国民政府的五院制度确定了下来。

1928 年 10 月，胡汉民出任国民政府首任立法院院长。胡汉民把立法当成一件很重要的事来做，希望通过立法院，制定一整套的资产阶级法令，使国民党能"依法治国"，防止个人独裁。在就职典礼上，他就明确表示，他和立法院的工作人员，"唯有一德一心，不容任何派别的分歧，以力求立法效能的增进，而负党和政府的期望"。

胡汉民说到做到，他一直兢兢业业，勤奋工作。正如他曾经提到过的那样，"过去一星期中，兄弟除出席旁地会议外，自星期三起，连日下午主持本院民法债篇审查会议，平均自三时起至晚上十时止，足有六小时以上的审查会议，搅到晚上睡觉，便夜夜做修正条文的梦"。这样高强度的工作带来了十分丰硕的成果，在立法院院长位上两年多一点的时间里，胡汉民以"社会安定为立法之第一方针；经济事业之保养发展为第二方针；社会各种现实利益之调节平衡为第三方针"，共主持制定了民法、刑法、土地法、公司法、票据法、海商法、保险法、民事诉讼法、刑事诉讼法、地方自治法、工会法、农会法、渔会法、工厂法、矿业法和劳动法等16 种法典，奠定了国民党法律的基础，推动中国由人治向法治过渡。历史表明，民主和法治是现代化的前提。胡氏的立法思想与实践，从其总体看，对中国的政治进步和现代化仍是有所裨益的。但也必须指出，胡汉民所追求的民主是一种"可控的民主"，希望实现的法治是国民党一党之法君临一切的法治。以梁启超为例，梁当年是同盟会最大的论敌，但民国成立后，他已经逐渐从政坛中退出，潜心研究学术。1929 年，梁启超逝世，蔡元培等人念及梁的学术贡献，在国民党中央政治会议上提出，希望国民政府下令褒奖并对其家人加以抚恤。胡汉民立即反对，认为梁启超"生前不但反党，而且反国民革命"，"不可不谓反革命"，更不可以"恕其反革命之行为，而褒奖其学术也"，这是"与党的立场上冲突"。可见，所谓的法治，必须是在"三民主义"的理论框架之中和国民党的强力控制之下。

胡汉民虽然贵为立法院院长、党国元老，但在生活上十分俭朴，这与当时南京政府内官员工作敷衍、每天只知道广置房产、寻欢作乐相比，简直就是"出乎其类，拔出其萃"。邹韬奋在《生活》月刊上曾有这样一番称颂：胡汉民较有风骨，同满口大言实际却一团乌糟的大官不同。他在上海租界"无丝毫产业之购置"，"任职新都之后，从未踏到上海租界一步"玩乐。他不仅严格要求自己，还倡导廉洁政府和守法养廉，坚决反对北伐以后国民党和国民政府已经开始出现的腐败。他认为，在建设时代"腐化的机会比破坏时代尤其来得多"，"不见可欲，其心不乱，既然常与可欲者接近，操守稍稍不坚，涵养稍稍不够，那就堕入腐坑，无以自拔了"。因此，他提出必须"肃清党治下的一切腐化分子"。

同时，在蒋桂战争、蒋冯战争、蒋唐战争、中原大战等一系列军阀混战中，胡汉民总是无条件地站在蒋介石一边，为他摇旗呐喊。每次战事一起，胡汉民都毫无例外地通电斥责声讨对方，与蒋介石的军事进攻互为应和。战争过程中，蒋介石在前线指挥作战，胡汉民则在南京主持党务政务，维持后方，配合颇为默契。

胡汉民帮助蒋介石镇压了各路军阀，正欲大展宏图之际，却不料自己成了鸟尽之弓，成了蒋要消灭的下一个目标。

蒋介石打败了各派地方势力之后，其独裁专制之心日甚一日。1930年10月3日，未经中央党部讨论，蒋便从河南前线致电中央，建议立即召开国民会议，制定约法，以实现其主宰一切的野心。对蒋介石要召集国民会议和制定约法的主张，胡汉民十分敏感。蒋介石要制定约法当总统，这就意味着蒋介石要从他的手里抢夺对党的控制权。而且从理论上讲，制定约法，召开国民会议和实施宪政选举总统，是属于宪政阶段的任务。而且，对独掌军权的蒋介石来说，只能是加紧约束他人，集大权于己一身。10月6日，胡汉民在立法院纪念周上，发表《国家统一与国民会议之召集》的演讲，全面批驳了召开国民会议及制定约法的主张，从而挑起了约法之争。

11月12日，是孙中山的诞辰之日，这天，国民党三届四中全会于南京召开，蒋、胡对战的第一个回合也于此正式开始。胡汉民在致开幕词时，对开国民会议及制定约法一事一字不提，反而说四中全会的任务是"严正检查过去，策励将来"。蒋介石发表了《告中央同志书》，并在会上提出了两项施政的基本主张，一是肃清"共匪"，二是召开国民会议。

蒋介石在三届四中全会上，成功地修改了国民政府组织法，从而提高了国民政府主席、行政院院长的职权。原行政院院长谭延闿病逝后，即由宋子文代理，会上，正式推举蒋介石兼任行政院院长职务。

胡汉民见蒋介石立法之心不改，毫不退让，并且大肆渲染蒋介石的独裁图谋。

四中全会后，蒋介石积极筹备国民会议。1931年1月20日，国民会议选举总事务所成立，以戴季陶为主任，孙科为副主任，负责国民会议的筹备工作。

胡汉民针对蒋介石以国民会议制定约法及选举总统的企图，公开发表谈话，专门论述国民会议的性质与任务，对蒋介石的约法进行理论上的批判。

2月25日，胡汉民对《中央日报》记者谈话，将反对制定约法的理由公布于众。他说："我追随总理数十年，总理之重要著作，我亦曾参加若干意见，从未闻总理提及'国民会议应讨论约法'一语。总之大家应明了国民会议是国民政府根据总理遗教召集，其讨论范围，曾经总理手定：一、谋中国之统一，二、谋中国之建设，三、废除一切不平等条约。假使对总理遗教全部有深刻认识，断不致对国民会议之召集发生误会。"

胡汉民以其对孙中山理论的熟悉，轻而易举就从理论上击败了蒋介石，这一方面蒋介石不是胡汉民的对手。

国民会议召开前夕，陈果夫、陈立夫根据各党部报上来的选情报告，得出的结论是：如果确要举行总统选举的话，全国各省市党部，除了蒋介石一派控制下的浙江、江苏、安徽、上海外，其他绝大多数选票都是支持胡汉民的。面对这种局势，蒋介石十分焦急，他必须把胡汉民排除在外，单独完成立法程序。蒋介石先是采用吴稚晖的建议，由吴去劝说胡，不要与蒋相争，结果胡汉民不仅严词拒绝，还痛斥其是无耻之徒。一计不成，又生一计，蒋介石又采纳戴季陶的计谋，决定关押胡汉民以震慑胡派分子。

2月28日夜，胡汉民参加完立法院会议后，乘车抵黄埔路中央军校蒋氏官邸开会。来到府前，蒋介石的侍卫长王世和带数名侍卫走上前，对胡道："蒋总司令指示，今晚商谈机密大事，卫士随从均不入内。"

胡虽觉异常，却也只得令左右在门外等候，随后步入房中。进了客厅，见厅内坐着戴季陶、朱培德、吴稚晖、王宠惠、何应钦、叶楚伧、陈果夫、陈立夫、张群等，都是蒋的亲信。这时，国府秘书高凌百走过来，引导胡进入另一房间。

胡汉民走进室内，见室内端坐一人，定睛一看，端坐之人是南京市警察厅厅长吴思豫，胡不觉一愣。待胡汉民坐定后，吴思豫将蒋介石写给胡汉民的一封长信递给他。蒋介石在信中称胡"近来反对政府，反对介石，无论在党务政治方面，处处与他为难"。蒋并具体开列了胡汉民的种种"罪状"：一、勾结许崇智。二、运动军队。三、包庇陈群、温建刚。四、反对约法。五、破坏行政。……蒋介石还在每一款"罪状"旁加了注。最后，蒋介石写道："先生每以史丹林（斯大林）自命，但我不敢自称为托罗斯（即托洛茨基）。中正欲努力革命，必须竭我能力，不顾一切做去，断不敢放弃自身责任也。"

看罢信，胡汉民又气又急，要求蒋介石前来理论。约半个小时后，蒋的亲信邵元冲走进来劝说，胡汉民才弄明白蒋的意思，只是要他辞职。对蒋介石失去信心的胡汉民，马上表示自己不仅可以辞去立法院院长，甚至可以什么都不干。在幕后的蒋介石听胡此说，立即来到前台与胡汉民见面。

这时，胡汉民仍大骂不止，见蒋介石进来，遂怒斥蒋氏的无端指控。

蒋介石听毕，一言不发，拂袖而去。就这样，胡汉民被软禁了，气恼不过，一夜未眠。第二天一大早，蒋介石指派邵元冲和吴思豫带着10多名警察将胡汉民押送南京郊外的汤山软禁。一夜之间胡汉民从一个国民党上层领袖跌落成了没有自由的囚徒。于是，胡蒋斗争的第二个回合结束，蒋介石的强权政治战胜了胡汉民的所谓民主政治。1931年3月2日，国民党中央通过蒋介石提出的召开国民会议案，批准胡汉民辞去立法院院长，由林森继任。

●**胡汉民重获自由后，偏居香港、广州等地，从事抗日倒蒋的宣传，并曾一度策划组织"新国民党"。1936年5月12日，胡汉民因脑溢血病逝于广州。**

胡汉民被囚于汤山后，身体状况急转直下。为防不测，3月8日，戴季陶、邵元冲、吴思豫率卫兵接胡汉民回到南京鼓楼附近的双龙巷住宅。双龙巷口全换上了吴思豫所派的警察，同时在住宅内也派了人，以监视胡汉民的活动。蒋介石对胡汉民的活动范围实行严格的限制，胡汉民在住所被软禁了。

胡汉民在国民党内外有相当的影响，他被扣的消息一传出，就引起很大反响。国民党海外党部、华侨团体纷纷来电询问真相，表示忧虑和不满，一场反蒋风暴也在紧张地酝酿着，尤以广东为烈。

在古应芬、陈铭枢等人的策动下，反蒋各派云集广州，组成新的反蒋联合阵线。4月30日，邓泽如、古应芬、萧佛成、林森四监委联名发出弹劾蒋介石的通电，揭开了反蒋的序幕。经过一个月的筹划准备，5月28日，反蒋派成立了广州国民政府，与南京相对抗。

迫于广东方面的压力，蒋介石开始让步。5月4日，国民党中央常务委员会决定，敦劝胡汉民出席国民会议。蒋介石也于同日屈尊去探望他，询问其对出席国民会议的态度，胡以身体不好及受到监视为由，坚决拒绝。6月8日，蒋介石公开表示，胡汉民可以出南京，"大江东南，山明水秀，处处可由胡自择"。7月13日，胡汉民迁往孔祥熙寓所，获得了稍多一点的自由。

九一八事变发生后，宁粤双方迫于强大的舆论压力，由对抗走向合作。胡汉民也因此获得自由。10月14日，胡汉民结束了九个半月的监禁生活，乘铁路局为他准备的专车离开南京到上海。胡汉民到达上海后，汪精卫、古应芬、孙科、邓泽如、李文范等粤方的和谈代表也到达上海，经过10多天的讨价还价，宁粤两方代表终于达成三点分赃协议：一、宁粤双方各自召开国民党第四次全国代表大会，依照比例选出新的中央委员，然后在南京合并召开四届一中全会，产生新的中央政府。二、国民政府主席不得以军人充任，由一中全会推选德高望重的同志担任。三、撤销陆海空军总司令部，改设军事委员会统率全国军队。

按照约定，蒋介石于12月17日宣布辞去国民政府主席、行政院院长、陆海空军总司令职务。随后，改组国民政府，选举林森为国民政府主席，孙科为行政院院长，张继为立法院院长，伍朝枢为司法院院长，戴季陶为考试院院长，于右任为监察院院长。推举胡汉民、汪精卫、蒋介石三人为国民党中央政治会议常务委员，轮流主持中央政治会议，决定方针政策，但不负实际政治责任。胡汉民再次成为国民党内举足轻重的人物，他准备隐居上海，在幕后控制时局。

1932年1月13日，蒋介石从奉化老家到杭州与汪精卫会谈。16日，两人在杭州烟霞洞密谈，双方达成政治分赃协议：蒋主军，汪主政，蒋、汪共管党务。1月21日、22日，蒋、汪相继回到南京，策划推翻孙科政府。1月25日，孙科被迫辞职。随后，由汪精卫出任行政院院长，蒋介石为军事委员会委员长兼参谋总长，从此进入了蒋、汪合作时代。蒋、汪合作之日，也就是胡汉民再次被挤出国民党的最高决策圈之时。胡汉民被抛在一边，成了政治在野派，极为愤慨，连忙发表声明公开宣布与蒋、汪决裂。

从此，胡汉民便偏居在香港，宣传自己抗日倒蒋的政治主张。他多次提出"负有全责的南京政府应尽早下野"，不断揭露蒋介石和汪精卫对日妥协让步的不抵抗政策，并坚决支持各地不断涌现的抗日斗争。他甚至在宋庆龄领衔、实为中共发起的《中国人民对日作战纲领》上签名，对蒋介石所谓"只有安内，才能攘外"而针锋相对地提出"只有攘外，才能安内"，甚至提出"只要抗日，虽赤化可也"。但难得的是，日本人想利用蒋胡矛盾，多次拉拢诱惑胡汉民另立政府，均遭到痛斥拒绝。

1931 年 10 月，胡汉民（右二）、汪精卫（右一）、孙科（左一）在上海时的合影

上海"一·二八"抗战爆发后，胡汉民首次提出了武装抗日的四项要求：切实援助十九路军，将日军完全驱出上海；切实组织民众，使其成为抗日中坚；迅速撤调部队，收复东北失地；严整沿海各省之防卫，为长期抵抗作准备。胡汉民为宣传抗日，写过大量的文章，内容颇为丰富。

胡汉民的倒蒋主张，很大程度上仍是九一八事变前他与蒋介石矛盾在新形势下的激化和发展，是他的政治思想和权力欲的结合体。胡汉民连写几篇文章，猛烈抨击蒋介石的法西斯主义。为反对蒋介石的独裁统治，一向主张"党外无党、党内无派"的胡汉民，也组织成立了"新国民党"。"新国民党"拥护胡汉民的抗日、倒蒋、剿共三大主张。1933 年 1 月，胡汉民在广州创办了《三民主义月刊》，作为自己抗日反蒋的宣传阵地。

1935 年 6 月 9 日，胡汉民以出国治病为由，离港赴欧洲，住在法国南部的乡村，静观国内形势。

在邹鲁等人的联络之下，宁粤关系开始解冻。1935 年 12 月 7 日召开的五届一中全会上，胡汉民被选为中央常委、常务委员会主席。远在法国乡下的胡汉民得悉后，便决定回国。1936 年 1 月 19 日下午，胡汉民乘"维多利亚"号邮轮抵达香港，受到云集于此的国民党中央及西南要人的欢迎。欢迎活动盛况空前，还拍成了纪录影片。1 月 25 日，胡汉民又从香港到广州。

这次回来以后，胡汉民似乎看透了很多东西，开始寄情于书法、诗歌。虽然他不善于政治，但在艺术上胡汉民"工书、能诗、善文词"，有着很高的造诣。他的隶书与吴稚晖的篆书、于右任的行书、谭延闿的楷书并称为当时中国之四大书法。以《曹全碑》为例，是汉隶中用圆笔的典型作品。胡汉民深得汉碑跌宕秀美、飘逸飞动之韵。落笔藏锋逆入，行笔竖锋入纸，笔笔到位。其能掌握住纯用圆笔，故笔画凝重圆润，笔长而势足。南京中山陵大厅正面壁上是阴刻的《总理遗嘱》巨幅匾额，亦为胡汉民手书。他在海外又被称为"革命诗人"，古文大家冒广生评价其诗歌说："以雄直之气，发为阳刚，若甲胄之在身，凛然有不可犯之色；若虎豹居深山中，谈者色变。"强调胡氏以其直养浩然之气的人格而为诗，乃为"建天地，质鬼神，百世以俟后来而未尝愧怍"。

1936 年 5 月 9 日下午，胡汉民应邀去其妻兄陈融处赴宴。饭后，胡汉民与陈家的教书先生下棋。至晚 8 时，胡汉民棋处劣势，对着棋盘陷入长思。一般人以棋牌为娱乐，不计输赢，胡汉民争强好胜，对输赢看得很重。前两局一胜一负，成和局，但胡汉民意犹未尽，坚持再下一局。结果，第三局进入残局后，胡汉民想用"跳卧槽马"逼出对方老帅，不料对方突然架起仕角，炮打胡汉民的一只车。胡汉民明明有高血压症，本不宜过度用脑，这次却因找不出取胜之道，又不肯认输，一急之下，血涌入脑，忽然晕倒，从椅子上翻落在地。众人忙将他扶入屋内床上，并立即找来在广州的中外名医诊治。医生诊断为用脑过度，右侧脑溢血，并采取了救急措施。

当晚 10 时，胡汉民从昏迷中醒来，神志略清，自知病情严重，便将西南党政军要人萧佛成、陈济棠、邹鲁等，及夫人陈淑子、女儿木兰、堂弟胡毅生召至床前，口述遗嘱，由萧佛成记录，全文如下：

　　余以久病之躯，养疴海外，迭承五全大会敦促，力疾言还。方期努力奋斗，共行国难。讵料归国以来，外力日见伸张，抵抗仍无实际，事与愿违，忧愤之余，病益增剧，势将不起。自维追随总理，从事革命三十余年，确信三民主义为惟一救国主义，而熟察目前情势，非抗日不能实现民族主义，非推翻独裁政治不能实现民权主义，非肃清共匪，不能实现民生主义，尤盼吾党忠实同志切实奉行总理遗教，以完成本党救国之使命，切嘱。

　　遗嘱记完后，胡汉民神志越来越不清。11日病情加重，血压及体温均升高。12日下午7时40分，胡汉民在广州停止呼吸，终年58岁。

　　当晚，西南执行部和西南政务委员会致电国民党中央并通电全国，宣布了胡汉民的死讯。同时，由邹鲁、陈融、林翼中等人组成了治丧委员会。

　　5月18日，国民党中常委召开临时会议，专门讨论胡汉民治丧问题。会议由蒋介石主持，决定：推派居正、许崇智、孙科、叶楚伧等8人代表国民党中央赴广州致祭，并慰唁胡汉民家属；为胡汉民举行国葬；5月25日至27日三天为全国公祭日。6月17日，国民政府发表"胡汉民褒扬令"，全文如下：

　　国民政府委员前常务委员、立法院院长胡汉民，翊赞总理，倡导革命，丰功伟烈，中外同钦。乃因罹疾逝世，国丧元勋，民失师保，追怀往绩，允宜特予国葬，以昭尊崇。兹派居正、萧佛成、孙科、许崇智、孔祥熙、叶楚伧、林云陔、刘纪文、林芳浦、陈协之、胡毅生为国葬典礼筹备委员，着即依国葬法组织办事处，在广州择定葬地，敬谨举行。所有一切饰终典礼，务极优隆。其国葬费用及纪念建筑物，即由该委员等拟议呈核施行，用示国家崇德报功之至意，此令。

除广州外，香港、南京等地也隆重悼念胡汉民。各地的悼念词和文章，对胡的一生均有所评述，总的来看是一片颂扬，但细细品味，也能发掘些许不同。南京方面对胡的颂扬比较笼统抽象，侧重点在于要人民"化除成见，一致团结"，根本目的则是"巩固中枢"，而广州和香港方面则把胡汉民捧到了相当的高度，例如"本党现在唯一导师"，"党国最贤明之领袖"，"孙中山先生的唯一继承者"，等等，其目的在于动员抗日反蒋。尽管党争色彩十分鲜明，但也体现了在当时人们心目中胡汉民的崇高地位，是对其一生革命功绩的总体肯定。当然，他一度和蒋介石合作，发展其独裁军事政权，使人民蒙受苦难的污点也是不容回避的。

1936 年 7 月 13 日，胡汉民安葬于广州东郊的龙眼洞狮岭斗文塱。1985 年初，广东省人民政府拨款重修胡汉民墓于斗文塱东的银屏岭，与其夫人陈淑子墓相邻。现在已辟为"胡汉民墓园"，供后人纪念凭吊。

林森：无为而治 1931 年任职

　　林森，一个出身寒微的福建人，却成就了一个传奇——连任南京国民政府主席达十二年之久。他是一个爱国者，对民族危亡有着切肤之痛，很早就追随孙中山，踏上了革命的道路。在北洋军阀时期，他辗转奔波，致力于再造共和，其间经历宦海沉浮，数起数落。孙中山去世后，他曾由"溶共"转向"反共"，成为西山会议派的头面人物。但在抗战时期，他却以国家和民族大义为重，不遗余力宣传团结抗日。林森有着自己独特的处事哲学，"不争权揽利、不作威作福、不结党营私"，这种为官之道在当年国民党和国民政府高层内部独树一帜，赢得一片赞誉之声。

　　●林森早年从事革命，曾经赴台求学，并参加过台湾的救亡运动。结识孙中山后，他一心革命，在武昌起义中功绩卓著。后又几任参议院院长，致力共和，服务革命。

　　林森是民国政坛上一位重要的人物，他担任南京国民政府虚位元首长达 12 年之久。

　　林森，字子超，原名天波，号长仁。1868 年出生于福建闽侯县尚干乡凤港村一户农民家庭。闽侯座落在美丽的闽江下游，与福州极邻。林森出生后不久便被父亲林道举过继给叔父林道炳作嗣子。大约在 1870 年林森两岁时，因生活所迫，养父林道炳全家迁居福州，开了一家皮革店，家境渐趋富足。

　　林森家住福州仓前山一带，是外国人聚居的地方，集中了大量外国领事人员、商人和传教士。洋人为自己子女的教育考虑，就在这里开办了一些教会学校。学校采用新式教学方法，除了教会的必修课外，还讲授英文、数学以及其他自然科学。由于家境比较宽裕，1877年，林道炳将林森送进了一所基督教会开办的培元学校接受启蒙教育。5年后，林森升入鹤龄英华书院就读。英华书院是美教会创办的一所8年制的学校，开设有数学、生物、物理、化学等新式课程，课本全是英文，均由美籍教师任课。林森聪明好学，在这8年的学习中，不仅掌握了一定的自然科学知识，熟练地掌握了英文，还了解了欧美近代发展历史和美国独立运动，开始萌发了民主政治的意识。这些对于林森日后投身反清革命起了重大作用。

1884年，林森从英华书院毕业。正逢刘铭传接任台湾巡抚，在台北大稻埕创办电报学堂，向福州招收西学堂的学生，员额十人，主要学习电信技术。林森当即应考，并被录取了。刘铭传的电报学堂实际上只是一个培训班，学制一年。由于有着良好的西学基础和扎实的英语功底，林森学得十分轻松，很快以优异的成绩通过各门考试。同年，林森进入台北市电报局任见习生。

1894年，甲午战争爆发，清政府战败。中日签订《马关条约》，宝岛台湾被割给了日本。消息传出，举国震动。林森所在的台北市电报局，接到了无数给清政府和闽浙总督的抗议电报。目睹国土沦丧的现实和台湾民众的激愤，林森心痛不已，遂辞职离台回到福州。

林森回到大陆后即投身台湾的救亡运动，他以在台湾的亲身经历，到处演说，揭露日本帝国主义占领台湾后又企图侵占福建的狼子野心。不久，他受聘在自己的母校英华书院里教书，但他不教英语，专开"时事课"，深受学生欢迎。借着英华书院的教师身份作掩护，他常常辗转于福州、上海、广州以及日本等地，联络革命志士。期间，林森结识了孙中山先生。因林森熟悉台湾情况，所以在1897年再次赴台，在台北策划抗日活动。当时，日军在台北防范甚严，难以展开工作。林森在台北待了几日后便前往嘉义，继续拒日运动。

在嘉义，林森凭借出色的英语、国语和闽南话，找到一份很有意思的工作，为台南地方法院嘉义支部充当通译。他的主要工作是为日本审讯犯人做翻译。他一方面利用职权，极力为被捕的抗日志士避重就轻，另一方面秘密帮助杨心如、陈少白等人组建"兴中会台湾分会",并正式参加兴中会,直接接受孙中山的领导。

1899年春,林森因病回到福州。直到1902年为生活所迫,林森才托人介绍并经过一番考试进入了上海江海关做事。

其时,在上海的福建籍革命党人三五成社,力量极为分散。林森到沪后,在孙中山的支持下,与一批志同道合的福建同乡发起成立了"旅沪福建学生会",自任会长。林森利用工作之便,使江海关成为学生会的通讯联络点,他还将自己的全部工资捐给了学生会作为活动经费。同盟会成立后,林森领导福建学生会集体加入同盟会。不久,林森又联络福州当地的革命派,成立了"福州阅报书社",作为福建学生会福州分会。福建的革命力量日益发展壮大,林森遂联合其他的进步团体,在福州组织成立了同盟会福建分会。林森是福建革命派当之无愧的领袖。

1909年,林森由上海调到江西九江海关担任文牍。林森一到九江,就着手开始革命宣传工作。很快,他就和吴铁城创建了"浔阳阅书报社",极力倡导改革社会风气,宣传共和革命。

1911年,林森(右一)与吴铁城(右二)等在九江合影

为配合革命党的武装起义计划,林森到九江后,就以"商团"的名义,组织成立了军队性质的武装。同时,他利用同乡宗亲的关系,积极在当地海军中开展工作。近代中国海军最早产生在东部沿海一带,清朝最初的海军学堂就设在福建闽江口的马尾,因此海军中福建人很多。林森利用这一有利条件,与当地海军人士建立了极为密切的联系,大批官兵在他的影响下开始倾向共和革命。

武昌起义后,林森、吴铁城等人积极响应,策动了九江新军五十三标标统马毓宝反正，10 月 24 日，九江全城光复。不几日，清朝海军主力驶至九江江面，九江危在旦夕。危急时刻，林森自告奋勇要求上舰劝降。最后，林森、吴铁城、龚少甫三人一同前往。清海军主要将领萨镇冰、黄钟瑛等，对清朝的腐败统治早已不满。林森等人动之以情，晓之以理，最终驻九江的各舰都起义反正了。先后参加起义的有：海筹、海容、海琛三大舰，楚同、楚有、楚谦、楚豫、江元、江亨、江利、江贞等江防炮舰，湖鹏、湖鹗等鱼雷快艇，几乎是清朝海军的全部主力。清朝海军的起义，促进了长江中下游地区的革命发展。

九江光复和清朝海军起义，功劳首属林森。孙中山赞扬说："武昌首义，九江最早响应，鼎力支援，使革命得以顺利发展，如此之功，吾人佩甚！"为此，九江市商会特地制作了镌有"功在民国"的匾额送给林森，以表示九江人民对他的感谢。

民国建立后，林森因"德高望重"，当选为参议院议长。林森上任后所做的很重要的一件事，就是解决有关清帝退位后的优待条件问题。1912 年 2 月 5 日，林森主持通过了《关于清帝逊位后优待之条件》，有力地推动了南北议和。除此之外，林森还领导参议院制定了《中华民国临时约法》等大量法律条文和议案，对民国的稳定起到了积极的作用。林森对于南京临时政府的建立，以及法制体系的完善，所起的作用是巨大的。

南京参议院自 1912 年 1 月 28 日成立到 4 月 8 日北迁，共经历了代理参议院和临时参议院两个时期，正常工作两个月零十天，伴随了中华民国南京临时政府的始终。参议院在议长林森的主持下，作为国家的一个民意代表机关和立法机关，按照法定程序，依据民主原则，独立地开展工作，显示出了应有的权威性。它议决通过了大量政策法令，对于中华民国临时政府的创建和发展，都起到了重要的推动作用。参议院对孙中山和袁世凯提交的议案，都有过否决的记录，这无疑是中国政治生活的巨大进步。

4 月 29 日，参议院在北京举行开院礼，林森以福建省参议院身份仍担任参议院院长。他正直不阿，敢于和袁世凯正面交锋。按照参议院的惯例，任何人都不得携带武器入会，然而，在开院礼上，袁世凯却是穿着军服、军帽和军靴来到会场，还在腰间挂了一把亮闪闪的军刀。十分明显，他是在表达对参议院的蔑视。全场议员们面面相觑，却没有一个人敢说什么。这时，林森走上前去，拦住袁世凯，不卑不亢地说："袁大总统，参议院是代表民意的最高机关，是神圣的，例行不得携带武器进入。请大总统阁下解除军刀入席，以崇法制。"袁世凯虽然被林森说得一肚子气，却不好当众发作，只能悻悻地解下佩刀交给随从。

后来，随着袁世凯权力的巩固，他越来越不把参议院放在眼里。林森虽有报国之心，却犹如摆设，根本无所作为。以参议院反对陆征祥出任内阁总理为例，林森主张全院拒绝投票表决，袁世凯却动用军警到参议院外示威，甚至扬言如果议院再不通过，就立即解散参议院。议员们被迫同意后，林森又发动弹劾陆，终于迫使陆辞职。但袁世凯随后又任命亲信赵秉钧为总理。赵更是干脆将国务会议移至袁的总统府中召开。责任内阁名存实亡。10 月，林森愤而辞职。

这一切并不能让袁世凯满足，他的独裁野心日胜一日。在一手制造"宋案"之后，袁世凯又宣布解散临时参议院，决定仿欧美参议院两院制的形式重组参众两院，并举行第一届国会的"选举"。各地政客官僚竞相钻营，运用各种手段，大肆进行贿选。而林森这个当年的参议院议长，竟然在初选的选举人选举中就遭淘汰。同盟会视其为天下一大奇闻，心有不甘，四处活动。最后，由福建省议会出面，才将林森推选为参议院议员。

1913 年 4 月 8 日，中华民国第一届国会在北京开幕。林森作为福建省选出的参议员参加大会。根据《临时约法》第二十八条的规定，临时参议院完成了它的历史使命，正式宣告解散。林森和其他国民党议员团结一致，反对袁世凯的倒行逆施，引起袁的不满。袁世凯强迫国会选举他为正式总统后，便下令解散国民党，撤销国民党党员的国会议员资格，林森也在被撤销之列。

9 月，林森回到福建老家。在乡期间，他捐资助学，把乡里的一座庙宇改成一所学校，称为凤岚小学。林森亲自为孩子们制定了教学计划，让他们接受共和思想的教育。他还要求入学儿童必须剪辫上学，并给他们制作学生装。在这所小学读书，不仅学杂费全免，还另外赠送课本。此后，林森一直关注这所学校，到重庆之后，还寄钱给学校，并写信勉励乡人不使学童辍学。在福建待了几个月后，林森返回上海。稍事停留，即乘轮船前往日本，赶赴东京。

●**在日本，林森加入了中华革命党。主持美洲支部事务，他两袖清风。后倾尽心力修建黄花岗墓园。然而，孙中山死后，他参与西山会议派活动，革命倾向逆转。**

"二次革命"失败后，孙中山亡命日本，改组国民党，组织成立了中华革命党。林森到日本后，谒见了孙中山，并加入了中华革命党。孙中山对林森信任有加，决定派他去美洲主持党务工作。

1914年1月，林森受命前往美国，他此行的最重要任务是为国内的反袁斗争筹集款项。林森在全面主持美洲国民党总支部的工作后，兢兢业业，四方奔走，筹集了大批捐款（光向东京党部汇款即达120余万元），有力地支持了国内的革命斗争。林森虽手握巨款，个人生活却没有保障。他没有薪金，日常吃住都靠同志们帮助。为了维持生活，他利用空余时间教授华侨子弟汉语，甚至摆地摊出售雨花石赚钱补贴生活。因工作流动不定，这些收入也难以为继，但他决不动用一分捐款。后来孙中山在东京得知这些情况，深受感动，立即下手令给美洲支部一次赠予林森生活费3000元。

美洲国民党总支部在林森的主持下，各项工作都有了长足的进步。孙中山为表彰林森的功绩，特授予美洲支部以"领袖支部"称号。

袁世凯暴亡后，革命党人要求"恢复

林森（前坐者）在美洲总支部与同仁合影

231

约法，尊重国会"，北京政府的实权人物、国务总理兼陆军部长段祺瑞被迫同意遵守 1912 年 3 月颁行的《中华民国临时约法》，并重新召开国会。林森是首任国会议长，资历和声望在国内无人可及，他出席会议，势必有利于南方革命党。在这种情况下，孙中山将林森从美国召回。

1916 年 8 月 1 日，林森作为参议院的一名普通议员参加了新召开的国会。国会内部派系林立，摩擦不断，国会已沦落为总统黎元洪与段祺瑞争权夺利的工具。府院之争发生后，黎元洪下令解散了国会。不久，张勋复辟，拥戴清废帝溥仪上台。林森愤而南下广州参加"非常国会"，追随孙中山"护法"，因而成为北京政府的通缉犯。

1917 年 9 月 1 日，护法军政府成立，孙中山特任林森署理军政府外交总长。一个多月后，广州国会正式选举林森为参议院院长。此后，林森又担任了广州正式国会的参议院议长，坚持进步，反对北京政府的倒行逆施。在这段时间里，林森还积极参加了声援中国政府在巴黎和会中力争维护国权的种种活动。1919 年，林森主持重修黄花岗烈士墓，编纂《黄花碧血集》。

广州军政府日益被桂系所把持，所作所为与北京政府相差无几，"吾人护法，本以护约法为旨，今武人违法，视国家法律和国会为儿戏，南北皆然也"。道不同，不相为谋。1920 年 4 月，林森离开广州去上海，后转而赴云南，成立新国会，支持孙中山的护法运动。

同年 11 月，陈炯明率粤军回师广东，驱逐了桂系，两广遂告平定。在粤军的支持下，孙中山再次回到广州，决定"仿南京政府办法在广东设立一个正式政府"。林森在云南得知这一消息后，便于 1921 年 1 月 2 日赶回广州。

1 月 12 日，林森在广州主持召开了非常国会参众两院联席会议。在这次会议上，他再次当选为续任的参议院议长。当时政局纷乱，林森在任上尽职尽责，全力支持孙中山的北伐事业。

1922 年 6 月，陈炯明在广州公开叛变。孙中山为平叛陈炯明而被迫下令北伐各军回师广东，同时他把相当一部分注意力转向了福建省，其意图是将福建作为反攻广东的基地，并为将来继续北伐筹款。孙中山再三考虑，最后将福建省的事务交给林森全权办理。

11月8日，林森根据孙中山军政府的任命，就任省长一职。随之，他发布了施政方针五条，即：一、筹设自治机关；二、公开财政；三、免除苛捐；四、整顿金融机关；五、维持教育事业。然而，这时的福建政局是一片混沌，危机四伏。在林森之前，已有北京政府任命的省长萨镇冰。一省两长，自然会生出许多事端。林森上任不久，福建地方实力派黄展云、王永泉、陈群等人即以其主政无甚政绩为由，掀起"倒林拥萨"运动。林森空有省长之名，手上没有一兵一卒，面对反对派的"逼宫"，他明显处于劣势。孙中山权衡利弊，只得电令林森交出省长一职。"我的生死进退，惟以孙总统之命是听"，于是林森在1923年2月8日宣布辞职。同一天，萨镇冰正式就任福建省省长。

林森身为福建人，本打算大干一番，为乡人谋福利，怎耐时局混乱，事与愿违。这次失败对林森打击不小。卸职后，林森来到连江县官头镇青芝山，过起了隐居生活。青芝山位于闽侯海门，距闽侯百余里、

今日之黄花岗烈士墓园

连江城20里，是岭南山脉进入闽北之余脉，重峦叠嶂，森林茂密，以武夷第一、太姥第二、青芝第三而著称于世。林森在此地自己设计盖了一幢"别墅"——啸余庐，取"虎啸之余，退休终老还乡"之意。林森自诩"青芝老人"，寄情山水，作画写字，倒是度过了一段惬意清静的时光。

1923年3月2日，海陆军大元帅大本营在广州成立，孙中山就任大本营大元帅职。7月24日，孙中山电召闲居乡里的林森立即返粤，特任他为大本营建设部长。在部长任上，林森做了一件他认为在自己一生中极为重要的事，即修建黄花岗烈士墓园。

黄花岗烈士是革命精神的象征，但由于各种原因，烈士墓园一直没有得到好的保护。林森一直以来都很关心墓园的修建工作，这次更是不遗余力。在林森的悉心经营之下，宏伟的墓园主体工程终于在1924年年初完竣。同时，林森为了将黄花岗烈士事迹传播于世，激励后人，还与胡汉民、邹鲁等人，共同主持出版了《黄花岗烈士事略》及《黄花碧血集》等史料书籍。为了纪念在革命中牺牲的其他烈士，林森还在福州南公园主持督建了祝栗烈士墓和烟台山先烈碑亭。

1924年，国民党一大的召开，讨论国民党改组问题，标志着国共合作的建立。自国民党改组伊始，国民党左、右两派就关于是否应与共产党合作展开激烈的争论。此时，林森位居国民党的核心领导层，他先是担任了国民党五名临时中执委之一，后又当选为国民党第一届中央执行委员。但他极少发言，对这场争论袖手旁观。但从行为看，林森的确参与了"一大"的筹备，支持了国民党的改组。

1925年，孙中山逝世，林森北上主持祭葬事，他为孙中山撰写的挽联为：一人千古，千古一人。不久之后，著名的左派领袖廖仲恺遇刺身亡后，右派活动日益明目张胆。林森虽然从表面上看似与左派是一致的，但因为政治观点与许多左派人士不能统一，故感觉不能在广州立足。正巧，广州国民政府准备派出"国民外交代表团"北上宣传，于是林森担任团长，与邹鲁等人到了上海。之后，他放弃中立，公开加入到右派队伍之中，与戴季陶、谢持、邹鲁、叶楚伧等老牌右派共同商讨"反对共产党派"。

渐渐地，林森等人的反共活动愈演愈烈，1925年11月23日，他们不顾广州国民党中央和国民政府的一再反对，在北京西郊的西山碧云寺孙中山先生的灵柩前举行了所谓的"中国国民党中央执行委员会全体会议"（即"西山会议"）。当时，国民党的中央执、监委员法定人数为51人，而出席西山会议的只有12人，连四分之一都不到。

西山会议历时10天，共举行了22次会议，会议决定另立国民党中央，选举林森、覃振、邹鲁、石青阳、叶楚伧为国民党中央常务委员，并发表了公开背叛孙中山三大政策的宣言。西山会议通过了一系列反共议案。

林森从幕后走到台前，成为西山会议派领袖式人物。会后，林森即前往上海，主持另组中央之事，与广州国民党中央分庭抗礼，开始全面的反共活动。

广州国民党中央和国民政府对西山会议派不顾劝阻、恣意妄为的活动极为恼火，发动各地党部进行反击。1926年元旦，广州国民党中央举行国民党第二次全国代表大会，弹劾西山会议派，通过了《弹劾西山会议决议案》，宣布西山会议的举动"纯属违法，足以危害本党之基础，阻碍国民革命之前途，非加以严重之处分，不足以伸党纪而固吾党之大团结"。大会决议，将策划西山会议的邹鲁、谢持二人，永远开除党籍；林森、居正等12人，予以书面警告。

西山会议派却没有丝毫悔改之意，依然我行我素，于1926年3月29日，在上海非法召开"国民党第二次全国代表大会"。在会议中，右派们提出了"期望共产党之痛改前非，努力从事反抗帝国主义，打倒军阀之工作"的要求，并通过了《肃清共产分子案》等决议。林森在这次大会上名列中央执行委员首位，并担任了海外部长。

1926年5月，蒋介石制造了"整理党务案"，随后对西山会议派的人士进行了分化瓦解。很快，戴季陶、孙科、张继、邹鲁等一个个被蒋介石拉走了，北京只剩下林森一个人苦苦支撑。后来执行部经费几乎没有了，林森穷困潦倒，甚至开始为吃饭发愁。目睹世态炎凉，林森感慨万千，开始对政治逐渐淡漠。

1927年8月，宁汉对立，桂系"逼宫"反蒋，蒋介石被迫下野。林森则隐居在福建青芝山，寄情于山水以避免沉沦于政治斗争漩涡；在此期间又应乡亲请求回故乡主修陶江林氏族谱，以亲情乡情来缓解心中的忧郁。

9月，林森名列宁汉沪合流的特委会委员，次年2月又当选为国民政府委员，10月成为立法院副院长，后又当选为国民党中央监察委员。而身为党国政要的林森则埋头致力于南京中山陵的建设。他对纪念孙中山，筹建中山陵倾注了满腔的热情，从葬事的筹备，陵园的勘定，到工程图纸的审定，工程的招标乃至工匠的确定，他都一一过问，认真筹划，亲自落实。

● "宁汉合流"后，林森一直在国外闲逛。但历次反蒋名录中都有他的名字。蒋介石也一度任命他为立法院院长。1931 年，任国民政府主席，在位一干就是三届。

1927 年 4 月 18 日，蒋介石在南京成立了"国民政府"，至此国民党出现了宁、汉、沪三个中央。6 月 10 日，南京国民党中央执行委员会通过了张静江的提议，决定"恢复西山会议派的张继、谢持、林森、覃振、邹鲁、居正、石青阳、傅汝霖、何世桢等人的国民党党籍"。中常会联席会议也决议恢复"因纯粹反共而开除党籍之同志"林森、石瑛、茅祖权、沈定一等 18 人的国民党党籍，立即启封上海环龙路 44 号中央党部。到此时，对西山会议派的封杀令全部解除。

汪精卫的反共面目公开后，宁、汉、沪三方在反共"清党"方面取得一致，三方开始靠拢。9 月 11 日，宁、汉、沪三方代表在上海开会，商讨三个中央党部、两个国民政府的改组办法，经过 3 天的讨价还价，三方决定以"大局为重"，成立国民党中央特别委员会，以统一党务。9 月 16 日，特别委员会在南京成立。从此，过去对峙的三个国民党中央党部"均不复行使职权"。西山会议派代表人物、原中执、监委员林森、邹鲁、许崇智、居正、谢持、覃振 6 人，以及候补委员茅祖权、刘积学、傅汝霖 3 人都参加了这个特别委员会并任委员。

特委会成立不久，汪精卫一派因分权不均，指责特委会被西山会议派所把持，遂旧事重提，对西山会议派人士再次进行大肆攻击。在汪派的不断攻奸下，特委会只得决定收场，"派遣"许崇智、张继、居正出使日本，任命张、居为驻日代表。所谓被西山会议派把持的特别委员会，仅存在了100 天。在这场斗争中，林森虽是西山会议派的代表人物，却置身事外，几乎销声匿迹。日后很长一段时间里，林森被排除在权力核心之外，只担任一些无关紧要的闲职。

1931 年 2 月底，因"约法之争"，蒋介石竟将国民党元老、立法院院长胡汉民软禁，造成立法院出现权力真空。这时，蒋介石才想起了林森，打算让他继续任立法院院长。到 6 月，国民党三届五中全会召开，议决林森为立法院院长。此时，林森正奉命在旧金山考察，他这次出国承担着视察党务、慰问侨胞、募捐等三项任务。他接电后，表示同意接受院长一职，同时特给蒋介石发了一份电报，请将胡汉民迁往庐山。蒋介石接到林森的电报后，给了他一个面子，复电称："大江南北，山明水秀，随处可由胡汉民自择。"10月，走遍五大洲的林森回国，走马上任。林森的这次海外之行可谓成果丰硕，他筹募到了大批捐款，但却没有为自己添置一件足以防寒的冬衣，以致在自己的长衫下摆上缝寸布以保暖。

林森

自蒋介石非法拘留胡汉民之后，国民党内的反蒋派云集广州，准备另行成立一个"国民政府"，与南京国民政府对抗。1931年4月30日，邓泽如、林森、肖佛成、古应芬4人以中央监察委员身份署名发出"弹劾蒋中正"的通电，措辞十分激烈，给蒋介石罗列了几大罪状，如违法叛国、窃夺军权、潜植羽翼、养兵自重、"剿共"不力、包庇宋子文侵食烟赌款项、操纵金融、卖官鬻爵、起用群丑、迫害功臣，等等，要求给予蒋介石以严厉处分。通电一出，全国哗然。其实，林森早已对政治漠然。通电发出时，他正在国外"考察"，古应芬没有征求他的意见，就将其名署上了电报。

事隔不久，反蒋派再次发表讨蒋通电，以唐生智领衔，古应芬、林森、许崇智、陈济棠、李宗仁、陈友仁、邓泽如、萧佛成、汪精卫、邹鲁、李烈钧、王宠惠等副署，要求蒋介石在48小时内即行"引退"。这一次，林森虽仍不在国内，但名字还是被署了上去。非但如此，反蒋派还雇用杀手暗杀蒋介石。

5月底，广州方面提出"救党护国"、"打倒独裁"等口号，正式组成了国民党中央执、监委员非常会议，并另行组建国民政府，由汪精卫任国民政府主席。林森虽未参与这些事情，但他也不能逃脱干系。

6月初，南京国民政府开始猛烈反击，下令开除邓泽如、林森、古应芬、孙科等人的党籍，同时予以通缉。

正当宁粤双方剑拔弩张，准备大动干戈之时，日本帝国主义发动了九一八事变。迫于全国舆论的强大压力，双方从武力争夺转为了和平谈判，决定"共赴国难"。蒋介石为安抚各方，被迫决定再次下野。

10月，宁粤双方在上海举行"和平会议"。粤方向宁方提出了双方议和的七点办法，其中第五点为："国民政府主府，拟仿德国、法国总统制，以年高德勋者任之，现役军人不宜当选。"对此，南京方面基本表示认可。会议还通过了19项决议，其中有"国民政府主席为国家元首，不负实际政治责任，等于内阁制国家之总统，任期二年，得连任一次；国民政府主席不兼任其他公职；行政院负实际行政责任，等于责任内阁"等条款。由此，国民政府主席的职权被大大削弱了。蒋介石吃了这颗定心丸，放心辞去了国民政府主席一职。

国府主席林森会见意大利大使

由谁来继任国民政府主席，国民党内部意见不一。蒋介石最中意于右任，汪精卫提出的人选是蔡元培，而胡汉民则力主林森，还有人推出了孙科。

这时，胡汉民刚刚恢复自由不久，蒋介石多少要给他些面子，因而胡汉民在国民党内的地位很特殊，他的意见非同一般。这样一来，国民政府主席的实际人选就只剩下于右任和林森两人了。于、林二人都是老资格的党国元老，但相较之下，林森要比于右任更适合出任国民政府主席。让林森担此职，对蒋介石而言，有利无弊。蒋介石权衡再三，最后决定抛开于右任而将林森推上国民政府主席的"宝座"。

12月15日，国民党中常会举行临时会议，决议由林森代理国民政府主席。会后，蒋介石即发表了辞职通电。林森紧随其后，发表了代理国民政府主席的就职通电，全文如下：

南京中央党部钧鉴，各院部、各级党部、各省市政府、各路总指挥、各司令、各师旅团长、各团体、各报馆钧鉴：本日上午十时，中央临时常会会议，蒋主席提呈辞职，经会照准，并决以森暂代国府主席。森受命彷徨，不敢自逸，黾勉受命，暂度危急，值此国难灼肤，外交束手，懔失足于冰渊，谋全国之团结，急不可待，时不我与，森惴惴自将暂勉效职，对于施政大端，一切维持现状，无所更张。即望第四届第一次全会，早日开会，政府正式改组，俾党国大计，安内攘外，全国一心一德，共策前进，俾森早卸肩，用免陨越，所深切祷。特此奉达，惟希照鉴。林森叩。

风云际会，林森一朝翻身，走出"冷宫"，再次成为中心人物。半个月后，在国民党四届一中第四次会议上，林森"转正"，正式宣誓就任国民政府主席。

林森上任后，不负实际政治和行政责任，他的主要工作是接见外宾，出席仪式，发表演讲，代表最高当局训话，慰问下属，与各院、部、会主官共同签署文件，以及处理一些与法律方面有关的政务工作。

此时的林森，已届花甲之年，他常自嘲自己是"典守印信"而已。蒋介石表面上对林森很尊重，暗地里却处处制约，使林森无一点实权，无所作为。经过多年的宦海沉浮，林森此时有着十分清楚的认识，他曾做过一个生动的比喻："我的地位，譬如神龛中的神主，受人敬仰而不失其威仪，自然能保持庙堂之肃穆，与家宅之安康。若一旦神主显灵，则举室彷徨，怪异百出。其所造成阢陧不安之现象，绝非另一种灵异暂短时期所能补救。故神主千万不可显灵。"更何况此时的他全没了年轻时从事革命活动的血气方刚，对党内的政治纷争已失去了兴趣。

在林森的思想品格中，既有道家淡泊名利的一面，也有传统儒家积极明志的一面。他登上国民政府主席的座位，并不是怀着君临天下的心情去争夺权位，因而他与各方都能均衡相处，尽量避免各种矛盾，同时，他也能以党内元老身份，调解党内纷争，但又适可而止，决不至于妨碍国民党和国民政府的实权人物去行使职权。林森严格约束自己和手下，如洛阳警备司令陈继承来拜访，他拒绝接见说："以后武官直接去见蒋，文官去见汪，不必来我这里。"一次他的秘书替人找林森要个职务，林森说："用人要经过人事部门，不要找我。"林森对手下要求明确，可以归纳为"三不"，分别是："不发表意见，不参加宴会，不写条子。"剩下来的时间就寄情于山水、诗词、神佛，反而悠然自得。时人称其是"无为而治"、"垂拱而治"。胡适对此曾经评价说："如果国政主席是个不明大体而个性特别强的人，如果他不甘心做一个仅仅画诺的主席，那么，十几年前北京唱过的'府院之争'一幕戏，还是不容易避免的。我们试回想那两年前党政军合为一体的国府主席的地位，就可以明白林主席的谦退无为是有重大的历史意义的了。"

林森这个国民政府主席，不争权揽利、不作威作福、不结党营私，谨小慎微，处事得当，平易近人，深得各方的赞许。由于他公务繁忙，有的活动实在出席不了，都"亲笔请假，绝不疏忽，虽在严寒酷暑，无故绝不缺席"。等到散会的时候，他也总是等区分部书记退出会场以后，自己才走。"谦谦君子，其中法崇礼，有违常人所难能者。"他的官邸如同普通民居，因为离办公处不足一华里，林森总喜欢步行，身着长袍马褂，布鞋布袜，持手杖，附近的居民都认识他。在饮食方面，他喜欢清淡素食，几乎烟酒不沾。人们对此十分称赞："主席贵为元首，其衣其食其住其行，又仅与平民等，抑且亦较俭于平民，布袍大褂，安步当车，素食淡饭，陋室自居，此种精神岂一般平民所能及耶？"

1934 年 1 月，国民党四届四中全会在南京召开，林森不出所料再次被推选为国民政府主席。年底，国民党又召开了四届五中全会，成立了以林

240

森为首的"宪法草案"审查委员会。

在 1935 年 11 月举行的国民党第五次全国代表大会上，林森以国民政府主席身份当选为中央监察委员。在随后举行的五届一中全会上，因这个"虚位"主席之职无人竞争，林森再次连任国民政府主席，以及中央监察委员常务委员。林森在南京时期，从 1932 年到 1937 年连任了三届国民政府主席，长达六年。国民政府西迁重庆后，林森继续担任国民政府主席，直至去世。林森连任国府主席长达 12 年之久，可谓是一个奇迹了。

●抗战时期，林森反对投降、反对分裂。他首倡尊孙中山为"国父"，又痛斥汪精卫之卖国行径。以 70 高龄为抗日而奔波、劳顿。不料遭遇车祸，数月之后命殒黄泉。

林森虽然平时淡泊自守，但在历史关键时刻却态度鲜明。1936 年西安事变发生后，国民党内分成了"战"、"和"两派。主战派以何应钦、戴季陶为代表，主张发动内战，武力解决；主和派以孔祥熙、宋美龄为代表，主张通过谈判，解救蒋介石。12 月 13 日，在国民党中央政治局委员会召开第 29 次会议时，主战派占了上风，孔祥熙十分着急，然而只有林森一人，在会上明确支持孔祥熙的和解政策。会后，林、孔二人还共同签发了《国民政府着军事委员会斟酌情形于必要地区宣布戒严令》，以阻止用兵。在之后的几次会议中，林森主和态度鲜明，还做了题为"中央命令讨伐叛逆的重大意见"的报告，从"党的立场、国家立场、道德立场、民族立场"四个方面来论述其意义所在。23 日上午，在中央党部召开了第 36 次常务会议上，作出"中政会主席未回南京前，由委员林森代理主席职务"的决定。虽然职位跃升了，但林森依然主张暂缓用兵，呼吁"讨伐令不可下"。蒋介石对林森这种态度十分赞赏，他从西安"脱险"归来，一下飞机，第一件事便是绕过别人与林森握手，并向林森深深地鞠了一躬表示感谢。林森逝世后，国民党中央发表的林主席《事略》中提到西安事变时有这样一段描述："人心惶骇，当此时艰，主席在中央执行委员会及中央政治会议开会时，主持大计，指挥若定，委员长得安然脱险。"

抗日战争全面爆发后，林森立即以国家元首名义发表讲话，坚决主张武力抵抗日本侵略，号召每一个中国人为抗日建国而尽力，各竭所能，各尽其责。他自己更是以身作则，一切从简。据厨师诉苦说，每天只买两角钱肉。刚开始，还可买得斤把，后来物价高涨，只能买得两个指头大的一块。林森赴渝后，在一切公开场合，如总理纪念周、中山诞辰及逝世纪念日、新年讲话、辛亥革命纪念日、黄花岗烈士纪念日等，以及所有的慰问讲话、中外函电、会议致词中，总是不厌其烦、不知疲倦地发表抗战言论。

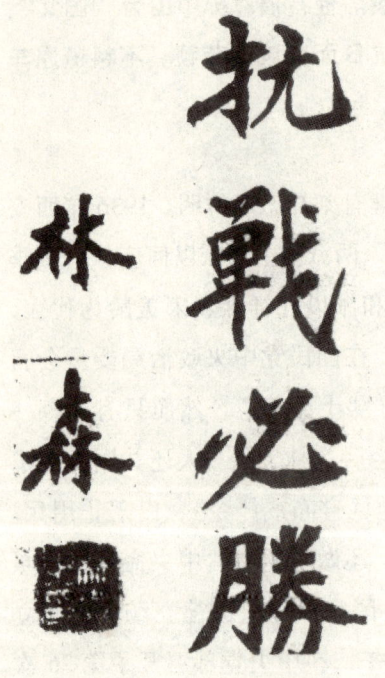

林森在重庆的题词："抗战必胜"

这里值得一提的是林森在 1938 年的元旦讲话。在这次讲话中，林森明确提出了坚持长期抗战，必将取得最后胜利的观点。林森不仅从军事上，而且从政治、经济、道义、国土资源、国际力量的支持等方面对中日双方的国力进行比较分析，最终得出结论：日本只能得逞于一时，最终必然失败；中国在军事上虽然一时失利，但只要坚持长期抗战，最后必将取得胜利。林森仅仅在抗战全面爆发后半年，就提出这样的观点，十分难能可贵。

据统计，林森在公开场合发表的有关抗战的演讲、声明以及训词，达 40 篇以上。抗战进入相持阶段后，国民党内掀起反共高潮，且一浪高过一浪。林森以民族大局为重，多次发表讲话，强调团结御侮，"把全国四万万五千万的人心，合作一个心；把全国四万万五千万的人力，合作一个力；本着共信互信的精神，向同一目标努力迈进"。

林森是这么说的，也是这么做的。他把自己唯一的养子送往了抗日战争的前线。林森本人无子女，以侄儿林京为嗣子。为了不让林京成为纨绔子弟，林森一直对他严格要求。林京也很争气，从燕京大学毕业后去美国哥伦比亚大学深造。从回国后不久，林森就支持他走上了抗日前线。林京一直在傅作义将军手下当英文秘书，后来英勇殉难。当时，林京的上司和同事都不知道他是国府主席的养子。

林森还是提议尊称孙中山先生为"国父"的第一人。1936年11月12日，在孙中山诞辰70周年纪念会上，林森在其演说词中首提"国父"。抗战开始后，倡导使用"国父"的称呼，可以激励民族精神，鼓舞士气，意义重大。于是在1940年3月28日召开的国民党中央执行委员会第103次会议上，由林森领衔提出并通过了尊称孙中山为"国父"的议案。该文件在第二日即黄花岗烈士纪念日，以一个正式的决议对外公布，意义非同寻常。

汪伪政府在南京出笼后，为欺骗民众，装饰门面，汪精卫只"谦虚"地出任了伪政府的"代主席"，而遥以林森为主席。在汪伪政府发布的所有文告、文件中，署名的主席仍是林森。林森得知这一消息后，不禁怒火中烧，发表了措辞尖锐的讲话，要求重庆政府下令通缉汉奸罪魁，并将汪精卫等叛徒开除党籍。

1941年12月9日，林森以国家主席名义，向德、日、意三国宣战。此后，他致力于废除美、英不平等条约。1943年1月，中美、中英新约签字，林森不胜欣喜，特邀宋庆龄、于右任等元老合影留念。但他同时也冷静地指出，"于欢欣鼓舞之余，不要志得意满，更不要妄自尊大"。

英国放弃在华治外法权后，林森敏锐地把目光投向了香港，并与当时驻英大使顾维钧进行了一次谈话。在这次谈话中，他明确表示："英国应该明白，它不能长期占据香港九龙。中国为了维护国家主权，深望收复这些领土。"除此以外，他还颇有气魄地指出："中国收复这些领土后，会继续把香港作为自由港。"林森的这些态度和想法，在当时有些奇谈怪论的意味，在今天看来，是十分有远见的。

林森有一只神秘的小手提箱，里面装究竟的是什么，众说纷纭，有人说是重要的国家机密资料，有人说是装了郑氏夫人的一对绣花鞋，还有人说是装了郑氏夫人的遗骨。其中，第三种说法最为盛行。林森年少时，由父母作主，与邻乡郑姓女子结婚。林森和郑氏虽是包办婚姻，但二人感情弥笃，相敬如宾。不幸的是婚后第二年，郑氏便身患重病，林森请假回家悉心照料，但因医治无效，于1893年冬亡故。

妻子的死给林森留下了巨大的感情创伤，他发誓不再续妻以保留对爱妻的永恒怀念，是年林森25岁。以后几十年中，林森一直过着独身生活。抗战期间，广西及香港的一些报刊都曾刊载传闻说林森将其所保存的亡妻遗骨藏于箱内，从不离身，每晚必抚摩再三而始入眠。虽然此传闻未必如实，但林森对亡妻的挚爱由此可见一斑。

对没有妻子孩子又生性淡泊的林森来说，培养一个爱好是打发时间的好方法。自中青年时代开始，林森便喜好古玩收藏与交易。与其他古玩收藏家不同，别人仅仅钟情于真正的稀世珍品，而林森则"真假不分"，全部都喜欢。在他看来，许多赝品，"用艺术的眼光看，并不算差，即使是伪造的，也算是无名艺术家的作品，从中也可以窥得历史的痕迹……如果每一百件廉价的东西中，有个几件，哪怕有一件是真品，那就很值得了；今之不为古，年代既久，过后不古亦古；再过一百年，假的也成真的了"。从这里也可以看出林森独特的豁达心境。

林森的生活很有规律，"每日黎明即起，盥洗毕，阅览报纸，略进早食，休息片刻后即赴国民政府治事。午膳后，假寐须臾，常亲笔书签亲友故旧信件，再赴国民政府接见僚属及宾客。休假及公余之暇偶亦作画，人物山水，随兴之所至，兰竹尤为其所爱，但不轻易送人，得其画者只不过二三知己而已"。林森入川后，对当地的山水情有独钟，大部分时间都流连在山水之间，自得其乐。林森年过七十，仍精神矍铄，岂料飞来横祸，命殒黄泉。

1943年5月12日上午，林森乘车自官邸前往国民政府出席加拿大新任驻华公使欧德伦递交国书的仪式。途经一路口转弯时，因车速过快，在避让迎面而来的一辆大卡车时，撞在路旁的一棵大树上，林森坐在后排，从座位上被震了下来，当时并无大碍。林森的座车是一辆黑色的别克车，是美国总统罗斯福赠送的，车的玻璃和钢板都具有较强的防弹功能，此时仍能正常发动。林森恐误了仪式，命令司机继续开车。车行至国府门前，林森在下车时忽然昏厥，侍从急忙将其抬到国民政府大厦的一间客厅里。

不久，中央医院的医生赶到，诊断为脑溢血。自此，林森就言语不清，半身不遂，待病情稍稍稳定后，即迁回官邸继续休养。

自林森遇车祸后，各方对此事都很关注。各地军政长官、各省参议会、国民党各级党部、各党派、各商会、海外华侨团体，以及民间组织，甚至外国政要，纷纷来电函慰问林森的病情。美国总统罗斯福、英王乔治等特发

林森墓碑

来电报表示慰问。美国大使、苏联大使等外国使节也前往探视林森的病况。中共中央主席毛泽东特委托周恩来为代表前往其寓所探视。

林森的病情一直不太稳定。7月底，病情开始恶化，8月1日晚7时4分，病逝于官邸，终年76岁。

林森逝世后，国民政府发布褒崇令曰："林故主席子超先生，以高龄钜德，任职十有二年，恭己临民，睿谟默运，育成民德，邦本用宁。故能临大事，决大疑，处变而不惊，慎谋而能断。洵足光耀史乘，表率群伦。"国民政府为林森举行了极为隆重的国葬。重庆市民闻悉林森逝世噩耗后，机关商店均下半旗志哀，全市停止娱乐宴会。各国驻华使馆也下半旗以表崇敬。

由于林森一贯主张抗日，所以得到共产党人的尊敬。中共在重庆出版的机关报《新华日报》上，发表题为《为元首逝世志哀》的社论，称林森的逝世，"是国父逝世以后我国最大的损失"。中共中央在发给治丧委员会的唁电中称赞林森"领导抗战，功在国家"。8月15日，延安各界数千人在边区大礼堂举行了隆重的公祭国民政府主席林森大会。重庆谈判期间，毛泽东住在林园，早上起来散步遇见同样出来散步的蒋介石，蒋介石领毛泽东参观了林森墓，毛泽东对林森给予了高度的评价。

245

美国总统罗斯福、英王乔治六世、法国民族解放委员会领导人戴高乐、苏联共产党领导人斯大林和加里宁、土耳其总统、菲律宾总统、巴西总统、伊朗首相、埃及总理等政界要人，以及世界上的许多党派团体，均发来唁电，对林森的逝世表示沉痛的悼念。

1943年11月17日，国民政府以国葬之礼将林森葬于重庆双河街山洞的林园。值得一提的是林森的财产安排。在入川前，他曾经对财产作了这样的处理：古董文物赠给博物馆，字画、书籍送给图书馆，存款50万元捐作奖学金。林森去世后，治丧委员会清点财产，惊讶地发现值钱的东西所剩无几。最后，只选了三件作为随葬品。第一件是亡妻的一双绣花鞋，把这双绣花鞋放在枕边，就像亡妻伴他睡眠一样。第二件是他常常随身携带的一根手杖。他喜欢策杖在山间行走，手杖的顶端有一圆球，上刻"曾伴我游五大洲"七字。第三件是一卷佛经。福州有座青芝寺，林森返乡食宿均在寺内，自号"青芝老人"。这卷佛经就是从青芝寺请回的。作为国民党高官，尚能简朴如此，不得不令人感慨。

张继：治史名臣　　1931年任职

　　张继一生的行迹，毁誉纷纭。辛亥革命时期，他敢作敢为，叱咤风云；第一次国共合作时期，他角色多变，让人始料未及；抗日战争时期，他虽然很有民族气概，却仍坚守顽固的反共立场。晚年的张继又致力于民国史和国民党史的研究，为中国史学作出了重要贡献。纵观其一生轨迹，既有革命气概，侠义心肠的一面，又有顽固反动，心狠手辣的一面，让人难以一言道尽。但正是这种复杂性，使得张继成为民国史上一个独特的人物。

　　●张继早年家境殷实，赴日留学，热心革命宣传工作，是无政府主义者，曾主笔《民报》。曾参加华兴会，后加入同盟会，与黄兴结下了深厚的友谊。

　　张继，原名溥，字溥泉，参加革命活动后，改名为继，取恒久之义。他于1882年8月31日出生在河北沧州东南的孙清屯。张家世为儒生，家境殷实，有"津南望族"之称。在这种环境中，张继七岁人私塾读书，从小就受到良好的传统文化教育。1897年，青年张继随父亲到保定莲池书院读书。每次经过高阳县城的时候，父亲张以南就指着孙承宗祠堂，向张继讲述明末满清人关劫掠，孙承宗英勇抗清的事迹，在张继心中留下了深深的印记。当时，甲午战败，中华民族正处于亡国灭种的危急时刻，主持书院的有识之士重视西学，西方学说在教学中占有很大的比重。张继感到耳目一新，思想开始发生转变，两年之后，他赴日留学，成为向日本学习探

247

索富国之路的一员。

初到日本，张继以日语读《大学》、《论语》，当时在东京的中国留学生有很重的反清情绪。张继被卷入其中，加入留学生组织的励志社，发行译书，开始宣传反清思想。但由于初入社会，缺乏经验，理论积淀又有限，全凭一时兴起，并无明确认识，称不上革命。

1900年，义和团运动爆发，张继回国省亲时，在北京、天津等地看到了八国联军侵华的暴行，思想受到很大震动。后来，直隶官报局局长张教谦看重了张继的才华，想聘他作翻译，但张继婉拒了，随后再次东渡日本，途经烟台时，张继看到日人将中国珍贵文物三十二尊铜佛盗运出境，异常愤慨，指着铜佛对友人说："此我国耻，义当雪之。"

这次赴日，可以说是张继思想上的转折点。他有幸得到资助，得以进入早稻田大学，攻读政治经济学。在这里，西方的政治、经济、法律、伦理学等学说代替了四书五经，"天赋人权"、"生而平等"等冲击着三纲五常。张继不知疲倦地吸取新的养料，在课余时间大量阅读《民约论》、《法国大革命》等资产阶级启蒙读物，这些书犹如催化剂，使"革命思想沛然日滋"，脑中的封建传统思想已荡然无存。

1902年，一批激进分子成立了青年会，以民族主义为宗旨，是东京学界"趋向革命的里程碑"，张继是青年会的主要成员。他还曾创办《国民报》，是留日学生中最早出现的革命分子之一。也正是在这一年，他第一次见到了孙中山，并又结识了章太炎。

1903年，沙俄公然入侵我国东三省，激起全国上下的愤怒。张继虽然人在日本，却抓住这个机会，与黄兴等人一起组织了留学生拒俄义勇队。义勇队一则抗俄，一则反清。他还与邹容、陈独秀等，一起严惩清政府的留学生监督姚文甫，将其脑后的辫子剪下，一时十分轰动。但也是因为此事，张继与邹容无法继续留在日本，两人一道回到上海，暂居爱国学社。当时，章太炎在此任教，进行革命宣传，不久章士钊也来到学社。四人志同道合，相得甚欢，遂结拜为异姓兄弟。张继居第三，人戏称"三将军"。章士钊受聘《苏报》后，张继也被聘为该报参议。当时，清政府垂死挣扎，残酷迫害革命分子，竟下发《严拿学生密谕》，密令各地督抚对有革命行迹的学生"随时拿到，就地正法"。闻此消息，张继义愤填膺，奋笔疾书，作《读〈严拿学生密谕〉有愤》一文，文章在《苏报》发表后，传颂一时，革命精神跃然纸上。

张继

《苏报》被封后，张继与章士钊等创办了《国民日日报》，张继是该报的主编及主要撰稿人，陈独秀为该报记者。《国民日日报》是继《苏报》之后国内最重要的一份革命报纸，"发行未久，风行一时，时有咸称《苏报》第二"。

此时，张继在中国积极倡导无政府主义，他曾以自然生为笔名，翻译了意大利人马拉叠斯达的《无政府主义》一书，在书前的序言中，张继写道：

吾愿杀尽满洲人，以张复仇大义，而养成复仇之壮烈国民；
吾愿杀尽亚洲特产之君主，以洗亚人之羞辱，为亚人增光；
吾愿杀尽政府官吏，以去一切特权之毒根；
吾愿杀尽财产家、资本家，使一国之经济均归平等，无贫富之差；
吾愿杀尽结婚者，以自由恋爱为万事公共之基础；
吾愿杀尽孔、孟教之徒，使人人各现其真性，无复有伪道德之迹。

句句不离一个"杀"字，反对特产，反对特权，鼓吹均贫富，主张自由恋爱，无一不是无政府主义者的特征。就连字里行间蕴含的狂热与极端，也是无政府主义者的常见态度。在那时，对比西方的发达，张继有着强烈的民族自卑感，认为中国人和外国人比较起来，"其人也非人，人皆嫌其秽臭"，在后来谈到这个问题时，张继也明确承认过，他当时确实希望"四万万人要杀去一万万"，认为这样才能从根本上解决中国的问题。

249

他是这么想的，也是这么做的。1904 年下半年，张继在湖南长沙明德学校任西洋历史教习期间，积极参加华兴会组织的暗杀行动。他曾和杨毓麟等同志一起，北上刺杀慈禧和光绪。他们在颐和园勘察地形，以便在路中放置炸弹。但由于炸弹壳、炸药均无法运入北京，所以没有事成。11月，华兴会准备在慈禧 70 岁生日时起事，却不幸泄露。为保黄兴安全，张继忠勇跟随，持枪护卫。当年冬天，广西巡抚王之春赴京途经上海，张继继续协助刺杀王之春，行刺失败，张继入狱。40 多天后，经多方营救，张继方才出狱，并和黄兴、宋教仁、陈天华等皆避走日本。在这次的事件中，张继和黄兴结下了深厚的友谊。到日本后，张继因丰富的学识和革命经历被推举为留学生会总干事。

1905 年，张继在东京加入同盟会，曾一度担任执行部的庶务，主持同盟会总部工作，是同盟会创始时第一批会员。为加强革命宣传，是年 11 月，同盟会创立机关刊物《民报》。在《民报》存在的三年中，张继任 1 至 5 期编辑兼发行人，1908 年所出的第 19 号，也由张继任编辑。张继作为发行人，对办报的指导思想、内容、形式都进行了认真的推敲审定。在为《民报》登记注册时，张继提出了《民报》的六大主张："一、颠覆现今之恶劣政府，二、建设共和政体，三、维护世界真正之和平，四、实行土地国有，五、主张中国、日本两国国民的联合，六、要求世界列强赞成中国之革命事业。"这六大主张是三民主义及同盟会誓约的具体化。在栏目增减、版面设计等方面，张继也是颇费苦心。在他的努力下，《民报》很快发行国内外，对加强革命思想的传播起到了重要作用。

1906 年 3 月，张继离日赴南洋，宣传革命。1907 年年初，他误认为孙中山受贿，有损同盟会威信，便与章太炎、刘师培一道，要在革命之前，先革革命党之命，掀起反对孙中山领导的恶浪。但他很快明白孙中山事出有因，于是大声当众认错。几乎同一时期，张继的无政府主义宣传也达到了一个高峰。他和无政府主义者刘师培等共同组织社会主义讲习会。8 月 31 日，该会在东京召开第一次会议。张继在会上明确强调：成立这个组织的目的在于"诠明无政府主义"。讲习会成立后，他还多次发表演说，逐渐成为了留日中国学生中宣扬无政府主义的骨干分子。在演讲之外，张继还做了一些翻译工作。他从日文转译了德国无政府主义者罗列的《总同盟罢工》一书。在书中，罗列提出反抗资本主义的"第一流革命方法"是总同盟罢工。在罢工中，"容易叫最大多数人来加盟，收最大的功效"。

1908 年，日本政府开始镇压无政府党人。1 月 17 日，日本无政府主义者幸德秋水举行演讲会，却被早已得到消息的日本警察围捕。张继是也参加了这场活动，遭到牵连，一度被日本警察抓住，但十分走运，被群众抢救出来。这次事件之后，日本是不能待了。他逃亡到欧洲。在欧洲，张继继续醉心于西方无政府主义者的主张和活动，他还把自己的所见所闻，所思所感以书信的形式寄给东京的刘师培，希望给中国革命以借鉴。他在一封信中曾提到，要以劳民为基础，仿照法国的方法，在中国各省设立劳民协会。而中国革命党人，则应该"循一堂堂正正之路混入会党之中，脱卸长衣，或入工场，或为农人，或往服兵"，为中国革命奠定基础。他先在英国游历，访问无政府主义者，交换欧洲与亚洲的情况，后又到法国，与吴稚晖等人往来，共同编辑无政府主义刊物《新世纪》。

在法国的时候，他还亲自参加了国际无政府主义者组织的"鹰山共产村"的实践活动。"鹰山共产村"位于法国西部沙列威尔附近的森林中，有百亩农田，一头母牛，一栋两层楼房，十多个人。该村以"各尽所能，各取所需"为目标，是世界各地无政府主义者的试验村。在这里，有犹太人、西班牙人、俄国人、波兰人、法国人、中国人，他们虽然语言不通，却相安无事地生活在一起。每天，张继都穿着西方的劳动人民专门的衣服，在田间耕种，还经常与一个俄国人推车到邻村卖菜。这段美妙的田园生活给了张继非常难忘的回忆，他在多年以后回忆说："每晨牛叫与红日并升于森林之中，其自然之美，至今尚悬于脑际。"但也正是在游历欧美的同时，他又逐渐认识到了无政府主义的问题，认为这是一种空想，"是不能达到的"。在此基础上，他改变了态度，开始认同资产阶级的"政党政治"思想。

●武昌起义爆发，张继跟随孙中山参加各次革命活动，曾任参议院议长。他还是第一次国共合作积极推动者，但旋而态度大变，成为西山会议派的中坚分子。

武昌起义爆发后，张继回到上海，协助陈其美举事。南京临时政府成立后，张继任交际部干事。面对复杂的革命斗争情况，他十分赞成把同盟会改组为国民党，并积极推进相关工作。特别是新党章的制定。1912 年 8 月，在国民党成立大会上，张继和阎锡山、李烈钧等人一起被推为参议。国民党的成立，扩大了革命派的声势，增加了和袁世凯势力抗衡的能力，大大有利于国会选举。随后，张继又和宋教仁分头到各省组织宣传、竞选、游说。国民党后来在国会选举中获得了胜利，张继功不可没。

1913 年，国会成立，在参议员议长的选举中，张继以绝对多数票被选为中华民国第一届国会参议院议长。此时的张继，刚满 32 岁，正是大展宏图的好光景。他刚上任不久就反对袁世凯丧权辱国的善后大借款，通电表示："（张）继等惟有抵死力争，誓不承认。"宋教仁案水落石出之后，张继看到，自己希望的政党政治的抱负在袁世凯的独裁之下，根本不可能实现，便进一步坚定了反袁决心。他决定南下，在上海发表《参议院议长宣言》，完全否定袁世凯在政治上的合法性。袁世凯对张继极为恼怒，不仅逼迫参议院免去他的议长职务，而且下令通缉。张继则发表了《袁世凯能捕张继耶》一文作为回应。文笔辛辣幽默，令人拍案叫绝。

随后，张继追随孙中山参加了"二次革命"、护国讨袁和护法诸役。在"二次革命"中，他亲赴江西，动员李烈钧起兵讨袁；在护国运动中，他想尽各种办法，向外商借取 200 万元，为西南护国军筹措军费；在护法运动中，他率领议员南下，追随孙中山，在广州组织军政府。张继在这些行动中得到进一步锻炼，成为孙中山信赖与依傍的重要干将。

张继虽然是中国国民党上层人士，却与中共及共产国际代表进行过接触。1920 年年底，孙中山在广州重建革命政权，并积极准备北伐统一中国。张继任广东军政府顾问，并被孙中山任命为北方执行部主持人。1921

年，张继又在孙中山的授意下，以国民党代表的身份，常驻上海国民党总部，奔走于各派军政势力之间，运用多种手腕，多方斡旋，以为国民党势力的发展寻求实力派的支持。

1921年10月4日，陈独秀与数名中共党员在上海被法租界巡捕逮捕。陈独秀是张继在辛亥革命前留学日本时的学友与革命同志，私交很深。张继闻讯后，积极予以营救。他先与褚辅成将陈独秀保释出狱，接着又请示在广州刚就任非常大总统的孙中山同意，由国民党在上海开设的中华银行支付500元作为保金与罚金，方才了案。这样，经过张继的联络与活动，国共两党开始建立联系。

1921年11月底，张继通过陈独秀，会见了共产国际代表马林。张继有欧洲游历的经历，且曾在荷属东印度进行过革命活动。而马林在来中国之前，曾被共产国际长期派在荷属东印度工作。因此，两人畅谈甚欢。在张继的安排下，马林由张太雷陪同，于12月下旬到达桂林，与孙中山作了恳切的会谈。这次重要会见，为孙中山确立联俄、联共政策创造了良好的开端。之后，张继又陪同马林到广州考察。这次为期4个月的南方之行，使马林对中国的政治形势与以孙中山为首的中国国民党有了较深入的认识，为纠正共产国际东方部对孙中山的误解与提出国共"党内合作"的建议起了重要的作用。在广州考察的时候，张继曾经和马林提过"两党合并"。虽然这一提法在当时看来并不现实，但却是马林后来提出"党内合作"的思想准备。对于张继的种种表现，马林赞不绝口，他高度评价张继"是孙中山的最重要代表之一"，更难能可贵的是，"他比我遇到的任何一个人，在政治上更为成熟，并且有更多的西方观点"。

陈炯明在广州叛变后，孙中山避居上海，张继即代表国民党与孙中山，同中共领导人陈独秀、李大钊紧张商谈，"商结'民主的联合战线'……与反动派决战"。接着，经张继联系与安排，马林与陈独秀、李大钊、蔡和森、张太雷等先后拜访孙中山，商谈国共合作与按民主原则改组国民党事宜。会谈取得了成功，国共合作开始正式建立。

9月初，由于张继在两党合作建立过程中的重要地位与作用，中共的重要领导人陈独秀、李大钊、张国焘、蔡和森、张太雷等人几乎都由他介绍，由孙中山亲自主盟，加入了国民党。张继兴奋地表示："所有中共负责人都由他的介绍相继加入了国民党，不啻是他对国民党有了不平凡的贡献。"

1922 年 9 月以后，中国国民党的改组工作正式开展，张继继续发挥着重要的作用。他多次参加在上海召开的改组国民党会议，还被孙中山任命为国民党本部参议。年底，奉孙中山之命，秘密访问苏联驻华特使越飞，传递孙中山致苏俄的信件。经张继联络安排，越飞于 1923 年 1 月到上海与孙中山会晤，并发表了著名的《孙文越飞宣言》，有力地推动了国共合作与革命形势的发展。当年夏，孙中山在指示组织"孙逸仙博士代表团"访苏时，曾打算让张继任团长。后虽因故改为蒋介石，张继仍然在筹备访苏工作中发挥了重要作用。当年 10 月的改组国民党恳谈大会上，张继和廖仲恺、李大钊、汪精卫、戴传贤一起，被孙中山委派为改组委员，处理国民党改组事宜。

然而，在 1923 年年底以后，张继的态度发生了根本的变化，由国共合作的热心牵线人和积极倡导者，变成为国共合作的带头反对人与坚定破坏者。这一变化看似突然，却有其原因。一方面，他曾幻想苏俄能向中国北方出兵，配合孙中山的北伐，以统一全中国。但在与苏联的联系中，才知道这是一个空想，因而十分失望；另一方面，共产党在国民党内部开展的积极有效活动和掌握的权利使得张继十分不安，再加上邓泽如、林森等右派的煽风点火，张继逐渐觉得共产党的加入会对国民党的存在和发展产生根本性的威胁。他开始站到了国共合作的对立面。

在 1923 年 11 月 18 日与 29 日国民党两次中央干部会议上，张继坚持"本部自应仍设上海，不可移粤"，并宣称"党中不可有党"，抵制国民党改组工作与即将召开的国民党一大。

"一大"后，张继的右派活动日益活跃。1924 年 6 月 18 日，他与邓泽如、谢持三人联合，以中监委身份向孙中山与国民党中央提出"弹劾共产党案"。在弹劾案中，张继等人从中共内部文件出发，以共产党在国民党

254

中成立"党团"为由，强调"既有党团作用，则已失其为本党党员之实质与精神，完全不忠实于本党，且其行为尤不光明"，攻击中共的党团员的"言论行动皆不利于本党，违反党义，破坏党德，确于本生存发展，有重大妨碍"，要求中央执行委员会"从速处分"。

21日，张继和谢持一道，特地去找苏联顾问鲍罗廷进行指责与辩论，诬称中共在国民党内活动是"致死之道"，宣称不允许国民党内"党中有党"，公然提出取消中国共产党，说："共产党全体加入国民党，实行国民党革命主义，又何必另挂中国共产党招牌，保留共产党组织耶？"否则就要国共"分道扬镳"，"分作两起"。正式提出国共分裂。

弹劾案很快掀起了巨大风浪，各地国民党右派反对国共合作的声音越来越响。在这危急的时刻，孙中山态度却十分坚定，他坚决抵制这种"分共"活动。国民党中央执行委员会在7月3日召开第四十次会议，专门解决这一问题，并在会议上否决了张继等人的"弹劾案"，并在几天后发表了《中国国民党关于党务宣言》，号召党员消除误会，重申三民主义为革命成功的唯一道路。在8月举行的国民党一届三中全会上，颁布了《有关容纳共产分子之训令》，重申了国民党"一大"精神，论述了国共合作之必要。张继不同意以上决定，竟与孙中山辩论起来。孙中山气的眼睛发红，几乎说不出话来。看到总理这样，张继于心不忍，就没再多说什么，不久便离开广州，默默返沪。

张继到上海后，与中央公开分裂，在1924年10月14日致电孙中山，称："自八月大会以来，共产派肆行无忌，继耻与为伍，请解继党职兼除党籍为叩。"张继自自请解职出党的电报发出后，孙中山曾批准开除他的党籍。但张继被开除的问题，在当时却被搁了下来。这一方面是因为"中央诸人"未按孙中山的批示"断然处置"，另一方面是因为北京政变发生，他的"党友"替他求情，请孙中山收回成命。尽管如此，张继也在后来脱离了国共合作的广州革命政府，活动于上海、北京等地，在右派的道路上愈走愈远。

●张继紧跟蒋介石，一生不忘反共。1931 年年底被选为立法院院长，但仅一个月就被孙科取代。故宫文物失窃案也是他导演的。晚年张继致力于编纂民国史和国民党史。

由于与冯玉祥很熟悉，张继听闻北京政变发生后，立即北上，担任"清室整理委员会委员"，着手接受和整理故宫的财产。但此时的他并不知道，在不久的将来，他还会与故宫事务发生联系。

1925 年 7 月，广州国民政府成立，任张继为国府委员，他拒不就职。11 月，国民党右派邹鲁、林森等在北京西山召开反苏反共会议，约张继参加。张继因伤病未参加会议，但他向邹、林表示："君等之主张，即余之主张也。诸事请两兄代签名可也。"1926 年 1 月，在广州召开的国民党"二大"，通过弹劾"西山会议派"的决定，首要分子邹鲁、谢持被永远开除党籍，张继受到了书面警告，被责其改正。但张继执迷不悟，在 1926 年 3 月底 4 月初，伙同其他西山会议派在上海召开了"国民党第二次全国代表大会"，张继主持开幕式，并当选为"中央执行委员"。他们在上海环龙路 44 号设"中央党部"，公开与广州的国民党中央对抗，进行各种分裂活动。此后不久，广州国民党中央宣布将张继与其他几个右派头目开除党籍。

1927 年，南京国民政府和武汉国民政府相继叛变革命。蒋、汪沆瀣一气，大肆捕杀共产党人。南京政府开始拉拢西山会议派。不久，宁、沪、汉三方谋求合流，组成特别委员会。张继以反共"先觉"和沪方代表的身份，被推举在特委会成立大会上做政治报告，并任该机构委员。

1928 年 2 月，国民党二届四中全会上，张继担任中央政治会议委员。8 月，接替李石曾为北平政治分会主席，另兼故宫博物院常务委员与文献馆馆长。10 月，任司法院副院长，北平临时政治分会主席。第二年 3 月，国民党第三次全国代表大会上，因反共而被开除党籍的邹鲁、谢持、林森、张继等人的党籍均被恢复，张继还被选为中央监察委员，同时兼任国民政府委员、蒙藏委员会委员。

在各派军阀的纷争中，张继始终站在蒋介石的一方，以元老的身份，奔走于南北各方，游说于各派之间，为巩固蒋介石的统治不遗余力。在1930年的中原大战中，张继一方面致电阎锡山，希望他不要反蒋，一方面亲往奉天，策动张学良，劝其援蒋。在1931年5月的"国民会议"中，张继担任主席团委员，继续为蒋介石效劳。而蒋介石也没有亏待张继，他也成为国民党内得势的少数几个北方人之一。

1931年年底，在四届一中全会上，张继被选为立法院院长，但仅维持一个月。1932年1月28日，国民政府改组，张继辞立法院院长职，刚卸任行

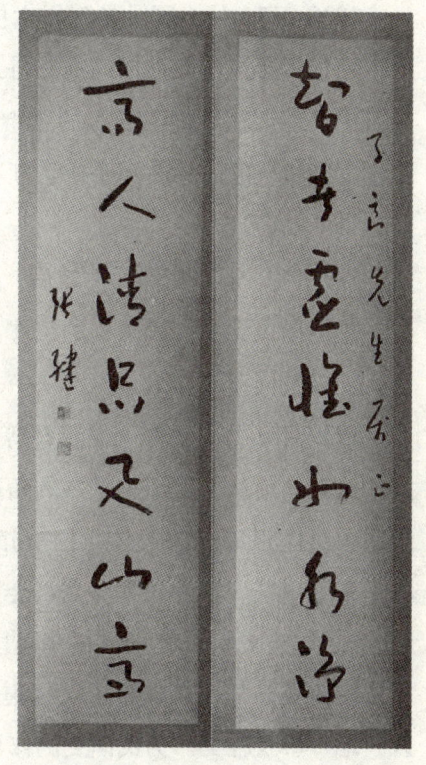

张继书法

政院院长的孙科继任立法院院长。当天夜里，"一·二八"事件爆发，国民政府将西安作为陪都，任命张继为"西京委员会"委员长。他尽心尽力于都城的规划建设和古迹保存。他特别注意黄帝陵的修缮，牵头发起每年祭扫黄帝陵的活动，希望以中华祖先的精神来激励民族的正气，以御外侮。

1933年，经南京政府批准，北平故宫博物院先后分五批将1.3万多箱古物运往上海，以免落入日寇之手。作为故宫博物院常务理事，张继不遗余力地监控故宫的诸项决策。然而，因为与故宫博物院理事长李石曾、院长易培基有矛盾，在妻子崔振华的鼓动下，张继夫妇指使由张一手提拔起来的最高法院检察署署长郑烈，多方串联、贿买人证，指控易、李私占故宫宝物。一个弥天冤案由此罗织开来。不得已，易培基辞职逃匿，此案扑朔迷离，一时间沸沸腾腾，被誉为"民国十大奇案"之一

1935 年 11 月，国民党四届六中全会在南京中央党部礼堂召开。晨光通讯社记者孙凤鸣突然向站在头排正要转身的汪精卫连开 3 枪，但慌乱中未打中要害。在汪精卫身旁的张继迅速奔向袭击者身后，将其拦腰抱住，张学良乘机飞起一脚踢掉手枪。汪精卫被送到医院后保住了命，人们都言是张继的功劳。

1937 年，张继在邵元冲之后，继任中国国民党党史编纂委员会主任委员，主持国民党史和民国史的工作。全面抗战爆发后，张继以民族利益为重，积极赞同对日作战。

1939 年 1 月，张继与吴稚晖等人联名提出建立档案总库，筹设国史馆案的提案。他从文化历史发展的角度强调，"亡史之罪，盛于亡国"，并在提案中具体拟定了国史体、国史馆组织条例和一些具体原则方法。同年底，张继出任"国史馆筹备委员会"主任委员。国史馆委员会先后编写了《中华民国史史料长编》、《中华民国大事日历稿》、《金石志稿》、《中华民国史籍提要》等，还颁布了《征集史料简则》，规定了征集民国史料的时、人、地、事及种类。为民国史的修订做了大量基础性工作。

1939 年 7 月，张继任中央慰问团总团长，曾到延安慰问。在欢迎大会上，张继在发言中"捶胸顿足，老泪纵横"，呼吁国共团结，高喊"我中华民族黄帝子孙绝不会再用兵来打自己了"。这些只是他的逢场作戏而已，他的反共立场并没有改变，对边区军民的艰苦抗战生活大肆攻击"睹匪区种种丑恶之怪状，愈觉厌恶，不胜愤懑"。

1945 年夏，张继出席国民党第六次全国代表大会，任主席团成员，同时被推举为国民党中央监察委员。1946 年春，在国民党六届三中全会上，他积极鼓吹修正政治协商会议及军事小组协议条款，支持蒋介石发动内战。同年冬，张继出席了国民党一手包办的伪国大，是主席团成员之一，后又出任国民党宪政实施促进委员会副会长。

1946 年 1 月，全国中国国民党、中国共产党以及各民主党派（民盟、青年党等）为抗战后的和平建国大业在重庆召开政治协商会议。会议通过《和平建国纲领》作为政府的施政纲领。纲领确定建立统一、自由、民主的新中国。看到中共占了上风，张继十分不满，他强烈反对出让国民党政权。

1946 年 9 月，国史馆筹备委员会由重庆前往南京。张继再次向国民政府提议，将国史馆筹备委员会改为国史馆。终获批准。12 月，《国史馆组织条例》出台。第二年 1 月国史馆正式开馆，张继就任第一任国史馆馆长。他力邀各方专家来官任职，并创办《国史馆馆刊》，留存民国时期大量珍贵史料，包括北洋政府时期国民政府时期及日伪政权档案、大量图书、报刊、各级地方志、民国人物墓志铭和传记等。为国民党史和民国史的编纂做出了重要贡献。同年 12 月 15 日夜，张继在南京官邸突发疾病，未及医治就猝死。终年 66 岁。有《张溥泉全集》及"补编"遗世。

覃振：中共至交　1932年任职

　　覃振的一生，坎坷而又曲折。在辛亥革命时期，他积极投身于反清运动的洪流，即使身陷囹圄也岿然不动。在反对军阀势力的斗争中，他百折不挠，很快成为湖南革命势力的主要代表人物之一。直到大革命后期，反共逆流的袭来，他又一度误入歧途，参加过"西山会议派"。然而，当中华民族与日寇作殊死斗争的时刻到来时，他果断放下成见，支持国共合作，并用实际行动为抗战事业添砖加瓦。他是国民党中央立法院院长、司法院副院长、国民政府委员，也是毛泽东、周恩来、李维汉等中共领导人的革命至交。

　　●覃振自小就有反清思想，积极参加推翻满清的革命活动。辛亥革命期间，致力于湖南革命大业。在联络党人的时候，覃振不幸被捕。面对严刑审问，他泰然不屈。

　　覃振，字理鸣，原名道让，1885年农历二月二日，出生于湖南省桃源县大田乡。他后来与宋教仁、胡瑛，并称为"桃源三杰"。他生性聪颖，幼年读私塾，理解力极强，饱览诗书，15岁时，重要的经、史书籍就已读了一遍。他目睹时事的艰难，清朝的腐败，很早就萌发了反清思想，深信只有推翻清朝的统治，国家才能富强。1900年，八国联军侵犯北京，烧杀抢掠，无所不为，肆意践踏中国主权。热血沸腾的覃振，经常到广场上向民众讲演清廷的腐败无能和八国联军蹂躏北京的现状，讲演时声泪俱下，听者都被深深打动。覃振以蝇营苟苟为耻，时刻不忘以拯救民生为己任，有时遇见不平事，总是挺身相助弱者。

覃振在桃源漳江书院读书时，结识了民主革命家宋教仁先生，两人义结金兰，经常研讨实行反清斗争的计划。1903 年是覃振的人生道路发生重大转折的一年。这年，覃振从漳江书院毕业后，读了从日本流入国内的《新民丛报》等报刊，思想更加激进。后转入常德府中学，就学期间，碰上官方就郎江书院设立小学及图书馆一事，举行开办仪式。众多的官员绅士一齐聚集在常德西路师院，各个学校参加的学生共达 1000 余人。

覃振在听了官绅粉饰太平，极力为清政府歌功颂德的致辞后，按捺不住内心的愤懑，挤出人群，登台大声演讲驳斥官绅的忠君爱国之说，并慷慨激昂大谈救国必须革命的道理，听者无不动容，官绅们则惊骇失色。武陵县令廖世英把覃振视为不良学生鼓动造反，准备逮捕他，向清政府邀功。幸亏常德知府兼湘西学务办朱其懿欣赏他的才能，仅以开除学籍从宽处理。

覃振离校前，以通俗的语句愤然写下《死里求生》一文，阐述革命理论，这篇惊世骇俗的文章，由同志分抄遍贴

宋教仁

大街小巷，围观者多至阻塞交通，于是覃道让三字大振。清政府恼羞成怒，下令逮捕覃振。在亲朋好友的资助下，覃振化名郭歉之，乔装打扮，于 1904 年东渡日本留学。

覃振赴日入东京宏文学院。留学期间，他对西方的民主法律思想进行了广泛的涉猎，西方的政治经济文明深深地吸引着他，开阔了眼界的他更深地认识到清政府的腐朽、反动，更坚定了反清的革命意志。在此期间，他与老乡宋教仁交往甚密，两人志同道合，相交莫逆。他们经常邀请同乡志士，纵情议论时政，密谋反清革命。

1904 年 4 月，他经宋教仁介绍参加华兴会，并组织会员进行秘密的军事训练，为归国领导武装起义作准备。华兴会会长黄兴计划华兴会在湖南举行反清起义，宋教仁被派担任常德方面主持责任。11 月，应先期回国的

宋教仁函约，覃振打算回国参加由黄兴发起领导的长沙起义。覃刚至上海，不料起义计划泄露，于是覃暂时藏匿在乡间，期间与宋之昭女士结婚。因为官方追捕急切，覃振只得重渡日本。

1905 年，同盟会在东京成立，中国革命运动有了一个统一的领导核心，成为资产阶级民主革命运动高涨的新起点。覃振加入同盟会并被推举为同盟会评议部评议员。12 月，中国留日学生陈天华为抗议日本政府《取缔清韩留日规则》投海自杀。覃振于 1906 年年初离日返回湖南，与禹之谟等在长沙发动学生和各界人士 3 万余众，护送陈天华灵柩回国，为争取将陈公葬于岳麓山，他与禹之谟、宁调元等人奔走呼号，同顽固派绅士进行了激烈斗争。公葬之日，社会各界前往岳麓山凭吊者达数千人，山上一片白色，场景十分悲壮。因此引起了清政府的不满，派官兵追捕。后禹之谟不幸被捕遇难，覃振再度流亡日本，入早稻田大学就读。

1906 年，根据同盟会的安排，覃振与刘道一、蔡绍南等回湖南"运动新湘军，重振会党"，积极为同盟会成立后的第一次大规模的武装起义——萍浏醴起义作准备。覃振与刘道一、蔡绍南回湖南后，一面联络新军与各校学生，一面尽力宣传。为了避免官府的注意，他们经常改换装束，戴斗笠，穿草鞋，青衣短裤，顶着风雨夜行，与会党秘密联络，共同商讨反清大计。

6 月，起义时机已经成熟，覃振与刘道一、蔡绍南约集 38 人在长沙水陆洲附近的一只船上举行秘密会议。根据黄兴的指示，确立了萍浏醴起义的策略方针和具体步骤，会上进行了具体分工，覃振与蒋翊武、成邦杰等人负责运动新军。然而，水陆洲会议之后，清政府获悉了风声，加紧了戒备，覃振几次险遭不测，幸亏事先得到警界同志的密报才幸免于难，不得已再次逃亡日本。

覃振通过各种渠道时刻关注萍浏醴起义的动向，当他获悉萍浏醴起义爆发的消息时，当即决定归国帮助湖南革命军，并连夜与宋教仁商量回湖南的应对策略，但因萍浏醴起义很快遭到清政府镇压而失败，刘道一、蔡绍南等被捕牺牲，他满腔的爱国热忱化为无尽的悲哀与愤怒。

1908 年，覃振奉黄兴之命潜回上海，准备联合各省党人在长江中、下游同时发动起义。不料清吏事先获悉此计划，当他抵达长沙连升客栈时，不幸被捕。清吏用各种酷具严刑逼供，希望覃振供出同党，从而一网打尽。覃振面不改色，泰然不屈，巧妙地与敌人作斗争。清吏无计可施，对他多次搜查，也没有找到可资佐证的谋叛材料，最后只得判以终生监禁，关押在长沙监狱。

在狱中，覃振时刻不忘革命大义，他利用一切可能的机会向同监犯人宣传民主革命思想。妻子宋之昭来探监，看到丈夫备受凌辱的样子，忍不住伤心落泪。覃振微微一笑，风趣地说，下次你把女儿带来和我一起坐坐监狱。他的妻子真的趁着天黑，把刚两岁的女儿带来，从监狱圆形的通风窗里塞进去，就这样无邪女儿与重犯父亲同在监狱。覃振利用监狱为掩护，与外界同志联络，日子久了渐渐被狱吏所怀疑，他们对覃振屡施搜查、提讯，都没有结果，最后把他押解到桃源县狱，严加看守。

覃振身陷囹圄，壮志未酬，常常吟诗自遣，他曾赋七律诗一首：

十五离家仗剑游，雄心辜负少年头。
误来古洞避秦劫，忍向新亭泣楚囚。
壮志未酬海国梦，伤时感旧故园秋。
渔樵莫话当年事，山自青青水自流。

因为桃源县为覃振的原籍，狱中犯人无人不认识覃振，因此进行革命工作较在长沙监狱更为顺利。外面的同志如刘复基、蒋翊武及常德各校学生来探视者络绎不绝，这使得覃振对外面的革命活动了如指掌，常常帮助出点子，想办法，提建议。

武昌起义爆发后，湖南人民在焦达峰、陈作新为首的革命党人领导下，在长沙发动起义成功，建立了中华民国湖南都督府，焦、陈二人分别被推举为正副都督。他们立即致电桃源县护送覃振入长沙，商讨大计，覃振遂入狱四年后重获自由。但不幸得是，长沙政变，焦达峰被杀，常德也经常发生巡防军残杀革命同志的事情，革命几受顿挫。覃振回长沙时已来不及挽救时局，所幸的是新军上将多是覃振的知友，覃振痛苦陈词，呼吁精诚团结不要争权夺利，湖南大局才得以平稳。

不久覃振出任湘桂联军督战官，出发武汉。后经黎元洪挽留，覃振任鄂军政府秘书，并代表黎元洪赴南京参加商讨组织政府事宜。

●袁世凯篡夺革命果实之后，覃振走上了反对袁世凯，坚持民主共和的道路。他追随孙中山，参加了护国、护法诸役。然而，孙中山逝世后，他成为西山会议派之一。

1912 年，袁世凯窃取辛亥革命的果实，被推选为第二届临时政府大总统，黎元洪为副总统。覃振见袁世凯所提名的组阁名单中，袁的亲信占多数，遂致电袁世凯指正，其措辞很是激烈。黎元洪害怕袁世凯误会是其所指使的，于是撤销了覃振的代表权。覃振以个人的身份北上观察，袁世凯多方笼络他，覃都不为所动，而以大部分精力与时间协助宋教仁改组国民党。

1913 年春，覃振当选为国会众议院议员，在议会中详论改革，对袁世凯政府的措施如大借款等，抨击的最为厉害。1913 年 3 月 20 日，宋教仁在上海车站被刺，袁世凯的独裁野心进一步暴露。覃振前往上海力主讨袁，并与蒋翊武回湖南策动起义，无奈被袁世凯镇压下去。失败后，覃振随孙中山前往东京，辅助孙中山改组国民党为中华革命党，并担任湖南支部部长，联络留日同志并陆续派遣同志回湖南进行革命活动。1915 年，在袁世凯的授意下，筹安会成立，公开鼓吹复辟帝制。覃振在东京联络留日学生集会声讨袁世凯的罪行，发表反对宣言。

袁世凯不放心在日的革命党人，于是派亲信蒋士立携巨款来日收买党人和学生。覃振对袁世凯的走狗深恶痛绝，便秘密派遣他的同乡、学生吴梅先在一个风雨交加的夜晚，乘虚潜入蒋士立的寓所，对蒋连发三抢。蒋虽然受了重伤，可惜没有毙命。当晚报纸纷纷发出号外，日本政府以此事有损国际声誉，出动军警缉拿凶于。

袁世凯悬赏捉拿凶手，驻日公使陆宗舆奉袁密令，大肆搜捕革命党人，被传讯的革命党人达几百人。吴梅先已由孙中山设法藏匿起来，逃避警探耳目之后已秘密逃回上海。因为吴梅先是覃振的学生，所以覃振被逮捕审讯。狱中，他遭受百般威逼凌辱，但凭着顽强的意志，始终没有屈服，也没有让他们抓到任何把柄，两周后获释出狱。因为精神和身体备受折磨，出狱后覃振休养了一个月身体才见痊愈。

1915 年 12 月，蔡锷组织护国军讨伐袁世凯。1916 年，覃振奉孙中山的命令以特派总司令的身份主持湖南党务军事。当时，湖南总督汤芗铭为虎作伥，作恶多端，屠杀了无数革命党人。覃振到上海，与龙璋、周震麟等人商议，非杀汤不可。2 月，讨袁独立省见多，湖南有孤立之势，汤芗铭知道自己势单力薄，于是央求兄长汤化龙派人来调停，请求覃振不要操之过急，有机会定让湖南人回湖南主持政务，但必须以汤安全离开湖南为条件。

汤芗铭屠杀党人太多，人们称之为"汤屠夫"，而且在当时仍然大肆屠杀革命党人。覃振早就识破了他的阴谋诡计，派廖湘芸、杨王鹏等返回湖南起义。廖湘芸率多人，各怀炸弹，在一天傍晚猛攻督署，炸死守兵数 10 人，终因寡不敌众而失败，死难者 20 余人。杨王鹏被俘后，竟遭剖腹挖心而死。覃振闻知，悲愤不已，立即和龙璋由上海赶赴武汉，继续派同志到湖南，密谋举事，并打算亲自指挥，经同志多方劝阻才作罢。

袁世凯死后，黎元洪继任大总统，谭延闿受黄兴的推荐重回湖南主持政务，湖南大局大体上安定下来。当时中华革命党的同志分布于湖南的各个县，孙中山也不便于以中华革命党公开活动，于是，覃振经孙中山的同意，在长沙创立了"正谊社"，推举龙璋为社长，自任副社长，并设分支部于重要的县、市，用以团结同志，推进党务。

1917 年 7 月，北洋军阀的傅良佐出任湖南督军，遭到了湖南人民的强烈反对，覃振与赵恒益、林修梅等秘密协商，并派廖湘芸等赴湘西策划，不久林修梅等在零陵宣布独立。覃振奉命为湖南检阅使，部署湘西军事，与零陵为骑角之势，后来湘黔军建立联军，击败北洋政府的军队，傅良佐被迫离开湖南。

1921 年，孙中山在广州召开非常国会，就任非常大总统，覃振在总统府任参议兼法制委员。孙中山由粤入桂督师北伐时，委托其负责党务。陈炯明叛变后，孙中山指定覃振等人为新党章的起草人，着手改组国民党。

1924 年，在中国共产党的推动和帮助下，孙中山在广州召开了国民党第一次全国代表大会，覃振坚决拥护孙中山提出的"联俄、联共、扶助农工"的三大政策，为促成国共第一次合作作出了积极贡献。在此次大会

孙中山同与会者合影。前排左起：邓泽如、张继、恩克巴图、廖仲恺、柏文蔚、孙中山、谭延闿、刘震寰、李烈钧、白云梯、丁惟汾；后排左起：邹鲁、覃振、瞿秋白等

上，他不仅当选为中央执行委员兼武汉执行部常务委员，负责指导湘鄂党务，更结识了毛泽东、周恩来、董必武、林伯渠等中国共产党人，同他们建立了深厚的友谊。随后，国民党决定在湖南恢复组织，成立省党部，毛泽东同志亲自为覃振写了介绍信，让他回长沙找当时的中共湖南省委书记李维汉同志。李与何叔衡、夏曦等省委负责人按照毛泽东同志的指示，积极帮助覃振恢复国民党组织，迅速成立了国民党湖南省党部筹备处。

1925年11月23日，国民党右派谢持、邹鲁等在北京组织部分国民党中执委和中监委召开国民党一届四中全会，又称"西山会议"。出席会议的有中央执行委员叶楚伧、居正、沈定一、邵元冲、石瑛、邹鲁、林森、覃振、石青阳，候补中央执行委员茅祖权、傅汝霖，中央监察委员张继、谢持共13人。林森、邹鲁分别担任会议主席。

会议宣布取消共产党员的国民党党籍，开除共产党人谭平山、李大钊、毛泽东等的中央执行委员会委员和候补中央执行委员职务，并取消他们的党籍。会议通过了《取消共产党员的国民党党籍宣言》、《开除国民党中央执行委员共产党人李大钊等通电》、《取消政治委员案》等决议。会议最后提醒大家：如果不在国民党内实行"清党"，恐怕"再过 年，青天白日之旗，必化为红色矣"。事后，西山会议派在上海成立"国民党中央党部"，在北京等地设立地方党部。

覃振为何会走上反苏反共的道路，迄今仍具有探索价值。大革命时期，他在湖南与林伯渠、刘少奇等共产党合作得很好，其富有正义感和爱国心是众所公认的，而且又与年轻人合得来，不像西山派其他"诸老"爱端元老架子，因此很难从他的秉性及经历中梳理出一条堕落成右派的合乎情理的线索。但是有一点是值得我们注意的，那就是他自始至终不屈不挠地为资产阶级民主革命而奋斗，为在中国建设一个资产阶级共和国而努力。覃振毕竟上了西山，受到国民党二大全会上的书面警告，"并限期两个月内具复于中央"。

两个月的期限很快到了，覃振又成为西山派"国民党第二次全国代表大会"上的主角之一，并坐镇上海法租界环龙路44号，主持"中央党部"工作。宁、汉、沪三方合流后，1927年9月，国民党号召大团结，组织中央特别委员会，覃振作为沪方代表参加中央特别委员会，兼任宣传部长。但是重新上台的蒋介石容不得他，通过国民党二届四中全会作出了先行停职监视的决定，覃振也不满蒋介石的独裁统治，毅然辞去了中宣部代部长职务，化名郭谦之，蛰居上海。1928年6月，北伐完成，覃振举家迁往北平赋闲。

●覃振坚持反蒋，在1931年反蒋运动的高潮中，出任立法院院长，后又任司法院副院长。抗战期间，覃振主张国共合作，在重庆，与毛泽东结下深厚友谊。

1931年，风云突变，军阀重新开战，先前还同蒋介石一起向孙中山灵柩鞠躬致意的阎锡山、冯玉祥和李宗仁等，又一个个和蒋介石闹翻了。一时间，各方反蒋人物云集太原，磋商合作，可是老谈不拢，特别是以谢持、邹鲁为首的老右派和以陈公博（代表汪精卫）为首的假左派之间，犹如水火。此时，正担任山西省政府委员的冀贡泉给急于想做反蒋盟主的阎锡山出了个主意，建议邀请覃振出山，负起团结各方一致反蒋的重任。

冀贡泉的理由是：覃振是孙中山先生的老友，同盟会、国民党的元老，素称反蒋；他本人是西山派，但对于国民党的其他派也并不反对。换句话说，也就是各方面对覃振均无恶感，其声望人缘，足资借重。阎锡山听罢，立即让冀替他起草礼聘覃振出山的亲笔信一封，冀携信亲自赶赴北平。不出冀贡泉所料，覃振对于推翻蒋介石独裁体制非常赞同。经覃振出面斡旋，一个联合反蒋的国民党中央党部扩大会议，终于在北平开幕了。

覃振

扩大会议决定在常委会下设组织、宣传两部和民众运动训练委员会，均采委员制并互推秘书主任一人，覃振担任了民运会委员兼秘书主任。随后，他又亲自出关，去东北游说张学良加入反蒋同盟，还赴陇海、平汉前线向正与蒋介石作战的阎、冯联军表示慰问。如此等等，足以让蒋介石将其恨透了。因而反蒋军事一失败，覃振只有亡命一途，谁都说不清他去哪儿了。

1931年春天，刚战胜北平反蒋联盟的蒋介石又同胡汉民翻了脸，一怒之下将其扣在汤山，由此激起轩然大波。国民党内各路反蒋势力，再度聚集广州，发起"国民党中央执监委员非常会议"，又由非常会议产生出与南京国民政府相对抗的广州国民政府。"失踪"半年的覃振，突然又出现在"非常会议"上，反蒋态度一如既往。和上一回相同，广州反蒋战线的内部，也是矛盾重重，覃振再次充当了"调解员"的角色，还专门去上海与胡汉民、汪精卫协商，并将胡汉民迎回广州，召开了与南京蒋氏的"国民党四全大会"相对抗的广州胡氏"国民党四全大会"，大会宣言的核心内容，就是要求蒋介石下野，另组国民政府。

1931年冬天，当蒋介石作出妥协姿态，请求粤方中委速来南京召开合流后的"四届一中全会"时，覃振和孙科等人亦从广州来到上海，并马上成为政局演变的关键人物。汪精卫、邹鲁、陈铭枢等各方头面，联袂造访，而覃振等人的态度很激烈，代表粤方声称，蒋介石必须于12月20日以前下野，否则他们就要在上海召开"四届一中全会"了。蒋介石深知孙科之优柔还可以对付，但覃振在侧则势难化解，于是决定以退为进，于12月15日宣布下野。

逼走了蒋介石，国民党各派系大合流的"四届一中全会"终于在南京开幕了。反蒋派们兴高采烈地把 12 月 15 日看作是打倒独裁、实现民主的纪念日，覃振也兴致勃勃地根据全会的决定，在南京宣誓就任立法院副院长（因院长张继未就职，不久代为院长），准备协同新任行政院院长孙科等共创"党国新生命"。不料蒋介石早已为"新生命"夭折而做好了手脚，杀手锏之一便是让宋子文在上海与江浙财团串通一气，从财政上卡孙科政府的脖子。

对此，覃振痛骂宋子文和上海的金融界"真像犹太人，国可亡，私利不可不争"，并联络冯玉祥、李宗仁等，声明将采取非常手段。这一招果然灵验，最担心银行关门的江浙财团急忙表示愿意支持政府了。眼看孙科政府在财政上有了办法，蒋介石又唆使党徒在外交上给他们制造麻烦，使其应接不暇。这会儿的覃振、冯玉祥等人，都支持孙科对日绝交，积极反抗。

可是在下一步的力量组合方式上，彼此互有异议。冯玉祥东奔西走，希望能把蒋介石、胡汉民和汪精卫拉到一起，渡过政府危机。但覃振极力主张汪、胡、孙联合，绝不能让蒋介石卷土重来。最后，利欲熏心的汪精卫抵挡不住蒋的诱惑，悄悄去烟霞洞和蒋介石结成了汪蒋同盟。终于，在汪、蒋的一致逼迫下，孙科只得辞职，把行政院院长让给了汪精卫。覃振当面讥讽汪精卫何必替蒋介石"背黑锅"，汪竟坦然回答："我既已跳下茅坑，就臭到底吧。"

碍于覃振的资历和声望，第三次上台的蒋介石也没敢同他算旧账。1932 年 5 月 9 日覃振离职改就司法院副院长兼中央公务员惩戒委员会委员长等职务。1934 年夏，覃振以司法院副院长身份出国考察司法，游历了英、法、德、意、美等国家，半年后回国，在改进司法问题上，覃振建树颇多。并发起成立了中华法学会，这是一个研究法学的学术团体，覃振借以希望中国的政治能更加民主化、法制化。

随着日本帝国主义入侵，民族矛盾加深，覃振幡然醒悟，由原来的反共转而赞同和支持中国共产党的抗日救亡运动，成为国民党内的有识之士。九一八事变发生后，覃振力主团结御侮。1935 年 12 月 25 日，中国共产党召开瓦窑堡会议，确定了抗日民族统一战线的策略方针。覃振给党中央写信，表示"拥护党与苏维埃中央的主张"。

1936 年 5 月 20 日，毛泽东、周恩来等党中央与红一方面军的领导人曾联名给正在长征途中的红二、四方面军的领导人拍发了一份长电，文中提到"上海许多抗日团体及鲁迅、茅盾、宋庆龄、覃振等均有信赖"。毫无疑问，这些信支持中共抗日的主张。抗战期间，覃振积极主张国共合作，他多次发表声明："不论什么党，什么派，只要能真正领导抗日，我就拥护。"

覃振利用自己在国民党内的地位和社会上的声望，掩护和营救过不少爱国进步人士和共产党人，例如共产党员李六如被捕后，以"共党要犯"名义于 1936 年判处死刑。覃振极力疏通，并给国民党江西省主席熊式辉去信保释，从而使李六如得以顺利出狱，辗转到延安。抗战爆发后，翦伯赞等人在长沙组织中苏文化协会，备受湖南当局何键和国民党湖南省党部 CC 分子的迫害和阻挠。为了掩护协会的工作，覃振愤然出面担任了中苏文化协会湖南分会会长，对湖南进步人士的抗日救国活动作出了贡献。

●覃振反对蒋介石发动内战，愤然辞职。得病后，毛泽东、周恩来等殷切关怀，并打算将其送往香港医治。可惜天不假年，1947 年 4 月 18 日，他在寓所病逝。

重庆时期的覃振，脸谱有了更大的改换。在一次中山学社的年会上，他曾对陈立夫极端反动的发言予以毫不客气地当面驳斥，赢得全场的拼命鼓掌，弄得陈面红耳赤。在重庆有一个很短时期内，孙科表现极好，俨然成为国民党左派领袖，博得各民主党派和开明人士的好感，这和他在此期间与覃振接触频繁有关。

1945 年 8 月，毛泽东亲率中共代表团赴重庆同蒋介石谈判。覃振十分激动，在中苏文化协会举行盛大欢迎酒会上，覃振热忱地向毛泽东敬酒，紧紧握住毛泽东的手，潸然泪下。毛泽东亲切地和覃振交谈，并称他为"覃理老"。覃振这一举动，实际上是对拥护中国共产党和平建国主张的公开宣示。

此后，覃振又两次宴请毛泽东以及周恩来、王若飞、叶剑英等人，并特意邀请马克思主义历史学家翦伯赞（曾任覃振秘书）、侯外庐（覃振挚友）出席作陪。第二次宴请毛泽东时，覃振、章士钊对毛泽东的安全十分关注，覃振以蒋介石背信弃义对待张学良的历史教训提醒毛泽东提高警惕，并建议"三十六计，走为上计"。毛对他们的关怀表示感谢，笑谓："既来之，则安之。"并风趣地对覃振说："欢迎你到延安看看，我们虽然请不起山珍海味，但鸡鸭鱼肉还是有的。"

当时，覃振住在重庆临江门边的山下，毛泽东则住在山上，毛两次赴宴都是步行往返。覃振对此深有感触，激动地对夫人全汝真说："你看，共产党人就是不同，多么廉洁！国民党的大官们上山下山，哪一个不是坐滑杆？在共产党看来，这是骑在别人头上，不尊重人、侮辱人！"

覃振对中国共产党的认识有了根本性的转变，他把毛泽东的到来，视为和平民主团结的象征，并说："中国要富强，只有靠共产党。"毛泽东回到延安后，很感谢覃振的热情款待，托林伯渠送给覃振一件黑色皮袍。覃振非常珍惜这件皮袍，将其视为他和毛泽东崇高友谊的象征，他对亲人说："这是件'红'皮袍啊！"

1947 年，国共和谈彻底破裂，蒋介石发动内战，覃振愤然辞去司法院副院长职务，避居上海，还给蒋介石写了一封表示反对内战的辞职信。覃振和夫人在上海的泰安路亦村置了房子，在军统局的"照拂"下生活。在重庆时，因不适应多雾的气候，覃振得了哮喘。覃振做官很是清廉，家中无多积蓄，而且家庭负担也很重，遂得病后未能彻底医治，日积严重。内战爆发，覃振为国事忧虑，抑郁在胸，肺病复发，吐血不止。

周恩来闻讯，在回延安前，专程到上海看望患病的覃振，转达了毛泽东对他的问候，希望他早日康复，并向他介绍了共产党的方针。周恩来的一席长谈使覃振非常兴奋，他高兴地对夫人说："中国四万万同胞还很需要我，我要好好治病。"他非常思念延安的朋友，渴望到解放区，并曾吟诵诗句："今我不乐思岳阳，身欲奋飞病在床，美人娟娟隔秋水，濯足洞庭望八荒。"以寄托对毛泽东的思念之情。诗中的岳阳是指延安，美人是指毛泽东。章士钊写过两句诗称赞毛泽东与覃振的友谊："求友每于本党外，肝胆誓同日月浮。"

周恩来试图通过上海地下党组织，送覃振去香港治病，然后再北上解放区。可惜天不假年，此事正在筹划中，覃振却于 1947 年 4 月 18 日下午 6

271

时40分病逝在寓所，老人的心愿未能实现，中国共产党也失去了一个亲密朋友。覃振病逝后，几位湖南籍国民党元老，联合给国民党中央打报告，请求国葬，但蒋介石却恶狠狠地说："他是共党的功臣，还是请毛润之为他实行国葬吧！"

在百般无奈之际，覃振生前的好友只得将他归葬岳麓山，和他的战友陈天华长眠一处。一位国民党元老为覃振撰写了一幅挽联：

避嚣何处觅桃源，撒手作西归，千万绪牢愁，都成解脱；
问病长征求歇浦，伤心主东道，四十年形影，瞬隔人天。

覃振生前自题联道：

命苦不如趁早死
家贫无奈作先生

覃振与毛泽东、周恩来、董必武、林伯渠、李维汉等老一辈无产阶级革命家都有极深的友谊。李维汉生前曾对覃振作过很高的评价，他说："覃振对第一次国共合作，对支持中国共产党反对日本侵略者的战争，都作出了贡献。"新中国成立以后，毛泽东不忘故旧，曾嘱咐李维汉：对覃振家属的生活，对其子女的教育，都要由我们负责。"文化大革命"中，覃振的子女受到不公正的对待，章士钊当即上书周恩来，周恩来在处境危难之际挺身而出，亲笔写了证明："覃振在抗日时期与我党有统战关系，为反蒋人士。"使覃振的子女受到了保护。1981年，覃振的夫人全汝真被邀请回国参加纪念辛亥革命70周年活动，谈到毛泽东和周恩来对其家属的关怀，激动得流下了热泪。

邵元冲：个性才子，两度代理

邵元冲的一生极有个性，他年轻时投身革命，追随孙中山，却反对其三大政策，在孙中山逝世后加入西山会议派；他与蒋介石曾义结金兰，跻身党内高层，却因坚持抗日不断进言与蒋介石渐行渐远。邵元冲的为人极富才华，13 岁中秀才，读书时便与邵飘萍、陈布雷并称为"浙高三笔"，后又出国游学，学贯中西。邵元冲的爱情极具浪漫，他敢于追求比他大六岁的名门才女张默君，为博佳人青睐，他不断努力，跨越重重障碍，终于得偿所愿，传为美谈。

●邵元冲文才出众，辞官投身革命后，深得孙中山赏识。在战斗中，他结识了同乡蒋介石，并结金兰之义。国民党一大后，他跻身国民党高层，并迎娶才女张默君。

邵元冲，字翼如，浙江绍兴人，生于 1890 年 6 月 1 日。邵元冲读私塾时，家贫买不起书，他就从塾师那里借来一本一本地读。他从小聪明伶俐，知识日益广博。在他的一生中，他均保持了这样的好习惯，后人称赞："性好书，暇辄徜徉旧书肆，有余财尽付书贾，积中西书十余万卷。"

很快，年仅 13 岁的邵元冲就考中了秀才。然而，封建的官员选拔制度已经注定要被时代抛弃了。1901 年，清政府在"新政"中废除科举制度，全国兴起了建新式学堂、学西方教育的风潮。

16 岁时，邵元冲进入浙江高等学堂就读。浙江高等学堂是浙江大学的前身，在当时已经是浙江省的名校之一了。学校汇集了许多学识高超的名流教师，兼聘外籍教员，教学水平很高。浙高风气开通，革命思潮在此自由传播。在浙高学习期间，他和同学邵飘萍、陈布雷最为投缘，他们都是日后中国政界、报界的著名人士，被誉为"浙高三笔"。邵元冲和他们一起，在进步教师的影响下，阅读《民报》、《新世纪》、《复报》等报刊。这些在当时都是禁书，但正是在这个过程中，邵元冲思想发生改变，对孙中山的革命爱国活动由衷崇敬。浙高毕业后，邵元冲考得法官职，被任命为江苏镇江地方审判厅庭长。

邵元冲上任后，目睹社会黑暗、官场腐败，对清廷愈来愈不满，于1910年毅然辞官，东渡日本。当时，大批革命党人聚集在日本。邵元冲到东京后，谒见孙中山，积极投身反清革命活动。

辛亥革命爆发后，大批在日的同盟会员返国参加革命，邵元冲也回国到了上海。因为他是同盟会总部派回国的，所以没有同陈其美为首的中部同盟会发生联系，而是奉命任《民国新闻》总主笔，鼓吹革命。《民国新闻》是同盟会的一个重要舆论阵地。1912年8月，同盟会同统一共和党、国民共进会、国民公党、共和实进会联合组成国民党，总部在北京，上海设立交通部，邵元冲任上海交通部评议员、编辑部主任。

1913年3月20日，国民党代理理事长宋教仁遭袁世凯毒手，遇刺身亡。案发后，凶手应桂馨匿居租界逃避拘捕，引起国民党及全国人民的愤慨。邵元冲受命与租界当局交涉，利用私人关系奔走各方，依法据理力争，租界当局最后不得不交出应桂馨。

宋案真相大白，袁世凯一不做二不休，又先后下令罢免国民党人李烈钧、胡汉民、柏文蔚三人都督职，反动活动更加猖狂。孙中山愤懑万分，决定武力讨袁。4月初，邵元冲奉孙中山之命与张继赴江西，动员李烈钧起兵反袁，获得成功。7月8日，邵元冲随同李烈钧自上海抵江西湖口，担任国民党长江各军总司令部秘书长，协助总司令李烈钧起草文告、部署兵力。7月12日，李烈钧下令向驻守在沙河的北洋第六师李纯所部进攻，拉开了"二次革命"的战幕。邵元冲随李烈钧转战各地，最后在败局难以挽回的形势下退离江西，经上海流亡日本。

"二次革命"失败后，孙中山来到日本，开始认真思考失败原因，最后他决定另行组建中华革命党，以期恢复同盟会的革命精神继续反袁。孙中山要求入党者按指印、立誓约的落后做法，引来许多革命党人的不满，甚至因而拒绝入党，但邵元冲表示拥护，毅然加入中华革命党，并被孙中山派任中华革命军绍兴司令官。

不久，邵元冲潜回国内，到杭州与夏尔屿等密议在浙江举兵反袁。不料，举兵计划不慎泄漏，邵元冲被迫避走上海。在上海，邵元冲参加了陈其美领导的长江流域反袁斗争，并与蒋介石相识。1915年12月5日，陈其美领导发动肇和舰起义，邵元冲亦参与其中，负责联络各方，办理后方勤务。这次起义由于准备不周，而袁军警备森严，未能取胜，起义指挥总机关也遭到法租界巡捕搜查。当时，陈其美、蒋介石、邵元冲等人正在开会，听到动静，他们立即机警地从楼上翻窗从屋顶逃走，躲过一劫。这次历险，大大加深了邵元冲和蒋介石的情谊。

1916年5月18日，陈其美遭袁世凯手下暗算，中弹而亡。陈其美遇害时，邵元冲就离现场不远，事发后，他认为是自己未尽到护卫的职责，常常自责。邵元冲怀着悲痛的心情，协助蒋介石料理了陈其美丧葬事宜。他在一年后吊唁陈其美的挽联上写道："来日大难，遗恨无穷，谁凭横流奠沧海；碧血狱殷，哲人其萎，空余肝胆耀乾坤。"表达了对陈的哀思。

陈其美死后，蒋介石和邵元冲先后被派到山东潍县，蒋任中华革命军东北军参谋长，邵为警备司令。反袁军事活动结束后，邵、蒋二人陆续回到上海。

1917年7月，孙中山举起"护法"旗帜，在广州召开国会非常会议，组织中华民国军政府，出任军政府海陆军大元帅。孙中山对邵元冲的文笔十分赏识，待邵来穗后，便任命其为军政府总司令部代理秘书长、大元帅府机要秘书兼代行秘书长事，直接佐理自己。著名的《建国方略》就是邵元冲帮助孙中山撰写的。南北军阀实乃一丘之貉，陆荣廷等人只想借助孙中山的影响力扩大自己的力量，遂处处掣肘孙中山的活动。1918年5月，孙中山愤而辞大元帅职离穗赴沪。8月，通告海外革命党人准备重订党案，整理党务。

1919年年初，邵元冲奉孙中山之命，出访欧美，以考察和推动海外党务。邵元冲发现，在许多地方因为政府立案的关系，当地革命党人仍沿用国民党的称号在进行活动。他将这一情况报告孙中山，促使孙中山把中华革命党改组为中国国民党。加"中国"两字，以区别1912年成立的国民党。

邵元冲非常珍惜这次出国的机会，经请示孙中山批准，决定在美国大学深造。1920 年春他入密歇根大学，同年秋入威斯康辛大学，1922 年夏又入哥伦比亚人学，研究美国劳工问题。1923 年夏，赴伦敦经济学院。不久，邵元冲就接到了要求他赴苏的电令。原来此时邵的盟兄、大元帅行营参谋长蒋介石正率"孙逸仙博士代表团"在苏联考察党务和军务。在一些问题上，代表团成员沈定一、王登云、张太雷等意见龃龉，蒋介石手足无措，向孙中山告急。

邵元冲来苏后，参加代表团活动加以协调，他还帮助蒋介石草拟了《游俄报告书》。这是他初次与蒋介石相交，然而，二人言谈十分投机，就相互交换兰贴，结拜为兄弟。代表团结束访问离开苏联后，邵元冲也离开莫斯科去了德国。继后又去法国、意大利、瑞士、荷兰、比利时等国游历考察。他利用这次难得的机会，向各地华侨介绍国内状况，帮助各地国民党支部开展党务活动，在旧金山和多伦多等地还创办了《华文日报》。

国民党第一次全国代表大会召开时，邵元冲虽远在国外，但仍被选为中央候补执行委员，当他于 1924 年 5 月归国到达广州后，即递补为正式委员。同时，孙中山提名他为国民党中央党务委员兼政治委员会委员。邵元冲成为了国民党中枢的一员，参加中央党部的常务会议和政治会议，参与重大事情的决策。不仅如此，他还被粤军总司令许崇智聘为总司令部秘书长，协助处理重要事宜。除了处理各种政务外，邵元冲还在广东大学与汪精卫共同开讲《政治概论》48 课时。

同年，邵元冲与有"神州才女"美誉的张默君结为夫妇。婚礼在上海沧州饭店举行，于右任主婚，介绍人为戴季陶。张默君虽比邵元冲大六岁，但出身名门，才貌双全。其父张通典曾与谭嗣同等人相识，参与过戊戌变法、广州起义，担任过南京临时政府内务司司长、总统府秘书。在父亲的影响下，张默君很有革命意识，她早年加入同盟会，与著名的民主革命志士秋瑾是好朋友。不仅如此，张默君在学业上也很出众。在上海务本女子师范学校读书时，她的成绩极为优异。1918 年，她又远渡重洋，留学于哥伦比亚大学，1920 年环游英、法、意、瑞士诸国。归国后，任南京江苏省第一女子师范学校校长。为了赢得张默君的好感，邵元冲奋斗了十多年，终于成为了国民党中央执行委员。在事业一路向上的同时，他也迎来了爱情的春天。与张默君结婚后，两人举案齐眉，伉俪情深，被后世传为一段佳话。

1924年夏，邵元冲接替戴季陶，成为黄埔军校政治部主任。邵元冲对黄埔军校并无兴趣，而且也不擅长作政治思想工作，保留着比较重的旧官僚习气，不能深入到学生和教官中间去。他所做的，只是每周做几次关于三民主义的政治演讲，而且在每次演讲中，都是从孔孟的忠孝仁义的角度来解读三民主义。渴望新思想的学生们对这些老套的东西十分不耐烦，常常听着听着就睡着了。邵元冲明知如此，却并不在乎，仍然沉浸在自己的演讲中。学生们私下送给他一个"催眠术主任"的雅号。除了极为催眠的演讲以外，邵元冲的政治部就是一个空架子。在师生们的强烈要求之下，邵元冲被撤换，由周恩来接手政治部的工作。邵元冲也乐得清闲。

不久，北京政变发生，孙中山应冯玉祥之邀北上，邵元冲奉命随行。邵随孙抵达上海后，先行赴京津筹备行营。孙中山抵津后，肝病暴发卧床不起，邵元冲每天到孙中山下榻的张家花园探望，并处理各种事务。12月31日，邵元冲随重病的孙中山抵达北京，任行营机要秘书。他出席在北京举行的中央执行委员和政治委员联席会议，参与重大事项的决策。他还担任北京政治分会委员，在北京创办《民国日报》，任社长，为国民党在北京开创了一个舆论阵地。

邵元冲是孙中山遗嘱的9名见证人之一，列于宋子文、孙科、戴恩赛之后。孙中山逝世后，邵元冲参与丧葬事宜，3月19日孙中山灵柩由协和医院移至中央公园（今中山公园）时，24人分3组举柩，邵也是其中之一。

邵元冲从北京回粤后，即应蒋介石之邀，出任潮梅陆海丰各属行政长，协助蒋与陈炯明作战。

●孙中山逝世后，邵元冲与西山会议派同流合污。他又是蒋介石政权的中坚分子，为南京政府的建立立下了汗马功劳。曾两次兼立法院院长，但每次时间都不长。

邵元冲虽然十分崇敬孙中山，但他一直以来都反对孙亲手制定的三大政策。在孙中山活着的时候，他就公开表示了对苏联的不满，认为苏联"殊无诚信可言"，所谓共产主义不过是"苏俄变满、蒙、回、藏各部皆为其苏维埃之一"的工具。现在孙中山去世了，邵元冲没有了顾忌，便公开与邹鲁、谢持、林森、叶楚伧、戴季陶等西山会议派走在了一起。

1925 年 11 月 16 日，邵元冲和林森、邹鲁、戴季陶、谢持等人，以国民党中央执行委员的身份，联名写信给国民党中央和上海执行部，要求"清党"。随后，他们还夺取了上海环龙路 44 号，作为在上海的总部，公然宣布另立国民党"中央党部"。西山会议派等人推举邵元冲为组织部长。邵一时十分活跃，上蹿下跳，起草通电，否认广州的中央党部，说广州的中央执行委员会已不存在了。

广州国民政府对西山会议派给予了严肃的处置。1926 年 1 月，在广州举行的国民党"二大"通过了《弹劾西山会议决议案》，指出西山会议"纯属违法，并足以危害本党之基础，阻碍国民革命之前途"，决定将邹鲁、谢持永远开除出党，邵元冲、林森等共 12 人由大会书面提出警告"责其改正"，还责令邵元冲停止主持上海伪中央的职务，否则除名。

邵元冲等人对此置若罔闻，依旧在上海活动。邵元冲办起了一个"中山学院"，美其名曰要继承和传播孙文主义，实际是阉割孙中山的革命思想实质。西山会议派大胆妄为，于 1926 年 3 月 29 日在上海非法举行"国民党第二次全国代表大会"，邵元冲列名于中央执行委员。

蒋介石一手制造中山舰事件后，妄图进一步操纵中央党部，但又深感缺少帮手，便连电邀请邵元冲、叶楚伧等南来。邵元冲认为蒋制造的中山舰事件是步了自己的后尘，便与叶楚伧等人欣然南下。

邵元冲、蒋介石、张静江、孙科、叶楚伧、吴稚晖等人经过多日密谋，炮制了 4 个"党务整理案"，在 1926 年 5 月 15 日至 22 日举行的国民党二届二中全会上先后提出获得通过：第一决议案是承认国共两党有配合的必要，提议组织两党联席会议协调两党重要事务；第二决议案作出 9 条规定，主要是他党党员在中央、省、特别市党部的执行委员中不得超过三分之一，不得担任中央部长；第三决议案是设中央常务委员会主席；第四决议案是进行党员登记。按照这些决议案，张静江被推举为中央常务委员会主席，蒋介石任中央党部组织部长，邵元冲任青年部部长，叶楚伧任秘书处书记，完全控制了中央党部，而将共产党员排除在外。

北伐军占领浙江后，邵元冲立即赶到杭州，向何应钦、张静江等人献策如何加强控制时局，密谋"分共"。为"整理党务"，邵元冲在杭州精心炮制了"进行计划大纲"。1927 年 3 月，在中共领导下，上海工人第三次武装起义取得了胜利，成立了市民代表政府。邵元冲、张静江等人闻讯后大惊失色，即刻赶到上海，与吴稚晖、黄郛等紧急密议夺取政权的对策。3 月 26 日，蒋介石抵沪。邵元冲当日即与蒋会面，并在次日应蒋之邀住进了设在

蒋介石（前左）与邵元冲（前右）及戴季陶（后左）等人合影

丰林桥上海交涉使署的总部行营，日夜与蒋介石等人计划"清党"反共事宜。直到 4 月 6 日，邵才迁出总部行营。

4 月 12 日，蒋介石在上海发动反革命政变。两日后，邵元冲和蒋梦麟去杭州"清党"，邵任国民党浙江政治分会委员兼秘书长、浙江省政府委员兼秘书长、浙江省党部常委兼宣传部长，大肆捕杀共产党人和革命分子，杭州城里血流成河。在接管省党部时，邵元冲还拘捕了沈钧儒和褚辅成。

邵元冲"清党"有功，南京政府成立后特任他为杭州市长。邵元冲上任后，采取各种措施进行市政建设。他还拟定金牛为市徽、湖色为市色、茶花为市花，并约请音乐家谱写市歌。蒋介石于 8 月间下野后，邵元冲失去靠山，他担心时局不稳，军队会抢掠银行，便擅自将杭州市政府各局的事业费移存上海。消息传出后，杭州各界强烈抗议。邵元冲在报上登了一则启事加以辩白亦无济于事，不得不在 8 月 27 日辞去在浙江的党政各职。第二年年初，邵元冲应李济深之邀去粤，任广州政治分会秘书长，协助处理粤政。

1928年10月，国民党政府开始实行"五院制"，胡汉民出任第一任立法院院长。胡汉民上任后，聘邵元冲为立法院立法委员和经济委员会委员长，参与法制法规的制订和审议。

同年，邵元冲还创办了《建国》周刊，成为国民党宣传党政、军政建设的喉舌。该刊后来迁到南京，改为月刊。邵元冲利用自己极佳的文笔和宣传功夫，在刊物上发表了一系列文章，主张强化"党治"，宣扬孔孟之道和专政集权，为蒋介石独裁寻找理论依据，创设舆论氛围。此时，邵元冲将蒋介石视为国民党实现孙中山遗训的领袖，他曾表示："凡是一般要效法介石先生的，应该才他在实际生活上，实际努力上，从平时处、刻苦处、细微处来下功夫，一个国家的生存发展与进步，固然需要多数奉公守法、自立自给的良民，更需要少数弘济艰难的领袖来负荷艰巨。"

在国民党"三大"上，邵元冲当选为中央执行委员，会后被推举为中央政治委员会候补委员。邵元冲身份显要，经常出席中央党部常务会议和政治会议，参与重大政务之决策，他又重新跻身于国民党中枢之列了。"三大"后，他还参与了国民党训政初期的约法起草。

1930年，邵元冲担任考试院考选委员会委员长，创制考试法规，筹办首届高等考试。1931年担任考试襄试处主任。在筹备设置与考试有关的事务时，邵元冲查漏补缺，任劳任怨，初步奠定了试政的规模与基础。

1931年，因"约法之争"，胡汉民惹恼了蒋介石。蒋一怒之下，于2月28日晚，借邀请全体中央委员在总司令部晚餐的机会，将胡汉民软禁起来。次日凌晨，陈立夫告诉邵元冲，蒋介石约他次日上午在汤山面谈。不知是喜是忧，邵元冲夫妇俩惴惴不安了一夜，"相对叹惋，彻夕不寐"。

3月1日早晨8点左右，邵元冲到了。蒋介石即宣布胡汉民辞立法院院长职，改任邵元冲为立法院副院长兼代理院长。邵元冲和胡汉民共事几年，私交甚深，现在被蒋介石抬上此职，再三欲辞而不能，只得经常去探视被囚禁的胡汉民，以取得他的谅解。

在内心，邵元冲一直希望蒋介石能早日释放胡汉民。然而，胡汉民被释一事，可谓一波三折。早在胡汉民被押送到南京郊外的汤山时，蒋介石就在众人的劝解下，答应将胡汉民接回城里。不久，胡虽返程，却依然被软禁。后来，林森、邓泽如等四名中央检查委员就胡汉民被囚一事通电弹劲蒋介石，陈济棠、李宗仁等数十名两广将领也强烈要求恢复胡汉民自由，蒋介石迫于外界压力，不得不同意以邀请胡汉民出席国民会议的方式，恢复其自由。但第二天晚上，邵元冲得到消息，胡汉民自由之事"又有变计"。对于蒋介石的一再反悔，邵元冲很是失望，他在当天的日记中愤然直抒胸臆："百尔君子，不恒其德，或承之羞，何其能淑？"在他看来，一个党和国家的领袖，屡次出尔反尔，多疑多变，是不可能领导国家的。虽然邵元冲曾经支持蒋介石，但却有情有义，正如他曾经提到的，自己耿介的操守是不会变的。

1932 年 5 月，邵元冲又被任命为立法院副院长兼代院长，因为院长张继和副院长覃振都未到职。邵到任后，想要励精图治，成为政府的表率，对各项工作制度整顿甚力。但到这年 12 月，国民党四届三中全会确定孙科任立法院院长，邵元冲因为不能与孙合作，便不再去立法院视事。

●邵元冲任中央宣传委员会主任职，他反对蒋介石"攘外必先安内"政策，力主抗日，并为章太炎的丧事多方奔走。在西安事变中，被击伤后不治身亡。

九一八事变之后，日军铁蹄不断南下，妄图占领全中国。国土沦丧，邵元冲痛心不已。在国民党高层，他是一位正直敢言，有民族气节的人。他曾多次进言蒋介石，希望他能放弃"攘外必先安内"的错误政策，增兵抗日。对蒋介石的对日妥协，他忧心忡忡，"日寇深，中枢再不决杀贼，民必尽去，亡无日矣！""党史会上，老者昏庸，少者腐化，奄奄度日，一事无成。"国难当头，蒋介石却仍然醉心于"剿共"，把邵元冲的抗敌主张视为耳旁风。

邵元冲于 1931 年年底的国民党四届一中全会上，被推举为中央宣传委员会主任，主管国民党的宣传工作。他直接主管中央通讯社、中央日报等宣传舆论机构，对文艺宣传、电影事业等亦多有管束。邵元冲利用手中掌握的舆论工具，宣传抗日，但却引起了汪、蒋等人的不满。汪精卫不时指责报纸有抗日救亡的言辞，蒋介石则先后下令封闭《民生报》，禁止《益世报》，停邮《时事新报》、《晨报》等。邵对此十分不满，并展开了针锋

281

相对的斗争，说这"从法理系统手续而言，全无是处"，并电蒋介石"关于彼近来处置各新闻事，劝其务崇宽大"，指出，"对舆论抑制太过，殊虑异日之反攻也"，几次以辞卸宣传委员会主任一职相抵抗。蒋介石还嫌邵元冲控制新闻检查所不力，下令将负责检查新闻的人员拘捕查办，还要将新闻检查所划归国防会议辖管，置于军政统制之下。邵忍无可忍，直谏蒋"处置各新闻事务崇宽大"。

邵元冲

1933 年，邵元冲赴北平主持宣传工作时，正逢长城抗战，为了鼓舞官兵士气，邵元冲亲自到古北口、喜峰口前线慰劳，亲眼所见战争之惨烈。然而，南京政府却不肯向长城前线增援。眼看着将士们急需粮食弹药补充，已经快撑不下去了，邵元冲立即向蒋介石建议增兵，蒋介石却没有反应。后来，他又多次向蒋介石进言，提出自己对华北局势的看法，均被蒋搁置。

对汪精卫的对日和解政策，邵元冲也作了坚决的斗争。1935 年元月，在中央政治会议上，在讨论对日外交方针时，汪精卫主张"谋中日之亲善"，邵元冲怒不可遏，当场指出："一不自慎，即足为日寇予我以重重束缚而不易振拔。"汪精卫又提出对日本表示和缓原则，邵元冲坚决批驳道："日寇迫胁之行动必仍变本加厉。"这样做，"民间之疑虑及对政府之反感"必加增；在中央常委会上，汪精卫"主张将中小学教科书中关于日寇侵略中国之史实完全删去"，邵元冲痛陈不可，坚持"教育工作应用民族精神训育"。

随着日本侵略中国的加剧，邵元冲与蒋介石、汪精卫在对日政策上的分歧也日益激化。由于蒋介石在这期间忙于"剿共"常在外地，南京党政事务多由汪精卫主持，而各种派系势力又各行其是，参与中枢政务的邵元冲感叹南京"光怪陆离，不可名状，政策不定，精神散漫，声言不通，表感隔阂"。他尤其不愿意做"中日亲善"的应声之虫，决心自洁于浊流，于 1935 年 2 月 28 日辞去中央宣传委员会主任一职，随即离京他去。蒋介石先派陈立夫后由他本人直接出面挽留，邵坚辞不留。他曾以北宋抗金英雄李纲自比，说是当年李纲的处境，就像今日积极主张抗击日本侵略的自己在国民政府的境遇一样："阅《李忠定（纲）行状》，余其谋国之忠，渊认定操，钦叹无已。而其孑然孤立于朝庭（廷）之间，为宵人所猜狙，则犹余之今日也。"

1935 年 4 月初，邵元冲在陕西主持了祭谒黄帝陵之大典。这次大典为民国以来之创举，邵认为大典有助于鼓荡民族主义，进行民族历史之教育，增强中华民族之御敌精神。继后，他到陕西、甘肃、青海、宁夏等地游历考察，行程 1.6 万余里，一路鼓吹要增强国力民气，恢复中华民族历史之光荣，为民族争生存，坚持抗御外侮。在这趟考察中，他还记录下了沿途的风土人情，著有《西北览胜》一书。

在蒋介石 50 寿辰之际，邵元冲不为世俗善颂善祷之辞，写的一首赠诗和一副对联，都是勉其深明其责收复国土。他要让蒋介石明白，自己是不会一味地阿谀奉承他的。他想劝告蒋，促其尽早下定抗日决心，并注意自身道德修养。

联云：忠信劳谦，有容乃大。
光辉笃实，积健为雄。

诗云：建国大勋开济略，鞭霆叱日气堂堂。
戎衣一出中原定，更看饶吹入沈阳。

邵元冲自从辞去中央宣传委员会主任一职后，除出席中常会、中政会参与中枢议事外，主要精力是主持中央党史史料编纂委员会，领导搜集、编纂国民党史料，主办党史陈列馆等。

1936 年 6 月，著名的民主革命家、思想家、朴学大师章太炎逝世。对章氏极为推崇的邵元冲，得知噩耗后，深感痛惜，在当天的日记中写下了一段悼念他的话："太炎近年于论事诸文，虽恒流于偏颇，然数十年中，以学术而创导民族大谊者，实为今日之灵光，奄然谢去，海内读书种子尽矣！"同为文化界惺惺相惜之人，为了给章太炎以国葬待遇，邵元冲还多方奔走，力邀众人商议，其至专门致函蒋介石，申述自己的理由。经过邵元冲等人的一番努力，国民政府终于明令国葬章太炎。欣喜之余，邵元冲没有想到，他等不及看到章氏国葬的实现了。

1936 年 12 月初，邵元冲因有事要与蒋介石相商，乃去西安晤见正在那里部署"剿共"的蒋。10 日，邵元冲向全国发表广播讲话，呼吁全国同胞发扬爱国精神，解救民族危机，要求一致团结抵侮。不料 12 日凌晨突然爆发西安事变，蒋介石于临潼骊山被捉而拘于新城大楼，邵元冲与陈诚、卫立煌、蒋鼎文等 10 余人则被扣押于西京招待所。邵元冲不明事变真相及张、杨意图，在心慌意乱之中突然跳窗，企图越墙逃跑。然而，邵元冲的房间在底层门口，正是排枪射击的目标，当逃至西面革命公园东边围墙时，被守卫的十七路军士兵开枪打伤，送去陕西省立医院抢救，于 14 日不治而死，终年 46 岁。后来发现，邵元冲的房间墙壁上弹孔密布，应该是中了穿壁之弹。

邵元冲是西安事变中死亡的唯一一位国民党要员。蒋介石回南京以后，为邵元冲举行了国葬礼。邵元冲的死是一个意外，但张学良为此感到十分遗憾和抱歉，多次托人向邵元冲的遗孀致以谦意。当年"浙高三笔"之一的陈布雷在为他写下的祭文中说："元冲奔走革命近三十年，此次赴陕全为策应绥远战事而往，竟罹此非命横祸，宜为全党所哀悼……"

如今，南京市内还保有邵元冲旧居，位于鼓楼区马家街一带。该建筑始建于 20 世纪 30 年代初，1933 年竣工。邵元冲携家人入住时，曾大摆筵席，各方人士纷纷前来，祝贺乔迁之喜，鞭炮之声不绝于耳，十分隆重。也难怪邵元冲喜欢，整个建筑十分气派，米黄色墙面，碧瓦屋顶，飞檐角翘，房顶还有壁炉的烟囱，整体中西合璧，现代元素颇多，从侧面反映了邵元冲固有的儒学功底和后来外出游学经历在他日常审美方面的影响。

司法院院长

王宠惠：法学泰斗 1928 年任职

从清末到国民党退据台湾，王宠惠在中国政坛历 60 余年，期间风风雨雨，不论谁执政，都如"不倒翁"一样，直到寿终正寝。能保持这样的地位，和他的外交与法学才华是分不开的。无论是孙中山、袁世凯还是蒋介石，都对他赞赏有加。他是是中国的的首任外长，是卓有建树的司法院院长，是民国第一法学家，更是海牙国际法庭第一任中国籍的法官。这样辉煌卓越的累累荣誉，让王宠惠整个人生都散发出灿烂夺目的光芒。

●王宠惠早年入北洋大学堂学习，后留学日本攻读法政，有"民国第一法学家"之誉称。留学期间，他和孙中山有了进一步的交往，决定追随孙中山革命。

王宠惠（1881—1958），字亮畴，祖籍广东东莞，中华民国时期重要的外交、司法高级官员、宪法学家、国际法学家，享有"民国第一法学家"的美誉。

王宠惠的祖父王元琛长于文学而笃信基督教，是广东省首先进教会的信徒之一，主要在东莞、虎门等地传教，著有《圣教东来考》、《醒迷论》、《历艰明证》、《庙祝问答》、《堪舆问答》等宣传基督教的书籍。鸦片战争之后，各地反教运动如火如荼，王元琛为了避祸于 1848 年举家迁居香港。

王宠惠的父亲王煜初，名炳耀，字沾辉，8 岁时在其父带领下受洗为基督徒，毕业于叶纳清教士创办的礼贤书院，1882 年，成为牧师，1884年，被聘任为香港道济会堂牧师，著有记述中日甲午战争的《中日战辑》等书籍。王煜初育有 6 子 3 女，子宠勋、宠光、宠佑、宠惠、宠庆、宠益，女妍怡、桂香、淑懿。

王宠惠幼年入香港圣保罗学校学习英文，课余随王煜初聘请的家庭教师周松石学习《论语》、《孟子》等儒家经典。此阶段的儒学启蒙为他打下了坚实的国学功底，虽然他此后长期留学海外，但他回国后，亦能很快融入中国的政学两界，而且从他以后的人生轨迹上也可以看出儒家的中庸为官之道在他身上的影响。

据说王宠惠一天放学后，不留神摔了一跤，头和膝盖都擦破了，鲜血直流。路旁的一位青年见状便走上前去，把他背了回家。后来王煜初得知，这位青年就是孙中山。他立志要学好医术，拯救病患。一来二去，孙中山就成了王家的常客。

王煜初任职的道济会堂位于香港荷李活道七十五号，其堂址与雅丽氏医院邻近。孙中山在这所医院内的西医书院读书时，课余与王煜初交往甚深。1895 年 10 月 26 日是农历重阳节，此日王宠惠的哥哥王宠勋在广州举行婚礼。孙中山此时正被清政府追捕，但他仍出席了王家举行的喜宴，可见王煜初与孙中山的关系是十分密切的。此时，王宠惠只有 14 岁，但他已朦胧地感觉到孙中山等人的活动不为清政府所许，但不知道是什么原因。

中日甲午战争以后，王宠惠逐渐接触革命思想，在完成皇仁书院的学习之后，恰逢新成立的北洋大学在香港招生，王宠惠报名参加了这次考试，以优异成绩被录取，进入学堂法科功读法律，这一年正是 1895 年。甲午战争后，中国传统的政治秩序、政治体制及与之相应的文化价值观念趋于逐步瓦解，中国政治和知识精英产生了一种前所未有的持续而强烈的危机感，在这种危机感的驱使下，变法求自强，兴教育求自强的呼声响彻华夏大地。

知耻而近乎勇，千年未有的奇变给国人带来了强烈的思想震撼，华夷之辨的传统观念受到了前所未有的冲击，虽然其完全转变尚待时日，但这种转变体现了时代的呼声，是具有积极意义的。此时作为治国之公器的法学教育受到了全社会的重视，法学教育开始走进高等教育的殿堂。

中国的近代法学教育肇始于 1862 年开办的同文馆。该馆聘请的总教习是晚清来华的著名的新教传教士之一、美国人丁韪良。他将美国外交官惠

288

顿所著《国际法公理》译成汉文，冠以《万国公法》之名出版，并于1868 年开始在同文馆讲授。该书是第一本用英文写成的国际法著作，也是当时最新、最流行的一本国际法著作。丁韪良在同文馆所讲授的《万国公法》，是中国近代法学教育的胚胎。

在 19 世纪中国近代法学的萌芽教育中，作为中国最早的三所国立大学堂的北洋大学堂的法学教育是中国近代法学教育的一大重镇（另外两所为京师大学堂和山西大学堂）。北洋大学堂于 1895 年由北洋大臣王文韶奏请批准成立，是一所由直隶总督兼北洋大臣以及督办以次的大小官僚直接管理的国立学校。开办时，名为天津中西学堂，亦称天津大学堂。

盛宣怀为该校第一任督办，美国人丁家立是第一任总教习，学堂内分头等学堂和二等学堂两部分。头等学堂共分 4 门：法律门、土木工学门、采矿冶金门和机械工学门。丁家立以美国哈佛、耶鲁等大学的学制为蓝本设计该校的学制和修业年限，该校的课程编排、讲授内容、授课进度、教科用书，均与美国的哈佛大学、耶鲁大学不分伯仲。北洋大学堂成立伊始，即分别在天津、上海和香港招生，王宠惠与其兄王宠佑皆在此时经考核被录取，二人都分在了头等学堂，王宠惠入法科，王宠佑入矿冶科，他们能直接进头等学堂得益于在香港打下的良好的中英文基础。

北洋大学堂是一所典型的美式学校，教员中除有吴稚晖、伍廷芳、蔡绍基等中国的专家学者外，多为外籍教员，且尤以美籍教员为多。当时北洋大学堂所用的课本均是英文版本，讲课也均用英语，即使本国人也不例外。由于北洋大学堂开设的课程和课程的深入程度多与美国的知名大学相似，所以北洋毕业生自第一届起，就可以直接进入美国各著名大学的研究院。

王宠惠在北洋大学学习期间，受到较为全面的法学启蒙教育，1900年，王宠惠以第一名的优异成绩毕业。在 19 世纪行将落下帷幕之际，我国正规高等教育培养的第一批法学毕业生走出了校园，王宠惠作为其中的佼佼者，成为中国第一张大学文凭的获得者。北洋大学法律门培养的学生亦有赵天声、冯熙运等法学专家，以及吴南如、金问泗、徐谟等知名外交家。在这里，中西学根底俱佳的王宠惠终身的治学方向初步奠定。

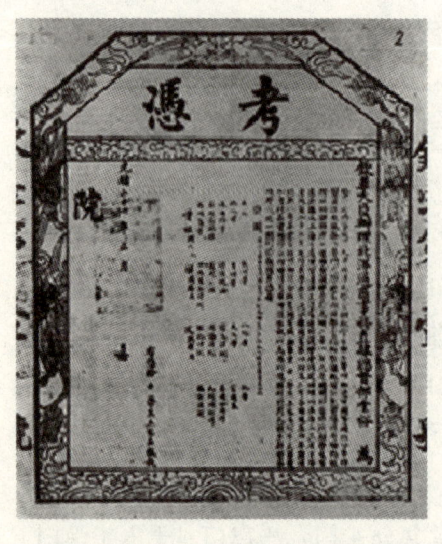

王宠惠获取的北洋大学考凭（毕业证书）

王宠惠毕业之后先到上海南洋公学（交通大学前身）任教，后又于1901年赴日本留学，致力于法政问题研究。此时，正是留日学生掀起革命高潮期间，在革命宣传影响下，王宠惠在日本积极参加革命。1901年年初，东京各大报纸纷纷刊出清廷将把广东割让给法国的消息，留日的粤籍学生群情激愤，王宠惠遂与冯自由、李自重、冯斯栾等人发起成立广东独立协会，主张广东独立以对抗清廷。孙中山此时在横滨，对这一运动多加赞助，华侨入会者亦不乏其人，因割让广东的消息系误传，该会成立不久即停止活动。

王宠惠留日期间最主要的革命活动是与沈翔云、冯自由、秦力山等人在东京创办《国民报》，该报以"破中国之积弊，振国民之精神"为宗旨，积极宣传革命。王宠惠担任《国民报》的英文编辑，是介绍西方"天赋人权"、"天演公例"等政治法律思想的宣传骨干。《国民报》刊行后，发表了大量催人奋进的文章，对留日青年学生产生较大影响，该刊的创办开了留学界革命新闻的先河，其功不可没。由于经费原因，《国民报》只出版了四期，于8月10日停刊。

1902年年初，王宠惠赴美国留学，先就读于加利福尼亚大学，后转入耶鲁大学攻读法学博士。在此期间，王宠惠开始系统地接受西方的现代法学训练，逐步形成了现代西方法律观念和与之相适应的法学研究方法，奠定了他以后从事法学研究的主要学术范式和以参与现实政治为旨归的人生价值取向。

1904年，孙中山抵达美国纽约。王宠惠时常到孙的寓所进行深谈，倾听孙中山关于反对清政府的革命计划。为了争取国际上对中国革命的同情和支持，以减少革命的阻力，王宠惠协助孙中山起草了《第一次对外宣言》，即《中国问题的真解决》，文中大量披露了清政府统治的黑幕，劝说西方列强放弃对满清王朝的支持，同时呼吁世界人民对中国革命给予物质上和道义上的支持。这篇文章在欧美反响很大，由此也可以看出王宠惠的才华和孙中山对他的看重和赏识。

王宠惠在美国获得法学博士学位后赴英国继续研究国际公法，获得了英国律师资格，还被选为德国柏林比较法学会会员。在美国的时候，王宠惠将德文版《德国民法典》翻译为英文，由英国伦敦著名的斯蒂芬斯书店出版，这是当时欧洲最早的《德国民法典》英译本之一。译本一出，很快受到国际法学界的好评，迅速成为欧美各大学的通用教材，王宠惠在西方法学界名声大振，由此奠定了王宠惠在西方法学界的地位。

后来，孙中山在1905和1910年两次出游欧洲的时候，皆约王进行晤谈，叙说国内革命之详情，并请王在留学生中发展同盟会员，并为革命筹款。

●王宠惠回国参加了辛亥革命，任北洋政府司法总长，后又任复旦大学副校长。他虽然致力于法学研究，却依然关心政治事务，在华盛顿会议上为中国争取权益。

1911年9月，王宠惠由欧洲回国，抵天津时，武昌起义爆发。闻此消息，他便急赴上海，任沪军都督陈其美的顾问。12月，南北双方代表在上海英租界市政厅谈判，王宠惠受派为南方民军代表伍廷芳的参赞。众望所归的孙中山于12月25日自美洲回国，时王宠惠正以广东代表身份出席各省代表在南京举行的各省代表会议，并被选为副议长。这次会议选举孙中山为中华民国临时大总统，王宠惠与议长汤尔和赴上海迎接孙中山至南京。1912年1月1日，孙中山在南京宣誓就任中华民国临时大总统，宣告中华民国成立。1912年1月3日，孙中山提出国务员名单，年仅30岁的王宠惠为外交总长。当时舆论一片哗然。大家都以为，这个职位应该非老资格外交家伍廷芳莫属。王宠惠也以"学识疏陋，未尝周旋于外交界"为由推托，但孙中山相信他的才能，并不为所动。

王宠惠被任命为外交总长后受到了西方媒体的关注，《泰晤士报》记者莫理循在发给伦敦的一则介绍孙中山组阁的通信中，特别介绍了王宠惠，除介绍他具有欧美的留学背景外，强调了他突出的个人能力，称赞他为"最为出色"的内阁成员，表明了王宠惠在西方具有较高的知名度。1912 年 1 月 3 日，新政府组成，至 4 月 1 日孙中山解除临时大总统职务止，只存在三个月时间。在外交方面，王宠惠辅政孙中山，成为孙中山革命事业的得力助手。

民国初兴，争取各国承认南京临时政府，为当时外交活动之首务。1 月 5 日，孙中山发表《对外宣言书》，8 条中的前 4 条基本是对外政策，该宣言承认"革命以前所有满政府与各国缔结之条约"至条约期满前继续有效；承诺继续偿还"满政府所借之外债及所承认之赔款"；尊重"革命以前满政府所让与各国国家，或各国个人种种之权利"；在共和政府法权所及之领域内，尊重并保护"各国人民之生命财产"。该宣言明确表达了愿与世界各国和平往来的真挚愿望，希望能够加入国际大家庭之中的迫切之情；但同时也暴露出资产阶级革命派幻想以承认晚清外交格局来换取列强承认新政府的外交取向。

17 日，王宠惠致电美国国务卿，通报中华民国已经成立，希望美国及早承认；19 日，王宠惠又致电英国外交大臣葛雷，说明清政府已经被推翻，希望英国承认民国政府。但新政府的所有外交活动均未为各国政府所理睬。13 日，各国驻华公使团在北京开会，相约在中国统一政府未成立前，不作承认的表示。南京临时政府对于帝国主义侵华造成的晚清外交局面采取承认的态度，明显反映了中国资产阶级的软弱性和妥协性，"即墨事件"就是典型一例。1912 年 1 月下旬，山东青岛附近的即墨县为革命党人光复。胶济租借地的德国当局立即借口该地为 1898 年《中德条约》规定的德军设防地区，要求革命党人退出。清政府调遣军队突袭即墨，杀死革命党人 30 多名。当地革命党人请求南京临时政府提出交涉，临时政府拘泥于对旧约的承认，不得不发出了《大总统及外交总长电烟台都督饬即墨民军照约暂时退出文》，命令当地军民退出即墨。

南京临时政府存在的短短的三个月时间里，王宠惠不仅在外交方面，而且在借款、邮政改革等各个方面为孙中山解决了许多实际问题，深得国父信任。

袁世凯窃取中华民国临时大总统后，命唐绍仪组织新内阁，王宠惠以全票当选北洋政府的首任司法总长。袁世凯任总统后，千方百计破坏民主法制。当袁世凯公然破坏约法，在没有总理副署的情况下，发布对王芝祥的任命时，唐绍仪毅然辞去总理职务。王宠惠亦与蔡元培等其他几个同盟会内阁成员一致行动，希望以此表明革命党人决不同流合污，决不以原则作交易，也决不为他作纸糊台阁摆设的明确态度。

王辞职后，一度担任外交部顾问，不久前往上海，受聘于中华书局，任英文编辑部主任。孙中山在辞去临时大总统后，任全国铁路督办，在上海设立铁路公司，聘王宠惠为顾问。王奉命与英国波令有限公司代表佛兰殊侯爵草订关于广州至重庆与兰州支线的铁路合同。谈判进行顺利，连同孙中山与英国代表签署各种手续在内，只费时一周，但未获北京政府批准。

随后，王宠惠出任复旦大学副校长，同时从事法学研究，这一时期是王宠惠法学思想形成的一个重要时期，他深入研究了《临时约法》，先后著有《宪法平议》、《宪法危言》、《比较宪法》等书，在理论上应衬了孙中山五权宪制主张，奠定了民国立宪的理论基础，同时对中国的宪政取向提出了自己的见解和理论架构，对当时中国法学研究起了推动作用。

王宠惠并不只是一心埋头于书斋，仍陪同孙中山出席各种政治活动，借用各种机会阐发自己的政治理念和法制架构。1913 年 1 月 23 日，黄兴自汉口抵上海，当日，国民党上海交通部举行欢迎会，孙中山与王宠惠、马君武、居正等到会。王宠惠即席演说宪法问题，强调现今最重大者，乃民国宪法问题，务期以良好宪法树立民国之根本。4 月 5 日，王宠惠陪同孙中山出席中国兴业公司第二次会议，5 月 7 日与孙中山等出席日本驻上海总领事对日本贵族院议员德川公爵欢迎会。此间王宠惠以从事法学研究为主，亦追随孙中山先生从事革命活动。

袁世凯复辟帝制的倒行逆施，激起全国人民的愤怒声讨，促使护国运动兴起，1916 年 5 月，广州肇庆组建军务院，与袁世凯政府形成对峙，王宠惠被任命为军务院外交副使，在上海开展活动。袁死后，黎元洪继任北洋政府总统，段祺瑞任内阁总理，肇庆军务院宣告撤销。1917 年，王宠惠赴京任法律编纂会会长，1920 年 8 月，改任大理院院长兼北京法官刑法委员会会长、法理讨论会会长。他从此致力于法典的编纂和法学理论的探讨，开始步入法学思想的实践层面。

王宠惠在 1912 年就任司法部长时就提出了改良司法的意见，但因为在任时间太短，并无多大作为。1917 年，他重返北洋政坛，主持法律的编订，出于收回领事裁判权的现实需要，他就刑法等各部门法作了大量的起草和制订工作，虽然多数没有实施，但各草案多为继之的国民政府使用，如 1928 年刑法就是王宠惠据他在北洋政府时期拟定的《刑法第二次修正案》略加删改而成的。北洋政府时期是王宠惠参与司法改良和律例制订的一个重要时期，许多思想在当时没有实现，但在国民政府时期多有斩获，他更多的是关注宪政的实施和国家主权的收回。

一战的炮火停息后，各战胜国在巴黎召开和会，中国对此次会议抱有极高的期望，社会各阶层的反响也十分强烈，中国的民族资产阶级和知识分子都抱着理想主义的态度，希冀和会主持正义，归还中国丧失已久的国权。王宠惠此时在主持法典编纂工作的同时，在北京大学兼课，积极参加和平期成会、协约国国民协会、国际联盟同志会、国民外交协会等组织的筹备和成立工作，为北京政府参加和会提供舆论和方略的准备。

五四运动爆发后，王宠惠发挥其政治影响，积极采取行动营救被捕学生，体现了他的政治抱负和社会关怀。王宠惠任职北洋政府期间，在主持法律修订的同时，积极参与巴黎和会的外交后援活动，起到了一定的作用，中国代表团在国内的压力下，没有在和约上签字。五四运动后不久，在美国的倡议下，又召开了华盛顿会议，以求解决巴黎和会未解决的难题，美国等列强力图重新安排远东和太平洋的国际格局，北洋政府对华盛顿会议同样也抱有极大的和平期望。

1921 年 11 月 12 日至 1922 年 2 月 6 日，在华盛顿召开有英、美、法、日、中等 9 国参加的国际会议，其中讨论了远东与太平洋问题，中心是中国问题。王宠惠与施肇基、顾维钧受北京政府派为全权代表。会议期间，王宠惠就废除列强在华的领事裁判权等问题发了言，这也是他为恢复法权而进行的一次重要努力。由于列强的阻碍，使得中国利用华盛顿会议收回领事裁判权的努力继巴黎和会之后又再度受挫。王宠惠还在会上单独提出废除"二十一条"的要求。他强调，"二十一条"的存在对与会

1921 年 10 月 30 日，王宠惠与施肇基、顾维钧、伍朝枢等抵达华盛顿参加太平洋九国会议

各国在华利益都有威胁，尤其对美国门户开放政策有不利影响，这一有理有据的陈述让日本代表措手不及。虽然最终没有实现废除"二十一条"的目的，但王宠惠不畏强权，坚决捍卫祖国领土主权完整的态度影响很大。会议最终签订了《九国公约》，承认"尊重中国的主权与独立及领土、行政之完整"。舆论界评论说，"吾人对于王氏甚表钦佩"。

　　王宠惠、顾维钧等外交人员力争国权，为改善中国的国际地位的努力是值得肯定的，他们的留学经历、高学位以及学者兼外交家的身份，使他们容易为国际外交界所接受和尊重，便于以他们的才智和声誉周旋于国际外交界，但受制于中国的国情，使得外交成效大打折扣。

　　●五四运动后，王宠惠主张"好人政府"。后追随蒋介石，成为司法院院长。他还活跃在国际法学界，并任海牙国际法官。1937 年，王宠惠重返政坛，出任外交部长。

　　1922 年 5 月，第一次直奉战争结束，直系军阀首领曹锟、吴佩孚控制了北京政府的统治权。他们梦想着一统天下，但军费成为一大难题。吴佩孚使尽浑身解数谋求各国借款，得到了英美的支持，但日本却宣称中国取得统一之前，任何借款不经列强各国取得一致，便不能成立。正在此时，

孙中山因陈炯明叛变而避居上海。吴佩孚想利用孙的政治威望，倡言统一，以谋求借款。孙中山为了集中全力战胜陈炯明，对北方亦采取了缓和态度。他特授意在北方任职的王宠惠同吴佩孚密谈，借以削弱直系军阀对陈炯明的支持。

1922 年 5 月，王宠惠和胡适等人在《努力》周报发表了《我们的政治主张》一文，提出了"好人政府"的口号，要求建立"宪政的"、"公开的"政府和推行"有计划的政治"。9 月，在吴佩孚的支持下，王宠惠署理国务总理。此内阁中王宠惠、顾维钧、罗文干、汤尔和均为留学归国之人物，曾经主张由几个"好人"组织政府，因此称此届内阁为"好人政府"，这是王宠惠自由主义宪政观的一次重要实践。

由于王宠惠是与孙中山和国民党有过关系的人，又得到吴佩孚的支持而入阁，由此增加了孙吴合作的气氛。经过王宠惠的周旋，北京政府延缓了对广东陈炯明、福建李厚基的援助，客观上有利于孙中山组织力量对抗陈炯明叛军的斗争。王宠惠投身到"好政府"主义思潮中既是他自海外留学过程中接触到的西方自由主义思想在现实政治语境下的集中表达，也是与他在民初的宪政实践活动一脉相承的。

"好政府"主义关于改良法律和制宪的观点是与王宠惠倡导制宪的理念相一致的，在《我们的政治主张》提出的"政治改革的基本原则"中，第一就是要求一个"宪政的政府"，把它作为"使政治上轨道的第一步"，这是与他的立宪主张相契合的，然而这次宪政参与又是与联省自治和国民制宪倡导的宪政参与有区别的，此次宪政参与付诸了实践的层面，他出面组建了"好人政府"。

"好政府"主义倡导"好人"出面改造中国政治，王宠惠之所以能出任"好人政府"总理是因为他在当时的社会上有"好人"的盛名。加之此时直系军阀吴佩孚控制北京政权，为了争取支持，掩饰门面，与胡适等人借用其政治势力实现主张的目的正好合拍，王宠惠是双方皆能接受的人物，就此促成了王宠惠的"好人政府"总理的短暂之旅。

王宠惠组阁后，直系明显地分裂为以吴佩孚为首的洛（阳）派和以曹锟为首的保（定）派。王宠惠接近洛派，又想利用与孙中山、吴佩孚的双边关系，促成孙吴合作。王的行动引起曹锟的不满，于是很快出现了倒阁风潮。11月18日，倾向保派的国会议长吴景濂等借口财政总长罗文干在签订与奥国借款合同中有贪污问题，逼使

王宠惠（右二）在海牙国际法庭与各法官的合影

黎元洪下令逮捕罗文干，形成轰动一时的"罗案"。

此事真相是，财政部从奥国借到华币60余万元，而王内阁在洛方催逼下将其中50万元交给他们作军费。曹锟和直系其他军阀纷纷发表通电，主张惩办罗文干和王宠惠等人。吴佩孚为摆脱困境，声明服从曹锟，王内阁失去依托，便提出辞职。12月6日，孙中山致信王宠惠表示慰问，劝诫王宠惠不应自废颓唐，应振作精神。

由于王宠惠在国际法学界的声望和地位，1921年6月，他曾代表北京政府出席国际联盟会议，被选为国际仲裁法院裁判员，1923年，国际联盟又选他为国际法院候补法官。"好人内阁"流产以后，王宠惠自感国内政情已不适合他的发展，故于1923年春赴海牙出任国际法院候补法官，经过香港时，廖仲恺奉孙中山之命召王宠惠到广州，王与孙就时局、兵工政策及统一救国计划讨论竟日。随后王宠惠赴荷兰，这成为王与孙的最后一次见面。

王宠惠是海牙国际法庭第一任中国籍的法官。在国际法院法官任内，王宠惠坚持以公平适当的原则处理国际纠纷，表现出了精深宏博的法学修养与宽厚公正的绅士风度，获得了各国学者和政治家们广泛的好评，为公正的国际仲裁体制的建立和运行做出了贡献。当他后来再次游历法国之时，法国最高法院特别邀请他做演讲，以表达对王宠惠的敬意。这一隆重的礼遇，显示了王宠惠在国际法学界的重要地位。

王宠惠在海牙任内，仍关注国内时局。1924年1月，他回国任孙宝琦

内阁司法总长；1925 年，回国出任修订法律馆总裁，主持由华盛顿会议而定的关于收回中国司法主权的法权调查会议的工作。他提出了收回法权的法律文本，并参与了法权调查会议的全程交涉，由于列强的阻碍和中国司法本身的缺陷，使得法权交涉无果而终，但他收回司法主权的努力是值得肯定的。

随着北伐的节节胜利，蒋介石秘密谋划反革命事宜，他对外争取帝国主义的支持，对内拉拢军阀政客，王宠惠也是他争取的对象之一。1926 年1 月，王宠惠当选国民党第二届中央监察委员。"四一二"反革命政变后，蒋介石在南京建立国民政府，任命王宠惠为司法部长，"宁汉合流"后，王仍为司法部长。次年 8 月任国民政府委员，司法院院长。从此，王宠惠投入蒋介石的麾下，成为蒋在法制、外交等方面的重要顾问，他开始运用宪法思想服务于反民主宪政。

南京国民政府成立后，1928 年 8 月，国民党中央在南京召开二届五次全会，讨论训政时期实现五院制度。王宠惠与胡汉民、戴季陶三人起草了《国民政府组织法草案》。中原大战胜利在即之时，蒋介石为了利用民意机关和法律形式巩固和扩大自己的独裁统治，举荐以王宠惠为主稿，会同邵力子、邵元冲起草《中华民国训政时期约法》，他们在搬用了孙中山《建国大纲》的一些词句和概念的基础上，套用了西方资产阶级共和国宪法的一些条文，表面上给予人民多种"自由"和"权利"，实际上是以法律形式肯定了国民党一党专政和蒋介石个人独裁的合法化。

但是，为了取得反对派和资产阶级自由派的支持，《训政时期约法》仍作了一些妥协，如不提"总统问题"，仍规定党权高于政府主席，使得该约法获得了较大的社会基础，在国统区得以实行 18 年之久。王宠惠作为司法院院长，还较深的参与了国民政府的其他立法工作，他亲自主持了1928 年刑法的制订，其他如民法、婚姻法等各项法律、法规的制订，皆有他的参与。他几乎以不同形式主持和参与了国民政府时期的立法和司法工作。

蒋介石为了建立独裁统治，在起草训政时期约法时与胡汉民发生冲突，将胡汉民扣押在汤山，此举触发了两广地区的反蒋行动。王宠惠本就与胡汉民关系密切，在此种形势下他与亲胡的孙科一同离职，由南京赴上海。到上海后，孙科与反蒋的汪精卫等人于5月在广州召开"非常会议"，成立"国民政府"，公开要求蒋介石下台，双方矛盾日益激化。王宠惠离职后，国民党中央执行委员会屡电其迅速返职，并派张静江、李石曾赴上海劝说。

身处夹缝中的王宠惠不愿陷入国民党的派系纷争之中，于是重走1922年"好人政府"总理下台后的老路，启程赴荷兰担任海牙国际法院正法官。王宠惠此次放洋时间最长，长达近5年。在国际法院法官任内，他参与了多次重要判案的审理，获得了广泛的赞誉。虽然身处国外，但他仍然十分关心国内法学学科的发展，他不时的将国外最新的法学信息传递到国内，如他曾先后多次在《中华法学杂志》上撰文，介绍国际比较法学大会的情况，希望国内的法学同仁予以关注。

九一八事变后，日本加快了侵华步伐，而国内则是派系纷争不断，尤以蒋介石和胡汉民的矛盾影响最大。王宠惠于1934年7月5日回国休假。8月24日，上庐山拜谒蒋介石面聆机宜后，于10月10日赴香港会晤胡汉民。10月13日，赴广州与陈济棠、李宗仁交换关于时局的意见。10月18日，离广州抵香港经短暂停留后于10月21日由港抵沪。10月23日，抵南京，先后会晤了汪精卫、叶楚伧、居正、陈果夫等人，言说了南行经过，虽然汪精卫答记者问时说王宠惠此次南行"对西南疏通感情方面，已有成效"，实则收效甚微。

10月25日，王宠惠赴北平拜谒蒋介石，27日与蒋进行了短暂的会晤，二人的会谈结果不得而知，但通过王宠惠在公开场合的态度可见端倪。王宠惠向外界表示"南行系私人资格，年底仍出国"，并称"最近与西南无函电往返，不再作西南行"，可见蒋介石对西南方面提出的条件并不十分满意。但是王宠惠的调和热情并没有熄灭，离开北平后，他与孙科于12月1日一同离沪南下，经与胡汉民在香港会晤后，即赴广州访晤李宗仁、陈济棠，此时王宠惠已经感到圆满调和已属无望，尽管此时国民党四届五中全会选他为国民政府委员、司法院院长，但他仍坚辞不就，于1935年转道日本经美国重赴海牙任国际法院法官。

王宠惠此行接受了蒋介石要求他向日本转达亲善信息的意向，他于2月19日到日本后，两度会晤广田外相，并访晤其他日本军政首脑，除转达"以德报德"的善邻意向外，还向广田外相提出了改善中日关系的三原则。广田虽"皆表同意"，但又表示"惟满洲问题，希望中国现时暂勿提起，若以解决此问题为中日亲善之先决条件，则不但幸而好转之两国感情将生变化，且恐两国邦交因此逆转"，日本对华的强硬态度没有丝毫改变。

王宠惠就任国际法官不久，中日间的关系剑拔弩张，日本加速了侵华的步伐，中日全面开战在即，蒋介石仍奉行"攘外必先安内"的策略，此举遭到了国内各派的反对，尤其是张学良为首的东北军背负着家仇国恨，在蒋介石的逼迫下，发动了震惊中外的西安事变。王宠惠在国内局势日趋紧张的情况下，任期未满就于西安事变前夕回到国内。

西安事变爆发后，王宠惠从英美派的利益出发，于12月19日在南京孔祥熙寓所与宋子文、孔祥熙、居正、孙科、叶楚伧、宋美龄等会晤，主张和平解决。蒋介石被迫接受国共合作联合抗日后，于1937年3月起用亲美的王宠惠继亲日的张群任国民政府外交部长，王宠惠于1931年出任国际法院法官6年后又重新返回到国内政坛，这次不是掌理他所特长的司法工作，而是主持国民政府的外交。

●**王宠惠积极谋求中日间关系的外交解决途径。后出任国防最高委员会秘书长，成为蒋介石的主要国策顾问之一，对战后重构作出了贡献。到台湾后支持蒋介石"复职"。**

卢沟桥事变爆发后，王宠惠于7月10日就日军发动卢沟桥事变一事正式向日本驻华大使馆提出书面抗议，强烈谴责了日军的暴行。王宠惠在积极谋求同日方单方面交涉和平解决的同时，亦在国际社会上展开一系列的外交活动，揭露事件真相，争取国际社会的最广泛的同情与支持。寄希望于英美调停是事变爆发后南京政府的主要外交取向，王宠惠邀请英国驻华大使许阁森对日本进行调停试探，日本政府对此采取了蛮横拒绝的态度，自行关闭了由第三国调停解决事变的大门。

王宠惠于7月16日、30日两次对美发表广播演说，宣称远东危机将导源于中国之被侵略，请求美国积极参加中日调停。但美国置若罔闻，态度低调，南京政府寻求英美联合调停的愿望落空。南京政府外交部也寄希望于国联和《九国公约》签字国对日本进行制裁，但由于英、法、美诸国对日本采取姑息纵容的绥靖政策，使得两次会议没有通过任何制裁日本侵略的协议，这大大打击了南京政府求助国际组织的热情。

随着事态的发展，蒋介石逐步认识到得到苏联支持的重要性，他命令王宠惠和孙科与苏联大使鲍格莫洛夫就达成互助协定进行秘密协商。8月21日，王宠惠和鲍格莫洛夫在南京签署了《中苏互不侵犯条约》。该条约的签订，表明中苏两国在反对日本侵略方面存在着共同的利益，为苏联对中国大规模军事装备的出售和援助提供了政治基础，对于日军的嚣张气焰是一个沉重打击，是南京政府在外交上取得的一项重要成果。

王宠惠在积极采取外交手段谋求解决中日争端的同时，充分利用电台等传播媒介，不断向欧美各国以及国内发表专题广播演说，揭露日军侵华暴行，争取国际同情，鼓舞国人抗战。王宠惠在广播电台积极宣传日军暴行，激起世界各国人民对日本野蛮侵略行为的公愤，纷纷起来反对和制裁日本。美国劳工联合会一致决议加入英国劳工抵制日货运动，并联合其他各国的工会采取一致行动抵制日货。

英国抵制日货运动迅速遍及全国，并且通告欧美各国劳工团体，发动普及世界的抵制日货运动，直到日军从中国撤退为止。印度国民大会党领袖尼赫鲁于1937年10月30日接受路透社采访，痛斥日本在华残杀盈千累万生灵的残暴行为，表示印度绝不会漠视旁观，将全力参加抵制日货运动。

1938年2月12日，在伦敦召开了由世界和平运动大会发起的反侵略大会，参加者有英、美、法、苏等19国代表900余人。经两天讨论，全体一致通过决议，谴责日本危及世界和平的行为。

王宠惠除积极对外宣传外，亦重视对内宣传，鼓舞国人坚定抗战的决心。1939年3月18日，他对国内同胞作题为《抗战中之中国形势》的广播演说，他在演说中向全国同胞指出：日本的"东亚新秩序"实际是破坏中国的独立与完整，已经引起世界主持正义爱好和平的国家的敌视。他向同胞阐明中国的抗战是为了抵抗侵略而战，为保持中国的独立和自由而战，为维护国联公约而战，是一条正义之途径，博得世界各国普遍之道义同情，和各种事实上之援助。

10 月 18 日，王宠惠又在电台作了《我们的外交方针》的广播演说，斥责汪精卫叛国投敌的可耻行径，指出除"抗战到底以外，绝对没有争取国家民族生存独立第二条路"，要求国人同叛国投敌分子作斗争。王宠惠通过传播媒介的宣传，揭露了日军的暴行，取得国际上爱好和平的人民的支持与理解；坚定了国人坚持抗战到底，争取最后胜利的决心。

国民党积极部署淞沪抗战前夕，于 1937 年 8 月 11 日召开的中政会第 51 次会议决议设立国防最高会议，同时撤销前设之国防会议和国防委员会。为了适应长期抗战的需要，1939 年 1 月，国民党五届五中全会决议改组国防最高会议为国防最高委员会，以蒋介石为委员长，成为战时统一指挥党政军的权力枢纽。

1941 年，蒋介石发动"皖南事变"，打算调动数十万军队"围剿"新四军。蒋介石行动之前，不得不考虑各国的态度，于是请王宠惠商议。王宠惠力劝蒋介石三思慎行。蒋介石见他当面反对，不由得怒从心起。就在他要发火的时候，侍从室从来一份加急电报，说的是日军出动 15 万人马，企图打通平汉路。为了应付眼前的局面，蒋介石不得不放弃"围剿"的计划。事情过去以后，他冷静地想了想，不由得从心眼里佩服起王宠惠的见解和分析来。于是，4 月，蒋介石将王宠惠调离外交部，转任国防最高委员会秘书长。从此王宠惠成为蒋介石的主要国策顾问。

武汉失守后，国民党转向消极抗日、积极反共，王宠惠在外交上予以配合。皖南事变后，王宠惠为国民党进行开脱，并在国际、国内制造反共舆论，为蒋介石推行消极外交摇旗呐喊，起了掩盖真相、混淆视听的较坏影响。

王宠惠虽然不再担任外交部长，而抗战中后期直至国民党败逃台湾期间，他处于幕后为蒋介石的外交服务。太平洋战争爆发后，蒋介石当上了中国战区最高统帅，为了劝说印度停止反英，共同抗日，并谋求成立中印联盟，王宠惠、宋美龄等 10 余人陪同蒋介石于 1942 年 2 月 4 日出访印度，双方会谈没能达成实际成果，蒋介石的此次印度之行没有达到预期目的。

针对战争局势的变化，美国出于战后世界战略的考虑，力求把中国扶植成大国，成为其战后世界战略的一枚棋子，英美友好表示的具体行动是宣布废除在华领事裁判权。领事裁判权是列强对中国司法主权的巨大侵害，王宠惠在领事裁判权收回的最后阶段扮演了重要角色。中美间关于废除领事裁判权的谈判没有多大障碍，很快就达成了协议。而中英间的谈判却颇费周折，而双方间的最大障碍则是香港问题。蒋介石对依约收回九龙的态度是十分坚决的，甚至以不惜与英国决裂为代价。而王宠惠、顾维钧等外交顾问则认为，此时与英国签订条约最为重要，香港问题可以放在战后再行解决。

在他们的劝说之下，最终蒋介石作出了让步，同意将香港问题放到战后再行解决，中英新约得以签订。随后各有约国纷纷效仿，列强在华存在达百余年的领事裁判权最终得以废除，中国的司法主权由缺失得以重构。但是由于蒋介石的媚外政策，在解放战争时期，领事裁判权得到某种程度的复活，中国的司法主权全面恢复还是新中国建立以后的事。

随着战争进程的加剧，构建战后世界格局提上了议事日程。由于苏联的反对，在三大国会议前，拟在开罗召开中、英、美三国会议，此次会议是中国大国地位的国际确认。1943 年 11 月，王宠惠作为主要成员陪同蒋介石参加开罗会议。在王宠惠的主持下拟定了出席会议的方案，在三国的具体谈判中王宠惠是中方主要负责人。值得提出的是，战时中国对周边被压迫国家和民族独立的要求持积极支持和同情态度，并用实际行动促进大西洋宪章中关于民族自决诺言的实现。

太平洋战争爆发后，当时中国政府鉴于英国的殖民统治与印度民族独立运动之间的矛盾，曾积极居间调停；开罗会议期间，罗斯福与蒋介石单独会见时，曾讨论朝鲜、印度支那、泰国问题，蒋介石强调了"给朝鲜独立的必要性"，并认为"中国和美国应共同努力帮助印度支那在战后取得独立，而泰国则应恢复独立地位"。

在三国代表讨论开罗宣言时，英国代表提出把草案中"使朝鲜自由独

1943年11月王宠惠随蒋介石到埃及参加开罗会议，与蒋介石、宋美龄、美国总统罗斯福、英国首相邱吉尔，以及三国外交幕僚合影。（后排站立者右起第八人为王宠惠）

立"修正为"使朝鲜脱离日本之统治"，当即遭到王宠惠的反对，他据理力争，声言朝鲜既被日本侵略吞并，如仅言脱离日本统治，而不决定其自由独立的地位，则将为未来留下重大难题。中国的立场，得到了美国代表的支持，维持原案。

当时，英国代表还想将"满洲、台湾、澎湖列岛当然归还中国"改成"当然必须由日本放弃"，王宠惠当即表示反对。英国代表狡辩说日本放弃即代表归属中国，但王宠惠坚持不得含糊，否则会议公报将丧失其价值。他指出，若不明言归还中国，则盟国联合作战，反对侵略，维护世界和平的目的就不明显了。美国代表也赞同王宠惠的提法，最终英国按照中美意见写明"满洲、台湾、澎湖列岛应归还中国"。王宠惠用实际行动维护了国家利益。

此外，中国还就战后国际组织等问题提出了许多建议，为筹建联合国具有·定的意义。

开罗会议之后，王宠惠投入到拟定建立联合国的中方文件的起草工作之中，他首先主持了国内关于集体安全问题的讨论，在此基础上提出了构建新集体安全的13点建议，公诸社会后，吸取了全国各方面的意见，形成了具体的方案。在此方案中，王宠惠的集体安全思想得到充分体现。

王宠惠随后作为中国的全权代表之一参加了联合国制宪会议，出席了法制委员会的各项活动，提出了众多建议，如5月22日在中国代表团的会议上，王宠惠对"民族自决"一词提出异议，他认为此词对中国不利，苏联可能会在新疆、西藏、蒙古，甚至东北煽动分裂运动，他认为这是对联合国宪章完全没有必要的修正。

王宠惠的提议有几点得到认可，写到了宪章之中，但是这些多是无关痛痒的表面条文，而有实际意义的建议如关于民族自治等由于中国的"强国"不强的边缘地位而没有得到重视，基本上束之高阁。这次会议是王宠惠集体安全思想的重要实践，但作用甚微。

抗日战争胜利后，举国盼望和平的到来，而蒋介石逆历史潮流而动，积极准备发动内战，但是囿于和平舆论和军事筹备的需要，蒋介石召开了政治协商会议，以掩全国人民耳目。政协会议在全国人民的要求下，通过了一系列有利于和平的决议，但蒋介石在敷衍全国人民和平期望的同时，积极谋划召开国民大会制定宪法，以便为其个人独裁统治披上合法的外衣。作为知名法学家的王宠惠又为蒋所看重，成为建构蒋记反民主宪政的重要顾问和实际操作者，王宠惠宪政活动与自己原初的宪政理念产生了严重的背离，且越走越远。政协会议期间王宠惠就对国民党政权的"政府地位合法化"产生了忧虑，但他又不信任共产党，认为中共无意实施政治协议，总之，他对局势表示悲观。

1945 年 9 月，他曾上书蒋介石请求辞职，蒋介石没有批准他的辞职，且委以重任，王宠惠也将自己牢牢的绑在了蒋介石开出的历史倒车上。在1946 年 3 月 8 日至 16 日召开的宪草审查审议会议上，王宠惠提出将国大恢复为有形国大，实行总统制，其宗旨就是扩大蒋介石的个人权力，以应付国民党面临的日益严重的统治危机。11 月，在蒋介石的授意下，王宠惠协同雷震和吴经熊将经他们修改的"五五宪草"呈送蒋介石，在法制、外交、财政、经济、军事五委员会举行联席会议进行审查时，王宠惠与会作报告和具体说明。

1946 年 11 月 15 日，国民党一手操办的国民大会开幕，于 28 日通过了该宪草，定名为《中华民国宪法》，这部宪法违背政协会议精神，在一些"民主"、"共和"的华美辞藻掩盖下，以根本法的形式确认了以蒋介石个人独裁为核心的国家制度。王宠惠是此宪法的主稿人之一，又是主要说明人，他还吹嘘此部宪法是"一部具有特性而最新式的民主宪法"。1947年 4 月，国民政府实行改组，王宠惠仍任国民政府委员。

随着内战局势的急转直下，蒋介石提出了"全国总动员"，以"戡平"中共的所谓"内乱"。1948 年 3 月，蒋介石通过"行宪国大"戴上了总统的桂冠，为了获得绝对的独裁权力，王宠惠又根据西方国家战时宪政体制的旧制，提出不修改宪法而依宪法程序制定所谓《动员戡乱时期临时条款》，规定总统在"戡乱"时期有不受"宪法"限制的"紧急处分权"。继而王宠惠出任"行宪"后的第一任司法院院长。

此时国民党的统治已是摇摇欲坠，王宠惠对时局也是知之甚深。1949 年新中国成立前夕，王宠惠以养病为名赴香港。1950 年转赴台湾，积极支持台湾当局沿用"中华民国"称号，恢复"五院制"，为蒋介石"复行视事，继续行使总统职权"，寻求法理依据。他在古稀之年仍担任"司法院院长"。他还积极支持台湾的文化事业，业余从事著述。值得一提的是，王宠惠虽然身居高位半个多世纪，却并没有利用职权为自己敛财，去世前在医院的治疗费用也是他人赠与的。1958 年，王宠惠在台湾去世。

伍朝枢：将门虎子 1929 年任命（未就职）

伍朝枢是著名外交家伍廷芳之子，也是民国杰出的外交家、法学家。他有异常辉煌的留学经历，精通西学和国学。回国之后，他一度官至外交部长、司法院院长，为中国的外交事业和人权立法做出了重要贡献，驰誉国内政坛和国际外交界。但因为动荡的时局，其秉持的外交理念、施政方法并不能完全加以发挥，时常受到政治派别的排挤，故而从政生涯也就颇为跌宕曲折。步入政坛的 20 余年中，伍朝枢曾辞官弃官不下十次，并最终选择了淡出公众视野。

●伍朝枢年少留学，学成归国后，随父伍廷芳处理外交事务，才华初显。追随孙中山但反对国共合作，任广州市市政委员长，政绩显著，鼎力支持省港大罢工。

伍朝枢，字梯云，广东新会人，1887 年 5 月 23 日生于天津。说起伍朝枢，就不得不提其父伍廷芳。伍廷芳清末曾在直隶总督李鸿章幕下办理洋务多年，1896 年，受清政府命为出使美国、西班牙、秘鲁大臣（即公使），是中国自费留学第一人、中国近代第一个法学博士、大律师。伍廷芳年轻时接受完整的西方教育，而在文化的认同中，伍廷芳则是从西方到东方，始终希望能够在中国这个古老的东方国度，实现自己西方政治的理想。或许也正是因为如此，伍朝枢所受的教育及所走的人生道路，多受其父影响。可以说，伍廷芳是伍朝枢政治与外交生涯的领路人。

从伍廷芳给独生子起的名"朝枢"和字"梯云"上就可以看出，这位外交家对孩子期望甚高——"朝廷中枢"、"梯接青云"。而伍朝枢也没有辜负父亲的希望。他 10 岁时随任驻美国全权公使的父亲前往美国，在华盛顿等地接受完整的美式小学和中学教育，先后在美京科士学校、美京西区高等学校和大西洋城高等学校就读，每次考试都名列前茅。18 岁返国，在北京居住，随著名学者沈风楼治国学。1908 年，得官费派赴英国留学，先入伦敦大学攻读法律。在这一段的留学生涯中，伍朝枢成绩相当辉煌：因成绩优异而连获皇家法庭院奖学金及大学奖学金，以第一名的考试成绩毕业，获法学士学位。伍朝枢接着进入林肯法律研究院深造，毕业后应考英国大律师考试，成绩名冠榜首，为华人留英学生中破天荒的盛事，取得了大律师的资格。

1912 年春，伍朝枢学成归国，此时正当袁世凯攫取中华民国临时大总统，得到全国统治权的时候。5 月，伍被派任湖北都督府外交司司长，9 月，调入北京任外交部条约委员会会长，办理条约事宜。1913 年，被广东新会地区选民选入第一届国会众议院议员，并担任国民党籍的宪法起草员。当时，辛亥革命推翻清朝、中华民国已成立一年多，列强却仍持观望态度，对中华民国不予承认。

伍朝枢用英文撰写了长篇论文，援引国际公法、遍举列国承认的先例，经英国《泰晤士报》发表后，在世界外交界影响巨大，在某种程度上改变了各国的态度，使不少国家相继通牒承认民国。他后来还曾用英文写作《英革命过程》、《中国建国大纲》等著作，用词之恰当、语言之优美深为西方学者推崇，被誉为"中国的勒肯赫"，勒肯赫是英国历史上以文笔优美著称的法律名家。

袁世凯解散国会撕毁约法后，伍朝枢任北京政府宪法起草委员会委员。1915 年，被任为国务院（不久改为政事堂）参议兼外交部参事。当时，袁世凯密谋恢复帝制，他指示心腹政客成立筹安会，筹备称帝事宜。筹安会的人认为伍朝枢很有声望，又为袁世凯所倚重，所以想拉拢他加入。伍朝枢洞悉袁的野心，不屑所为，便多次上呈辞去本兼各职。袁世凯知道伍朝枢不愿为自己效力，但又不愿放他离京，以免为他人所用，于是其辞职未获批准，准他休假三个月但不准步出都门。1916 年，讨袁护国战争席卷全国，3 月 22 日，袁世凯被迫宣布取消帝制，6 月 6 日，他在全国人民的声讨中忧惧而死。袁世凯死后，伍朝枢复出，仍任外交部参事，协助当时任外交总长的父亲伍廷芳处理当时很棘手的外交事务。

1917 年，北洋政府总统黎元洪、国务院总理段祺瑞发生政争（称府院之争），在是否对德宣战的问题上，北洋政府内部吵成一片。当时，伍朝枢的父亲伍廷芳任外交总长，他和一批卓有见识的外交官都力主参战。伍朝枢也认为，参战有望提高中国国际地位，战后还有望解决德国占领山东问题，也坚定地站在父亲一边，最终促成南京政府宣战。

6 月 8 日，军阀张勋上演"复辟"丑剧，带他的"辫子军"应召入京，强迫大总统黎元洪解散国会。7 月 1 日，张勋拥溥仪复辟（仅 12 天失败），黎元洪屈服于张勋下令解散国会，代理国务院总理的伍廷芳认为这样做极不合法，拒绝副署并且忿然出京。伍朝枢闻讯，也立即向国务院及外交部辞职，偕同家眷随父离京南下。

9 月，孙中山在广州成立护法军政府，伍朝枢随伍廷芳南下参加护法运动。孙中山任命伍廷芳为外交部长，伍朝枢为外交部次长兼军政府总务厅厅长。这对父子搭档共掌一部的情形着实罕见。1918 年 5 月，军政府为桂系军阀所把持，改设七总裁，孙中山被迫辞职，离开广州回上海，伍朝枢和父亲暂时留任。

第一次世界大战结束后，英、美、法、意、日等 27 个战胜国于 1919 年初在巴黎召开和平会议。中国是战胜国之一，出席和会的有北京政府外交总长陆征祥、南方军政府外交次长王正廷，广州方面则派伍朝枢参加北京政府代表团出席和会。作为当时广州政府的代表，伍朝枢提出了三项主张：第一，取消列强在华的特权七项希望条件，取消领事裁判权，归还租借地，归还租界，关税自主。第二，废除日本帝国主义和袁世凯订立的灭亡中国的"二十一条"。第三，归还大战期间被日本夺去的原德国在山东的各项权利。中国作为战胜国参加巴黎和会，提出这些要求本属理所当然。然而，"弱国无外交"这句话再次被应验。结果不仅中国代表所提出的要求不被理睬，日本代表团还得寸进尺地在和会上提出继承原德国在山东攫取的各项权利。

伍朝枢、王正廷审时度势，与北洋政府的陆征祥、顾维钧等代表一起

孙中山后左起：程潜、林森、伍朝枢、孙科、廖仲恺

竭诚合作，力争从日本手上收回原德国侵占的山东的权益，但无奈国力太弱，他们的要求在开始并不被接受。他们没有放弃，在国内人民和旅法华侨、留法学生的支持下，中国代表们顶着日本扬言出兵等国际压力，拒绝在和约上签字。这是一次有力的回绝，也是中国近现代外交史上第一次对列强说"不"。由于力争过程中有理有节，后不仅没招致侵略，还赢得了国际社会的同情。

1920年冬，粤军从福建回师广东，驱除桂系军阀，孙中山回到广州。1921年5月，孙中山就任广州非常大总统，任命伍廷芳为外交部长兼财政部长、伍朝枢为外交部次长，帮助父亲处理对外事务。10月6日，北洋政府企图拉拢伍朝枢，委派他为出席华盛顿会议（又称"太平洋会议"）的全权代表，伍朝枢拒绝参加。1922年，陈炯明公开叛变孙中山，炮轰总统府，逃出火海的80岁的伍廷芳坚持登上楚豫舰，对孙中山说："恐怕我没有替你出力的时间了。"

伍廷芳和伍朝枢坚决站在孙中山一边。他们接受孙中山指示，通告各国驻广州领事，希望外国代表严守中立，不要帮助叛军。几日后，伍廷芳在陈炯明的炮火声中因忧愤成疾去世。伍朝枢强忍悲痛，为父办理完丧事之后，随孙中山转赴上海，重组军政府，发起第二次护法运动。

1923年2月，滇桂联军把陈炯明驱逐出广东，孙中山回广州。3月1日，成立陆海军大元帅大本营，派伍朝枢为外交部长，协助孙中山起草对外宣言的英文原稿。6月29日，以《大元帅对外宣言》发表。宣言揭露北洋军阀政府得到帝国主义列强物质上和"精神上"的支持，维持了黑暗腐败的统治，使"人民受害，水深火热"，希望各国不要干涉中国内政，严守条约。此后，孙中山为收回关税主权，并解决军饷问题，坚决向英美等帝国主义交涉，要求提取被无理剥夺的部分粤海关关税余款。

对此，北京外交团致电广州政府，叫嚣要采取强硬手段；同时调集在黄埔的军舰，进行威胁。伍朝枢奉孙中山的命令，以外交部名义复照北京外交团，驳斥其谬论，指出：中国海关始终为中国国家机关，本政府辖境内各海关，自应遵守本政府本命令。如果关税都上交北京，不仅资助北京政府的军事战费，也同时能扩大英美等国的侵略。因此，截留关税"乃完全中国内政问题，无与列强之事"。在这次事件中，伍朝枢旗帜鲜明的表达了反对帝国主义干涉中国内政和维护国家权力的外交主张。

1924年1月，孙中山在广州召开了有共产党参加的中国国民党第一次全国代表大会，决定了"联俄、联共、扶助农工"三大政策，改组了国民党，伍朝枢出任中央党部商民部部长、中央执行委员会政法会议委员兼秘书长，参与处理党务工作。然而，敌对势力却抓住这一点，大肆宣扬国民党"赤化"，谣言甚至传到了东北。当时，广州政府已经和张作霖结成了共同反对直系的孙、段、张三角同盟，国民党改组的消息传来，张作霖开对孙中山持怀疑态度。同时，外间盛传的"直奉和议"之说，同样使得孙中山疑虑重重。恰逢3月19日是张作霖的生日，孙中山便命伍朝枢前往奉天祝寿，同时"观察张作霖对日态度及对三角同盟之真意"，"使近年来渐形疏隔之孙、段、张三角关系日趋巩固"。

伍朝枢到了沈阳之后，受到张氏父子的热情款待，但他并没有忘记自己的使命，在公开场合竭力清辟谣言："自国民党改组之后，反对者造出谣言，污本党为共产党之机关，局外人不察，亦多因此误会。究其造谣之所在，无非欲借此而破坏。论其实际，国民党之改组，仍为国民党而非共产党也。国民党之政纲包罗万有，顺应国内舆情，迎合世界潮流之所趋，甚望注意及此，详细体察，当能悉其真相，更不致为造谣者所惑。"

但老谋深算的张作霖还是在寿辰后答谢各方人士的宴会上，公开表示："际此时局混沌之会，除'保境安民'外，绝不与任何一方为切实之提携。"言外之意就是要放弃三角同盟，但聪明的伍朝枢从他到奉天以来所观察到的张作霖对待事情的态度上，看出了这只是张的烟幕弹，而并非其实际意图。所以，他在给孙中山的密电中清清楚楚地写道："雨亭（张作霖的字）愿极端负提携之责任，统是以观，其对于联盟团结之宗旨及精神，固终始贯彻而不渝，是亦足慰藉我帅座联合之初衷也。"因为伍朝枢的准确判断和恰当周旋，粤奉双方关系得以疏通，三角同盟的关系得到维持。

尽管如此，对与孙中山的联共主张，伍朝枢并不赞同。他和胡汉民、吴铁城等人表面随和，而实际上却抱阳奉阴违态度。早在大会召开之前，他们就以国民党广州市党部为据点，背着孙中山进行一些反对共产党的活动，并对工农运动的兴起表示畏惧。

1925年6月，广州发生了英帝国主义者枪杀中国示威群众的"沙基惨案"，激起了我国广大人民群众的愤慨，伍朝枢以大本营外交部长名义向北京公使团提出严重抗议。7月，国民政府在广州正式成立，伍朝枢历任国民政府委员、军事委员会委员、司法委员会主席兼广州市政厅委员长。

这时期正值省港大罢工爆发，十余万罢工工人在广州要吃要住，伍朝枢苦心调度，每月从财政中调拨大量财物支援罢工，将查禁的烟馆、赌馆、妓馆等腾出来作为工人宿舍，组织工人拓建马路（如广州到黄埔的马路），解决劳资争端。历时17个月的大罢工，伍朝枢不仅解决了罢工工人生活问题，还使市政建设上了一个台阶，可谓"规划市政，纲举目张"。

1926年1月，中国国民党第二次全国代表大会在广州开会。会议期间，伍朝枢在广东省、广州市两级政府宴请"二大"代表时发表演说，叙述广州市推行三民主义的一些成绩。大会选举时，伍朝枢当选为中国国民党第二届中央执行委员。会后，担任司法行政委员会委员，一度代行主席。2月，兼任黄埔开港计划委员会委员。

1926年3月20日，蒋介石制造"中山舰事件"以后，召开国民党中央政治委员会，讨论"中山舰事件"处置办法，伍朝枢也出席了会议，不久还和蒋介石等人一起发表通电谴责西山会议派在上海召开会议。由于这时蒋介石和汪精卫、胡汉民矛盾激化，而伍朝枢和汪、胡原来关系密切，因此同蒋介石的关系比较冷淡。5月30日，蒋介石在广州逮捕新改编的第十七师师长吴铁城，伍朝枢和孙科等为吴向蒋求情失败，便告假离开广州，经香港回上海寓居。

●伍朝枢在外交方面采取了务实的新政策，帮助蒋介石巩固统治，但他"做大事而不做大官"，辞司法院院长，而钟情于琼崖地方建设，他是中国提倡人权立法的第一人。

1927 年 4 月，蒋介石发动政变后在南京成立国民政府。7 月，汪精卫相继"分共""清党"，国民党内几派势力一度取得了妥协。1927 年 8 月 22 日，汪精卫召集庐山会议会谈宁、汉合作。武汉政府的谭延闿、孙科、程潜、唐生智、顾孟余和南京政府代表李宗仁等与会，冯玉祥也派代表刘骥参加。23 日，李宗仁和汉方代表谭延闿、孙科前往南京。25 日，武汉政府宣布迁都南京，并改组"国民政府"。宁、汉两方彻底合流。

20 世纪前期的中国，仍然未能摆脱帝国主义的欺凌，蒋介石要想建立稳固的政治统治，首先必须谋求列强各国对南京国民政府的承认，并协调各国在华关系。蒋介石首先通过重订新约运动，调整与各国的关系。南京国民政府改组后，伍朝枢被委任为外交部长。伍先是发表外交声明，表示对帝国主义国家"不采取暴动手段"，采取温和务实的"革命外交"新政策，即在致力于撤废不平等条约的大目标时，强调采取和平谈判方法，而非群众暴力手段，维护"友好关系"。

此后，伍朝枢又采取了一些收回主权的外交措施，如宣布收回部分关税自主权，发布进口关税暂行条例、出口税条例等。接着于 11 月 23 日发表了"对外请求废约宣言"，宣称："凡从前北京政府与各国所订各种不平等条约，现今无存在的理由。"还表示："对于重要悬案，国民政府准备适当时期，以公平及互谅之精神，设法解决。"12 月，南京国民政府宣布"撤销承认"苏俄的领事，伍朝枢命令全国各省对苏俄商业机关、银行、商店、轮船公司勒令停业。

但在面对英美等列强把解决"南京惨案"作为承认南京政府的前提条件时，伍朝枢始终未退让分毫，显示出了其极强的骨气和毅力。另外，当时 1864 年的中西（班牙）条约已到期，他照会西班牙驻华公使，宣布该条约期满自动失效。他在外交上所表现出的坚决果敢精神，与过去晚清及北洋政府的卑怯习气完全不同。

1928 年年初，南京国民政府改组，黄郛继伍朝枢为外交部长。伍朝枢与胡汉民、孙科都下野，同往印度、埃及、土耳其及欧美游历，途经新加坡遇刺所幸未中。

孙科（右二）、谭延闿（右三）、伍朝枢（右一）、蔡元培（右四）、李烈钧（右五）等合影

7 月，伍朝枢作为国民政府全权代表，赴美国谈判修改条约的问题。为了完成任务，伍朝枢与美国政府就收回关税自主权和废除法外治权进行了艰苦而卓绝的谈判。他再三游说美国作为新兴大国就应该采取领先性的友好行动，作为各国表率。

1928 年冬，伍朝枢受命为驻美公使，屡辞不被批准，于第二年 3 月宣布就职。伍朝枢出任赴美特使三年，期间同美国外务部商酌关税自主和撤废领事裁判权等要案，不下数十次。伍朝枢思维缜密，办事极为仔细，即使一字一句的差别，他也要审订再三，力求最恰当表述。经过艰苦谈判，美国国务卿洛格允诺中国关税自主。1929 年，中美签订《中美关税新约》，这是列强第一份承认中国关税自主权的条约。而关于撤废领事裁判权，当时美国谈判代表本已松动，但最终因九一八事变等国际形势变化而没有取得实质性进展。

1929 年 9 月，国际联盟第十届大会在日内瓦举行，伍朝枢以中国首席全权代表当选大会副会长。他根据盟约第十九条，在大会上正式提出修改不适用条约的建议。当时，欧洲各国顾虑会牵动凡尔赛条约体系而横加责难，但是伍朝枢不为所屈，据理力争，雄辩无敌，终于使各国承认中国请求修正不平等条约的主张为恰当。虽然该会上没能真正废约，但这无疑为后来废约奠定了一定基础。同时他依据国际法对外宣称：外国人来华居住贸易，应与华人享受同等待遇而不应该享有法外治权，虽没有被西方列强接受，没有废除法外治权但却被后来的国际法专家们所接受和承袭并最终在抗战时期实现了这一主张。

1931年4月，以蒋介石软禁胡汉民为导火线，国民党内汪精卫、孙科等反蒋势力在广州召开"非常会议"，另组国民政府，反对以蒋介石为首的南京国民政府，形成宁粤分裂的局面。伍朝枢得知这一消息，于6月15日，向南京国民政府辞去驻美公使的职位，径自回国。到达广州后，被广州国民政府任为国民政府委员、广东省政府主席兼琼崖特别行政长官。

九一八事变后，宁粤双方于10月底在上海举行会谈，伍朝枢被推为粤方代表之一。双方从10月27日至11月7日，在上海伍朝枢住宅举行了七次会谈，在中央政制、党务、外交等问题上达成一些协议，结束了宁粤对立局面。宁粤合流后，伍朝枢被任为南京国民政府司法院院长、国民政府委员。但他在国内并无实力基础，这两项职务都没有赴任。第二年，伍朝枢辞去广东省政府主席一职，然后又任西南政务委员会委员、琼崖特区行政长官。

伍朝枢辞大官而做小官，是其一直以来"做大事而不做大官"思想的反映。

伍朝枢从23岁步入政坛，之后先后担任北洋政府、国民党政府要职。其实考察他一生，却多次宁愿不居高位，而希望到边区基层切实搞好一个小地方的建设。伍朝枢从美国返国后，很厌谈外交，他认为，中国幅员辽阔，施治困难，中央与地方必须同步发展才容易强国，而当时贤能人才不应都集中于大都市中，置穷乡僻壤于不顾，而要多深入县镇规划建设。

伍朝枢早于1924年在广州大本营任外长时，就曾向孙中山提议让他去开发琼崖（今海南），孙中山十分赞赏，但因为时局变动未能成行。如上文所讲，1924年伍担任广州市政厅委员长时，在建设、行政指挥方面显示了他卓越外交才能之外的施政才能。这一次，伍朝枢对琼崖特区长官一职情有独钟，认为可以实现素来开发边区的夙愿，于是竭尽全力担任好此职。伍朝枢组织琼崖事业调查团，让下属罗君清先赴海南具体考察，划分

315

省区权限，规定公署组织，发给开办经费。

伍朝枢开发海南的政策，吸引了全国党部机关团体，以至海外华侨前去开发海南，海南民众也众志成城地搞建设。但在调查考察、筹划准备数月、一切初具规模后，不料还未正式就任，伍朝枢的前期活动就受到当地反对派阻挠、恫吓，琼崖各县党部还向西南政治委员会提出取消琼崖特区组织的呈文，伍朝枢请示西南政委会，答复含糊不清。伍当即辞去西南政治委员会常务委员之职和琼崖特别区行政长官的职务，失望的离去。

伍朝枢是西方法律专业科班出身，曾名列英国大律师考试榜首，他任驻美公使时还被美国史密斯大学授予法学荣誉博士称号。他是近代著名的法学家，除了在废除治外法权等国际法领域有独特影响力外，他在国内也长期致力于推动保障人权方面的立法，是国内提倡人权立法第一人。

1913 年，伍朝枢当选北洋政府的众议院议员时，因深感公民常遭军警非法拘捕，个人身体自由毫无保障，就开始大力倡导把"人身逮捕状"制度写入宪法，即公民在被捕时有要求逮人者出示法庭出具的"人身逮捕状"，并且可要求逮捕机关于 24 小时内提审的权利。这一立法倡议后来由于政局长期动荡而未被采纳。

1933 年秋，国民政府修宪，立法院院长孙科曾力邀已淡出政坛的伍朝枢出任宪法起草委员会顾问一职。看淡官场的伍朝枢虽未应聘，但借此推动人权立法的责任感不减，他向孙科详细建言，力主在宪法中明文规定"人身保护法"的详细条目。他在《保障人民身体自由之手续》一提案中说："宪法最大目的，在为人民谋幸福，为人民谋幸福，莫要于保障人民之自由权利，保障人民之自由权利，尤莫重于保障人民之身体自由。"

所以，他郑重提出了法律上的"身体出庭状"。他说，"西哲有言：手续法尤要于实体法"。如果保障救济的手续（或程序）没有具备，而空谈什么原则是没有用的。宪法应该明确规定这一保障人权的救济方法。他担任中央执行委员近十年中，在立法方面多有建树，弥补了国内法律中的很多空白，特别是他提出的缩小省区、设立民意机关，以及提出的各种抗日方案，为人们所津津乐道。

●九一八事变后，伍朝枢权衡利弊，坚持对日绝交。遗憾的是，他于1934年1月3日因脑贫血于香港去世，未能分享全民族抗战的艰辛和胜利的喜悦。

九一八事变后，中国和日本处于时断时续的局部战争状态，对日绝交是中国民间一直的呼声。在全国舆论一片"抗日"、"宣战"、"绝交"、"抵制日货"呼号之下，南京国民政府于1933年2月专门开会讨论了对日绝交的问题。作为民国时期著名政治家与外交家的伍朝枢，虽然此时已淡出政坛，但依国民党中央政治会议的条例，其下设的委员会成员并不固定，处理事务可以邀请党政相关人员参加。

伍朝枢于2月底被请到南京参加外交委员会讨论对日绝交问题，并被推为临时主席。作为会议的主持人，伍在2月28日归纳各方见解及自己意见写成题为《对日绝交问题》的说帖，呈报给蒋介石。可以说，这份说帖是对当时绝交权衡利弊思考最周全的资料，同时也反映出伍朝枢在处理外交问题上的高超水平。

关于绝交可能给中国带来的利益，伍朝枢归纳了七条。除了包括立法院提出的五条，即：有利于全国抗战；能使治外法权问题得到解决；能使不平等条约得到废除；它标志着抵制日货运动的全面胜利；国联会员和九国公约的签字会对日实施经济制裁，和除了中国驻国联代表团提出的一条：只有对日绝交才能要求外国支援中国抗日战争。伍朝枢自己补充了一条：只有对日绝交，才能团结全国人民一致抗日。人民方面希望政府对日绝交，军人方面在疆场为国效命，也希望政府有相对应的行动。政府在外交上应有表示，以表示与全军、全国人民同仇敌忾战胜日本。况且国内有一部分人对于政府抗日决心颇怀疑虑，若对日绝交，则此种疑虑不攻自破，国民党内也可以更加团结。

伍朝枢认为，凡事有利必有害，只有平心静气，详细权衡利弊，才能政策明智措施恰当。他接着列举了三条绝交之后给中国所带来的不利方面：日本扩大战争范围，如骚扰商埠、封锁口岸，采取报复手段，对我国商务和侨民更加摧残；借口中国绝交在先，对我国正式宣战，把战争责任

317

归咎于中国；既然中日处于战争状态，则我国不应仅仅局限于绝交，日本在我国商务、工业、侨民、租界、商船、军舰、军队等方面，都应当采取适当措施，否则其绝交行动还是不彻底的。

伍朝枢

仔细权衡利弊后，伍朝枢认为还是实行绝交为宜。其总的理由是，我国正与日方处在斗争中，斗争方法不一样，疆场上的斗争所关系到的方面是巨大的，斗争所能取得的效果也是巨大的。当然其他的斗争方法，如经济上、外交上、道德上的也不可轻言放弃。实行对日绝交，对于国内而言，可以满足人民的愿望，振奋军队的士气，又可以团结涣散的党，唤起全国人民的团结斗争精神。古话说，多难兴邦。日军的欺凌，或许可以促使我国上下奋起，从而建造一个崭新的中国。对于国外而言，既能表示我国的自重人格，引起列强的注意和尊重。更为重要的是，依据国联盟约第十六条，我国对日绝交后各国可能会制裁日本，制止侵略。但如果我国不绝交，而希望他国帮助我国，是更为不可能的事。

伍朝枢作为我国资深外交家，深知在日军侵略日甚，形势瞬息万变之际，不可以贸然行事，绝交前必须对绝交之后可能发生的后果作一更详细的研究，并做极周密的准备才可以。他建议分两步：第一步为可以立即实行的事，包括召回驻日公使蒋作宾，驻日本以秘书代办使事，并声明召回的理由，是为了表示不满于日本的侵略行为；秘令全国各机关各地方，禁止一切对日交际。第二步，准备完成对日绝交后要实行的事，除了军事上周密部署外，在外交上设法与各国联络，确保他国可以依据国联盟约的规定对日本进行制裁；对于日本在华的商务、工业、侨民、租界、商船、军舰等处置，是应引起特别注意的事。可参照从前我国对德、对俄绝交的先例办理。

伍朝枢对于对日绝交问题上的分析与建议，是较为客观理性的，也有可操作性，可惜并没有被蒋介石采纳成为国策。

1933 春，伍朝枢遍游湖南、湖北、四川的名山大川，也许这是他在整理思路和静待机遇，不想在 1934 年 1 月 3 日，他因脑贫血猝死于香港，享年仅 47 岁。

有学者曾经指出，20 世纪上半叶中国外交史上之所以能取得成就，一是靠孙中山的外交思想框架，二是靠新一代职业外交家的不懈努力。而伍朝枢就是这一代外交家的突出代表。在国际舞台上，他才气过人，雄辩滔滔，既不失革命外交的锐气，又强调用平和谈判的温和务实手段废约。对于中国的外交，他是有贡献的。但是，壮年而逝的他应该也有遗憾，作为一名外交家，他没能在第二次世界大战的舞台上纵横捭阖，也没能亲眼看到中国加入联合国。

为了纪念伍廷芳、伍朝枢两代杰出的外交家，人们把他们的墓葬安排在了一起。两墓原来在黄花岗七十二烈士墓的对面，1988 年迁葬于广东越秀山孙中山纪念碑的东面。两墓南北并列，相距 5.76 米，墓上各建 1 座以花岗石构筑的罗马式墓亭。伍朝枢的墓亭平面呈均等的 4 瓣花形，深宽各 6.55 米，在两瓣之间各以 1 大 2 小石柱共 12 根托住顶部。亭顶为拱形，外面有四方形地边栏装饰。墓亭内立有墓碑。

香港历史学者张云樵评价伍廷芳是"失败的英雄"，因为他是"赍志以殁"，其实套用到伍朝枢身上也很合适，"出师未捷身先死，长使英雄泪满襟"。伍廷芳、伍朝枢父子俩同为中国近现代史上的杰出外交家、法学家，他们同朝同官、事业相承、交相辉映实属罕见；二来伍朝枢所受的教育及所走的人生道路，受其父亲的影响可谓极其深远。但他们却又都是"失败英雄"，留给后人的是更多的慨叹。

居正：司改先驱　1931 年任职

居正是近代中国有影响的政治活动家和著名法律家，也是一直被孙中山依为心腹和手足的一位核心人物。他一直积极参加孙中山领导的各项革命运动，并在其中发挥了关键性的作用。南京临时政府时，他以内政部次长的身份主持部务，将工作处理得十分妥当。从 1931 年到 1947 年，居正在任职司法院院长的十七年间，将主要精力放在当时中国的法制建设上，大力支持、推行中国的法制改革，对内树立法治的威信，对外恢复法权的完整，为中国法制事业的发展作出了重要贡献。

●居正从小接受传统教育，后留学日本，并加入同盟会。为了革命事业，他不惜休学，转战南洋各地，创办革命报刊，进行革命活动。后回汉口，参加武昌起义。

居正字觉生，号梅川居士，1876 年生于湖北省广济县一个累世书香之家。居正家三代都有科举功名，在当地小有名气。高祖为县学生，曾祖为太学生，父亲居宾虞 27 岁中秀才，后于家乡设馆收徒。母亲胡氏也出生与士绅家庭。少年时代的居正，聪颖好学，父亲居宾虞对他寄予厚望，希望他能在科举考试中一举中的，故对其严格要求。居正后来回忆，每天的学习过程如下：早背书，早饭后习字，随开讲四书，有间或读，午饭后，许少息，读生书，继诵诗。过夜电灯读时文。每旬逢三八日，则出题作文。就这样，从 1881 年到 1898 年，居正先后受到族叔、父亲的正统教育，深受儒学熏陶，打下了深厚的国学根基。20 岁时，他参加瓦城庙圣人会，挥笔写成一篇孔子告文，开始在当地士子中崭露头角。

1899 年，居正中秀才。此时，正是中国民族危机深重的时候，甲午中日战争战败、义和团运动兴起，清政府的统治摇摇欲坠，世界在发生翻天覆地的大变化，而身处封闭的地理环境中的的居正，并不了解国内外形势。

1900 年，居正开始进入沧浪书院学习新学，开始以新眼光看待现实社会，积极参与进步斗争。一年以后，因为闹学潮，居正又退出了沧浪书院。

1902 年，居正到武昌准备报考学堂，这期间，他结识了很多进步青年，学到了不少新思想，还与他们在黄鹤楼结成总角之盟。同年，他又参加湖北省考选举人的考试。这次考试仍是以策论为主，但却以外国的历史资料为参考，考试题目是"俄主专制，美主共和，英主立宪"。这类国外的东西可难住了居正，他以前从未接触过。发榜后，他果然没有考中。但是，经过这次刺激，居正有了出国留学的念头。

1905 年，同盟会在日本东京成立。同盟会成立后，各省留日学生纷纷回原籍，推动革命运动。居正的盟兄陈乾早年留学日本，在革命潮流的影响下回到家乡。此时，居正已在家闲居两年，极是无聊。及与陈乾相见，居正被他广博的见识所折服，遂决定留学日本。

9 月，居正随陈乾东渡日本。抵日后，即剪去发辫，改易西服。不久，入法政大学预备部第四班学习。新的思想和新环境让居正有了前进的动力，他从不旷课。在学习之余，居正还积极参加革命活动。留学生中热烈的革命氛围吸引了他，他专门改名为正，字觉生，以示自己的觉醒。

12 月，由陈乾介绍，宋教仁主盟，居正迅速加入同盟会，是同盟中最热心的会员之一，很快成为孙中山的得力助手，并与宋教仁、黄兴、刘揆一等建立了深厚的感情。在思想上，居正认为除清朝之外，保皇党和立宪党也同为革命的障碍。当时，法政大学预备班第三班学员全为清政府所派翰林进士。立宪派汤化龙认为此为组织小团体之良机，于是发起地方自治会的组织，专门吸收湖北留学生中所谓优秀分子。居正一针见血地指出："此系保皇党之变相组织，将阻挠革命进行者，非击破之不可！"为此，他遍访湖北同乡，劝他们切勿上当。

1907 年，居正又参与了共进会的组织发起，他负责组织章程的草拟，并被推举为共进会的内政部长。共进会的成立扩大了同盟会的群众基础，推动了长江流域的革命运动。这年秋天，居正考入日本大学本科法律部，准备深入研究法学。这时，革命风潮日甚一日，革命运动如火如荼地在国内展开。居正自感推翻清政府、建设新国家的革命任务高于自己的学业，便毅然暂时放弃学业，为革命奔走南洋各地。在新加坡，居正和胡汉民、汪精卫等人创办《中兴日报》，与保皇派《南洋总汇报》论战，不辞劳苦地宣传革命。

居正

　　大约两个月后，缅甸仰光的侨报《光华日报》慕名邀请居正前往主持该报，居正欣然答应。居正秉承其勤奋之精神，竭力宣传革命理论，缅甸侨胞的革命精神为之一震，《光华日报》的读者日多，影响益大。随后，孙中山也来缅进行革命活动，缅甸也建立了同盟会支部。缅甸的革命形势发展之快，令保皇派嫉妒不已，他们竟向缅甸的英国当局诬告居正为无政府主义鼓吹者。英当局不分青红皂白，勒令居正出境，并查封《光华日报》。

　　居正不得已乃返新加坡，谁知新加坡的英当局竟不许居正登陆。费尽周折之后，英当局终于允许居正入境，但仍派人监视其一举一动。新加坡并非久留之地，几个月后居正经香港重返东京。居正回东京后，即与日本大学交涉。日本大学答应他交纳一些费用后，继续学业。

　　为扩大起义的影响力，革命党逐渐把起义地点由南部转向中部，黄兴曾言"北争汉上为长策，此复神州第一功"。居正返回东京时，湘鄂两省的革命党人宋教仁、谭人凤等正在约集中部各省的同志，回国策动起义，决定由居正负责湖北省的工作。暑假期间，居正回到上海，由上海溯江而上，沿途一面调查一面接洽有关起义和响应的事宜，并忙里偷闲，回家探望多年未见的亲人。

1909 年 2 月，居正奉命前往汉口。到汉口后，居正碰到了谭人凤，并从他那里得到了活动经费和起义计划。于是，居正在武昌和汉口，分设商店、酒店，作为革命活动的据点，进行联络新军的活动。革命经费不足，严重地制约了革命形势向前发展。居正早已听说家乡蕲州达城庙里藏有金菩萨，乃亲率数人回乡盗取，以充革命经费，未能成功。居正吸取教训，作了周密安排。时隔不久，便"卷土重来"，终于得手，但却无法运输出境，以致功败垂成。日知会、共进会、文学社等革命团体积极配合居正的工作，革命空气笼罩武汉。

其时，四川的保路风潮愈演愈烈，其他省的革命党人加强了对保路运动的响应和支援。在这种形势下，居正与共进会、文学社领导人孙武等武汉方面的革命党人也加强活动，并决定在鄂起义。箭已在弦，不得不发。1911 年 9 月底，居正赴沪与陈其美、宋教仁、谭人凤等商讨起义的具体事宜。他们决定长江中下游各省的革命党人同时举义；派人赴香港邀黄兴北上领导起义。由于情况有变，湖北新军在 10 月 10 日晚提前起义，居正闻讯后即偕谭人凤等急归武昌。他们在 10 月 14 日到达武昌，武汉三镇已光复，遂入都督府，参加新政权的建设。

湖北都督黎元洪是由于革命党人逼迫，无奈之下上任的"床下都督"，革命党和黎元洪双方之间并无诚意。居正深恐黎元洪徒具虚名，不能指挥部下，终将导致革命的失败。于是，他建议设坛于都督府前，请黎元洪登坛，受革命军的参礼，以增强黎的指挥地位。10 月 16 日，拜帅典礼在都督府举行。黎元洪在仪式上，当众坦白宣布，他昨天不是革命党人，在行此仪式之前也不是革命党人，但在此刻起，他已决定站在革命行列，生死在所不顾。自此，革命党人与黎元洪之间，遂能融洽无间，团结一致，共御外敌。

居正还召集武汉方面的重要革命党人，致力于制定军政府组织条例。组织条例确定后，军政府工作有章可依，有条不紊，效率大为提高，有利于三镇之安定。其他各省光复后，大都模仿武汉军政府的建制组织政府。

在此期间，居正还经常以都督府顾问的身份跑到电报局，加强和外界联络，了解革命形势变化，并催促各省响应武昌起义。长沙光复后，他又力促黎元洪拨出 3000 支枪和若干援助款支援湖南。很快，湖南光复，为巩固湖北提供了后盾。

●辛亥革命失败后，居正参加了孙中山领导的"二次革命"、护国战争、护法战争，并身先士卒，作出了一定的贡献。陈炯明叛变革命后，他一直在岸上坚持斗争。

1912 元旦，中华民国临时政府成立，居正出任内务部次长，总长为归顺革命的原江苏巡抚程德潜。程以江苏方面尚有许多军事、政治的善后事宜尚待处理为由，未就职，故部务由居正代理。

内务部工作包括：管理警察、卫生、宗教、礼俗、户口、田土、水利工程，若举公益及行政事务，监督所辖各官署及地方官，细碎而繁琐，包括社会生活的各个方面。居正对此毫无经验，但还是在孙中山的指示下，一边学习，一边摸索。

居正上任后，主要做了三个方面的事。第一，移风易俗，具体包括：废除旧历，行新历；除跪拜，改行三鞠躬礼；革除"老爷""大人"等封建称呼，改称"先生"，并限期剪辫。第二，重视人民权益，禁止人口买卖、刑讯、提法，保护人民私有财产。第三，改革警政，培养人才；统一地方官称，划一行政体系。这些做法扭转了社会风气，播撒了"自由"、"平等"等观念，对社会文明进步起到了重要作用。

当然，居正的工作也并非无可挑剔，还是出现过问题的。居正到上海时，发现沪上报纸，良莠不齐，有宣传革命的，有中立的，有伪革命分子而与中央唱反调的，也有满清余孽为反革命宣传的。针对这种混乱情况，居正命内务部参事林长民拟订"报例"，加强管理。林长民起草时，将"报例"误报"报律"，定稿时居正恰好不在南京，故未能适时修正。1912年 3 月 2 日，内务部公布此"报律"，即引起上海报人的极大不满，群起而攻之。

"报例"与"报律"虽只有一字之差，意义却大不相同。"报例"是为报纸的新闻采访发布以及言论的立场，树立一种范例，有辅导之意，而无干涉之嫌，而"报律"则有妨碍言论自由之嫌了。孙中山知道后，也极为不满。中华民国法律须经参议院通过，由大总统颁布，才可生效。"报律"未经合法程序，应为无效。3月6日，孙中山下令取消"报律"。居正不迁怒于人，坦率地承认错误，请求孙中山惩罚他。因其对革命的贡献，孙中山未追究。

袁世凯篡夺革命果实，当上中华民国临时大总统后，欲将革命派一网打尽，实行独裁专治。1913年年初，国民党代理理事长宋教仁遭袁世凯毒手。宋案发生后，全国震惊，李烈钧首先在湖口起义，继而黄兴、陈其美等人纷纷率部起义，旨在讨袁的"二次革命"爆发。

1913年1月在正式国会选举议员时，居正当选为参议院议员。"二次革命"爆发后，居正往来于南京、上海之间，联络反袁力量。7月底，孙中山授予居正为吴淞要塞司令官。居正受命后，即赴前线，他首先发放了拖欠的军饷，全军大受鼓舞。在居正的领导下，全军上下同仇敌忾，先后收得滇军一连、刘福彪福军千人、钮永建松军五六百人，还收复了宝山县城，顺利接收吴淞要塞。

8月2日，北洋舰队来势汹汹，妄图闯入吴淞地区。居正督率要塞炮兵，发炮攻击。北洋舰队的两大舰闻声狼狈而逃，两小舰逃避不及则发旗语表示投降。居正率部下乘胜追击，收服了水上警察队等附近的武装部队。但陈其美领导的陆上讨袁军，在北洋军的猛烈攻击下，损耗巨大，不能组织起有力的反攻，致使吴淞要塞孤立无援。居正坚持20余日后，奉命撤退。9月初，居正亡命日本。

1914年6月，中华革命党一成立，居正即加入，支持孙中山的革命事业。在中华革命党成立大会上，居正被推为党务部长，负责国内外党人的通讯联络等事宜。不久，居正又兼任《民国》杂志社经理，赁新樱田町为社务所。居正常在此召开党员会议，讨论革命问题。这段时间，居正忙碌倍于往昔，但他愈忙碌，精神愈振奋，感叹："生平精神愉快，无过于此!"

中华革命党成立后，各省支部选派同志，秘密回国进行革命活动。经过中华革命党一年多的努力，党员人数不断增多，国内各地的讨袁运动蓬勃发展。孙中山建议革命党人应抓住时机在东北或华北发展讨袁运动。

1916年，孙中山特派居正为中华革命军东北军总司令，统率直隶、山东、山西革命军的讨袁护国运动。其时，居正麾下有两师一旅，外加美洲侨胞所组织的骑兵队和飞机队，实力相当雄厚。5月初，居正率部攻占了胶济铁路的中间要站潍县，高悬青天白日旗，发布大元帅讨袁檄文。部队乘胜追击，兵分几路直取高密、乐田、临淄、益都等县。居正又命陈中孚、邓天乙等合攻济南，济南虽未攻下，而中华革命军之声威，已震鲁西北。6月，袁世凯忧惧而死，护国运动结束。在护国运动中，东北军有力地支持了南方革命党的斗争，居正功不可没。

袁世凯死后一个月，重开国会。时国民党籍的国会议员，以国民党做活动的招牌，唯有居正和田桐二人是以中华革命党党员的身份参加国会。旧时同志漠然的革命态度，使他们非常愤慨，故发言极为激烈。时人用"一言躁，二言跳、三言闹"，来描述他们发言时的情况。

1917年，段祺瑞击退张勋，复辟丑剧草草收场。段祺瑞因再造共和有功，执掌北京政府。段祺瑞上台后，继承袁世凯的反动衣钵，明令解散国会。孙中山在上海宣言护法，不久率部分国会议员南下广州，召开非常会议，组织护法军政府，非常会议规定参议员不得兼任官职。居正严守规定，没有兼任何官职，专门致力于议会的工作。由于孙中山对居正深信不疑，实际上，居正仍参与军政府的工作。孙中山辞去大元帅职，愤而赴沪时，特委任居正为他的代表，办理一切交代事宜。

1919年10月10日，中国国民党在上海宣告成立，居正被推为总务部主任，并为天坛宪法草案起草委员之一。1920年，孙中山偕唐绍仪、伍廷芳等回粤，再次领导军政府。居正向议会建议将军政府的总裁制改为总统制，议会通过了该项议案。1921年，进行选举，孙中山得票百分之九十以上，当选为大总统。5月5日，孙中山就职，并宣布立即进行北伐，居正被任为总统府参议。居正用日本友人萱野长知资助的一笔钱，在广州创办了广东交易所和国民储蓄银行。由于经营有方，短短几个月即获利100万元，悉充北伐经费。北伐所需费用都靠广东支持，而广东都督陈炯明对北伐阳奉阴违，分文不予接济。这100万元，真可谓雪中送炭。

1922 年 3 月，陈炯明派人暗杀了粤军第一师师长邓铿，其反叛之心更为昭著。孙中山震惊之余，撤去陈炯明的本兼各职，陈愤而率军至惠州。居正在上海闻知，急忙南下，谒见孙中山，密呈善后方案。居正奉命三赴惠州劝说陈炯明，但均未奏效。6 月，陈炯明将驻广西的叶举部调回广州，准备炮轰总统府。居正和马君武已察觉叶举部行动有异，遂于 6 月 16 日一起到白云山会晤叶举，劝他能弃暗投明，接受孙中山的指挥。叶向他们表示绝对忠于孙中山。

谁知当夜，炮声四起，叶举部炮轰总统府。居正怒火难捺，特以军用电话痛斥叶举言而无信。第二天午后，居正急往鱼雷局拜见孙中山。孙中山已在士兵的保护下，安全离开总统府。孙中山命居正至广州英租界办理部队的接济事宜，居正欣然领命，在危局中，坚持了 50 多天。

●居正是西山会议派的骨干分子。担任司法院院长期间，锐意改革，促进了旧中国司法制度的发展。抗战期间，为打败日本侵略者四处奔走，后在台北寓所坐化。

1924 年 1 月，国民党在广州召开第一次全国代表大会，居正被选为中央执行委员，并由第一次全体中央会议推为常务委员。但居正却逆孙中山之意，坚辞不就。原来，居正虽积极配合廖仲恺等人主持的国民党改组工作，但他却坚决反对孙中山提出的"联俄、联共、扶助农工"的三大政策。他认为共产党员以个人身份加入国民党，渗透在国民党中，是要篡夺革命领导权。居正自忖留在广州，已无多大作为，乃请命赴哈尔滨，发展东北地区的革命力量。但中间发生误会，赴哈之行告吹。居正甚感遗憾，乃离开广州，隐居在上海附近的宝山县扬行乡，以养蜂自娱，拒见一切访客，也拒不出席国民党第一届第二次全体中央委员会议。

孙中山逝世后，居正兼程至北京，在灵前致哀痛之诚。居正顺便参加了北京的国民党中央委员举行的第三次全体会议，但因意见不合，中途退出，随宋庆龄南下上海。其时，留在北京办理孙中山丧事的右派中央委员邹鲁、林森、谢持等计划召开第四次中央委员会议，遂电邀居正出席。

当时，上海方面也分为两派：许崇智力劝居正参加，而张静江则不赞成，甚至对居正说："如你北行，我即前往广东，与你作对！"居正也不示弱，气愤地说："我本无成见，但是你老要作对，我定去北京！"恰在这时，邓家彦自北京函居正："西山会议，内容复杂，可不必来。"至此，居正遂决定回扬行闲居，暂时避开纠纷。但许崇智却力促居正北上，并代购船票，代定舱位，居正不好驳许的面子，只好乘船北上。

1925 年 11 月，居正参加西山会议

西山会议派内部意见相左，各派相持不下，甚至发生了戴季陶被殴事件。居正抵京后，协调各方，促使会议按预定的程序继续进行。11 月 23 日，西山会议派召开了第一次会议。这次会议通过了 3 个重大决议案：开除国民党内共产党员的党籍；解除俄国顾问鲍罗廷的职务；弹劾汪精卫。在这次会议中，居正被派为上海执行部委员。

1926 年 1 月，西山会议派在上海成立中央党部，与广东的中央党部相对抗，居正为中央常务委员之一。以汪精卫为首的广东中央党部即召开国民党第二次全国代表大会，以出席西山会议的中央委员不足法定人数，全部予以否认，并对参加西山会议的中央委员，一律予以党纪处分。居正既出席西山会议，又被推为常务委员与上海执行部委员，且为上海中央党部的主要负责人之一，当然受到严厉的处分。但居正对中央的处分，置若罔闻，在反共的道路上愈走愈远。

3 月 29 日，西山会议派在上海召开第二次全国代表大会，选举中央执行委员和监察委员，成立正式的中央党部，完成对广东中央党部的对抗。在会上，居正被选为中央委员，并被推为组织部长，依然是上海中央党部的主要负责人之一。会后，居正负责发行机关报《江南晚报》，宣传西山会议派的政治主张。

蒋介石、汪精卫在北伐过程中相继制造反革命政变后，国民党分裂为宁、沪、汉三派。三派都在寻求重新统一之道，多次磋商之后，于1927年9月11日召开了联席会议，组织特别委员会，实现了"大团结"。居正虽被选为中央特别委员和国民政府委员，但经常往来于上海、南京间，不负实际责任。西山会议派中有不少人也参加了政府工作，但他们飞扬跋扈，自以为是，口碑极差，常遭其他党人攻击。11月22日，南京举行民众集会，庆祝国民党团结成功。突然不知何故，发生纠纷，场面很快失去控制。军警见状，开枪警示，不料却击伤与会群众若干人。

惨案发生后，大家都归罪于西山会议派，于是"打倒西山会议派"的口号在南京城内流传开来，居正被指为惨案的唆使人之一。国民党中央执监委员联席会议，决定把居正等10人，先行停职，并加以监视，然后组织特别法庭进行审判，居正面临身陷囹圄的危险。恰在这时，蒋介石复职，取消了联席会议的决议，居正和其他西山会议派由此都退出党政机关。居正在上海闲居一段时间后，东渡日本访问旧友，3个月后返回上海。这段时期，居正把有关西山会议举行的经过及南京惨案发生始末的有关文件汇编成《清党实录》。

1931年11月12日，即孙中山诞辰日，国民党在南京举行第四次全国代表大会。居正以第一届中央委员的资格出席会议，并被选为第四届中央执行委员，在随后的全体中央委员会议上，居正被推为常务委员，并被选为司法院副院长。司法院院长伍朝枢辞不就职，居正乃代理其职务，仍兼任最高法院院长。"一·二八"事变后，国民党于3月初在洛阳举行四届第二次全体中央委员会议，决定准许伍朝枢辞职，由居正继任。自此，居正一直担任司法院院长，前后近17年之久。

近代中国在内忧外患的冲击下，正处于社会大变革的十字路口。对于究竟该何去何从的问题，居正做过认真的思考。他认为，虽然中国为了抵御外辱，需要加强军事力量，但是"对于建国大业，亦应兼程并进"，而"国民之振作，根本大计，舍法治莫由"。可见，居正坚信，救国的关键在于法治。所谓法治，"即系以法律统治全国，一切公私问题，唯依法律以解决，亦即是以法律主治之意。即以法律主治，则不论官吏人民皆应知法守法，官能知法守法，民风从焉"。

本着这样一个思想，居正任职司法院院长期间，曾大力推行法制改革，他上任不到 10 个月就制定公布了《法院组织法》，规定在全国各地普设法院，实施三级三审制度。他还公布了《行政诉讼法》，建立了行政诉讼制度。这些新法典的制定和实施，对于改进司法程序、便于当事人诉讼、减轻诉讼负担，发挥了重要的作用。此外，居正还主持颁布了大量解释法令的文件，编集了司法例规、判例等书，以此指导司法实践，减轻执法过程中舞弄法条的弊病，为我国近代法制发展作出了巨大的贡献。

除此以外，居正还积极推进中国收回治外法权。他认为，中国法制的建立和实施是和争取收回治外法权相联系的，所以，居正在 1932 年南京召开的第一次司法会议上就作出了争取收回领事裁判权的决定。随着中国法制的不断发展，居正又发表了多篇文章和讲话，总结中国法制的建设和实施情况，说明"各国在华领事裁判权，应即时放弃，不容再事推延"，为当时争取收回治外法权积极制造强有力的舆论。

九一八事变两个月之后，犬养毅出任日本内阁总理，力主"和议"。居正在南京招待了犬养毅的私人代表，自己的老友萱野长知。两人研究解决东北问题的方案，达成以下协议：占领东北的日军撤退，恢复九一八前的状态；日本人在东北有居住之自由；日本放弃在东北的领事裁判权。然而，不久日本军进犯上海，"一·二八"事变爆发。居正电报责问犬养毅，犬养毅复函："前奉高谕，深感仁人忧世之言。仆以衰老之身，误当调升之任，窃期以此机会，定兴亚之长计。是为孙中山先生首倡，而仆等之共鸣，希阁下为黄种发挥大手腕，为幸。"并拟再派萱野来华，作进一步的谈判。但日本军方不满犬养毅的"和谈"态度，遂将其暗杀于寓所。东北问题之谈判，遂成泡影。

居正自感"和谈无望"，遂寄希望于党内"团结抗战"。当时，以胡汉民为代表的广东方面和李宗仁、白崇禧都独树一帜，意存割据。为"统一"计，五大全会特推胡汉民为中央常务委员会主席。居正奉命入粤，力邀胡汉民赴南京，共谋抗日，结果胡汉民却身先死。后居正又入桂，与李宗仁、白崇禧商讨和平统一问题，李、白无条件同意。抗战期间，李、白二人未再发生歧见，这不能不归功于居正这次的斡旋。

全面抗战爆发后，国民党中央组织国防最高委员会，居正为委员之一，并主持国民党武汉办事处的工作。

1938年年底，国民党副总裁汪精卫出走河内，公开叛国。1940年又在日本侵略者的保护之下，成立南京伪政府，缔结卖国条约，出卖国家利益。居正以司法院院长的资格，力主明令通缉，声罪致讨。汪精卫的叛国行径，本已被全国民众唾弃，经此名正言顺的通缉，更遭国人痛恨。

抗战期间，居正还兼任慰劳总会会长一职，亲率慰劳团赴滇、黔、桂、湘、粤、鄂、赣等前线，慰问将士，鼓舞士气。另外，居正还积极鼓励青年入伍作战，保卫家园。其子居浩然，清华大学毕业后，受其影响，投笔从戎，考入军官学校。毕业后，转战于桂南的昆仑关等战场，建功不少。

"反共清共"，是居正一贯最坚决的主张。在国共十年内战和抗战期间，居正是蒋介石"反共清共"政策的坚决执行者。抗战胜利之后，中国人民渴望和平、自由。重庆谈判，中国人民取得第一回合的胜利。1946年1月，政治协商会议在国民政府大礼堂举行，讨论和平建国的基本问题。居正却将此会议诬为"与虎谋皮"、"教猱升木"、"蒸沙成饭"、"画饼充饥"。

1947年，国民党为挽回内战中的败局，决定提前结束训政，开始进入宪政时期，居正遂卸任司法院院长。

鉴于居正对旧中国司法的改进的贡献，国民政府决定为表彰他的功绩，把从1945年起每年1月11日定为司法节。1月11日是居正就任司法院院长之日。

1948年，国民党第一届行宪国民代表大会集会，准备选举总统和副总统。其实，总统人选非蒋介石莫属。居正认为如果中华民国的总统选举，只有一人竞选，有违民主政治的体制，因此决心作蒋介石的竞选对手。他提出三点竞选政见：改革地方政治；抢救农民危机；养成守法精神。因居正的参选，首届行宪的总统选举，终于没有出现蒋介石唱"独角戏"的尴尬局面。选举结果，完全在人们意料之中，蒋介石得 2430 票，居正得 269 票，蒋以绝对优势，"当选"民国总统。第二年，居正当选为国民党非常委员会委员。

国民党兵败后，居正于 1949 年年底赴台湾。居正生活简朴，到台以后，仍一以贯之。时居正虽为国民党"监察院"监察委员，但每逢外出，都以三轮车或公共汽车代步。居正晚年热心教育，曾于 1936 年兼任朝阳学院董事长 10 年，到抗战末期还一度兼任院长。朝阳大学创办于民国元年，以法科著名，有"无朝（阳）不成（法）院"之说。1946 年改建为中国政法大学，翌年与华北大学合并为中国人民大学。去台湾以后，居正又督令其女儿瀛玖、女婿张鸣、儿子浩然兴办淡江英专，自任董事长。淡江英专后来扩建为淡江文理学院，又改制为淡江大学。

居正是一个虔诚的佛教徒，一生以佛家"相即"、"舍己为群"为处事宗旨。老年更加潜心于佛经的研究。居正学佛，不冥思苦想，求其甚解，而在通晓大义。在《己丑角题肖像》诗中，他还写道：

观身想象空无我，认影迷头过在谁？
一念不生全体现，六根才动六尘随。

居正文采颇高，擅做诗写文。1947 年双十节时，作《齐天乐》诗六首，追记武昌首义。凡朋友去世或周年忌日，都作文哭之。1951 年居正开始为武昌起义领导人张振武作传，每日坚持到深夜。11 月 23 日晚，写作至 11 时，照例洗足就寝，但于洗足时坐化，享年 75 岁。有人认为居正无疾而终，是笃行佛法功行圆满之结果。居正的晚年著作主要有《辛亥亲历记》、《梅川日记》、《辛亥札记》、《禅悦集》等，颇具史料价值。

监察院院长

蔡元培：北大之父　1927年任职

　　蔡元培是我国晚清和民国时期首屈一指的大教育家，他在北京大学任校长期间，倡导"思想自由，兼容并包"的风气，使北大摆脱了封建文化的枷锁，形成了浓厚的学术氛围和独特的人文精神。与此同时，蔡元培也是一个立场无比坚定的革命者。他曾经创办光复会，加入同盟会，并一度是暗杀团的主要成员。五四运动后，他曾经力主"好人政府"，抗日战争时，又用尽各种方法，保护革命志士。七十多年的人生历程中，他始终信守爱国和民主的政治理念，被毛泽东誉为"学界泰斗，人世楷模"。

　　●蔡元培为清末翰林，当过塾师，后来留学德国，在莱比锡大学学习，精通人文学科。甲午战败，他倡言革命，创办中国教育会、光复会，后出任北洋政府教育总长。

　　1868年1月11日，蔡元培生于浙江绍兴。蔡元培乳名阿培，入塾后，取名元培。原字鹤卿，后改字仲申。创办爱国学社时，自号民友。任《警钟日报》主编时，自谓"吾亦一民耳，何谓民友？"于是取《诗经·大雅》中"周余黎民，靡有孑遗"两句中各一字，改号孑民，以后便一直沿用。

　　5岁时，蔡元培入私塾读书，为了应科举考试，他从12岁开始习作八股文。因他在写文章时常用古书中的通假字换常字，用古书中奇特的句法换常调，被人笑称"怪八股"。17岁时，参加小考，文章"笔轻而灵，意曲而达"，"论尤警当，与众不同，诗亦有动日句"，"简洁名贵，滴滴归原"，考中秀才。蔡元培从此结束了私塾学习生涯，在家乡设馆教书，当

蔡元培

起了塾师。

两年之后，蔡元培到同乡徐树兰家当陪读，并帮助校勘所刻藏书。4 年里，蔡元培翻阅了徐家 10 余万卷藏书，博览群书，学识大长。

1889 年秋，蔡元培赴杭州参加乡试，得中举人，同科举人有徐维则、王佐、童学琦、汪大燮、汪康年等。第二年春，蔡元培和徐维则一道北上京城，参加为光绪皇帝亲政所举行的恩科会试。蔡元培榜上有名，在本科录取的 327 名贡士中名列第 80 位。会试中试录取贡士后，还需经殿试合格，方可称进士出身。"因殿试朝考的名次均以字为标准，我自量写得不好"，蔡元培未参加本科殿试。三年后，蔡元培补行殿试，被录取为第二甲第 34 名进士。之后，在朝考中列名第一等，被点为翰林院庶吉士。1894 年，蔡元培通过散官考试，升格为翰林院编修。

翰林院编修是个闲职，蔡元培没有多少事可做，每日足不出户，钻研古文诗词，"都无做官意，惟有读书声"。

甲午战败，国势衰微，维新运动随之兴起。蔡元培也开始涉猎"新学"，思想为之一变。戊戌变法失败后，蔡元培毅然弃官归故里。1898 年 9 月，蔡元培携眷回到绍兴老家。

归乡后，蔡元培先后被聘为绍兴中西学堂监督、嵊县剡山书院院长。蔡元培热心家乡的教育事业，实地考察之后，写成《浙江筹办学堂节略》，主张在省城杭州设一高等师范学堂、一高等学堂、一中学堂，以及若干小学堂和蒙学堂，在县城各设一小学堂和若干蒙学堂，在各乡设若干蒙学堂。

1901 年 8 月，蔡元培应聘为上海南洋公学特班教授。南洋公学是盛宣怀创办的一所训练洋务人才的学校，是今天上海交通大学的前身。特班于 1901 年增设，是培养高材生的，其章程第一条规定："特设一班以待成材之有志西学者。"在南洋公学，蔡元培培养的学生中有黄炎培、邵力子、洪允祥、李叔同等 40 余位名人。

在教学的同时，蔡元培开始涉足报界和出版界。10 月，他与好友张元济合议创办《开先报》（后改名为《外交报》）。同时，他选录梁启超、严复等名士著译文章 42 篇，编辑为《文变》一书。蔡元培还兼任商务印书馆编译所所长，负责制定国文、历史、地理三科教科书的编纂体例。

1902 年 4 月，蔡元培和叶瀚、蒋观云等上海教育界人士发起成立了中国教育会，蔡为会长。中国教育会以教育中国男女青年，开发其智识，而增进其国家观念，以为他日恢复国权之基础为目的，"表面办理教育，暗中鼓吹革命"。教育会成立不久，即创办了一所爱国女校，随后又创办了爱国学社。爱国女校和爱国学社以倡言革命为己任，是革命党人活动的重要场所。

1903 年 4 月，拒俄运动兴起。中国教育会在张园举行演说会，1200 多人参加了集会。蔡元培首先作了慷慨激昂的演讲，接着宣读东京留日学生的来电，当他读到"俄祸日急，留日学生已电北洋主战，结义勇队赴敌，望协助"时，全体与会者列队向东行一鞠躬礼，以表示对留日学生的支持和敬意。上海《字林西报》对此称赞说："夫中国立国以来二千余年，其人民有爱国心者，自此次会议开始。"会后，蔡元培以爱国学社学生为基础组成义勇队，进行军事训练。他本人也剪短头发，身穿制服，与师生同受军训。

张园集会引起清政府的嫉恨，要求江苏巡抚"即将为首之人密拿严办"。蔡元培身处险境，临危不惧，仍热心爱国学社工作。这时，爱国学社学生发生内讧，蔡元培痛心疾首，愤然辞职离开上海前往青岛。10 余天后，《苏报》案发，章太炎、邹容被捕入狱，蔡元培因远在青岛而幸免。

《苏报》案风波过后，蔡元培回到上海，继续从事革命活动，并加入暗杀团。当时，因武装起义计划泄漏，黄兴等华兴会会员避难上海。蔡元培参与了华兴会在上海的活动，深受启发，决定仿照华兴会成立光复会。蔡元培和狱中的章太炎详细筹划，经各方努力，光复会很快成立，蔡元培被推为会长。光复会以"光复汉族，还我山河，以身许国，功成身退"为宗旨。光复会发展很快，徐锡麟、陶成章、柳亚子、黄炎培、刘师培、秋瑾、孙毓筠等都是光复会会员。蔡元培逐渐成为东南地区革命活动的核心人物。同盟会成立后，光复会纳入同盟会的领导之下，蔡元培任同盟会上海分会会长。

1906 年夏，清政府拟派翰林院编检出国。蔡元培一直希望能到欧洲国家学习，得此消息，便将同盟会上海分会会长一职委托黄炎培代理，于 8 月底只身一人来到北京等候派遣。就在蔡元培准备赴欧之际，清廷却因经费短缺，决定改派日本。蔡元培不愿去日本，决意赴德游学，只好暂时留京，从长计议。天赐良机，次年春，蔡元培故交孙宝瑄之兄孙宝琦出任驻德公使，孙宝琦答应接纳他为驻德公使职员，并允以每月资助学费 30 两。7 月初，蔡元培随孙宝琦一行来到柏林，由此开始了他为期 4 年多的留学生活。

蔡元培在柏林生活一年之后，迁居莱比锡，进入莱比锡大学主修哲学。蔡元培在异国他乡如饥似渴地学习新知识，从哲学到文学，从心理学到美学，从民族学到比较文明史，从美术史到自然科学发展史，几乎涵盖了所有的人文学科。1909 年，蔡元培破例进入莱比锡大学文明史和世界史研究所学习。

留学期间，蔡元培依据西洋学术史的原则，在日本学者研究东洋伦理学史的基础上，系统整理了我国传统的伦理学说，写成《中国伦理学史》。全书将中国伦理学史的发展分为"先秦创始时代"、"汉唐继承时代"和"宋明理学时代"。蔡元培认为，我国四千年来的伦理学说，先秦最盛，伦理学说是儒、道、农、墨、法、名各家的重要组成部分。汉代以后，儒、道、释三教并存，儒教始终是伦理学的正宗。自汉而唐，伦理学方面成一家之言者屈指可数。宋、明两代，朱熹、陆九渊两派一直是伦理学的主流。此外，蔡元培还翻译了康德派哲学家包尔生的著作《伦理学原理》。该书由商务印书馆出版后，引起国内学者的关注，被一些学校采用为伦理学教科书。

蔡元培在研究伦理学的同时，对国学中素不重视的"美学"也产生了极大兴趣。"美育者，孑民在德国受有极深之印象，而愿出全力以提倡之者也"。"美育"一词，即是蔡元培从德文 Asthetische Erziehung 译出所得。

蔡元培毕生都不遗余力地提倡美育，强调美育是养成健全人格所不可缺少的因素。"中国之有美学，实以蔡元培先生提倡为最早"，"以美育代宗教"是蔡元培美育思想中的一个重要理论。

辛亥革命爆发后，蔡元培于 1911 年 12 月回到上海。中华民国临时政府成立后，蔡元培出任教育总长。民国初建，百废待兴。蔡元培主持教育部先后颁布了《普通教育暂行办法》、《普通教育暂行课程标准》、《民国教育部官职令》以及一些教育法令，以确保近代教育思想和方针的实施。

南北议和告成，蔡元培受命率领迎袁专使团，北上迎袁南下就任民国临时大总统。袁世凯却大耍两面派伎俩，不肯南下，最终在北京宣布就职。袁世凯上台后，蔡元培在唐绍仪内阁中继续担任教育总长。经蔡元培及同仁努力，全国临时教育会议于 1912 年 7 月 10 日在北京正式开幕。这次会议历时一个月，通过了 23 件提案，在我国近代教育史上具有划时代的意义。它开创了中国近代教育的先河，新的教育制度在我国以法律的形式开始确定下来，奠定了中国近代教育体制的基础，是对清朝教育制度的一次彻底否定。

因不满袁氏独裁专政，蔡元培在全国临时教育会议期间，辞去教育总长职务。蔡元培卸职后，携眷赴莱比锡大学文明史和世界史研究所从事研究工作。宋教仁案发生后，返国参加"二次革命"。"二次革命"失败后，蔡元培无法继续留在国内，只好游学法国。

蔡元培的北洋政府任命书

旅法期间，蔡元培学习之余，协助李石曾、汪精卫办理留法勤工俭学会，帮助留法青年。1916 年 3 月，中法两国合办的华法教育会在巴黎成立，蔡元培任中方会长，并在该会开办的华工学校亲自授课。蔡元培是旅法学界的一面旗帜。

9 月初，蔡元培收到教育部总长范源濂来电，电云："国事渐平，教育宜急。现在首都最高学府，尤赖大贤主宰，师表群伦。海内人士，咸深景仰，用特专电敦请我公担北京大学校长一席，务祈鉴允，早日归国，以慰瞻望。启行在即，先祈电告。"蔡元培接电报后，心情难以平静，当即决定归国就职。

●1916 年，蔡元培任北京大学校长，倡"思想自由，兼容并包"之风，开近代中国大学之先河。五四运动中，他多方营救学生。后又幻想建立"好人政府"。

1916 年 12 月 26 日，北洋政府正式任命蔡元培为北京大学校长。1917 年元月，北大举行开学典礼，蔡元培发表著名的《就任北京大学校长之演说》。他与北大学生约法三章：一是抱定宗旨，二是砥砺德行，三是敬爱师友。蔡元培的到来，给暮气沉沉的北京大学带来的新的气息。

当时，北京大学"像个衙门，没有多少学术气氛。有的教师不学无术，一心只想当官；有的教师本身就是北洋政府的官僚，学问不大，架子不小；有的教师死守本分，不允许有新思想"。学生则大多是官僚和大地主子弟。蔡元培根据多年办学经验，认为"大约大学之所以不满人意者，一在学课之凌杂，二在风纪之败坏。救第一弊，在延聘纯粹之学问家，一面教授，一面与学生共同研究，以改造大学为纯粹研究学问之机关。救第二弊，在延聘学生之模范人物，以整饬学风"。上任伊始，蔡元培开始了大刀阔斧的改革。

蔡元培破"年龄"和"资格"限制，广揽人才。文科方面，聘请陈独秀为文科学长，钱玄同为教授兼国文门研究所教员，刘半农为预科国文教授兼国文门研究所教员，周作人为教授兼国史编纂处编纂员，胡适为文科教授兼哲学研究所主任，李大钊为图书馆主任，兼任经济、史学等系的教授。他力排众议，聘请梁漱溟到北大讲授印度哲学。理科方面，蔡元培聘用国内第一个介绍爱因斯坦相对论的物理学家夏元瑮为理科学长，另陆续聘请李四光、丁文江、朱家骅等知名学者任教。法科方面，蔡元培留任司法部的王宠惠和罗文干为讲师，并规定专任教员不得在他校兼课，政府官员不得为专任教员。北京大学名家云集，可谓群星闪烁。

在蔡元培的"兼容并包"、"思想自由"八字方针指导下，各派思想并存北大，百家争鸣，争妍斗奇，讨论、研究之风盛极一时。为学问而学问的精神蓬勃一时。保守派、维新派和激进派都同样有机会争一日之短长。背后拖着长辫，心理眷恋帝制的老先生与思想激进的新人物并坐讨论，同席笑谑。教室里、座谈会上，社交场合里，到处讨论着知识、文化、家庭、社会关系和政治制度等等问题。这情形很像中国先秦时代，或者古希腊苏格拉底和亚里斯多德时代的重演。此外，蔡元培热心延请中外著名学者来校讲演。梁启超、章太炎、杜威、罗素、泰戈尔等都曾到北大讲演，北大成为名副其实的全国最高学府。随着陈独秀、胡适、鲁迅等新文化运动的猛将的到来，北大成为新文化运动的主要阵地。

在蔡元培力倡下，1917 年年底，北大文、理、法三科各学门先后分别成立了研究所。文科研究所分哲学门、国文门和英文门，由胡适、沈尹默、黄振声任主任；理科研究所为数学门、物理门和化学门，由秦汾、张大椿、俞同奎任主任；法科研究所由法律门、政治门、经济门组成，依次由黄右昌、陈启修、马寅初负责。后来于 1919 年 12 月又增设地质学研究所，何杰任主任。北大研究所的创立，开国内大学设立研究所之先河，具有开创性意义。

蔡元培积极引导北大学生创造进取活泼的精神生活，支持全校师生创办刊物，组织各类学术研究团体。一时之间各类团体如雨后春笋般出现在北大校园，"学生们打麻将、吃花酒的越来越少，研究学问和关心国家前途命运的越来越多"。

在管理方面，蔡元培仿效德国大学制度，设立评议会，实行民主办校。评议会是全校的最高立法机构和权办机构，评议员除校长外，包括各科学长和主任教员，各科本、预科教授二人，由教授自行互选，任期一年。1919 年后，评议员的产生按名额分配，每 5 名教授选举产生 1 名评议员。为扩大教授治校的范围，1917 年 12 月，蔡元培主持召开评议会会议，决定设立各学校教授会，教授会会员由各科的教授和讲师组成，教授会主任由会员选举产生，任期两年。1919 年，采用分系制后，改由各系成立教授会，各系主任由教授会投票选举。

1919 年 4 月，各科教授主任组成全校统一的教务处，负责领导全校的教学工作，文、理、法各科学长制从此废立。教务处设教务长，教务长从各系教授会主任中推选，任期一年。9 月，设立行政会议，作为全校最高行政机构和执行机关，负责实施评议会的各项决议。蔡元培建立的这套"教授治校"领导体制，最大限度地排除了外界对教学工作的影响，保证了正常的教学工作。

蔡元培坚持平民教育、择优录取的招生原则，使许多出身贫寒、学业优秀的青年学子进入了北京大学。蔡元培还主张开门办学，学校的学术活动和课堂的教学活动，都可以向社会公开，每年招收一定数量的旁听生、选科生。蔡元培打破陈规，正式招收女生入学，开我国大学男女同校的先河。

1919 年 5 月 4 日，五四运动爆发。当日，教育部发出训令给蔡元培等，训令说"本部为维持秩序，严整学风起见，用特切实通令各校对于学生当严尽管理之责，其有不遵约束者，应即立予开除，不得姑宽。以敦士习，而重校规"。次日晨，又明令各校校长将为首滋事学生一律开除。

5 月 5 日下午 2 时，北京市 14 校校长在北大开会，成立了以蔡元培为首的校长团。蔡元培为营救被捕学生日夜奔忙，经多方周旋，北洋政府于 5 月 7 日释放了被捕学生。蔡元培因支持学生的爱国运动，得罪当局，北洋政府遂决定由马其昶接替他。蔡元培以辞职相抗，于 5 月 8 日晚间递送了辞呈。9 日晨，便悄然离京南下。北大师生得知蔡元培辞职的消息后，召开全体教职员会议，决定推举 8 人赴教育部请总长设法挽留蔡校长。

10 日下午 1 时，北大代表马叙伦、马寅初、李大钊等赴教育部谒见教育总长傅增湘，表示："如不能挽回蔡校长，亦决定一致总辞职。"这时，北京各国立专门学校校长也纷纷递上辞呈，声援北大师生的"挽蔡"行动。当日下午 5 时半，北京 12 所大学的校长在北大集会，认为"蔡之能挽回与否，非一校长之去留问题，与教育及外交前途，均有关系"。与此同时，北京中等以上学生联合会也呈文教育部，力请挽留蔡元培校长。全国各界纷纷函电教育部支持"挽蔡"运动，相持数十日之久。徐世昌被迫于

342

5月14日以总统名义签发了留蔡指令："该校长殚心教育，任职有年。值兹整饬学风，妥筹善后，该校长职责所在，亟待认真擘理，挽济艰难。所请解职之处，着毋庸议。"9月，新学期开始，蔡元培返京回校。北大师生的"挽蔡护校"取得了最后胜利。

五四运动后，北平教育界掀起教育独立运动，反对军阀官僚政客对教育的摧残。蔡元培从欧洲考察回国后，撰文《教育独立议》，声援教育独立运动。蔡元培在文章中指出："教育是帮助被教育的人，给他能发展自己的能力，完成他的人格，于人类文化上能尽一分子的责任；不是把被教育的人，造成一种特别器具，给抱有他种目的的人去应用的。所以，教育事业当完全交与教育家，保有独立的资格，毫不受各派政党或各派教会的影响。"

1922年5月14日，由胡适起草，蔡元培领衔，王宠惠、罗文干、汤尔和、陶行知等16人签名的《我们的政治主张》发表，提出"好人政府"的口号。蔡元培、胡适等人希望在吴佩孚的统治下，实现南北统一。吴佩孚掌权后，军阀本性毕现，"好人内阁"仅维持了两个月就垮台了。

"好人内阁"破产后，张绍曾组阁，彭允彝就任教育总长。彭允彝"欲见好于一般政客"，"即于同日为干涉司法独立与蹂躏人权之提议，且已正式通过国务会议"，使前财政总长罗文干以受贿罪再次被捕入狱。罗文干是北大兼职教员，蔡元培相信他不会贪污受贿。"元培目击时艰，痛心于政治清明之无望，不忍为同流合污之苟安；尤不忍于此种教育当局之下，支持教育残局，以招国人与天良之谴责。惟有奉身而远，以谢教育界及国人。谨此呈请辞职，迅予派人接替，立卸仔肩。"1923年1月17日，蔡元培愤然离京南下，蒋梦麟代行校长职务。

7月，蔡元培从上海乘轮船赴欧洲。蔡元培到法国后，一面从事著译，一面协助李石曾办理华法教育会及里昂中法大学的事务。1924年11月，蔡元培入德国汉堡大学，进行有关民族学的研究工作。在国民党一大上，蔡元培被列为候补中央监察委员，以后国民党各次全国代表大会，他均被选为中央监察委员。

1926年2月，应北洋政府教育部电请，蔡元培回国，他不愿继续担任北大校长，因而定居上海。"三·一八"惨案发生后，蔡元培更加不愿北上，"今之北京状况，可以说是较彭允彝时代又降下几度"，于是他致电教育部，请辞北大校长之职。

北大教职员闻讯，致书蔡元培，称"本校为先生及同事数十百人十年来惨淡经营之学校……实已具有相当之规模。近数月来，校中同人，不避艰苦与危险，继续在此间奋斗，亦无非欲继先生之志，为国家成就一个真正讲学机关。倘斯校竟因官僚之压迫摧残而遭横死，先生对于学校、对于在此间继续奋斗之同人，其感痛为何如！倘先生之坚决言去，实速其死，先生之感痛更将何如！"情真意切，蔡元培只得暂不提辞职之事，并对北大评议会表示，他"将来必到校一次"。直到1927年张作霖执掌北京政府，将北大和其他几所国立学校合并成"京师大学校"后，蔡元培的校长名义才正式取消。

北伐开始后，蔡元培、褚辅成、沈钧儒、许世英、黄炎培等于11月初发起组织苏浙皖三省联合会，主张"联省自治"。不久浙江宣布自治，蔡元培被选为省务委员。此时，孙传芳主力虽在江西被消灭，但他仍控制着浙江一带。12月23日，孙传芳明令取缔苏浙皖三省联合，并通缉蔡元培、褚辅成、许世英等70余人，蔡元培被迫避居象山，后辗转于南方各省宣传革命。

●**国民革命后期，蔡元培追随蒋介石"清党"反共，任南京国民政府首任监察院院长。后出任大学院院长，主持中央研究院。九一八事变后，发起组织中国民权保障同盟。**

随着北伐战争的节节胜利，蒋介石的个人野心日益膨胀，反共独裁倾向日趋明显。1927年3月16日，蒋介石来到上海，联络各方，谋划反共"分共"运动。蔡元培应蒋介石之邀于两日前抵达上海，频频参加各种会议，成了当时炙手可热的政治人物。

3月28日，蔡元培、吴稚晖、李石曾、古应芬等召开国民党中央监察委员会常务会议，蔡元培任会议主席。吴稚晖秉蒋介石旨意，提议对共产党进行弹劾。蔡元培表示同意，主张"取消共产党人在国民党党籍"，吴稚晖的反共提案获得通过，并将即将掀起的反共恶浪，美其名曰"护党救国运动"。

4月2日，蔡元培、吴稚晖、李石曾、张静江、古应芬、陈果夫、李宗仁、黄绍竑8人，召开所谓中央监察委员会全体会议（全体监察委员共计20人，仅到8人，未过半数），蔡元培任主席。会议通过了吴稚晖提出的弹劾共产党的文告，要求国民党中央执行委员会采取紧急措施，逮捕共产党员。这次会议为蒋介石发动反革命政变提供了法律根据和舆论准备。

4月3日至5日，蒋介石、蔡元培、张静江、吴稚晖、李石曾、汪精卫在上海连续举行秘密会议，策划反共"清党"。

4月8日，吴稚晖、何应钦等组织的上海临时政治委员会举行第一次委员会议，蔡元培为委员之一。该会规定"得以会议方式决定上海市一切军事、政治、财政之权，并指导当地党务"，从而篡夺了中国共产党领导上海工人三次武装起义胜利后建立起来的上海市人民政权。

4月9日，蔡元培、吴稚晖、李石曾等8人以国民党中央监察委员名义联合发表了"护党救国"通电，公开为蒋介石的"清党"活动张目。

4月12日，开始反革命大屠杀，上海市血流成河。

4月15日，国民党二届四中全会在南京召开。当时，国民党执监委共有50余人，而在南京的中央委员仅有蒋介石、蔡元培、张静江、吴稚晖和李石曾等10余人。由于不够法定开会人数，会议遂改名为谈话会。此次会议否认了武汉国民党中央党部和武汉国民政府的合法性，决定在南京重建国民政府。

4月18日，南京国民政府举行成立典礼。蔡元培代表国民党中央党部授印，并发表演说，指责武汉国民政府是"受共产党妨害"和俄国人操纵的"破坏政府"，要消灭这个政府。不久，蔡元培被任命为南京国民政府首任监察院院长。

这一时期，是蔡元培从政生涯的高峰，同时也是其政治生命中较为晦暗的时期。

书生从政，本色不改。"清党"运动后，蔡元培专心教育事业。4月

20 日，蔡元培被任命为教育行政委员会委员，与李石曾、汪精卫一起组成教育行政委员会。

在蔡元培、李石曾等人提议下，南京政府改教育部为大学院，并任命蔡元培为大学院院长。大学院是当时最高学术教育机关，管理全国学术及教育行政事宜。蔡元培上任后，采取了一系列改革措施。1928 年 2 月 21 日，蔡元培颁布大学院通令，废除全国春秋祀孔典礼。蔡元培将北京政府时代分属于各部院机关的中央教育学术机关，并归大学院主管，在我国教育史上第一次将各教育学术机关统一起来。蔡元培的教育改革设想很快遇到阻力，8 月 14 日，南京政府在行政院下设立教育部，实际上取消了大学院。

与大学院制相配套的是大学区制。蔡元培提议国民政府仿行法国实行大学区制，但这项提议从一开始就遭到责难。1928 年 6 月，张作霖退出北京，国立京师大学校随之解散，大学院通过了设立北平大学区案。不料北平各校均反对大学区组织，北京大学学生最激烈，多次举行示威游行，反对大学区制。最后，国民政府做出让步，北京大学胜利复校，至此大学区制无法实行下去。

大学院和大学区制的失败，使蔡元培倍感失望，他决定辞去国民党中央政治会议委员、国民政府委员、大学院院长及兼代司法部长等本兼各职。国民政府极力挽留，并先后派宋子文、孔祥熙等政要"躬亲敦促"。直到蔡元培第四次递送辞呈，才照准。蔡元培逐渐远离政治，"愿以余生，专研学术"，专心致力于中央研究院的工作。

中央研究院于 1928 年 6 月 9 日在上海正式成立，蔡元培任院长。中央研究院"就名义而言，既为全国最高学术研究机关，就职责言，又兼学术之研究、发表奖励诸务，实综合先进国之中央研究院、国家学会及全国研究会议各种意义而成"。中央研究院的成立标志着旧中国科研学术的新发展，极大地促进了国内外的学术交流。蔡元培虽是研究院的"一把手"，但他坚持无为而治的思想，倾听学者意见，从不干涉他们的研究工作。同时，蔡元培尽职尽责，利用自己的地位和声望，为研究工作排忧解难。

当时，英、法、德、美、日等国家的学者，打着"学术科研"的幌子，来华进行文化侵略。为此，中央研究院规定：外国学者来华考察，不得从事与学术无关的活动，所采集的标本须留复本一份于中国，若无复本，则应将正本留归中国。在考察过程中，中央研究院要派员参加。这样一来，既可以与国外学者进行合作，又可以达到维护文化主权的目的。

1928 年，蔡元培于上海寓所

"在他（蔡元培）的惨淡经营下，中研院才能萌芽、茁壮，才能开出美丽的学术之花。"在民国十八年，中央研究院已有物理、化学、工程、地质、天文、气象、历史语言、心理、社会科学等研究所，网罗全国最优异的研究人才，又有自然博物馆，在学术领域中，分别居于领导的地位。这些成绩，都是蔡元培先生创造出来的。中央研究院的成绩得到外国同行的认可，1932 年，法兰西学院赠与中央研究院白里安奖金；1934年 7 月，波斯的亚细亚学院将中央研究院列为名誉会员。

九一八事变后，蔡元培认为在此国难之际，保障民权尤为必要，只有民权得到保障，全国上下才能精诚团结，共赴国难。为此他与宋庆龄、邓演达等发起成立了中国民权保障同盟，并任同盟副主席。蔡元培在同盟成立大会上指出：

本同盟之目的：（一）为国内政治犯之释放与非法的拘禁、酷刑及杀戮之废除而奋斗。本同盟愿首先致力于大多数无名与不为社会注意之狱囚；（二）予国内政治犯以法律及其他之援助，并调查监狱状况，刊布关于国内压迫民权之事实以唤起社会之公意；（三）协助为结社集会自由、言论自由、出版自由诸民权努力之一切奋斗。

同盟成立后，蔡元培、宋庆龄等人四处奔走，先后营救过牛兰夫妇、陈独秀、许德珩、廖承志、罗登贤、余文化、丁玲、潘梓年等人，保护了许多政治犯。

中国民权保障同盟在北平设立分会，扩大其影响力。国民党当局不能容忍同盟的活动，急欲除之而后快，但鉴于蔡元培、宋庆龄的特殊身份，不敢打他们的主意，便向同盟的第三号人物杨杏佛下了毒手。杨杏佛遇害后，中国民权保障同盟的活动被迫停止，不久该组织无形消散。蔡元培没有因此而停止争取民权的斗争，仍然尽己所能保护革命志士。

鲁迅逝世后，蔡元培顶住压力，亲自主祭鲁迅葬礼，号召人们"要踏着前驱的血迹，建造历史的塔尖"，"使鲁迅先生的精神永远不死"。1938年，《鲁迅全集》出版时，蔡元培作序，盛赞鲁迅："先生阅世既深，有种种不忍见不忍闻的事实，而自己又有一种理想的世界，蓄积既久，非一吐不快。""他的感想之丰富，观察之深刻，意境之隽永，字句之正确，他人所苦思力索而不易得当的，他就很自然的写出来，这是何等天才！又是何等学力！"其著述"蹊径独辟，为后学开示无数法门，所以鄙人敢以新文学开山目之"。

●日寇入侵上海，蔡元培举家逃亡香港，却念念不忘祖国抗日大业，一首《满江红》，砥砺士气。1940年3月5日，蔡元培病逝于香港养和医院，全国悼念，极具哀荣。

1936年，蔡元培已是古稀老人。一年前，他辞去一切兼职，极少参加社交活动，在家颐养天年。这年，蔡元培的朋友、学生以各种形式庆贺他的七十寿辰。蒋梦麟、胡适等人发起为其筹资建屋的活动，后因日军入侵未果。1月11日，中央研究院举行庆典，祝贺蔡元培七十寿辰。1月19日，中国科学社上海社友在静安寺路万国总会举行酒会，为蔡元培贺寿。

2月1日晚，旅沪北京大学同学50多人在沧州饭店为蔡元培庆祝七十大寿，并敬送寿屏。2月9日晚，黄炎培、何应钦、张学良、顾维钧、杜月笙、沈钧儒、柳亚子等170多人与中华职业教育社、鸿英教育基金董事会、东方文化协会、上海美专校董会等6个团体在国际饭店为蔡元培祝寿，孙科致祝词。2 月 16 日，南京北京大学同学会在中央饭店举行春季聚餐会，庆祝蔡元培七十寿辰。

2 月 23 日，上海学术界胡朴安、舒新城等发起征集学者文人撰写论文、诗词及绘画，汇刊庆祝蔡元培七十岁、柳亚子五十岁的《蔡柳二先生寿辰纪念集》一册。4 月 23 日，国立音乐专科学校师生举行演奏会，庆祝蔡元培七十寿辰。这次演奏会实况由上海广播电台经南京中央广播电台转播全国。

蔡元培风风光光地过完了七十寿辰。但毕竟岁月不饶人，年老体弱，生日之后不久，就大病一场，幸而及时抢救，才转危为安。

七七事变之后，日寇铁蹄南下，把战火烧到上海。11 月 15 日，中央研究院设在上海的物理、化学、工程三个研究所宣告停办。16 日，南京政府下令文化机关限三日内迁往内地，中央研究院总办事处于次日迁往长沙。蔡元培想通过香港转赴内地，未及准备匆忙搭乘法国邮轮，于 1937 年年底到达香港。蔡元培在香港渡过了生命中的最后两年。

居港期间，蔡元培化名周子余，深居简出，除主持中央研究院院务会议外，极少公开活动。他唯一的一次公开活动，是 1938 年 5 月 20 日应保卫中国大同盟和香港国防医药筹赈会之邀，出席在圣约翰大礼堂举行的美术展览，并发表演说，号召人们养成"宁静而强毅"的精神。

1938 年 9 月 23 日，蔡元培领衔致电国际联盟，揭露日军暴行，要求国联对暴日实施最大限度之制裁，称"当此侵略狂焰蔓延全国之际，我国决为民族独立与世界和平奋斗到底，谅贵会当能切实执行有效的制裁，不致以忠实勇敢的会员国如我中华民国之痛苦与失望为无足轻重也"。

1939 年 7 月，国际反侵略大会中国分会推举蔡元培为名誉主席。他满怀激情，挥毫作《满江红》：

公理昭彰，战胜强权在今日。概不问，领土大小，军容赢诎。文化同肩维护任，武装合组抵抗术。把野心军阀尽排除，齐努力。

我中华，泱泱国。爱和平，御强敌。两年来，博得同情洋溢。独立宁辞经百战，从擎无愧参全责。与友邦共奏凯旋歌，显成绩。

这首词作为国际反侵略大会会歌，广为传唱，极大地鼓舞了中国人民的斗志。

蔡元培铜像

战乱之苦，使蔡元培的身体更加衰弱。来港后，他经常生病，但因经济困窘，每次生病从未彻底治疗。1940年3月3日清晨，蔡元培起床时，忽觉头晕目眩，摔倒在地，口吐鲜血。经医生诊治，疑为胃溃疡。第二日，蔡元培被送到养和医院，注射了止血剂和葡萄糖针，脉搏恢复正常，脱离危险，但是到了下午，病势转危，且昏迷不醒，输血后有所好转。到5日晨，医生也回天无力，蔡元培在病床上安然辞世，享年74岁。

蔡元培病逝后，蒋介石、毛泽东先后发来唁电。毛泽东在电文中称其为"学界泰斗，人世楷模"。3月7日，蔡元培遗体在香港摩理臣山道福禄寿殡仪馆入殓，由蒋介石代表吴铁城及临时治丧委员会代表俞鸿钧主祭。3月10日，蔡元培的灵柩出殡。当天，香港各学校、各商店均悬半旗志哀。共计有万余人送葬，场面宏大，为战时少见。蔡元培遗体被葬于香港仔华人公墓。3月16日，国民政府发布褒扬令，对其一生作了很高的评价。称其：

道德文章，夙负时望。早岁志存匡复，远历重瀛，研贯中西学术。回国后，锐意以作育人才、促进民治为己任。先后任教育总长、北京大学校长及大学院院长。推行主义，启导新规，士气昌明，万流景仰。近长中央研究院，提倡文化事业，绩效弥彰。

3月24日，重庆各界公祭蔡元培。蒋介石、林森以及国民政府各院长、各部长，蔡元培的许多门生故旧都书联悼念。中共领导人毛泽东、董必武也都送了挽联。上午，蒋介石率领国民党留渝的全体中央执、监委员向蔡元培遗像致祭。下午，各机关团体代表500多人举行追悼会。

国民政府下令各省市同时开会追悼。金华、绍兴、吉安、韶关、桂林、昆明、贵阳、长沙、宜昌、成都、洛阳、西安、兰州以及香港地区，都举行了隆重的追悼大会，沉痛悼念蔡元培先生。

4月14日，延安各界在中央大礼堂举行追悼蔡元培大会，会场满悬各方送来的挽联及花圈。周恩来的挽联是：

从排满到抗日战争，先生之志在民族革命；
从五四到人权同盟，先生之行在民主自由。

追悼会一致通过：以大会的名义电请国民政府明令国葬蔡元培。电文称：

蔡元培先生，学术湛深，勋劳卓著，痛异族之侵凌，提倡革命；欲民权之发展，组织同盟。民国肇造以来，树立教育宏模，开辟文化新路，奖励后进则不畏强权，爱护青年则实施保障。正当寇深国危之日，端赖扶危定倾之时，遽闻溘逝，举国震惊。延安各界……咸以为蔡元培先生民国元勋，人文泰斗，允宜褒以国葬之荣，以示笃念勋劳之意。

赵戴文：忠臣良友　1929 年任职

自从在日本相识之后，赵戴文就开始了忠心耿耿辅佐阎锡山的生涯。北洋军阀时期，赵戴文倾尽心力，只为帮助阎锡山治理山西。南京国民政府成立后，蒋介石为了拉拢他，绞尽脑汁使用各种方法，他却仍然坚守在阎锡山身旁。然而，即使情感如此深厚，赵戴文却分得清民族道德，中原大战时，为了避免生灵涂炭，他多次力阻阎锡山发兵；抗日战争时，为了中华民族的脊梁，他坚决反对阎锡山对日妥协。他是一个真挚的良友，也是一个大义的中国人。

●赵戴文是山西的知名学者，留学日本以后，思想发生转变，开始投身于革命，是山东第一批加入同盟会的人。他是阎锡山忠实的谋臣和良友，襄助其治理山西。

赵戴文，字次陇，1866 年生于山西五台县东冶镇。东冶镇是通往清凉胜地五台山的必经之路，故赵戴文又自号清凉山人。赵戴义先辈世代务农，耕作乡里。父亲赵良槐从小失去双亲，依靠姑母长大，后从事小商业，家境渐好。赵良槐做生意时曾有一次与别人发生争执，但却有理说不清，反被别人占了便宜，深痛自己没有文化而被别人欺，于是决心培养儿子学文化。

赵戴文 9 岁入学，从《三字经》、《千字文》等古典书籍开始启蒙。14岁，他读了五台山清代大学问家徐继畬的《瀛寰志略》，视野开阔起来，通晓了世界大势，明白了时代潮流。后读了陆稼书（字陇其）的《松阳抄存》，认为这本书是益智圣贤之学，并深深仰慕陆稼书的为人，于是改字为次陇。19 岁应五台山县书院考试，成绩卓著，得到考官王之樨的赏识，批其文曰："蛟龙得云雨，终非池中物。"从此，赵戴文更加专心学习。

后数年，赵戴文就读于定襄白佛堂，博览群书，还涉猎军事学。赵戴文 24 岁进入太原晋阳学院学习，师从李菊圃。李菊圃先生极力推崇程、朱理学，也正因如此，赵戴文在可塑性极强的青年时代饱受了宋明理学的熏陶。1894 年，27 岁的赵戴文应科试，考官王梅芩谓其文为济古第一文，列一等第一，被选入令德堂（山西大学前身）学习深造。从令德堂卒业后，赵戴文开始应用他 20 多年所学所得的知识，赴祁县就家馆教书。

赵戴文

在教书的同时，赵戴文精治儒家佛典，在博览群史诸子的过程中又发现了佛典的深义，于是中年以后，更倾向于佛学典籍。在宗教领域里，赵戴文积极地进行哲学思考，悟出佛教儒教的共性。由此，可把赵戴文一生的治学划分为三个阶段：前段是着重身心性命，中段是着重经世致用，后段是着重宇宙和人生哲学的探讨。他自己则将其归结为"志佛家之所志，行儒者之所行"。

对中国传统文化几十年如一日的精心研读、仔细探讨、深入了解，一方面成就了他的"道德文章"——建立在对儒家学说和佛学深入研究的基础上，赵戴文一生著述颇丰，有《孟子学说足以救世界》、《禅净初谭》、《唯识入门》、《周易序卦说》、《读藏录》、《宇宙缘起说》等，另一方面则成为他后半生从政道路的资本与阶梯。

19 世纪末，是中国历史上一个激烈动荡的时代。甲午战争以后，中国北方人民直接受到日军的蹂躏。战后，列强侵占我国领土，强租港湾，修筑铁路，倾销商品，直接威胁到北方人民的生命财产，人民群众掀起了反侵略反瓜分的斗争，并很快演变为义和团运动。此时的赵戴文正处于热血壮年的年龄，他返回家乡，组织民团并担任团长，和乡亲们一起保卫故土。虽然有几次险遭丧命，但却使一向注重于学理的赵戴文经受了平生第一次实践的考验。义和团运动在中外反动势力的联合绞杀下失败了，赵戴文领导的民团运动也由轰轰烈烈转变为偃旗息鼓。赵戴文放下了"革命"的武器，重操旧业，继续做他的教书先生——先赴宁武中学任教，再受聘于山西大学堂。

赵戴文一生的重大转折发生在 1904 年，这一年他由山西大学堂公派留学日本。肩负着学习教授管理之法，"以备开办师范学堂之用"的使命，漂洋过海东渡扶桑，进东京宏文师范学习深造。留学期间，赵戴文与在日本东京振武学校学陆军的同乡阎锡山相识，后成为至交，共事至逝。在日本，赵戴文从报刊上经常能看到报道有关清政府迂腐的事情，深感清政府的腐败无能委实误国太甚。特别是日俄战争的爆发，两国为争夺我国东北权益，竟在中国领土上开战，清廷反而宣告中立。日俄战争给了赵戴文很大的刺激，于是立定志向，决心投身于反清的革命行列。

赵戴文经阎锡山介绍，成为山西第一批参加同盟会的 17 人中的成员之一，这些人都成为山西辛亥革命起义的中坚分子。

1906 年秋，赵戴文由东京宏文师范肄业。孙中山认为中国北方民风顿塞，急需做好革命前的准备工作，于是便派赵戴文、阎锡山等回省做发动工作。奉孙中山先生之命，赵和阎收拾停当，立即启程。回国之后还发生了一段小插曲。启程时他们随身各携带炸弹一枚，以备发动起义时用。到了上海港口，因为知道海关检查很严，阎锡山便把赵戴文所携带的炸弹也要过来，并对赵说："如果被查出来，我一人当之，你可不承认是与我同行之友，检查时我站在前列，你站在后列。"赵戴文说："我站在前列，你站在后列如何？"阎说："站在后列，有畏惧检查之嫌，会被注视，仍我站在前列为宜。"到了海关，果然海关人员对站在前列的人检查得没有后列的人那样细密，他们二人得以顺利过关。阎锡山告诫赵戴文说："愈危难处，愈不可畏缩，畏缩则引人生疑。"赵深感阎的机智和勇敢。

赵戴文回山西以后，先后在太原农林学堂、公立晋阳中学等校担任教员、庶务长、斋务长等职，同时根据组织安排，利用职务之便在学生及知识阶层中开展组织发动工作。在赵戴文回国前后，同盟会山西分会与孙中山先生一起确定了"南响北应"的革命策略。所谓"南响北应"，就是吸取"洪杨倡义南方，虽说据了天下一半，北方到底没有一省响应，所以清政府能够缓缓地用北方财力，兵力，去平灭他"的教训，设想"革命军若从南方举义，不知何时才能到北京；我们从山西、陕西下手，出来一支兵，出井陉截取京汉铁路的中心，一支兵出函谷直据洛阳，与南师握手中原，天下不难立定"。

据此，赵戴文等便首先在省城太原开展工作。到 1906 年年底，已先后介绍后来成为革命骨干的杨沛霖、李嵩山、张树帜等多人入会。这次回省布置革命，对赵戴文来说是一次很好的锻炼。通过接触群众，了解群众，使他认识到发动政治革命决不能仅凭几句政治口号就能了事的，更不是只靠课堂知识就能够解决的。赵戴文与阎锡山等建立同盟会太原核心组织，使山西同盟会革命活动蓬勃发展。

武昌起义发动后，山西的举义也迫在眉睫。阎锡山出任第八十六标标统后，山西新军的实际领导权可以说基本上掌握在同盟会的手里了。在紧锣密鼓的运筹中，赵戴文与阎锡山私下交换意见，并正确地分析了面临的现状：

估计了一下我们在新军可能使用的力量，我的二标的三个管带（营长）张瑜、乔煦都是我们的坚强同志，只有瑞墉是个旗人，其余下级军官，都很可靠，行动的时候，只要把瑞墉一个人囚禁起来，即无其他顾虑。骑炮营是些老军人，不赞成的，也不会反对，且炮兵中有不少下级军官和头目（班长），是我们的同志，可能控制该营。工辎队虽不同情，亦不会有急剧的抵抗，且人数又少，关系不大。需要特别注意的，只有一标，因为一标的黄国梁标统与我私交虽好，但不是同志，他的三个管带白和庵、姚以价、熊国斌亦然，故只能从下边运用，因为队官（连长）与头目之间，我们的同志还不少。

果然如他们所料，虽然由于形势的急剧变化山西的革命党人被迫提前举义，但因为经过起义前的缜密部署，太原起义终获成功，清政府在山西的封建专制统治从此结束。在历史的剧变中，赵戴文最后完成了由儒者向政坛要人的转变，正式登上了政治的舞台。

　　太原光复的当天——1911 年 10 月 29 日，28 岁的阎锡山凭借其归国两年中培植起来的力量，一标之统的地位，起义中发挥的作用及其影响，做了山西都督。阎锡山做都督，赵戴文是忠实的拥戴者之一。山西起义虽然在武昌和湘赣陕之后，但是它对清政府的打击，却比湘赣陕要严重得多，因为山西地处清政府肘腋之间。因此，清政府于 10 月 30 日即命令驻防于保定的第六镇统制吴禄贞进军山西，镇压革命。

　　阎锡山任都督后，马上号令成立山西军政府，决定首先扩充武力，光复全省，防堵清军反扑。吴禄贞素怀革命大志，对腐败的清政府早已恨之透顶，正好趁机联手阎锡山组织"燕晋联军"，合兵直捣京师。随即，阎锡山派出以姚以价为总司令的东路军，出兵娘子关御敌。考虑到娘子关系山西东大门，遂任命赵戴文为东路军参谋长，随军开往前线。

　　1911 年 11 月 4 日，娘子关车站，两军阵前，赵戴文与山西副都督温寿泉、东路军总司令姚以价一起，陪同阎锡山迎候事先约好前来协商联合事宜的吴禄贞。与吴禄贞的会面在十分融洽的气氛下进行，双方共同议决：组建燕晋联军，吴禄贞任大都督兼总司令，阎锡山为副都督兼副总司令。山西民军派两个营开赴石家庄，归吴指挥，共同执行截断京汉路的任务。但遗憾的是，因为清政府获知吴禄贞"背叛"，派人刺杀了他，燕晋联军功败垂成，山西民军兵败娘子关。赵戴文等人率部退回太原。

　　阎锡山力主"分退南北，发动人民，再次合攻太原"。赵戴文在几十年穷经究典的过程中，也曾涉猎过大量的兵书要籍，深知以退为进的道理，因此也就成了阎锡山"分退南北"主张的坚决的支持者。在赵戴文等关键人物的积极支持下，阎锡山的意见占了上风。成立不久的山西军政府决定，暂时放弃太原，组成南北两路军，分退晋南晋北，北路军由都督阎锡山统领，南路军由副都督温寿泉指挥。赵戴文随阎锡山的北路军北上。在滴水成冰的严冬，北路军一行，一边收容队伍，一边进军绥包。

1912 年 1 月初旬，集结而成 3000 余人的队伍，从晋西穿过伊盟准格尔、达拉特两旗界，踏冰渡过黄河。过河后，山西民军顺势而下，在试图与绥远当局谈判和平收复绥包未果后，于 1912 年 1 月 12 日武装攻占了包头。入城时，各界举行了欢迎“都督”仪式。为了保护阎锡山，赵戴文走在队前，伪充“都督”，阎锡山在队后。果不其然，确有一人潜伏于大街一边的房脊后向赵戴文打了一枪，幸未中弹。赵与阎的情谊由此可见一斑。1912 年，南北议和时，袁世凯任命阎锡山为山西都督。4 月 4 日，赵戴文随阎锡山返回太原任都督府秘书厅长，后调任参谋长。

1912 年末，山西成立将校研究所，由多年从事教育又兼通兵学的赵戴文出任所长。在赵戴文的主持下，将校研究所吸收了太原起义后整编军队时编余的军官一百余人，致力于军事理论和军队操典方面的研究，为改良军队和训练军事干部服务。将校研究所可以说是阎锡山军事教育的摇篮，后来陆续举办的“山西军事教育团”、“学兵团”、“山西军官学校”等，都是由这里繁衍而来的。所以有人在谈到赵戴文的“建树”时称：“晋绥军将校多出其门。”

袁世凯就任正式大总统后，曾三次传阎锡山、赵戴文进京陪伴。1914 年 6 月，袁世袁授阎锡山为同武将军，后授赵戴文为勋五位茂威将军。1915 年，袁世凯决意称帝，阎拥袁称帝，赵也附和。袁世凯死后，阎整顿山西内部巩固其势力，将晋北镇守使孔庚排挤走，任赵戴文为代理晋北镇守使。

阎锡山集山西军政大权于一身，在当时的政治环境下，实现对山西的平稳统治确实不易。赵戴文倾力帮助阎锡山推行“保境安民”、“用民政治”，倡办“六政三事”。六政为：水利、种树、蚕桑、禁烟、天足、剪发；三事是：种棉、造林、畜牧。在这十年建设时期，颇有成绩，北洋政府授予山西“模范省”之称。

1918 年，阎锡山主持的山西省公署颁行了《山西施行义务教育程序》，要求从民国七年七月到民国十二年二月，全省普及义务教育——凡满五十户的村庄必须设立（不满五十户的须联合设立）国民学校。为满足国民教育对于师资的需求，赵戴文受阎锡山的委派，主持创办起了能容纳 2400 名学生的国民师范学校。国民师范学校正式创办于 1919 年。国师建成后，赵

357

山西国民师范学校

戴文以督军公署参谋长、第四混成旅旅长兼任校长，军务、政务之余，悉心于学校校务及教育诸事。

由于服务于国民教育的特殊作用，加上赵戴文的亲自主持，国民师范学校很快发展起来，迅速成为太原市规模最大、经费最多的一所师范专科学校——不仅拥有初始时的初师班，而且开办了五年制的完全科和三年制的普通科，开设了二部师范、体育专修科、雅乐专修科、俄文专修科等。1925 年开始，赵戴文推荐赵丕廉接替他做了国师校长，自己改任监督。国民师范在当时的山西是有相当地位的，它的学生几乎遍及政府各个部门，赵戴文也因此而常常被人尊称为"先生"。

●赵戴文是南京国民政府的座上客，官至监察院院长。阎锡山在中原大战中失利后，赵返回山西，继续追随阎。抗战期间，他力主抵抗，反对阎锡山降日卖国之行径。

1927 年 7 月，由晋军主力改编而成的北方国民革命军出兵北伐，分左右两路军沿京绥路、京汉路攻打张作霖的奉军。赵戴文作为总参议，坐镇后方。1928 年 3 月，以蒋介石下令各集团军进行"北伐"为标志，晋绥军开始了第二次讨奉之役，赵戴文随任第三集团军总参议兼政治训练部主任。由于不失时机地在两条战线上作战，北伐之役，第三集团军成了最大的赢家，地盘由晋绥扩展到京、津、冀、察，势力范围及于两市四省，阎锡山兼任平津卫戍司令，赵戴文出任察哈尔都统。随即，赵戴文代表阎锡山及其晋系集团进入南京国民政府。1927 年年底到 1929 年 8 月，赵戴文先后接受了南京国民政府的一系列任命：

1927年12月9日，选任国民党中央特别委员会委员；1928年10月8日，任国立北平故宫博物院理事；1928年10月24日，代理内政部长；1928年12月4日，任赈灾委员会常务委员；1928年12月13日，特派晋察冀绥赈灾委员会委员；1928年12月27日，特任内政部长；1929年1月，任导淮委员会委员；1929年2月9日，特任国民政府国防会议委员；1929年3月，国民党三大选任第三届中央执行委员；1929年3月，国民党三届一中全会增选中央政治会议常委。1929年8月29日，推选监察院院长。

蒋介石深知那些元老级别的人物，最怕的是后来者的冷落。他表面上对元老派毕恭毕敬，使他们从内心感到自己是注重情义之人，从而死心塌地为维护自己的统治地位献策出力。赵戴文是山西地方政坛的元老，比阎锡山年长，阎锡山可以说对赵戴文是言听计从，以师礼相待。不但阎锡山如此，当时晋军中的很多将领与赵戴文都能扯上师生关系。正是鉴于赵的特殊身份，蒋介石对赵尊重有加。

第二次北伐后，阎锡山委派赵到南京任监察院院长，实际上是他的耳目，蒋介石以高姿态欢迎赵到南京任职，为了拉拢赵可以是说绞尽脑汁。对赵戴文给予高规格的礼遇，凡是开会总是让他坐到前排，与另外一个国民党元老吴稚晖同坐，吴是蒋介石以老师相称的人物，将赵与吴并列相坐，自然也是对赵戴文表示以师礼相待。

每当开会的时候，蒋介石总是要问一句，这个问题不知道赵老如何看？在上下台的时候，蒋介石怕赵戴文摔倒，还要亲自搀扶，直到赵到了平地才放手。蒋介石的尊重对其他人来说，也是一种表率，南京官场上上下下，无不对赵恭敬。以"蒋委员长"之尊，对自己如此的关照，赵戴文渐渐改变了对蒋的看法。

1929年，唐生智、阎锡山、冯玉祥预谋反蒋。赵戴文本是辛亥革命元老，崇奉儒家之学，一向视蒋为孙中山先生的"正宗"传人，认为反蒋各派均系"称兵作乱"。蒋介石决定派赵戴文回山西去做阎锡山的工作。赵戴文回山西前，蒋介石为表示尊崇，又提出让其以监察院院长兼任国府主席，赵戴文虽然力辞未就，却因此对蒋氏的知遇感激莫名，也要知恩图报，于是立即前往太原。但谈判未果。

1930年，蒋介石与冯玉祥（左）、阎锡山（右）

1930年年初，阎锡山开始与蒋介石"电报论战"，战事如箭在弦，一触即发。赵戴文在南京日夜焦虑，夜不能寐，多次谈话表示："我不忍看见中国再打内战。如果再打内战，我就要跳长江。"南京各报大字刊登。随即，赵戴文携蒋介石的亲笔信再回山西。赵戴文见阎后说："蒋是政府，你们都是他的部下，你要领头打他，这不是造反吗？""你以为联合的人不少，其实都是乌合之众。这些人见利则争，遇害则避，打起仗来哪能靠得住？你要打他（蒋）不是自招失败吗？"阎责备赵说："你被蒋收买了。"赵悲痛欲绝，良久也没说话。在说而不服的情况下，赵戴文没有重返南京，而是继续留在太原，不久接替周玳再做阎锡山的总参议。中原大战从1930年5月发动开始，持续了整整五个月，仍然是以反蒋派的失败而告终。战后，赵戴文的监察院院长被免，遗缺由国民党元老于右任继任。

1930年11月底，阎锡山宣布"下野"后秘密由河边出发，潜到天津，再由天津转赴海滨城市大连。赵戴文先紧跟到天津，再辗转抵大连。1932年，经汪精卫劝解，蒋介石同意阎锡山出任太原绥靖公署主任。在此前后，赵戴文亦相继被安上了一个一个新的头衔——1931年12月，在国民党"四大"选任中执委。同月25日，任北平政务委员会委员。同月28日，推选国民政府委员。1934年3月7日，由蒋介石直接提名就任"蒙古地方自治指导长官公署副指导长官"。与此同时，再任太原绥靖公署总参议。

1936年5月27日，年届古稀的赵戴文在各种矛盾的复杂交织中就任山西省政府主席（接替徐永昌）。民族存亡攸关，赵戴文坚持"抗日救国"，"不做亡国奴"爱国信念，并以此影响着山西的实际决策者阎锡山。

由于阎锡山以清醒的头脑分析了山西所面临的严峻形势，同时也接受赵戴文等的主张，进一步提出了"守土抗战"的口号，放弃以往的反共政策，确定了"联共抗日"的方针，同意成立了救亡组织——"牺牲救国同盟会"，发动了"绥远抗战"。

1936 年，"九一八"纪念日，由进步青年救亡积极分子发起的"山西牺牲救国同盟会"成立，阎锡山任会长，赵戴文任副会长。为了使山西的救亡工作搞出一点声色，赵戴文提出"楚材晋用"的方针，并以此影响阎锡山，用"共策保晋大业"的名义，从北平请回了共产党人薄一波，具体主持牺盟会的工作。

1937 年 7 月 7 日，全民族抗日战争爆发了。抗战爆发后，时年 70 岁的赵戴文以山西省主席兼二战区长官部政治部主任的身份在太原自省堂大厦公开讲演，慷慨激昂，明确指出"轴心必败"，对坚定二战区军民的抗战必胜信念，发挥极大效用。1937 年 11 月 8 日，太原沦陷。赵戴文坚持不撤离，欲与太原共存亡。后经阎锡山派梁化之再三劝阻、胁迫，赵才随阎转赴隰县。

1940 年春，第二战区长官部、山西省政府机关再一次从陕北迁回晋西，在吉县的南坡村安营扎寨长期住了下来。为了讨个吉利，同时也表示一种精神，阎锡山将南坡村易名为"克难坡"、"克难城"。初到克难坡时，部队和机关面临着严峻的考验，一方面是贫瘠的晋西一隅，只有几户人家的克难坡，相对于颇大的军政（约四五十万人）机构，明显地不敷支出，另一方面则是日军经济封锁的接踵而至。一时，军食民用都成了问题。

为了解决眼前的困难，阎锡山发起"克难运动"，要求长官部以及各机关一律实行克难生活。规定：凡党、政、军、经、教人员，不论官兵，均穿粗布料军服；一日两餐，以素食为主；住的问题自己动手，开挖窑洞解决。开展生产运动。对于"克难运动"，赵戴文是一个积极的响应者。他不但身体力行，不置家产，不藏私蓄，一套布军装，一孔土窑洞，粗茶淡饭一如既往。而且利用各种场合，讲"明明德"，讲"亲民"，讲"止于至善"，倡导人人从"卑宫室，恶衣服，菲饮食"方面下工夫。因此在战时首府克难坡树立了一面旗帜。1942 年的一篇新闻稿中这样说：

年登七十六岁高龄的赵主席，银髯飘飘，在清晨的朝会上很少间断过出席，除非他老人家病了。他说话的声音永远是那么样宏大，霹雳似的惊醒了每一个人的痴心邪念。他拄着一根手杖磨得光亮，显出它也有了悠久的历史光彩。每当说至兴起处，手杖蓦地举起，当空劈下，棒喝了多少条心，凝成了一股不可抗的伟力，纵横在华北的战场上，团结在民族革命的大蠢下，和着胜利目标迈进。

抗日战争进入相持阶段后，阎锡山与实际由共产党领导的新派势力的矛盾和斗争日益尖锐，及至引发了"晋西事变"。晋西事变后以汾（阳）军（渡）公路为晋西南、晋西北的分界线，旧军（阎锡山的旧晋绥）、新军分区而治。这时，日本军方加紧了其诱降政策。为了利用日方的诱降，缓和形势，摆脱困境，走出低谷，从 1940 年开始，阎锡山恢复了与日军的谈判接触，1942 年 4 月还亲自在一个叫做安平村的地方与日酋岩松举行了会晤。

阎锡山与日本军方频频接触，准备降日的口风不胫而走，传播开来。在舆论的一片哗然中，因年老多病，深居简出的赵戴文公开表示："我是有民族气节的人。我决不回太原当汉奸！""我的坟墓就在黄河边！""我的坟墓就在黄河边！"字字铿锵，掷地有声，把柔中有刚的赵戴文的风骨表现的淋漓尽致，给赵戴文的晚节划上了一个闪光的句号！

●虽然仕途顺利，赵戴文的家庭却屡遭不幸：妻子因家贫自杀，子女多有不测。世界反法西斯战争即将胜利，他却因肝病离世，死时仍不忘国事，可谓可敬可佩。

赵戴文原配刘氏，早年逝世。生二子，长子赵效复，留学日本。次子赵仰复，留学美国。赵继妻姚松贞，生二子五女。三子赵宗复，四子赵景复。长女赵惠兰，次女赵若兰，三女赵芝兰，四女赵秀兰，五女赵玉兰。1937 年 11 月 8 日，太原失守前，赵戴文曾准备与太原共存亡，对避难之举毫无准备，以至姚松贞离开太原时很仓促，连随身衣服和日用品都未来得及多带，避难至陕西三原东里堡后，家中人口不少，生活艰难，又连续得到子婿死亡的消息，深受刺激，向赵戴文索要 300 元钱以解家中之困境竟无着落，遭邻居讽刺，悲伤至极，姚于 1941 年 10 月自缢身亡。

赵戴文的二女儿婚后并不美满，以至患了精神病。在抗战前后的一段时间里，赵的次子仰复，因失明在美国跳海自杀。长子效复于 1938 年夏在稷山县太郝村附近被盗匪杀害。长孙培根 1939 年 4 月在陕西澄城公路上因车祸身亡。还有三子宗复妻张玉兰 1937 年产后病故，长婿张树芬早亡。特别是爱妻松贞自缢身亡，国难家愁，集于一身，赵戴文悲愤至极，大声呼喊"这真是上天在考验我赵某啊!"

1943 年，世界反法西斯战争由于同盟国已经取得了战争的主动权而胜利在望。在有利的国际背景下，中国人民浴血奋战坚持了六年的抗日战争透出了胜利的曙光，但赵戴文的肝病却发展到了晚期。自知不久于世的老先生，对世界的未来充满着不尽的期望，来日无多的迫切性使他对一些问题的看法如骨鲠在喉，不吐不快。1943 年 9 月，临终时《希望世界和平之遗言》，对今后世界局势、人类社会走向和国家大政的方向，表现出的深刻洞察力，令人叹为观止! 如"此次战后全世界各国必将重建国际联盟，组织公共政府……"，"观察世界将来，盗主时代行且过去，民主时代即将来临，所谓民主时代即由小康入大同之阶段也。"赵在病危时，曾对前往探视的阎锡山口头托付了三件事：一、"宗复年轻，做事不稳当，希望好好教育他!"阎答："你的儿子和我的儿子一样，我一定要教育他，你可放心。"二、"抗战胜利了回太原时，将我的家属照顾回去，勿使流落外地。"阎答："一定办到。"三、"以后无论局势如何变化，希望你不要走汪精卫的路。"阎答："我有我的主张，为了存在，利用他们，绝不会走他的路。"赵说："那我就放心了。"

赵戴文于临终时写了六条遗嘱，其意为：

一、在他的棺殓灵柩上书"中国国民党党员赵某之墓"。

二、对掩埋他的地点的嘱托。（注：灵柩暂放于赵生前指定的克难城

363

西区土矿，抗战胜利后迁至太原市上兰村傅公祀旁）

三、由赞甫（赵戴文弟弟）告在三原的全家眷属不要来克难坡奠祭，全家人在三原公祭就行。

四、发电报给三、四、五女婿不必来克难坡，各在家私祭私哭。

五、去世后只电告国民政府与国民党中央党部。

六、逝后三日掩埋，登报声明丧事已毕。

1943 年 12 月 27 日上午 9 时 40 分，赵戴文在克难坡的窑洞里走完了他 77 年的人生旅途。

赵戴文生前曾与人说："我和会长（阎锡山为同志会会长），君臣之分定矣。"但阎锡山视赵为副手和良友。赵死后，阎挽赵说曰"丧我良友"。赵戴文逝世后，国民党政府明令褒扬，蒋介石发表了唁电、祭文，派徐永昌至克难坡致祭。

在赵戴文逝世一周年时，阎锡山的纪念讲词推崇赵戴文有八个没有：

一、没有瞒过一文钱，清清白白廉正自爱。

二、没有瞒过一个人才，有一点长处的人，总想说出来。

三、没有推过一时懒，凡请他办的事，一定尽心竭力去办。

四、没有畏过难，无论多难的事，认为该办就办，不管得罪人。

五、没有显自己才能的意思，即根本未宝贵过自己。

六、没有轻视过人，对什么人也不轻视，即对差役亦是如此。

七、没有厌过学，虽在病中，也不肯间断用功。

八、没有倦过教诲人，对任何人，不惜三番五次的教诲。他本人虽和蔼，但对人也很严肃，尤其对不好的人，毫不留情地予以教训和指责。

社会上对赵嘱墓碑上只书"中国国民党党员赵戴文之墓"多有猜测。对此，赵生前曾对时任省政府秘书长的宁超武讲过："所有官职都是别人给我的，予夺在人，都不足为贵。只有国民党是我自己选择的，是我一生事业的开端，去取在我，是真正属于我自己的。"

于右任：西北奇才　1931 年任职

　　国民党元老于右任，是近代史上的一位重要人物，为很多人所熟悉。有人说，他是一位真正的教育家，一生情系复旦大学和上海大学；有人说，他是一名执着的报人，九年不畏艰险投身舆论为革命；有人说，他是一个铁面无私的监察院院长，三十载辛苦经营却只落得"不打老虎，只拍苍蝇"的评价；有人说，他是一位真诚的爱国诗人，一句"葬我于高山之上兮，望我大陆"让多少两岸同胞涕泪满裳……

　　●于右任幼年丧母，由伯母扶养长大，幼年放过羊，后才接受正规教育。他在父亲、伯母等人的影响下饱读经书，并接受了一些新思想，对腐朽的清王朝极端不满。

　　于右任，名伯循，1879 年 4 月 11 日，出生于陕西省三原县。他出生时，父亲于宝文因家境贫困，已经去四川谋生一年了，所以，家中只剩下母亲赵氏以及同样孤单一人的伯母房氏。家中的重担因丈夫在外谋生而落在赵氏一人身上，家境不好，奶水不足，这都使幼小的于右任体弱多病，而赵氏为了全身心照顾孩子，产后也没有得到充足的调养，身体也日渐虚弱，整日卧病在床，生下孩子不到两年，就撒下了丈夫和幼儿撒手而去。

　　赵氏临终之前，托付嫂嫂房氏照顾于右任，从此，善良的房氏便将于右任视作亲生儿子，含辛茹苦地抚养他。房氏的丈夫于宝铭与于右任的父亲于宝文一样，长年在外谋生，生活的困难，弟媳的去世，侄儿的体弱多病，使房氏做出了回娘家的决定。于是，房氏带着刚刚两岁的于右任，回到了娘家。

于右任五岁时，就和村里的大孩子们一起去放羊。在一次放羊的时候，这群孩子遇到了狼，大一点的孩子都跑了，而小右任幸亏得到了一名青年农民的救助才脱离"狼口"。经过这次变故，房家兄弟觉得让孩子们放羊游荡不安全也不利于孩子的成长。于是在与村里人商量过后便开办了一所私塾，收容那些孩子。

六岁以后，于右任也进入私塾开始启蒙读书，放学后又帮舅舅到田间拾麦。伯母视于右任为亲生儿子，无微不至地照顾他，所以于右任与伯母的感情特别好，童年生活也很幸福，因此更加发愤读书，以报答伯母。他不但勤奋，而且十分聪明，因此进步很快。11岁时，伯母房氏把他带回三原县城，投奔一位族祖于重臣，并将于右任送入当时三原县的知名塾师毛班香的私塾读书。

于右任在毛氏私塾读了9年书，接受了正宗的传统经典教育。包括经书、诗文以及书法。于右任虽然以诗文而闻名于世，但刚开始学作诗时，他并不感兴趣。直到有一天在老师的书架上读到了文天祥和谢枋得的诗集，他才真正感受到了诗歌的魅力。受这些爱国诗人的影响，他的诗中总是充满着忧国忧民的情怀。

1889年，于右任的父亲带着第二个妻子刘氏回到三原，于右任父子终于团聚了。每天晚上，父子二人便在灯下互相背诵诗文、经书，父亲的教诲更加使于右任的学业有了长足的进步。此外，伯母房氏"望侄成龙"，对于右任要求严格，每晚都要陪于右任学习到深夜。对于房氏的养育之恩，于右任终其一生，都念念不忘。

在毛氏私塾求学期间，于右任家虽然得到了族祖于重臣的资助，但经济仍然十分拮据，所以于右任常常利用课余时间去一家鞭炮作坊打零工，一方面贴补家用，另一方面用于购买书籍、文具等学习用品。可是，鞭炮作坊在一天晚上突然失火，掌柜全家都被烧死了，于右任也随之失去了这份工作。恰好当时陕西学政当局为奖励文章写得好的学生，在一些书院开设"考课"，对考得好的学生发一点奖金。

于是，于右任也和一些比他大一点的学生到三原学古书院去参加"考课"，并且经常得奖，这使他非常高兴。他17岁那年参加了童子试，考取了第一名，成为了一名为数不多的年轻秀才。之后，于右任又先后到三原宏道书院、泾阳味经书院和西安关中书院读书，这使他的眼界更为开阔，阅历更为丰富，所读的书籍也越来越多。

1898 年，叶尔恺出任陕西学政，他对于右任写的文章大加赞赏，称赞其为"西北奇才"，并让于右任阅读薛福成的《出使四国日记》，让他学习其中的治国做人之道。由于叶尔恺的重视，于右任名声渐大。继叶尔恺督学陕西的是沈淇泉（沈钧儒的叔父），面对陕西严重的旱灾，筹集奖金开设了三原粥厂。1899 年，于右任被推荐任粥厂厂长，负责救济灾民。这是他步入社会的开始。灾民的饥饿和苦难深深地刺激着年轻的于右任，他开始对社会的现状有了更深的思考和认识。第二年春，粥厂的工作结束，他进入西安的陕西中学继续学习。

当时，旧中国正处于水深火热之中，八国联军占领了北京，慈禧太后携光绪帝一路出逃到达西安。于右任所在的陕西中学被改为行宫，所有师生必须出城跪迎圣驾。这一跪就是一个多小时。年轻的于右任觉得十分羞愧愤怒，一时热血沸腾，要给陕西巡抚岑云阶上书，请他手刃西太后，以再次实行新政，拯救国家和百姓。书信还没发出去，就被同学王麟生看到了。王麟生念及同窗之情，好心劝他不要白送性命，他这才慢慢冷静下来，最终罢手。然而，杀念虽灭，西太后的奢侈腐败之风却让于右任无法容忍。他离开西安，重返三原宏道书院。

重返三原之后的于右任，接受了激进的新思想，对清政府的腐败统治更加不满，认为应当以"革命"的方式来改变现状。他还结识了一批志同道合的朋友，包括著名的社会活动家沈钧儒。两人在三原相识，并维持了一生的友谊。

不久，兴平知县杨宜瀚要为两个弟弟请老师，托于右任的妹夫周石生请他去教书。想到兴平、武功离三原并不远，还是周王朝的开国之地，是名臣贤将辈出的摇篮，于右任觉得刚好可以利用这个机会去好好游历一番，便痛快地答应了。

杨宜瀚不仅思想开放，勤政爱民，而且经历丰富，十分健谈。在杨宜瀚这里，于右任学到了很多西北的历史和地理知识，还漫游了茂陵、马嵬

于右任

坡等历史遗迹，感受了这一带的风土人情。忆古难免思今，联想清政府的腐败统治，于右任诗性大发，常常写诗，抒发自己的革命理想。当时，于右任的好友孟益民担任三原官印书局印刷厂厂长，他十分喜欢于右任的诗。在他的帮助下，于右任的一百多首诗都被编印刷成册，集合出版。对于生平的第一本诗集，于右任十分重视，亲自为诗集提名为《半哭半笑楼诗草》，并自号为"半哭半笑楼主"。于右任的诗歌以其大胆的想象，激进的革命态度，秀丽的文笔而著称，一时间人们争相传阅，好评如潮。

那时的于右任，不仅在诗歌上公开反对清政府，甚至披散着头发、光着膀子、提着一把刀照了张相，自撰对联一副："换太平以颈血，爱自由如发妻。"之前，曾任山东、山西巡抚的毓贤因招抚义和团，暗许义和团势力对抗外国教会而被八国联军嫉恨，清政府为了讨好洋人，将毓贤革职充军新疆。1901 年，毓贤在兰州被处死。其弟毓贤到处为其兄长题诗鸣不平。于右任却从反对清朝反动统治的立场出发，在毓贤的诗旁争锋相对地写下了"乃兄已误人国家"等十分尖刻的字句。

1903 年，杨宜瀚升任商州知州，于右任也被聘请为商州著名学府——商州中学堂的监督。于右任上任后，从学风、教学、师资等几个方面严格整饬，把商州中学堂变成了名副其实的第一学府。

然而，于右任的言行引起了三原县令德锐的注意。1904 年，他搜集了于右任的诗歌、对联、照片，把它们作为反对朝廷的"罪证"，向陕甘总督升允密报于为革命党，并请求革去其举人，缉捕归案。当时，于右任人在开封，幸而三原县盐店街恒盛药店主人李雨田事先得到了清政府要拿办于右任的消息，与于父商量对策。他们专程雇佣了一名绰号"飞毛腿"的信差，一路上日夜兼程，每逢驿站换马不换人，甚至累死了两匹马，终于

368

赶在官府抓人之前，给于右任送去了这一消息。李雨田做事周到，还建议于右任去自己在河南禹县开的商号去躲避，但于右任早已向往革命党人云集的上海，于是他决定到上海去走走。途经南京，于右任专门写下了一首四绝：

虎口余生亦自矜，天留铁汉卜将兴。

短衣散发三千里，亡命南来哭孝陵。

短短二十八个字，既有虎口余生的庆幸，又充满了革命的浪漫主义情怀，令人印象深刻。

●于右任经历丰富，他曾经创立复旦公学和上海大学，曾经创办四份报纸，曾经代理交通部部长，曾经担任陕西靖国军总司令，还曾经担任国民联军驻陕总司令。

到了上海后，于右任举目无亲，身上的钱也所剩无几。好在天无绝人之路，一天，于右任遇到了一位陕西泾阳的同乡吴仲祺。两人闲聊之后，吴得知于的困境便邀他到自己家去住。这样，于右任既解决了生活问题，又结交了许多新朋友。震旦学院监院马相伯十分欣赏于右任。在他的帮助下，于右任不仅有幸进入震旦学院就读，还感受到了无微不至的关怀照顾。因此，于右任一生感念马相伯的恩情，尊其为"夫子"。

1905 年，震旦学生因抗议外籍教员干涉校务而集体退学，于右任也在其中。因此，他在震旦学习还不到一年。尽管如此，他对震旦却留下了深刻的印象。之后，马相伯等联系了一些热心教育事业的仁人志士，募集资金，创建新校。在于右任的建议之下，从《卿云歌》中取"复旦"二字为校名，表示不忘"震旦"之旧，也暗含恢复中华之意。1905 年中秋节，复旦公学在吴淞开学，马相伯为监督（校长），于右任则作为马相伯的书记（秘书）兼授国文，共同创建新校。此后，于右任始终与复旦休戚与共，只要复旦有困难，他必挺身而出，全力以赴救援。他多次为复旦大学解决过经费、校舍的问题。抗战胜利后，上海江湾校门上的"国立复旦大学"六个大字也是于右任亲笔提写的。甚至到了台湾以后，于右任还曾联络一批老校友，打算建立台湾复旦大学，却没有被当局批准。于右任没有放弃，又多方奔走，终于在1958年创办了复旦中学，后来被校友们称为"少复旦"。同学会中流传着一句笑话，说于先生是复旦的孝子，事实的确如此，于右任牢记震旦培育之恩，最终报之于复旦。五十多年来，倾尽心力，无怨无悔。

是年春天，在日本横滨出版的《新民丛报》上登载了一篇《中国舆地大势论》，文章提出所谓"长江流域民族处置大河流域民族"的两种方法，挑拨南北方人民感情。于右任十分愤怒，写了一篇政论性的长文，加以批驳。投递文章时，他考虑用真名"于伯循"不妥，便署名为"于右任"，既取自于氏之字"诱人"的谐音，有蕴含"右衽"的意思。我国古代少数民族的服装前襟多为"左衽"，与中原汉族相反。"右任"暗指反抗清政府，不接受其反动族统治意思。后来这个名字一直用到老人去世。而本名"伯循"反而鲜为人知了。

上海是全国的舆论中心，然而，从1903年以来，《苏报》、《国民日报》、《警钟日报》相继被清政府查封。于右任知道，要救国图存，必须制造革命舆论，动员民众。怀着要办一份革命报纸的愿望，他和邵力子一起，在1906年9月，乘船从上海来到了日本。

在东京，于右任等与陕西籍的同盟会会员康心孚见了面。在康心孚的带领下，于右任参观了《朝日新闻》、《每日新闻》等报社，了解了一些办报的经验。他还在留日侨胞和留学生中大力宣传办报意义，受到他们的欢迎，还被推举为豫晋秦陇留日同乡会会长。之后，经康心孚的介绍，于右任先后结识了胡汉民和孙中山。他们相见恨晚，言谈极深。1906年11月13日，于右任正式加入同盟会。孙中山任命于右任为长江大都督，负责中国中部的革命重任，在上海相机行事，以推动革命的进行。

于右任回到上海后，与一些同学奔走两个多月，终于在1907年4月2日发行了《神州日报》创刊号。于右任自任社长，报纸发刊不用清帝年号，而用干支纪年，内容多为宣传革命，痛陈时弊。一时间，《神州日报》

大受欢迎，销路大畅，业务蒸蒸日上。但是，一场无情的大火将报社及机器毁于一旦。正当于右任准备再度筹款重振《神州日报》时，报社又发生人事纠葛，调解无效后，于右任自动退出了《神州日报》。随后又创办了《民呼日报》，揭露清政府的昏庸无能，批评时政。《民呼日报》被封后，于右任又先后办了《民吁日报》及《民立报》。这些报纸对于大造革命舆论、振奋民族精神起了重要的作用，几次被清政府查禁，于右任本人也曾被关押。辛亥革命后，孙中山归国，首访民立报社，题字"戮力同心"，以表彰于右任和报社为反帝反封建做出的巨大贡献。

1912年1月3日，中华民国临时政府宣告成立，于右任被任命为交通部次长，由于交通部长汤寿潜迟迟未到任，于右任实际上成了代理部长。主政期间，他极力推行沪宁铁路行驶夜车和邮政、航运的改革，政绩卓著。4月1日，孙中山辞去了临时大总统的职务，于右任也卸去了交通部次长一职，回到《民立报》，仍致力于办报。

1913年3月20日，宋教仁被刺。为纪念宋教仁，于右任以民立报馆的名义，编印出版了《宋渔父》专集，记录了宋教仁的生活轶事，并广为散发。

复旦大学创始人马相伯、于右任

之后，又在报纸上全文刊出袁世凯和五国银行善后大借款密约的全部内容，引起了全国各界的抗议风潮。为了响应于孙中山的二次革命，《民立报》又率先刊发了孙中山促袁辞职的宣言，黄兴的讨袁檄文等。袁世凯的真面目终于暴露出来了，他以北京检察厅的名义，通缉孙中山及二次革命的重要分子，于右任也在被通缉者之列。他只好避居日本，结束了长达7年的报人生涯。

1914年春，于右任又悄悄回到了上海法租界内，还秘密加入孙中山领导的中华革命党。是年夏末，孙中山决定在国内组建中华革命军，以用武力手段反抗袁世凯。于右任受命孙中山，准备在陕西筹建中华革命军的西北军部。当时在陕西掌握大权的是袁世凯爪牙陕西督军陆建章。此人心狠手辣，大肆屠杀反袁人士，西北军部始终未能建立，革命一时处于低潮。

在护法战争期间，陕西靖国军秘密响应孙中山的号召，决定起义，但在具体问题上出现了意见分歧和组织分散的问题。为了形成一个统一而强大的力量，取得战争的胜利，靖国军邀请于右任返陕领导。于右任欣然答应，他化装成教士，一路奔波回到三原，并担任了靖国军总司令。为了把这支松散的队伍组织起来，他费了不少脑筋。于右任知道，自己作为一个文人，带兵打仗并非特长，必须建立一个有权威的司令部。他请辛亥革命时任炮兵排长并作为国民军先锋进入西安，1914 年出任过陕南镇守使的张钫担任副总司令，请英勇善战的胡景翼出任作战总指挥，建立了一个强有力的总司令部。

1920 年 7 月，直皖战争后，皖系失败，直奉两系入主北京，开始了新的明争暗斗，亦无暇顾及陕西的战事，靖国军因此有了休整的大好时机，而于右任则利用这段时间致力于家乡的政府设施及教育的建设。

1921 年 9 月 21 日，胡景翼等人在三原召开会议，宣布取消陕西靖国军的名义，接受直军改编，并推举于右任为陕西自治筹备会会长。于右任本人并不愿意接受直军的改编，更不愿担任什么筹备会会长，于是离开了靖国军总司令办公处。尽管于右任在杨虎城的帮助下于 1922 年春重新建立了靖国军司令部，但是直军力量强大，靖国军寡不敌众，缺粮少弹，面临着极大的压力和困难。在万般无奈之下，于右任在 1922 年 6 月 1 日启程，离开了陕西，辗转抵达了上海。此后，他以卖字所得的微薄收入维持生计。

1922 年 10 月，于右任在上海《民国日报》上发表了一篇题为《教育改进的要义》的文章，认为救国必先从教育着手，这篇文章也成为了他创办上海大学的媒介。上海大学是于右任和共产党人一起创办的，开创了国共两党合作共事的范例，为民主革命培养了大量人才。于右任也很顺利地当上了新创办的上海大学的校长。

1924 年 1 月 20 日至 30 日，中国国民党一大在广州召开，于右任出席了大会，并与廖仲恺、胡汉民、汪精卫、张静江等24人一起当选为第一届中央执行委员。大会结束后，于右任被派往上海执行部任工人农民部长。

1925年初，孙中山病危，委任于右任为国民党中央政治委员会委员。于右任参与起草了《总理遗嘱》。孙中山逝世后，于右任担任了国民党北京执行部委员，他拒绝了西山会议派及段祺瑞的邀请，始终坚定不移地奉行孙中山的三民主义及"联俄、联共、扶助农工"三大政策。7月，国民政府在广州成立，中央执行委员会推举了包括于右任在内的16人为国民政府委员。12月31日，北京段祺瑞改组国务院，邀请于右任就任"内务总长"，于表示"绝对不就"。

1926年，北方局势发生了重大变化。国民军在河北、山东相继失利，冯玉祥部退向察哈尔。在直奉军的强大攻势下，冯玉祥宣告下野，后只身去了莫斯科。李大钊见形势对国民革命不利，便请于右任前去莫斯科，敦促冯玉祥回国完成国民革命的大业。于是，于右任肩负中国共产党之托，从上海搭船到了莫斯科。

在莫斯科，冯玉祥与于右任会谈之后，同意了李大钊提出的进军西北以解西安之围，出兵潼关以策应北伐的意见。冯、于回国后，成立了国民联军总司令部，由冯玉祥任总司令，共产党员刘伯坚为总司令部政治部部长，于右任则被任命为国民联军驻陕总司令。国民联军在经过多方周折之后争取到了杨虎城一部，西安之围也顺利解除。由于于右任认真执行孙中山的三大政策，真诚地与中共合作，使得陕西出现了空前大好的国共合作的局面，工农运动也得到蓬勃发展。

但是，渐渐地，于右任与冯部有了芥蒂。蒋介石"四一二"反革命政变后，由于汪精卫仍与共产党合作，而于右任在陕西处境困难，遂于6月13日来到武汉。然而，随后的一个多月，宁汉合流，分共"清党"，使这位忠实地执行孙中山三大政策的信徒大感不解。由于诸事不顺，于右任到苏州和常熟去游玩了。

1928年3月，国民党召开三大之前，内定于右任为主席团成员，然而，于右任提出的"中委"备选名单被陈果夫等人全盘否定，于右任对此感到十分愤怒，遂考虑自己的去留问题，之后在大会结束前动身去了上海。这一年，于右任被任命为审计院院长，主管财物审核。然而，审计院只是徒有其表，并无审计实权。于右任倒也乐得轻松，没事看书练字，或者到江浙一带沿途观光，十分惬意。

●国共合作破裂后，于右任任国民党中央执行委员、常务委员。1931年2月2日，出任监察院院长，历时30年，是国民党政府五院院长中任职最长的一人。

1931年2月2日，于右任出任国民政府监察院院长。就任后，其主要工作是遴选监察委员、划分各个监察区、制定监察制度，以及清理监察积案等。对每一个部分，于右任都十分认真地对待，在他的努力下，监察院的人员素质有了提高，制度有了创新，不少监察问题得到解决，工作成效显著。

在挑选检查委员的方面，他并没有从建立自己的小团体出发，而是确立了"用人唯才"的原则。如北京大学教授杨功亮、在浙江大学执教的张其昀，都是于右任慕名选为监察委员的。1933年的一天下午，杨功亮是在北大看晚报时才发现自己被于右任选为监察委员了。第二天，他接到了于右任的电报通知。但事前却一点也不知情。正如他后来回忆时说的那样："右老为国家网罗人才时，都从国内的各大学中去物色，许多人与右老根本不相识，但右老往往因为看了他们的文章或听了他们的才名而去找他们。右老找人才，从不接受推荐。"杨功亮后来长期担任检察院秘书长，是于右任非常倚重的得力干将。为了使监察委员能独立的行使权力，发挥作用，于右任又煞费苦心地设计了一套组织体制即何种办事规章，使得他们尽量少收干扰和牵制。

1931年3月17日，监察院正式发布公告：国民向监察院控诉，无任何限制，连商店担保的手续也不需要。这样就取消了财产的限制，在实际上大大扩大了了能够行使监察权的人民的范围。这一规定的出台要归功于右任。事实上，在监察院讨论这个问题的时候，遇到的阻力并不小。但于右任坚持"天赋人权"、"主权在民"，商店担保是不相信人民的表现，应

374

该予以废除。至此，人们才真正有了上诉的权利。

于右任为人耿直，生活简朴，他很早就看不惯国民党内部的贪污受贿、腐化堕落的现象。新官上任三把火，于右任担任监察院院长仅仅两个月，就分别弹劾了四川和江苏的两个县长：违法滥刑的吴国义和侵吞赃款的胡剑锋。

这本是一件好事，却引起了一片争议。反对方尖锐批判，监察院不打老虎，只拍苍蝇。养虎为患，贻害无穷。面对民众的质疑，于右任信心十足地表示："一个蚊虫，一个苍蝇，一个老虎，只要他加害于人，监察院都给它平等待遇，并不专打掉小的而忘掉了大的，也不是专打大的而不管小的。"然而事实证明，于右任把问题想得过于简单了，他也曾去摸过虎牙，结果却是，老虎安然无恙，自己却被咬得浑身是伤。

1931年5月12日，国民会议通过了《中华民国训政时期约法》，这期间也提出了修改国民政府组织法。于右任和全体监察委员在修改时提出：监察院应拥有惩戒官吏的权力，这样可以使弹劾起到"坐言起行"的效果。但是这一修改意见并未得到通过，因而监察权和惩戒权一直隶属不同的系统。这造成那些违法、失职官员的后台可以在背后操纵、庇护他们，或使他们逍遥法外。

1933年初，监察院弹劾江苏省民政厅厅长赵启騄。他是黄埔嫡系顾祝同的心腹。仗着有后台，他大肆贪污受贿，买官卖官，造成了极为恶劣的影响。他在上海租界内一手收钱，一手发委任状的事情在江苏几乎人人知晓。然而，弹劾案一出，时任江苏省政府主席的顾祝同竟然率领全体省政府委员联名要求对赵启騄免于惩处，甚至以集体辞职相要挟。于右任本来不为动容，无奈蒋介石亲自出面干预，只能用一个双方皆可保存面子的方法糊弄了过去。于右任欲哭无泪，整天愁眉不展。

半年后，监察院查明铁道部部长顾孟余在向外国采购铁道器材时，有丧失主权，贪污舞弊的行为。监察院按照程序，于6月提出弹劾，并将此案交送国民政府，公布于众，这引起了行政院院长汪精卫的强烈不满。汪精卫等人提出补充办法以限制监察院职权，于右任一怒之下拂袖而去，回到了陕西家乡。7月16日，监察院全体委员为了表示与于右任同进退，宣布全体辞职。在这种情况下，中央政治委员会没有通过汪精卫的修改补充办法，但是顾孟余也并未受到惩戒。对此，于右任发出了"为民鸣不平之难矣"的感叹。于右任担任监察院院长一职历时 30 年，是国民党政府五院院长中任职最长的一人。

九一八事变后，于右任认为"党内之精诚团结与国人共赴时艰，实为解救国难之唯一要义，抑亦度过国难之唯一途径"，主张抗日。

1936 年，国民党在内外交困的情况下，向人民许愿很快就要实行"宪政"，于右任对此颇不以为然。他曾经在中央党部的大会上说："想教国民进入宪政，当然要政府先入宪政，想教政府入宪政，当然党人先入宪政。"

1937 年初，国民党召开五届三中全会之前，中共为了尽快促成国共两党合作，共同抗日，向国民党提出了"停止武装推翻国民政府；改变工农政府和红军名称；在根据地实行普选；停止没收地主土地"的"四项保证"。对于这一消息，国民党方面严密封锁，甚至许多国民党上层人士也未可知。杨虎城设法让马文彦（于右任去苏联时的翻译）通过于右任把这"四项保证"的声明在南京传播出去。

马文彦到南京后，把这份"声明"交给了于右任，他看后觉得非常好，于是想了个办法。他在这份"声明"背后刷了些糨糊，贴在地上让它粘上土屑，然后再揭起来晾干。接着请了一些国民党元老到于公馆，并称这是一个陕西商人路过某地看见它贴在墙上遂揭下来送给他的。这些元老们看过觉得很好，应该让大家都知道。第二天正是国民党中央党部按照惯例举行总理纪念周活动的日子，以反共著称的西山会议派代表张继自告奋勇地在大会上宣读了这份声明。这样，关于"四项保证"的声明很快就在南京传开了。

抗日战争时期，于右任还兼任国防最高委员会常务委员，主张联苏，同情民主。1945 年 5 月，在国民党第六次全国代表大会上，于右任当选为国民党中央执行委员会委员和常务委员。抗战胜利后，随国民政府迁回南京。

解放战争时期，于右任继续担任国民政府监察院院长。1948 年 3 月，蒋介石召开了第一届国民大会，选举总统和副总统。由于国民党中无人敢与蒋介石平起平坐进行竞选。最后只好由蒋介石"钦定"司法院院长居正"作陪",而参加副总统竞选的则有6位,于右任便是其中之一。选举结果是于右任获493票,居第四,因而落选,李宗仁当上了副总统。

国民党政权摇摇欲坠时,于右任在1949年3月26日曾提出辞去监察院院长职务,但因为他无法摆脱"正统"观念的束缚,在关键时刻没能跨出决定性的一步,最后在众人的挽留下继续担任监察院院长一职。1949年4月,在共产党夺取全国政权已成定局时,于右任离开南京,不久飞往台北,继续主持"监察院"的工作。

初到台湾,于右任连栖身之地都没有,还是在朋友的帮助下,才找到一栋十分破旧的木板平房安顿下来。这个房子当街就是熙熙攘攘的"和平市场",每天十分喧闹,到深夜都不停息。于右任却能心平气和,泰然处之。

在生活上,于右任十分节俭,身着布衣布鞋,多吃粗粮面食,连夏天的电风扇也是几位老部下凑钱购买赠送给他的。在待人接物方面,于右任却十分热情大方。对不少慕名而来求教的年轻人,于右任总是给予指导和帮助。每到夜晚,于右任家总是大门敞开,有求见者无需通报便可入内,大家一起讨论学术。人们风趣地把于宅称作"临时学术讲习所"。也正因为如此,于右任结下了许多忘年之交。

于右任到台湾后,一直怀念留在大陆的亲朋故友。于右任的结发妻子高仲林及长女于芝秀留在了西安。当地的人民政府对她们十分关怀照顾,于芝秀后来还当选中国人民政治协商会议西安市委会的委员。

1961年3月,高仲林80大寿,周恩来让屈武以女婿的名义专程去西安祝寿。事后,又将祝寿照片辗转带给于右任。于右任激动不已,托人带信向周恩来表示了诚挚的谢意。在逝世前,于右任曾作一首《望大陆》,透露出他晚年对祖国统一的渴望之情:

　　葬我于高山之上兮,望我大陆;
　　大陆不可见兮,只有痛哭!
　　葬我于高山之上兮,望我故乡;

故乡不可见兮，永不能忘！

天苍苍，野茫茫；

山之上，国有殇！

于右任和家人在一起

1964 年 11 月 10 日，于右任在台北病逝。于右任逝世后，遗体在"荣民总医院"太平间的冰柜里停放了一周。17 日上午 9 时，在台北市殡仪馆开始公祭，当天收到的挽联挽幛 4000 余件，花圈 300 余只，花篮 1500 余个，唁电 150 余封，各界人士前往吊唁和瞻仰遗容 3 万余人。

由于于右任先前有"葬我于高山之上兮，望我大陆"的愿望，经过多方勘探，最后选定淡水镇肖明里海拔 700 余米的八拉卡作为于右任的墓园。站在墓前向西北眺望，近处为台湾海峡碧波荡漾，远处隔海而望即为大陆。于右任这一国民党元老、爱国诗人、当代草圣，由于人为的原因，生不能骨肉团聚，死不能安息故土，只能长眠于此，隔海而"望我大陆"，也算了了心愿。

于右任还是中国现代史上著名的爱国诗人，他是南社诗人之一。在国民党时期，就出版了《右任诗存》。1984 年，湖南人民出版社出版了《于右任诗集》，选录了他 1898 年至 1964 年间的 600 余首诗词。他还是中国现代著名的书法家之一，擅长草书。1931 年，于右任在上海建立了标准草书研究社，并向全国征求历代草书。经过 10 年的努力，终于在 1947 年 7 月，向全国公布了《标准草书千字文》，归纳古今草书三变化，积历代草书之大成，使我国的草书规范化、标准化，对中国的传统书法艺术做了有益的贡献。

考试院院长

戴季陶：反共先锋　1928 年任职

　　戴季陶是国民党内时间最早，决心最大，办法最彻底的"反共先锋"，他曾经担任孙中山的秘书达十二年之久，后又尽心辅佐蒋介石，历任国民政府委员、考试院院长、国民党中央宣传部长等职。作为一个理论宣传高手，他阉割孙中山新三民主义的合理内核，炮制了系统的反共理论，被后人冠以"戴季陶主义"。然而，却没有多少人知道，戴季陶早年是一个宣传马克思主义的主要干将，甚至参加过中国共产党的酝酿和初创。从同志到魔鬼，似乎仅仅是一夜之间的蜕变，在中共一大召开的 3 年之后，戴季陶就成了国民党右派的旗帜性人物，成了彻头彻尾的反共派。

　　●戴季陶早年留日，从师于日本著名法学家笕克彦，回国后逐渐转向革命派。并投入反对清政府的斗争中。孙中山也十分欣赏他的才华，任命其为大元帅府秘书长。

　　1891 年 1 月 26 日，戴季陶生于四川省广汉县，名传贤，字季陶，笔名天仇，晚号孝园，原籍浙江吴兴。年幼的戴季陶在祖父、父亲的指导下开始断文识字，饱览古书。戴季陶聪明过人，常为亲友乡里誉为"神童"。他也毫不谦虚，曾作诗一首，其中一句说："神童佳号空归我，小子高筹君未知。"

　　11 岁时，戴季陶随长兄到成都求学，进入东游预备学校学习。甲午战后，掀起向日本学习的热潮。成都新学领袖徐炯创办东游预备学校，为有志去日本的青年提供学习之便，戴季陶有赴日留学的打算，遂进入该校学习。当时，戴季陶年少，学语言甚易，他"于语言文字之学，又性近而好之也"，并喜欢与日本老师交谈，所以进步很快。

两年之后，戴季陶考入客籍学堂高等科。除继续学日文外，他开始学习经史、自然科学。客籍学堂仿照日本教学方法，设有兵式体操，一切运动种类，多仿自兵营。因此每逢开运动会，竞争激烈，经常有学生因运动过激而死。戴季陶的左脚因运动不慎，折断骨节，此后终生未能痊愈，行走不能正常，如行走过多，便隐隐作痛。

戴季陶在校学习时，因不满学堂监督巴结权贵的行径，在朔望祀孔的礼堂匾额上，写上"某某宗祠"四字，以示讽刺，不料导致一场学堂风波。事发之后，戴季陶被开除出校。四川政府还通令全省各学校不得收录。后来他改名入教会所办的华英学堂，仅三个月，又被政府查知，逼令学校使其退学。

求学不成，戴季陶气愤万分。就在此时，一个日籍学堂教师小西三七帮了他。小西很喜欢戴季陶，得知他无校可入后，就请他住在自己的书斋里，每日亲自教他物理、化学课程。小西还给戴季陶介绍了一份翻译的工作，每月40元。

目睹清朝颓势，戴季陶东游求学之心日盛。1905年，年仅14岁的戴季陶终于启程赴日留学。留学期间，戴季陶进过一所师范学校、也曾入振武学校学习，先后转过几个学校。"那时日本私立学校最能适合中国留学生的心理的，只有法政和师范两种学校。"于是在1907年秋，戴季陶进入日本大学法科，受业于日本著名法学家笕克彦门下。戴季陶所学的法政和师范等专业以及日益纯熟的日语，都在回国后有了大用场。他还常常用"散红生"笔名发表散文、小说、诗歌，写作特长初显。除这些之外，戴季陶最大的收获，可能要数结识了不少留日学生，蒋介石便是其中之一。

戴季陶长得五官清秀，文质彬彬，风流倜傥，"在日本养成了一种浪漫的性格"，"私生活不甚检点"，风流韵事不断，其中与朝鲜公主的交往最为传奇。戴季陶通过朝鲜同学，结识了一个在日留学的李姓皇族公主，是韩王叔辈的女儿。戴季陶很快就虏获了公主的芳心，相约订婚。两人的婚事却遭到朝鲜皇家的反对，最后只能劳燕分飞，戴季陶也未能做成朝鲜姑爷。戴季陶一生寻花问柳不断，家中除有夫人外，还有两妾。

戴季陶是自费留学，4 年下来花费不少，家里已无力继续供他留学。1909 年，戴季陶泪别东京，回到上海，不久投奔江苏巡抚瑞澄。

当时，清政府所谓的预备立宪甚嚣尘上，各地纷纷举办法政学校，苏州也办了一个研究所。戴季陶毕业于日大法科，专业对口，瑞澄也很赏识他，便立即委任他为江苏地方自治研究所主任教官。

戴季陶以一个 18 岁的青年留学生，高居主任教官之职，少年得志，锋芒毕露，大有旁若无人之概，对官场上阿谀拍马那一套一窍不通，其思想作风与周围守旧的同事格格不入，得罪了一些人。这些人便想方设法排挤他。瑞澄奉旨调升湖广总督之后，戴季陶没了靠山，四面楚歌，最后只得辞官另谋生路。这次打击使戴季陶从"立宪救国"的幻想中醒悟过来，逐渐转向革命派，并投入反对清政府的斗争中。

青年时期的戴季陶

戴季陶来到上海，担任了《中外日报》的新闻记者。他发表评论性文章，尖锐抨击清政府假立宪的伎俩，反对封建专制宣扬民主自由。但是《中外日报》隶属上海道蔡乃煌，是官方报纸，改良色彩浓厚，不能允忍戴季陶激进的主张。短短一个月后，戴季陶转入《天锋报》。在这期间，他一度把自己名字改为"戴天仇"，表示对清王朝腐败无能、签约求和、丧权辱国有不共戴天之仇。

《天锋报》是一份具有革命倾向的报纸，日销量达 4000 份，是当时上海地区最受欢迎的报纸之一。戴季陶进入《天锋报》后如鱼得水，不分昼夜地著文发表己见，很快为读者熟悉。于是，几个月之后，19 岁的戴季陶一跃而为总编辑，成了新闻界的风云人物。戴季陶以极犀利笔锋，写极激越的革命言论，煽动力极强。"穷达利眼识天仇"，戴季陶俨然成了著名的革命宣传家。

1911年春，戴季陶因在《天锋报》多次发表评论时政、攻击清政府的文章，触怒两江总督张人骏，下令拘捕。幸得上海会审公堂关炯报信，戴季陶才躲过一场牢狱之灾。上海无法立足，他只好亡命出走，先至日本长崎，两周后又潜回湖州，后又跑到云巢山道观，过起了逍遥自在的神仙日子。

南洋《光华日报》主编雷铁崖知道戴季陶的事情之后，便打电报邀他去槟榔屿共办《光华日报》。戴季陶正值盛年，决不甘心就此隐迹山林，接电报后便只身登船南下。

在槟榔屿，没有了羁绊，戴季陶尽情创作，全力鼓吹革命。1911年二三月间，由雷铁崖、陈新政介绍，由黄金庆主盟，戴季陶指天发誓加入同盟会。武昌起义爆发后，戴季陶激动万分，立即打点行装，准备回国投身革命，干一番事业。

10月中旬，戴季陶回到上海。此时，上海革命党人陈其美与钮永键正在策划上海起义。戴季陶参加了上海起义，并见到了久未谋面的蒋介石。他与蒋介石默契合作，说服钮永键同意推戴陈其美为沪军都督，避免了一场内讧。

戴季陶胸中充满着革命豪情，上海光复后，他又奔赴大连，积极投身到东北革命的斗争中。在大连，戴季陶与东北革命的领导人蓝天蔚、商震、蒋春山和宁梦岩等人一起，进行秘密工作。南京临时政府成立后，戴季陶等人返沪，向孙中山汇报东北情况。戴季陶目睹孙中山的领袖神威，对其佩服得五体投地，孙中山也欣赏戴的出众才华。南北议和后，东北军退回关内，作为关外都督府交通部长的戴季陶无事可做，他怀着壮志未酬的心情回到上海。

戴季陶返沪后，与周浩共办《民权报》。1912年3月28日，《民权报》正式出版发行。民国初年，《民权报》、《国民新闻》和《中华民报》具有"横三民"之称，在舆论界中以宣传革命、积极反袁而著称，而《民权报》又以反袁最早、言词激烈而最为人们所注意。戴季陶凭一枝锋利泼辣的笔，饱蘸对袁独裁专制的刻骨仇恨，以"天仇"为笔名在《民权报》上痛痛快快地揭骂袁世凯。袁世凯恼羞成怒，命令手下勾结公共租界当局，以"戴天仇鼓吹阅报者，杀袁、唐、熊、章应即提究"的莫须有的罪名将戴季陶拘捕。戴季陶没有像其他国民党人那样沉湎于表面的胜利和不切实际的幻想，而是恰当地识别了袁世凯的丑恶嘴脸，并提出许多有见地的理论观点。这时的戴季陶的确与众不同。

"二次革命"爆发后，戴季陶经友人营救出狱。铁窗风味，使戴季陶意识到"百万锦绣文章，终不如一枝毛瑟"，遂不再列衔《民权报》编辑，而直接投身到反袁的武装斗争之中，协助南京的黄兴调兵遣将发动起义。"二次革命"失败后，戴季陶再次逃亡日本。中华革命党成立时，他被任命为浙江支部长。

1917年7月，孙中山举起护法大旗。8月25日，国会非常会议在广州开幕。9月1日，国会非常会议第四次会议选举孙中山为中华民国军政府大元帅，戴季陶被任命为法制委员会委员长，不久又被任命为大元帅府秘书长。戴季陶自1912年9月被孙中山任命为随从秘书，直到1925年3月孙中山逝世，约有三分之二的时间在孙中山身边，"几乎无役不随"，前后做了12年半的秘书。军政府成立外交部后，戴季陶又兼任外交次长。戴季陶一跃成为身任三职的重要官员，其地位非一般革命党人所能比。陈炯明炮轰总统府时，戴季陶督劝蒋介石回到广州，在危急关头保卫孙中山登上永丰舰。从此，孙中山对戴季陶更加倚重。

●戴季陶曾宣传马克思主义，后来著《孙文主义之哲学基础》和《国民革命与中国国民党》，阉割孙中山新三民主义的合理内核，破坏国共合作，创立戴季陶主义。

戴季陶是五四新文化运动期间宣传马克思主义的主要干将之一，五四新文化运动前后，戴季陶结识了李汉俊。李汉俊是中国早期马克思主义者之一，他一见到戴季陶，就开始谈论马克思主义。由于戴季陶也读过相关马克思主义的著作，两个人便经常在一起聊天。当时，陈独秀主编的《每周评论》深受新一代学子的喜爱，是北方宣传马克思主义的阵地。戴季陶和李汉俊便商量在上海也办一个杂志，名为《星期评论》与陈独秀的《每周评论》遥相呼应。后来经孙中山同意，该杂志还成为了国民党机关报《民国日报》系列刊物，并由戴季陶担任主编。

对于这场运动，戴季陶表示："真是欢喜到了不得，因为这一次国民自决的风潮，比起从前有许多的进步，有许多深刻的意思，有许多彻底的觉悟。"他认为，五四这一天"是新文化对于旧势力，平民主义对于官僚主义，民族自决主义对于侵略主义举行大示威的日子。由这一个大运动，才能唤醒许许多多青年鼓起对于旧势力宣战的决心"。对于这场不同以往的运动，他兴奋异常，"虽是在半年多的当中，整天整夜忙不了的工作，但是只觉得我自己的工作是一个很有趣味的艺术，越做越高兴，越忙越快活，所以这过去一年间的生活，可以使我生出永远无限的感激，可以使我脑筋中留住一个不断的憧憬"。

1919 年 10 月和 11 月，戴季陶发表《旧伦理的崩溃和新伦理的建设》一文，是当时继李大钊的《我的马克思主义观》之后，试图运用唯物史观去说明中国的伦理问题的最早尝试之一。他称赞马克思、恩格斯是"天才"，称马克思是"近代经济学的大家"，是"近代社会运动的先觉"，热情地向中国人民介绍马克思主义的书籍。戴季陶还公开撰文反对军阀政府封闭宣传马克思主义思想的《每周评论》。他说："翻译马克司（思）的著作和研究马克司（思）批评马克司（思）的著作，岂是可以禁止的？又岂是能够禁止的吗？"这些对戴季陶以后冠以理论家的桂冠颇为有用。

这一时期，戴季陶与李大钊、陈独秀、维经斯基等人过从甚密，并积极参加马克思主义研究会和筹建共产党的活动。李立三曾在 1930 年 2 月的一次党史报告中讲到："中国党的发生是由六个人发起，陈独秀、戴季陶、沈玄卢（庐）……"但到了共产党正式成立之际，戴季陶则表示他忠于孙中山先生，而不能成为一个共产党员。

1920 年，戴季陶到上海从事经济活动。他与张静江、蒋介石、陈果夫等一起，合股设立"恒泰号"，成为上海证券物品交易所的经纪人，经营证券物品的投机生意。当时戴季陶很想在经济活动中干出一番事业，梦想成为我国古代大商贾陶朱公的嫡传与继承人，故又改名"戴季陶"，季与继谐音，寓意以"陶朱公第二"自居。然而，这位理论家并没有多少经商头脑，很快把钱输的一塌糊涂。在回四川的船上，他得知四川内战将起，一时倍感凄凉，望着滚滚的江水，他不由得心灰意冷，一时郁结，跳进了水中。然而，他命不该绝，一个来江边摸鱼的渔夫把他救了下来。捡回一条命之后，戴季陶想了很多，最终决定去广州继续追随孙中山。

由于阶级立场和世界观诸方面因素的局限，戴季陶渐渐与马克思主义分道扬镳了。甚至当孙中山提出国民党改组方案后，他也当场表示反对。在国民党"一大"上，戴季陶纠合一些人提出反对"跨党案"，遭到否决。会上，戴季陶仍当选为国民党中央执行委员会常务委员和宣传部长。戴季陶不敢公开反对孙中山的"三大政策"，试图保持中庸调和的态度。但"白刃可蹈，中庸不可能"，国民党右派说他是共产党，共产党方面说他的态度"拿不定"，后又视他为"右派"，两方面都排挤他，令他万分烦恼和无奈。

1924 年 6 月，黄埔军校成立，蒋介石任校长，戴季陶为政治部主任。他多次游说共产党人放弃党籍加入国民党，遭反驳。他与蒋介石以至交相称，伙同蒋介石培植个人势力，捞取政治资本，牢控兵权。同年 10 月，向孙中山美言蒋介石，使蒋介石被孙中山进一步信任，助长了蒋介石篡党夺权的野心。

1924 年 10 月，孙中山北上商议国事，不幸肝病复发，戴季陶闻讯赶赴侍奉孙中山。戴季陶是孙中山遗嘱的九名签署人之一。孙中山弥留之时，戴季陶作为党国要人守候在床侧。他甚至以孙中山思想的最好解释人与最好的继承人自居，并改名"戴传贤"。孙中山与戴季陶多年的亲密关系，是戴政治生涯中重要的资本。但历史证明，他并没有继承与传播孙中山先生的新三民主义思想，终于走向革命的反面。

孙中山逝世后，戴季陶撕下伪装，公开右转，与那些顽固反对三大政策的右派分子逐渐走到了一起。戴季陶是擅长搞理论宣传的，1925 年夏，他以阐述孙中山的思想为名先后撰写了《孙文主义之哲学基础》和《国民革命和中国国民党》。这两本小册子和之前的《民生哲学系统表》，构成了较为完整的理论体系，标志着戴季陶主义的形成。戴季陶是国民党内有系统地建立反共理论的第一人。

《孙文主义之哲学基础》和《国民革命与中国国民党》肆意渲染中国国民党生存必须要有独占性、排他性和统一性，片面夸大孙中山理论中的消极成分，否定了新三民主义学说的革命性、战斗性，其实质就是排斥中共，夺取大革命领导权。戴季陶的理论完全背离了孙中山晚年思想的革命精神，背离了国民党"一大"确立的纲领和政策。它很快在上海、广州引起反响，促使国民党右派集结起来，并被一些反共的国民党上层分子奉为最高理论，戴季陶本人也被誉为"反共先锋"，"反共最早，决心最大"。

陈独秀、李大钊、瞿秋白、毛泽东先后发表文章，对戴季陶主义进行有力的批判。中国共产党对戴季陶主义的批判，大大缩小了这种反动思潮的恶劣影响，他的小册子受到很大的攻击，"不能收到圆满的效果"。戴季陶只能以三民主义思想的"发言人"自居，哭哭啼啼大讲特讲其"戴季陶主义"，而且自封为孙中山"道统"继承人的做法，引起国民党元老和部分右派的强烈不满，可谓不自量力与自欺欺人。

更显滑稽的是，1925年11月，以邹鲁、谢持为首的西山会议派开会，戴季陶以"反共急先锋"身份前去参会，结果被疑为共产党而被西山会议派雇打手打得青紫难分。戴季陶灰溜溜离开了是非之地，挨了打还口口声声愿意承认西山会议派的宣言主张。当国民党"二大"通过《弹劾西山会议决议案》及对这伙人处分时，戴季陶不敢与会，却对中央派来与他见面的邓演达痛哭流涕，说他根本没有参加西山会议派活动。经邓演达调解，戴季陶勉强又当上中执委员，但他的小册子为害不浅，因此被责令三年内不准发表文章。

岂料戴季陶又出尔反尔，在国民党"二大"不久，又发表声明说要邓演达向大会报告不是他本意，以此形同儿戏的"严正声明"来应付西山会议派的指责。同时又一反痛哭流涕的可怜巴巴之状，不接受大会警告继续进行活动。

戴季陶主义的出现，是国民党内部以蒋介石为首的新右派势力抬头的信号，只是因为其羽毛尚未丰满，不敢贸然行动。于是一方面表示联共，一方面以限共、溶共方式反共，大耍反革命两面派手腕，具有相当大的欺骗性和危险性。

1926年8月7日，国民政府委任戴季陶为中山大学校长。自此到1930年9月，戴季陶担任中山大学校长一职共计四年。中山大学是国民党创办的大学，戴季陶对它有着特殊的感情。他把办好中山大学与发展民国的建设事业、振兴中华的理想紧密联系起来，为办好大学花费了不少心血，即使卸任之后，仍关心中山大学的发展。

戴季陶把"党化教育"的原则进一步发展为"三民主义教育"的方针，指出"必须将三民主义之精神，融化于一切教科教材之中，无一处一时不具三民主义之功用而后可"。为实践"三民主义教育"的方针，戴季陶亲抓"攻心"工作，花费大量时间和精力"劝迷信共产主义的青年们抛弃那一种错误的思想行为来做心口如一的三民主义的信徒"。《青年之路》是戴季陶"攻心"言论的集大成之作，约有12万字。在他这条三民主义教育方针的指导下，许多进步的、革命的、有才华的师生相继被迫离开学校。

●戴季陶是蒋介石的忠实追随者，是蒋的日本问题和边疆问题专家。戴季陶因与蒋介石"有逾骨肉"的关系，在考试院院长之位上一呆就是20年。

在北伐过程中，蒋介石后来者居上，身兼中执会主席、军委会主席和国民军革命总司令等职。随着权力的不断集中，蒋介石篡党夺权的野心不断膨胀和暴露。权衡利弊，蒋介石深知此时突然反共未免缺乏考虑。要反共反苏，没有日本从中撑腰是绝对办不到的，只有派一个人从中起润滑作用，疏通关系。戴季陶能讲一口流利漂亮的日语，又是蒋介石的推心置腹者，当然成为最佳人选。于是，戴季陶以疗养为名赴日。

戴季陶尽管为国民党东京支部所疑，但仍千方百计游说日本人支持蒋介石。戴季陶在日本的一个多月里，忙得根本没有时间"疗养"。据他自己说："旅东京三十余日，公开演说凡八十余次"，还要接待访客或出访。

当然在日期间，戴季陶也曾多次出于民族尊严对日本人某些厥词理直气壮地给予驳斥。但戴季陶受蒋介石指使，主要是乞求日本对蒋介石"谅解"与"合作"，为蒋介石叛变革命寻找靠山作准备。

戴季陶这次日本之行，虽然他竭尽全力做演讲宣传工作，也博得政界元老西园寺公望等人的同情，但是，由于日本军部还是把国民党当作"敌性"势力，和戴季陶有过关系的犬养毅已经成了军部的眼中钉，处于自身难保的境地，所以，戴季陶此行没有取得预期的结果。

戴季陶虽没有给蒋介石带回日本当局的援助，但通过此行，他对日本的了解更加深刻，回国后即着手写《日本论》一书。《日本论》可以看作是戴季陶十几年来研究日本问题的结晶，是其研究日本问题的代表作。戴季陶的日本研究是为反对日本军国主义的侵华政策，振兴中华民族，同时也是为巩固国民党政权服务的。

戴季陶回国之时，蒋介石正在策划反革命政变。戴季陶是蒋介石的忠实支持者，他积极加入到蒋介石的阴谋活动之中，为蒋出谋划策。

南京蒋记国民政府成立之后，戴季陶于5月发表了《告国民党的同志并告全国国民》一文，吹捧蒋介石一伙的反革命行径，要人们在蒋介石的统治下"建立起纪纲来，由纪纲的确立建立起纪律来，党才可以有救，国才可以有救"。实际上，此时戴季陶已成为为蒋介石卖命的忠实走狗。

中年时期的戴季陶

1928年2月，戴季陶在蒋介石的提携之下，当上了国民党中执委常委、宣传部长。6月，南京政府宣布开始实行训政，组设五权政治的国民政府。10月戴季陶被委任为国府委员和考试院院长，从此他在这个职位上一呆就是20年。

考试院是国民政府最高考试机

关，掌理考试、铨叙工作。1929年12月，南京政府又命戴季陶兼任考试委员会委员长。1931年7月15日，由戴季陶主持的全国第一届高等考试在南京开考，从而形成了一整套国民党统治时期的考试方法。一方面企图用沉重的学习负担来钳制进步学生的革命活动和学生的思想自由，另一方面选出为蒋介石效力卖命的人。

戴季陶在主持考试院的20年里，力图"承中国固有制度之精神，采取各国特长，适应现代需要，以立良美完备之政制"。在他领导下，考试院建立了一套较为完整的考试和铨叙制度。在末期尚能适用者，计有官制5种，官规3种，考试部分71种，铨叙部分47种，其中不少前无所因，须独自创建。戴季陶领导下所建立的民国文官考试制度是民国政治制度的重要组成部分，它的出现和推广是资产阶级革命成果的体现，具有一定的历史进步性。

但同时，戴季陶站在反共反人民的大地主大资产阶级立场上，竭力维护地主和买办阶级的利益，为巩固蒋介石的法西斯独裁统治，坚持贯彻国民党的反动党化教育方针。他摧残民主自由，提倡尊孔读经，重蹈袁世凯尊孔以复辟帝制的覆辙，以封建道德麻醉青年学生，要青年仍对国民党的"党国"和"领袖"尽"忠"、尽"孝"。

戴季陶在考试院院长位置上久居难下，给人以"天下人才尽入彀中"的感觉，无疑间接掩盖了国民党对人民和进步势力的残酷屠杀和无情压迫，为国民党血腥罪恶蒙上一块遮羞布。实际上戴季陶的所作所为笼络了一部分文人，为蒋介石反动统治卖命，这是用压迫和枪炮不能达到的温情脉脉的手段。

戴季陶自己最得意的成就，不是考试院方面的成绩，而是在边政事务上的贡献。戴季陶是国民政府关于边疆问题研究的权威，是国民党制定边疆政策的重要决策人之一。他曾作为蒋介石的边疆大使，经常赴边疆考察边情，拜访各宗教界领袖。戴季陶与边疆宗教领袖及其他一些重要首领保持有密切的联系，在沟通边疆与国民党政府的联系方面，发挥了重要的作用。蒋介石对戴季陶关于边疆地区的决策都言听计从。

经营童子军，是戴季陶的另一项重要工作，从1926年就任中山大学以后，直至 1949 年离世，他一直热心于童子军的教育事业。戴季陶将童子军教育视为一项救国的工作，"童子军这个制度……是一种很切实的公民教育。我相信办理得好，真可以救中国的衰弱。"对于童子军教育的目的，他明确指出："童子军教育之目的，在于使受此教育之儿童，将来立身处世，在家则为克家之子女，在社会则为有用之人才，在国则为忠良之国民，在全体人类中，则为中正和平圆满无缺之人。所谓三能齐备、八德俱全、正气充实之完人，即童子军教育之目的所在也。"概言之，就是要使青少年一代成为服从国民党统治、有服务社会技能的驯服的公民。

为了抓好童子军教育，戴季陶亲力亲为，主持制定了童子军训练原则、童子军誓词、修改童子军规律十二德目和选择童子军规律教材。戴季陶还亲自创作多种童子军歌曲，如《伟大精神》、《同舟共济歌》、《日行一善歌》及《野火歌》等，这些歌曲在当时流行甚广。

经戴季陶多年苦心经营，中国童子军事业有了很大的发展。据不完全统计，登记在册的童子军有 50 万，不论在内地城市，或在边藏高原，都有童子军活动的足迹，甚至在海外侨胞的聚居地，也有童子军的组织。但是，戴季陶本人却对童子军的工作成效不甚满意，在 1946 年，他曾说："余精力既差，而又无一个真正实心实意的帮手，以至十年前做了十年苦工，自己捐了将近二十万的钱，而一无成绩。"由此也可看出，戴季陶对童子军是寄予厚望的。

1931 年 9 月 18 日，日本发动了侵略中国东北的事件，引起了全国人民的抗日高潮。蒋介石深知对日外交极为棘手，于是设立"特种外交委员会"，专议对日事宜，戴季陶任委员长，宋子文为副委员长。经过一个多月的研究讨论，到 11 月底戴季陶提出了所谓"从抱定国际联盟为主要方针"的对外策略："第一，中国无论如何，决不先对日宣战；第二，须尽力维持各国对我好感；第三，须尽力考虑到实际利害"，表明他继续坚持对日妥协投降的立场。11 月 11 日，戴季陶竟以"国难严重"为词，发起"修建仁王护国法会"，用"诵经护国"等迷信的办法，来麻痹人民奋起抗日的意志。

戴季陶作为蒋介石的幕后智囊，在蒋介石的决策活动中有着举足轻重的特殊作用。他不是杀气腾腾凶神恶煞的虎将，也不是权势显赫或有名无实者，他像是一个不倒翁，有着一种神秘而又迷离的色彩。

1934年2月，蒋介石在江西"围剿"工农红军的同时，提出"新生活运动"，大力鼓吹所谓"礼义廉耻"为生活标准，在学校里提倡尊孔读经。戴季陶不久以考试院院长的名义发表谈话，大讲"经书为我国一切文明之胚胎，其政治哲学较之现在一般新说均为充实"，"希望全国人士从速研究以发扬光大吾国之固有文化"。戴季陶企图摆出封建主义的教条，禁锢人民尤其是青年的思想。当第五次反革命"围剿"得手后，蒋介石到四川督阵指挥，戴季陶特地从南京飞往成都，用他那套理论鼓噪蒋军加紧对红军的围追堵截，妄图尽除革命力量。

1936年5月，戴季陶奉命作为政府代表，率领中国体育代表团赴德国参加第11届奥运会，并顺便在欧洲各国进行访问活动。戴季陶早在青年时期就有游学欧洲的打算，曾经也有几次赴欧的机会，但一直未能成行。多年夙愿，此次终于实现了。

戴季陶一行到达欧洲时离奥运会开幕尚早，他们便先到法国、比利时、荷兰、瑞典、波兰等国首都访问。来到德国后，又到各城市考察。戴季陶拜会了德国政界、军界的一些要人。希特勒接见了他，两人谈了20多分钟。8月1日，戴季陶率团参加奥运会开幕式。大会闭幕后，于8月27日离德，又去瑞士、捷克、奥地利、意大利、法国等国参观考察。10月9日，戴季陶回到南京。此次欧洲之行，前后历时近5个月，参观访问了十几个国家，戴季陶对各国的政教风俗以及当时的政治局势有了粗略的了解。

是年年底，西安事变发生，在事关蒋介石生命安危时刻，国民党内部群龙无首乱作一团。国民政府高级军政会议上，几个小时无人提出具体主张，有忠勇军人，却因身份关系而不敢作主张；有资历悠久的同志，却因有所避讳而不肯作主张；有敢作主张的同志，又因年事资历关系，虽有主张而无从贯彻。戴季陶打破寂寞一鸣惊人，力主讨伐。他主张"以国家纲纪为重，以个人安危为轻"，口口声声要让共产党知道国民党中央威严，以保蒋介石安全。

众人知道蒋戴二人关系非同一般，见戴季陶主战，便一致通过决定严办张学良，并立即动员军队讨伐西安的决议。戴季陶主战是为蒋介石安全计，而何应钦主战是为自己取而代之，两者的出发点是根本不同的。宋美龄、孔祥熙为首的一派则主张用和平方式解决西安事变，双方相持不下。

在 14 日举行的高级会议上，戴季陶的态度有所改变。休会时，戴季陶出其不意地向与会者磕了一个响头，说："我是信佛的。活佛在拉萨，去拉萨拜佛有三条路，一是由西康经昌都，二是由青海经玉树，还有一条是由印度越大吉岭。这三条路都可通拉萨。诚心拜佛的人三条路都走，这条不通走另一条，总有一条走得通的，不要光走一条路。"说完又磕了一个响头，退了席。见戴季陶态度转变，主张的人也不再反对和平营救的主张。在此次会议中，两派取得和平谈判和军事进攻双管齐下的共识，决定了一个"剿抚兼施"的方针。戴季陶对和谈不抱希望，就在宋美龄、端纳等人准备乘机赴西安时，他赶到机场拼命阻止，结果被宋美龄反训一顿。事后，蒋介石在他的《西安半月记》中写道"虽无赴难之友生……夫妻共生死，岂不比师生同患难更可宝贵乎？"这明显是在褒妻贬友，认为友不如妻。戴季陶本来认为，自己跟蒋介石的关系是决不亚于他的亲属的，但是，蒋介石在公开发表的回忆录中却否定了戴季陶的这一看法。这对一向自认为与蒋介石的交情"有逾骨肉"的戴季陶，实在是一个很大的打击。

抗战开始后，国民党内亡国论调日胜一日。戴季陶针锋相对，指出中国必取得最后胜利。国民政府西迁时，戴季陶坚定表示，此次离京，多则十年，少则八年，决可重返南京。南京失守后，国民党遭受惨重损失。戴季陶在给儿子的信中，告诉他，日本帝国主义"必有受残酷报应之一日，且将在不久。被欲并吞中国破坏中国之企图，其失败将尤有甚于拿破仑之末路者。吾人且努力为之，中国之前途绝不悲观"。

戴季陶随政府西迁重庆时，除随身衣服铺盖外，一无所携，多年珍藏，完全舍弃。"余非不能将其迁移，然国事至此，人民牺牲之大至于如此，我为政府中负责之一人，岂可顾及私物，故临行时，余一行有汽车大小六辆，而余个人只有随身衣服被褥，其余卫士等已经为余收拾妥当之衣箱，亦严令其取下，置于原处。"

结果，匪贼将戴的汤山望云书屋盗窃一空之后，焚火烧屋，片瓦无存。

来到重庆后，戴季陶对当地潮湿久雾的天气，颇不适应，"自到重庆，当日即病"，以后便是疾病缠身，肾炎、胃病、心脏病、高血压、神经痛等经常来袭，使他原本孱弱的身体饱尝折磨。由

1946 年 12 月 31 日，戴季陶（右三）和蒋介石（右一）等在一起

于体弱多病，戴季陶大部分时间呆在家里，很少过问政事。

1940 年 10 月，戴季陶奉命代表国民党出访印度，以图缓和英国与印度国民大会党之间的冲突。

戴季陶早年跟随孙中山时，与印度、朝鲜的革命志士常有往来。五四时期，戴季陶因敬慕甘地的为人，译其文并作诗歌颂。甘地本名摩诃塔摩（音译），戴季陶将其介绍给国人时，将其名译为"甘地"，以显示他甘于从地狱中救世救人之弘誓大愿。此译名精当之至，一直沿用至今。戴季陶对印度文化特别有兴趣，对泰戈尔的作品更是情有独钟，常翻译其文。1935 年 5 月，戴季陶被选为中印学会的监事长，为促进中印交流做了大量的工作。1939 年 8 月，印度国民大会党领袖尼赫鲁访渝期间，特到成都与戴季陶会晤。戴季陶在中印关系中具有重要的地位和作用，蒋介石派他出使印度也就是必然的选择了。

1940 年 11 月 18 日，戴季陶一行辗转来到新德里，受到热烈的欢迎。狱中的尼赫鲁特写了题为《一位贵宾》的欢迎文章。戴季陶带病访问了孟买、加尔各答、波罗尼斯等城市，拜访了泰戈尔、甘地等人，他在甘地家住了三天，两人就一些国际问题进行了深入的交谈。12 月底，戴季陶结束访问，回到重庆。这次出访颇有成效，英印矛盾得到缓和，广泛争取到印度人民对中国抗战的支持和同情，也为 1942 年蒋介石出访印度和中印互派使节做了先期准备工作。

抗战的硝烟散去，当普天同庆时，戴季陶这个蒋家王朝的忠实走狗，却敏锐地意识到国民党金玉其外，败絮其中。由于蒋介石被暂时的声势浩大冲昏了头脑，孤注一掷，根本没把戴季陶所陈的不应急忙派兵占领东北的言辞放在眼里，以致酿成终生遗憾，覆水难收。

随着政局动荡，经济崩溃，军事节节败退，中国人民解放军的赫赫战绩令蒋家王朝闻风丧胆，人心惶惶。戴季陶心灰意冷，于 1948 年 7 月 10 日，卸任 20 年考试院院长的职责。考虑到蒋的面子，同意改任国史馆馆长。

●戴季陶曾嘲笑陈布雷的自杀行为，但他却于 1949 年 2 月步了陈氏的后尘。据说戴季陶是因为不堪忍受孙科的污辱，吞食安眠药而亡，骨灰安葬于成都昭觉寺。

1948 年，蒋介石打算去台湾，他多次请劝戴季陶同去台湾。但戴季陶都不愿意离开故土，他每次都说"不必去"。在他的心中，"乡路渺天外，归期如梦中"。年底，宋子文根据蒋介石的意思，邀请戴季陶到广州小住，一方面为了休养，一方面再进行劝说。但是，戴季陶仍然坚持要回成都，以了却一生。其子戴子安实在拗不过父亲，只能为他备好专机。岂料飞机待发时，居然连日风雨大作。戴季陶更是不寒而栗，大有"悲恸凄惨，万般辛苦待与何人叙说"的无奈。绝望已极的戴季陶见飞机无法起飞，暂时打消了他回去的念头。

1949 年，眼看着国民党一败涂地，人民解放军即将强渡长江，解放南京，这对于竭尽一生精力为国民党蒋介石效犬马之劳的戴季陶来说，可谓是痛苦化作倾盆雨，无可奈何东流去。他一生枉费心机，最终以自杀了却一生。可笑的是，戴季陶曾极不赞成陈布雷自杀身亡的做法，但仅仅 3 个月后，他就重蹈陈的覆辙。1949 年 2 月 11 日晚上，戴季陶去看望了住在一起的于右任，回到家，他站在院子里抬头看到星星，自言自语地说："看样子，明天可以飞回成都了！"这天夜里，他未留只言片语就吞服了过量的安眠药，自杀于广州省政府东园招待所。早上近 8 点时，当仆人推开戴的卧室一看，戴已僵卧在床，奄奄一息了。

其实，戴季陶对国民党的最后结局早有预感。1945 年 8 月，中国人民通过浴血奋战，以昂贵的代价赢得振奋人心的抗战胜利，消息传到重庆，积压已久的民族感情和对日本军国主义的憎恶一道以热泪和喧天的锣鼓、爆竹声，狂欢地表达出来。当戴季陶的亲朋好友纷纷祝贺之时，他却莫名其妙，同陈布雷一样，一反常态："有什么值得祝贺的？哭还在后面，将有千百倍艰苦去忍受，必须提高警惕，何贺之有呢？"国民党几年后的溃败不幸为戴所言中。

经过八年血与火的洗礼，中国人民的觉悟程度和组织程度空前提高了，中国共产党远不是当年被蒋介石的飞机大炮炸得历尽艰辛的党了。戴季陶惊恐地看到，也痛苦地意识到，国民党所面对的是，全国各阶层人民强烈要求和平、民主、统一的共同意识和积极行动，已汇成推动中国社会进步的一股洪流，在这股洪流的冲击下，国民党将一溃千里一败涂地。共产党的燎原之势和国民党的金玉其外、败絮其中，令戴季陶忧心如焚。

无情的历史事实为戴季陶的惊恐和预感作了佐证，他清醒地意识到，国民党已达危急存亡之秋了。他于不胜感伤、心有余而力不从之际，从此心灰意冷，自 1948 年春以来，闭门谢客，企图自欺欺人般地作可笑的逃避。既不敢不出席国民党内召集的重要会议，又不愿开"金口玉牙"，因为他知道说什么都是白费口舌。只用伍子胥过昭关的典故，表白他对为之效犬马之劳、不辞辛苦卖命的王朝的一片毫无价值的忠心。

国民政府组成以行政院院长孙科为主任委员的治丧委员会，为戴季陶举行了风风光光的公祭。公祭毕，戴季陶灵柩被送往成都。4 月 3 日，国民政府举行国葬，将戴季陶与夫人钮有恒合葬于成都外西枣子巷太夫人坟地，也可算是叶落归根了。据当时媒体报道，全国下半旗致哀，整个葬礼仪式极为庄严隆重，"行列首为持党、国旗之骑兵开道，陆军军队、党政军各界代表、各学校、团体、童子军等送殡行列，长达数里，凡所经过的地方，人行道上观者拥挤，街口交通亦为阻塞"。

戴季陶以最为绝望最为彻底最为积极的方式震动了主子蒋介石，"故人零落，中夜唏嘘"，悲从中来。蒋介石颁褒扬令，表彰一生忠于自己的把兄弟戴季陶，文中说：

"国史馆馆长前考试院院长戴传贤，学识宏通，持躬清正，少怀壮志，奔走海内外，宣扬正义，鼓吹革命，受国父特达之知，任心膂骨肱之寄，屡经患难，无役不从。当革命政府在粤建军之时，主持军校军部政治训练工作，成绩昭著，用能淬励军心，完成统一大业。国民政府成立选膺委员，兼任考试院院长，廿年来，久处中枢，赞襄大计，纳纪四方，烛照几先，决凝定难，弼成抗战胜利之功，建立考年全久大之制，宏纲细目，追古宜今，其于怀远安边，沟通政教，尤其渊谟。上年宪法实施，改任国史馆馆长，怵目时艰，忧劳骈积，疾患丛生。方期调摄得宜，长资倚畀，遽闻溘逝，震悼殊深。所有饰终典礼，应从优隆，著行政院转饬内政部妥为办理，并由考试院转饬铨叙部依例议恤。生平事迹，宣付国史馆，用示国家笃念勋贤之至意。此令。"

戴季陶的死，震惊了国民党朝野上下，一度引起轩然大波。有人说他是眼见国民党大势已去，对前途绝望至极而服毒自杀；也有人说他为了表示忠于党国，不愿离开故土而自尽；还有人说他是误吞安眠药过量致死。众说不一，褒贬不一。他的死，给人们留下了一个难解之谜。

据戴季陶的后妻赵文淑讲：戴季陶逃到广州后，等候飞机转往台湾。适孙科亦来广州，意欲占用戴家，先是出于商量，但不待答复，即将戴家的行装搬走，迁到另一住处。戴季陶一看房屋简陋，大为不快，自言自语说："孙科是什么东西，偏有一班趋势小人捧他，太看不起我了！"这件事梗在心头，认为是奇耻大辱。想立刻启程，而飞机不至。又是闷，又是气，腰酸骨痛的老毛病愈发加重了。

戴早年即有阿芙蓉癖（鸦片瘾），做了院长后，改服烟丸，这时只顾一把把地吞服。后来又患失眠症，床头案角，都放着一瓶瓶的安眠药片，每夜要吞服数次，才能入睡片刻。他死的这一天的凌晨2点多钟还到妻子的内室，说他已经吃了很多的安眠药，精神亢奋状态尚不能抑制，头脑胀痛如裂，比死还难过。及至赵文淑醒来，医生护士满屋，说戴院长服药过多，施救无术，已经逝世了。

新中国成立后，戴氏墓地被征用兴建成都中医学院，于是，戴季陶和他的夫人、母亲的棺木被移葬于成都城郊罗家碾的一个竹园里。"文革"前，坟墓被盗掘，后来连同竹园也不复存在了。

1989 年，蒋纬国委托其在黄埔军校时最好的同学，时任黄埔军校同学会理事、民革上海市委副主委的李赣驹来四川寻访戴季陶之墓。原来，戴季陶才是蒋纬国的亲生父亲。这件事坊间流传甚广，1996 年，蒋纬国明确承认，他是戴季陶与重松金子之子。

李赣驹和戴季陶的一些亲属在四川省委统战部、四川省公安厅的帮助下，多次到罗家碾走访，终于在当地村民的帮助下找到了三个头颅和一堆遗骨。经法医鉴定，这三个头颅为戴季陶与其母、其妻。

蒋纬国非常欣慰和感激。经蒋纬国同意，遗骨先在大陆火化，然后将骨灰运往台湾，之后再回到大陆安葬。戴季陶的骨灰运到蒋纬国台北的官邸后，蒋纬国为其举行了隆重的祭奠仪式，他在家闭门守灵三日，在自己的小客厅内翻看戴季陶的著作和照片，观看成都寻找墓地的录像。他还吃素一周，表示追念。

李赣驹与有关部门商量后，认为戴季陶原籍浙江吴兴，建议骨灰返回大陆后安葬于湖州陈其美墓旁。蒋纬国派专人前往考察，认为从风水上讲，那里水太多，还是葬在成都为好。恰巧此时，成都昭觉寺方丈清定法师得知此事，表示愿意将戴墓坐落本寺。蒋纬国得知非常高兴，表示昭觉寺是非常合适的建墓之所。

1993 年 11 月 27 日，为戴季陶夫妇举行的骨灰安葬仪式在昭觉寺举行。戴季陶的骨灰盒由特地从东北赶来的戴季陶孙子戴定远抱着。之后，昭觉寺专门建造了一座灵骨塔，摆放戴的骨灰，蒋纬国为佛塔题写了"唯心是佛"的匾额。原台湾故宫博物院院长秦孝仪书写了墓碑：吴兴戴传贤季陶先生之墓，德配钮氏有恒合葬于此。

钮永建：铁面清官　两次代理

　　钮永建，本是一手无缚鸡之力的书生，却在辛亥革命、"二次革命"中冲锋陷阵，立下屡屡功勋。他生性淡泊，节俭自守，却多次义卖字画，出资办学。他极有才学，精通英语日语，擅长书法诗词，却从不恃才傲物，一生以"不强人谓之恕，不怨己谓之强"自勉，谦和有礼，平易近人。在孙中山心中，他是一员爱将；在乡人口中，他是铁面清官；在孩子眼中，他是一个和蔼的爷爷，因为有他，才有书读……

　　●钮永建乃清末举人，自幼聪慧，学习刻苦认真。留学日本时，思想转变，开始反清革命活动，参加了辛亥革命，在上海松江策动起义，解救陈其美，立了大功。

　　钮永建，字惕生，号天心，上海松江人，生于1870年3月9日。钮氏也算钟鸣鼎食之家，诗书簪缨之族，其祖元蒸、其父世章都是当地名绅，世章公为举人时，热心公益，主张疏通俞塘，修筑水利，曾创建吴会书院，造福一方百姓。后来北上京津地区救助灾民，在光绪初年官至同知，著有《琴韵楼诗文集》。

　　钮永建从小聪颖过人，他一直以自己的父辈为榜样，希望能红榜高中，光耀门楣。光绪十一年（1885年），15岁的钮永建信心满满地参加了院试，却不幸名落孙山。钮永建不能接受这个结果，甚至到了"愤而吐血"的程度。但他没有气馁，反而是更加刻苦的读书。他不在乎梳洗，不在乎饮食，一天比一天用功，经常读书直至深夜。

　　功夫不负有心人，20岁那年，钮永建考取秀才，居榜首，进入著称全国的江阴南菁书院就读。他当时是南菁书院最年轻的秀才。其时，恰与吴稚晖同学，俩人间的毕生友谊亦从此开始。1892 年，书院一学生与江阴知县发生纠纷，书院负责人不分青红皂白，一味偏袒知县，钮永建、吴稚晖二人不满书院所为，愤而退学。返上海后，钮入正经书院攻读。1894 年，得中举人。

甲午战败，钮永建痛恨清廷腐败无能，乃弃文从武，研求"新学"。他于 1895 年考取湖北武备学堂，接受德国式军事教育 4 年。毕业后回到上海，先入南洋公学师范班学习，后到经莲珊办的高等学堂任教，并帮助经莲珊创办了高昌庙女学，任教务长。

1899 年，钮永建以第一名入选湖北官费留日学生。后因抵东京时间迟误，他未能进陆军士官学校就读，即在东京补习日文，同时广交革命志士，参加革命活动。他曾经与邹容筹建中国协会，又为《革命军》初稿润色，曾经联络其他省份的留学生，组织各省的学生会，和史久光等创办《江苏》杂志，宣传革命；曾经为建立留学生总会机关而四方奔走，最终促成"中国协会"的成立，留日学生的革命活动开始有了统一的指导。

1902 年 5 月，钮永建受程家柽、吴禄贞之邀，去横滨山下町拜访孙中山。事实上，早在 1894 年，钮永建看到孙中山写的《上李鸿章书》时，就被其高瞻远瞩的宏图壮志所感动，以为救国有望，"其马首非孙先生莫属"，为其以后追随革命埋下了伏笔。这次得见真人，聆听先生教诲，他感到十分激动。在相处中，孙中山坚定的革命理想，深深地吸引了他，从此钮永建投身民主革命的志向益愈坚定。而孙中山也对钮永建提出的三项革命主张大加赞赏，"一是购置武器，密送准备反清起义地区；二是训练干部，担任宣传联络工作；三是派员潜入清军防区和政治组织，以内应外合。其大旨是从边疆地区入手革命"，两人畅谈甚欢。年底，钮永建受两广总督陶模的邀请，回国到黄埔筹办广东武备学堂。他亲手订学堂规章及招生章程，招收革命党人。半年后，武备学堂招生结束，钮永建又返回东京，开始与史久光等编印《江苏》杂志，积极宣传革命思想。

八国联军入侵京津地区时，俄国乘机出兵，侵占了我国东三省的重要城市。按当时条约规定：俄国应从 1902 年 4 月起，分三次，每次相隔 6 个月，撤出在东北地区的军队。但是到了 1903 年 4 月第二次撤兵期届满时，俄国不但不遵约继续撤兵，而且提出七点要求，作为撤兵的先决条件。这些条件实际上是要求清政府承认不但东三省，而且蒙古都是俄国的独占势力范围。

消息传到日本后，留日学生群情激愤。青年会骨干钮永建、黄兴、蓝天蔚等人发起组织了留日学生抗俄集会。在会上，钮永建发表了慷慨激昂的演说。会议议决成立拒俄义勇队，推蓝天蔚为队长，并选举钮永建与汤尔和为特派员，回天津说服袁世凯等对俄主战。钮永建与汤尔和回到天津后，几次请见袁世凯均被拒绝，他们只好无功而返。在留日学生革命热情的影响下，上海爱国学社师生也组成"上海拒俄义勇队"，要求武力抵抗。清政府十分恐慌，钮永建也被列入了黑名单。不得已之下，在几日后钮永建又踏上归途，回到家乡创办紫岗学舍，招收青年，训练新式兵操，灌输革命思想。

钮永建

1904 年，钮永建应广西太平思顺兵备道兼边防督办庄蕴宽的邀请，去龙州边防大营任总文案，兼边防教导团总理。翌年初黄兴为谋桂林起义，秘密来到龙州联络钮永建、秦毓鎏等。期间，经黄兴介绍，钮永建秘密加入同盟会。次年，庄蕴宽调任桂林兵备道总办，钮永建则调任为帮办，同时受命筹办广西讲武堂及陆军小学，兼任总监。他以训练新军为掩护，从事反清活动，许多青年学生受到了反清革命思想的熏陶。他们组织训练新军，改良省军。1908 年，庄蕴宽调任广西兵

402

备处总办，钮永建任帮办，即赴日本和北京邀请各省留日上官生和北洋学堂毕业生 80 多人来桂，安排在新军部队、学校和机关中，故革命分子云集桂林。1909 年冬，清廷发觉了钮进行革命活动，两广总督发出了缉捕令。钮永建得知后，在朋友的帮助下，连夜逃到香港，后流亡德国，考察军事。

钮永建在柏林获悉广州黄花岗起义失败的消息后，决定立即回国参加革命。待他回到上海时，武昌起义已经爆发，上海中部同盟会总会正在计划江浙各地起而响应。11 月 1 日，钮永建参加陈其美、李平书、吴馨、叶惠钧等人的集会，决定"上海先动，苏杭应之"。根据会议安排，钮永建到上海松江策动起义，以为犄角。3 日，陈其美率先攻江南制造局被拘。第二日，钮永建协助上海商团组织援军，由李燮和率敢死队攻陷制造局，解救了陈其美等。钮永建虽然立了大功，被推举为沪军都督。但是为了避免革命阵营的分裂，钮永建坚决辞拒，而让贤于陈其美。

上海光复后，成立军政府，陈其美被推为都督，钮永建任军务部长。钮永建又立即赴松江策动起义，6 日松江光复，成立军政分府，钮被推举为军政部长。在松建立松军干部学校，组织学生军，作为支持光复南京的军事力量。松江的一切安排妥当之后，钮永建又马不停蹄地回沪商议策划光复南京。钮永建从上海巨商虞洽卿处借得 15 万元巨款，交给因雨花台起义失利、在上海待机的第九镇统制徐绍桢。徐绍桢得款后精神大振，立即重整旗鼓，赶赴镇江，集合旧部，会同浙江、江苏义军组成江浙联军进攻南京，终于取得胜利。12 月初，江苏都督府由苏州移驻南京，钮永建被任命为参谋次长。

1912 年 1 月 1 日，孙中山在南京就任临时大总统，组成中华民国临时政府，同时成立参谋本部，任命黄兴为参谋总长，钮永建为参谋次长。从此，黄钮二人的友谊更趋密切。后钮又被委为革命军全权代表伍廷芳的参赞，参与南北议和。清帝退位，孙中山辞临时大总统职，选袁世凯为临时大总统，但袁却不肯来南京就职。孙中山就派蔡元培为欢迎特使，宋教仁、钮永建等 8 人为欢迎员，北上迎袁。袁世凯故意制造事端，不肯南下。钮永建洞察袁之用心，遂向孙中山提出兴兵讨袁建议，无奈因认识不一而未成，最后，袁世凯诡计得逞，在北京宣誓就职。4月1日，孙中山行解职礼，钮也随同解职。8月，孙中山偕宋教仁等以同盟会为基础，合并其他党派，成立国民党。孙中山赴湖广会馆出席成立大会，被推选为理事长，钮永建被推选为名誉参议。

●钮永建一心一意跟随孙中山，参加了"二次革命"、护国战争、护法战争、北伐战争诸役，功勋卓著。孙中山病逝后，钮被推举为抬棺移灵的国民党24位要人之一。

二次革命开始后，上海继江苏宣布独立，陈其美为上海讨袁军总司令，钮永建为总参谋长。松江为响应南京，也宣布独立，并于1913年7月16日组松江讨袁军，钮永建被推举为总司令。第二天，因陈其美借调，钮永建集合松江讨袁军开往上海。步兵、水师共5营约3000人。18日，上海宣布独立，钮永建命令松江讨袁军总指挥何嘉禄率军前往龙华封制造局火药厂。23日凌晨，钮永建与刘福彪等率军分路攻打制造局。24日晚，钮永建又率军沿铁路佯攻制造局，引诱袁军出局。而另一路军则猛攻制造局西栅门，自9时起至翌晨6时持续轮番冲击，战果显著，消灭袁军600余人。接下来的几天里，钮永建继续这个战术，率军轮番进攻。然而，袁军有海军的大炮掩护，钮永建的松军苦战多日，却仍没能拿下制造局。29日，租界当局逼迫退兵，钮永建见士兵疲惫，弹药缺乏，再战无益，只得咬牙兵退宝山。然而，祸不单行，刘福彪突然反叛，钮永建气极，与吴淞要塞司令居正一边率军痛歼，一边坚守吴淞炮台要塞。为了表明心迹，鼓舞士气，钮永建与居正等联合发表通电，谓："以百死之身，率诸健儿守此要塞，身可毁而志不可夺，家可破而气不可馁。"虽然只有短短10多天，却已血战数十场，最终，钮永建寡不敌众，孤立无援，损失惨重，无奈之下不得不接受红十字会调停，率余部退至江苏嘉定一带。钮永建明便白大势已去，遣散部队，自己为了避袁通缉，流亡日本东京。

尽管钮永建败了，但他身先士卒，勇敢战斗的精神给上海人民留下了深刻的印象。后来，人们把痛恨袁世凯，惋惜钮永建的心情编成一首首小调歌谣："袁世凯，老热昏，一生一世睡勿醒，八十三天皇帝梦，只落得呜呼哀哉命归阴。""钮永建，老好人，带领松江学生军，攻打上海南铁厂（民间把制造局称为南铁厂），冲锋作战打头阵，可惜命运不通顺，打来打去打不赢。"

钮永建到日时，孙中山正在积极酝酿筹建中华革命党，他便参与其中，并与戴季陶、陈其美等23人在东京先期入党。他虽然自己生活十分拮据，但依然积极帮助孙中山和黄兴筹措革命经费。这些经费大多是钮永建向自己的亲友告贷的。同乡金庆章曾汇给他400块银元，好友步惠廉牧师也把传教基金交给他使用。其妻黄梅仙更是完全支持，拿出了自己价值500元的首饰。后来，黄兴强烈反对孙中山要求入党者按指印、立誓约的封建做法，孙黄分歧愈来愈烈。钮永建虽已先期入党，但逐渐与黄兴等人的主张相接近，因而感到左右为难，不好自处，最后决定离开日本。

1914年3月，钮永建离开日本，经美转英，考察第一次世界大战中的欧洲战事。一年后，返回日本。是年，袁世凯接受日本"二十一条"，出卖中国主权，帝国阴谋大白于天下，全国反对帝制的浪潮风起云涌。10月，钮永建回到上海，参加护国战争。12月，他和林虎冒险赴南京，策动陆荣廷倒戈反袁，未果。旋返回上海，进行江浙方面的讨袁策应工作。1916年4月，陈其美在上海举起讨袁大旗，钮永建前往，与其共同战斗。为了配合陈其美，他派何嘉禄等往吴江策动江苏水警，促使吴江宣布独立。不料，仅仅短短一个月，陈其美就在上海被袁党暗杀，钮永建受命和王宠惠筹办丧事。6月，袁世凯忧惧而亡，护国战争结束。钮永建响应孙中山宣言，以护国军驻沪军事代表名义致电独立各省，提出"恢复旧约法、召集众参两院、依法组织内阁、惩治帝制祸首"等建议。又与李平书联名致电黎元洪，要求将废法、乱法、犯法之人立予罢黜，付诸法庭。

1917年9月，孙中山南下护法，在广州成立中华民国军政府。年底，钮永建应孙中山电召到广州，接受冷遹所部15营，出任师长。1918年年初，孙中山任命钮永建为军政府参谋次长兼石井兵工厂总办。12月，钮永建外出时遭一凶徒枪击受伤，好在未击中要害，不会伤及性命，乃辞职返沪疗养。孙中山十分记挂，专门写信慰问：

前日听闻传说，执事在粤，猝遇凶徒，致受微创，闻之深为骇愕。犹幸吉人天相，化险为夷，尚足相慰。为粤为通都大邑，而奸宄横行弁髦法纪，宜严惩凶党，以儆将来，并望勉试调治，以期速痊，出入戒慎，以防未然。临书悬念，藉颂痊祉。

信虽不长，却足以体现孙中山对这位爱将的关心。然而，在上海养伤期间却是钮永建情绪最为消沉的时候，为回避时局的纷扰，在基督教差会创办的中西女塾执教，又与徐谦在上海基督教青年会开办"查经班"，宣传"基督救国"。

1921 年 5 月，孙中山在广州就任非常大总统，钮永建被委以江苏省长。因此时江苏尚在北洋军阀统治之下，钮无法就职，只作一些筹备工作，各方联络苏沪的革命党人，开展活动。因陈炯明的叛变，北伐回师失利，孙中山离开广州再到上海，钮永建及各团体代表到码头迎接。其间，孙中山与钮永建在寓所内，多次召集党人讨论时局。

1923 年，孙中山为打破北洋军阀所控制的北方局面，派钮永建和徐谦北上联络冯玉祥。他们在冯玉祥身边进行了积极的工作，钮被冯委为国民军总参议。1924 年冬，孙中山受邀北上商讨国是，钮永建得知孙中山途中病发，特赶至天津迎候，陪同进京。孙中山病逝后，钮被推举为抬棺移灵的国民党 24 位要人之一。此后钮永建仍留在国民军中工作，直至国民军撤离北京，才返回南方。

1926 年春，钮永建回广州，担任国民政府中央政治会议秘书长、国民革命军总司令部总参议等职，并以国民党中央军事特派员身份到上海，为北伐作敌后策动。

1926 年 7 月，北伐开始，钮永建奉派为国民革命军总司令部总参议，并以国民党中央军事特派员身份到上海，负责上海的敌后活动。钮永建不相信工人阶级的力量，而热衷于用官禄来收买和策动敌军。上海工人第三次武装起义成功后，钮永建被选为上海特别市临时市政府委员，但他坚辞不就，声称要"闭门谢客"，回避革命风暴。

●南京国民政府成立后，钮永建任秘书长。主攻江苏省三年，两次任考试院副院长，均代行院长职。1949 年，随蒋去台。1965 年，客死纽约，终年 96 岁。

1927 年 4 月 18 日，南京国民政府成立，钮永建出任国民政府秘书长、新编第七军军长，不久又任江苏省政务委员会委员兼民政厅长。11 月，省政府改为主席制，钮永建出任江苏省政府主席。

在主政江苏的三年时间里，钮永建秉承蒋介石建立国民党专制统治的方略，以"清、慎、勤"作为格言，做了不少工作。为充分发挥省政府的作用，避免省政府与中央机关、南京特别市机关同处南京而受到的干扰，他主持将省会迁往镇江。他自兼水陆公安管理处长，建立陆上保安团和水上公安处，强化治安工作，清剿溃兵游勇、盗贼土匪，较快地取得了社会安定。

与此同时，他也积极执行"清党"反共的方针，对转入地下的共产党人及进步人士进行搜捕镇压。他下力整理财政，清整全省的田政、地籍，并督促清查赋税。他对文化教育工作比较重视，省政府专门成立教育经费管理处并自兼处长，对各县教育经费实行单独管理，不准其他方面侵占或挪用。

1928 至 1930 年江苏省大、中、小学的学生数及经费数字，均居全国各省之首。钮永建还重视发展社会教育，提出民众教育的宗旨是"培起国民力量，树立自治基础，增进农业生产，改进经济组织，促进乡村建设，充实人民生活"。更为难得的是，钮永建自己捐地五千多亩，在家乡俞塘设民众教育馆，分设文化、生计、保健、妇女、合作、农艺、园艺及水产各部。他还在无锡设立省立教育学院，培养师资人才，设立民众教育实验区，开展识字教育，一时地方生产业赖以繁荣，当时的江苏成为全国推行民众社会教育最发达的省份。

1930 年 3 月，钮永建辞去江苏省政府主席的职务，出任行政院内政部代理部长。年底，又调任考试院铨叙部部长。1932 年 5 月，被任命为考试院副院长，代理院长半年。其间，在人员的任用、成绩、奖励以及考试院的组织等多方面，钮永建参与或主持制定了若干规范和条例，并参加了一些考试实施工作。

抗战开始后，钮永建又奉命兼铨叙部部长，旋率部入川。1941年，国民政府国防部最高委员会成立党政工作考核委员会，他被聘为专任委员。12月，辞去考试院副院长之职，转任国民政府委中兼政务官惩戒委员会委员长，主持简任官以上政务官员的惩戒事宜。他十分用功，每天早上五点已经正襟危坐在灯下看公文、写工作纲要、阅读古今书籍。1945年5月，国民党"六大"在重庆举行，他当选为中央监察委员。12月5日，致信宋子文，建议将上海县改为实验县，提出旨在发展地方经济；改善民众生计的实验县工作要旨。

抗战胜利后，钮永建和叶楚伧奉派为京、沪、苏、浙、皖五省市宣慰使，往来于苏浙皖之间。其间因叶楚伧病逝，宣慰一事多为钮永建负责。1946年5月，国民政府迁返南京，他仍任政务官惩戒委员会委员长职。1947年，国民党政府组织国大代表立、监委员选举，他受派督导江苏省选举事宜。

1948年3月，时值钮永建虚八十大寿。但他不爱排场，悄悄回到家乡马桥俞塘"避寿"。苏省政府主席丁治磐赶来登门祝寿，却没有见到钮老的身影。原来，他专门赶到马桥私立强恕中学，参加校董扩大会议。强恕中学是当年钮永建任江苏省政府主席时扩建的，其妻子黄梅仙女士亲任校长。钮永建一生重视教育，几乎每次回乡，都要到学校发表演讲，鼓励孩子们认真读书，勤奋学习。这次的校董会议上，钮永建得知，强恕中学的教育质量很高，名声不小，但是经费严重不足，连教师工资都发不出。他十分着急，当即将当时的上海县县长，参议会议长等官员都叫来说："办好学堂，首先要有基金。吴会书院原来有四百亩学田，后来书院改为强恕学堂，学田应当划归学堂，可是，被政府接管了。我看，应当收回来作为强恕学堂的基金。"后来，钮永建站起身，大声说："我捐大米五十石。教师工资发不出，就发大米！"说完，他带领校董们到学校礼堂，当场挥笔，义卖字画。结果，当天就为学校捐取了一百三十石大米。后来，他满意地向与会者说："今天的会议开得十分圆满，我个人做东请客，请大家吃一碗寿面。"大家满意地散去了，直到第二天才知道是钮永建的生日。这件事在当地非常有名，很多人都记忆犹新。

是年5月，蒋介石当上了总统，钮永建被聘为总统府资政。他在马桥与乡亲们聊天的时候说："国家艰难，民众困难，我如何能独好。茅屋三间，以避风雨，于愿已足。今夏拟赴北伐一行，以观测北方局势，稍带国事宁静，我必告辞归乡，与乡中父老昆季，研究农业生产。"他还再三强调："俞塘事业复兴，应该从小处做起。不要多费钱，只要大家努力。"

1949年3月，钮永建已经八十高龄了，却又被任命为考试院副院长，因院长张伯苓未到任，他代行院长职权。当时舆论评价"今以此操守个性而出长考试院，其可五埋没良材之憾焉"。国民党战败后，他率领考试院工作人员携案卷等去台。刚到台北时，"考试院"办公处所临时设立在台北大龙峒孔庙，第二年才正式迁到木栅沟子口。迁院刚刚完成时，自来水、电灯等都存在着问题。但钮永建却主张先办一所小学，使老百姓的子女，都得到适时就学的机会。在这位"考试院"院长看来，能让孩子读上书比什么都重要。说到就要做到。钮永建说服了大家，又动用身边所有资源，东凑西凑地准备了五千元，盖成了两所教室。"考试院"办公人员的子女、附近的"经济部"、军医署、台湾银行、电力公司等员工的子女、周围街道百姓的孩子们都得以免遭失学的厄运。1970年，该学校由台北市政府接办，改名永建国民小学，以纪念钮永建创立的功劳。

在台湾，钮永建被蒋介石聘为国民党中央评议会委员。1950年9月，台湾举行高等普通学校考试，钮永建担任典试委员长。1952年，83岁的钮永建以年老体弱辞去各项职务。1953年夏，赴美就医。1957年，曾返台出席"国民党第八次全国代表大会"，仍被选为中央评议委员。

钮永建的处世以"不强人谓之恕，不怨己谓之强"自勉。这句话如今悬挂在台湾强恕中学，是钮永建的亲笔。他对于书法造诣很深，他的书法，苍劲有力，具有大家气质，与吴稚晖、沈尹默鼎足而三，但是传世作品却不多。在大陆，上海北桥瓶山道院门口上的"瓶山古迳"就是他提写的。他一生节俭自守，爱食蔬菜，衣不华贵，喜欢粗布，不乘车马，总是徒步体察民情，很有淡泊的风气。钮永建旧居在上海南马桥镇，地处幽静，交通便利。有平屋数栋，还有几亩菜地环绕，略具田园风趣，钮永建十分喜欢。上海沦陷之后，旧居都被战火焚毁，只剩残垣断壁，杂草丛生。每当想起这些，钮永建总是无限感伤。钮永建一生清廉正直，有人评价他不会做官，"一生清介耿直，布置金钱何物，族姓有不务正业，往乞资助，且为逐之以去，乡人因誉之为铁面清官，其高风亮节，有如是者"。钮永建十分平易近人，他常常用一口老家话和乡里人交谈。但真正的他很有学问，精通英语日语，擅长书法诗词。他曾为一个人写过一联："仁者安仁，即是利人。与人同乐，胜于自乐。"他还常常叮嘱的子女要脚踏实地，学习中国最需要的自然科学，不要走他的老路。他的子女没有辜负父亲的期望，都是科技工作者。1959 年，90 岁的钮永建到美国依亲看病。1965 年 12 月 23 日，在纽约因病去世，终年 96 岁。

410

后 记

　　中华民国政府实行五院制，即由行政院、立法院、司法院、监察院和考试院组成，各院均设有院长。本书主要是介绍各院院长的生平。

　　由于中华民国政府所处的特殊环境，特别是战争不断，其政府的更迭也无常数，各院院长的任期也无定制，有的时间很短，仅几月而已，甚至代理过渡一下，有的则长达数年。因此，材料取舍十分困难，也有不一致之处。同时也由于作者水平有限，其中缺点、错讹在所难免，恳请广大读者批评指正。

　　参加本书写作、材料收集整理、校对工作的有哈战涌、茅文婷、李晓雨、王晓明、何明等人。

编者

2011 年 12 月

参考书目

［1］叶健君，李万青. 大结局——43 名国民党战犯命运纪实.
　　湖南：湖南人民出版社，2010.

［2］冯春龙. 国民党中常委的最后归宿. 北京：华文出版社，2005。

［3］何明. 国民政府文人高官的最后结局. 北京：中共党史出版
　　社，2007。